Child Welfare

# 아동복지론 2판

구혜영 염경혜 이은화 한주빈 공저

신정

# 머리말



아프리카 속담에 '아이 한 명을 키우려면 온 마을이 필요하다'라는 말이 있습니다. 그만큼 많은 관심과 지원 그리고 사랑이 필요하다는 의미일 것입니다.

이번 〈아동복지론(2판)〉은 그런 마음에서 재집필되었습니다. 저출생, 심각한 아동문제, 미래 주역으로서의 아동성장 등에 초점을 맞추어 아동복지의 과거, 현재, 미래를 기술하였습니다.

1장부터 7장까지는 아동복지에 대한 총론적 의미의 내용으로 정리하였습니다.

1장에서는 아동의 이해를, 2장에서는 아동과 환경을, 3장에서는 아동복지의 역사와 외국의 아동복지제도를 기술하였습니다. 또한 4장에서는 아동의 권리와 복지를, 5장에서는 아동복지서비스의 목표와 실천원칙, 관점과 대상, 분류를, 6장에서는 아동복지 실천방법을, 7장에서는 아동복지정책과 서비스 전달체계를 설명하였습니다.

그리고 8장부터 13장까지는 아동복지의 영역별 혹은 문제 유형별 특성과 서비스 현황, 그리고 정책적 대안들을 정리하였습니다.

8장에서는 아동보육과 안전을, 9장에서는 아동학대를, 10장에서는 장애아동과 비행아동을 담았습니다. 11장에서는 빈곤, 한부모가족, 재혼가족, 다문화가족, 조손가족, 소년소녀가장 아동 등 위기의 아동을, 12장에서는 입양, 가정위탁보호 및 시설보호 아동을, 그리고 마지막으로 13장에서는 아동복지 전망과 과제를 기술하였습니다.

아동복지 현장에서, 사회복지사를 양성하는 학교에서 사명감을 갖고 일하시는 분들과 함께합니다.

구혜영, 염경혜, 이은화, 한주빈 올림

# 차례

CONTENTS

## CHAPTER 02 아동과 환경



## CHAPTER 03 아동복지의 역사와 외국의 아동복지제도



C O N T E N T S

## CHAPTER 04 아동의 권리와 복지



CONTENTS

CONTENTS

## CHAPTER 07 아동복지정책과 서비스전달체계

## CHAPTER 08 아동보육과 안전



## CHAPTER 09 아동학대



CONTENTS

## CHAPTER 10 장애아동과 비행아동



## CHAPTER 11 위기가성의 아동

CONTENTS

## CHAPTER 13 아동복지 전망과 과제

CHAPTER 01

# 아동복지의 이해

CHAPTER 01

# 아동복지의 이해

## 1 아동의 개념

### 1) 아동의 정의

아동이란 일반적으로 신생아와 영아, 유아를 포함하며 청년기에 도달하기 전까지 연령의 어린이를 말한다. 어른의 축소판, 자연스러운 천진난만한 존재, 생리적 충동에 의한 욕구가 강한 존재, 환경에 적응하려는 욕구가 강한 발전가능성을 가진 존재라고도 한다(도미향, 2014). 그래서 아동은 의존성, 미성숙에서 성숙화되는 과정, 욕구, 민감성, 적응 및 사회화의 특성을 갖는다(이한우 · 정정란, 2012).

#### (1) 아동의 특성

아동의 특성은 첫째, '의존성'을 갖는다는 것이다. 이 의존성은 아동의 가장 중요한 특성 가운데 하나로, 아동의 생존, 신체적 · 지적 · 사회적 발달을 위해 타인의 사랑과 관심 또는 보호에 의존함을 의미하며 아동은 부모가 있을 경우는 물론, 그들이 자립할 수 있을 때까지 누군가에게 의존하여 건전하게 성장 · 발달할 수 있어야 함을 강조한다. 둘째, '미성숙에서 성숙화의 과정'을 거치는 특성을 갖는다. 성숙화는 유전인자에 포함된 계획에 따라 전개되는 유기체의 형태, 조직, 복잡성, 통합성, 기능상의 변화를 가리키는 것으로, 경험이나 훈련에 관계없이 인간의 내적 또는 유전적 기제의 작용에 의해 나타나는 체계적이고 규칙적인 신체적 · 심리적 변화를 의미한다. 셋째, 아동은 '욕구가 강한 특성'을 갖는다. 아동은 생리적 욕구의 충족뿐 아니라 인격적, 사회적 욕구의 충족을 강하게 갈망하는 존재이다. 아동에게 가장 필요한 생리적 욕구(physiological needs)로는 식욕, 갈증, 호흡, 수면, 휴식, 배설, 고통회피 등과 같은 인간본능의 욕구가 있으며, 인격적 욕구(personality needs)에는 정신적 · 심리적 · 인간적 욕구가 있고, 사회적 욕구(social needs)에는 다른 사람과의 관계에서 인정받고 사랑을 받으려는 욕구가 포함된다. 넷째, '민감성'으로, 아동은 감정이 예민하고 강렬하며, 욕구나 열망에 대한 만족을 즉각적으로 얻고자 한다. 또한 욕구 충족이 계속적으로 좌절될 경우, 불안과 불신 또는 자신의 세계관을 왜곡시키는 적개심 등을 조성하고 냉담과 퇴행에까지 이르게 된다. 다섯째, '적응' 혹은 '사회화'이다. 아동은 가정, 또래 집단, 학교, 지역사회, 직업집단과 같은 사회공동체에 소속하여 장기간의 학습과정을 거쳐 사회적 인간으로 성장하게 된다. 그러므로 아동이 잘 성장하기 위해서는 이러한 여러 집단에서의 지속적이고 단계적인 보호와 양육이 절대적으로 필요하다.

### (2) 아동의 법적 연령기준

아동의 정의는 법령에 따르는 것이 보편적이다. 법의 성격에 따라 아동의 개념 및 연령이 상이하게 규정되어 있다. 현재 우리나라에서는 법률 규정에 사용된 아동 관련 용어는 아동, 영유아, 유아, 소년, 연소자, 어린이, 청소년, 미성년자 등으로 사용되고 있으며 아동복지법 상의 아동의 정의는 출생에서 만 18세 미만의 자까지의 신체적, 정서적, 정신적, 사회적, 인지적으로 미성숙한 단계의 인간으로 정의하고 있다(김성경 외, 2013). 실제 대부분의 국가[1]가 이를 준용하고 있다.

1) 이탈리아, 노르웨이, 스위스, 오스트레일리아(14세 이상 18세 미만), 핀란드(16세 이상 18세 미만), 프랑스(13세 이상 18세 미만), 영국(8세 이상 17세 미만), 캐나다(7개주 16세까지, 11개주 17세까지, 24개주 18세까지, 1개주 19세까지, 2개주 21세까지).

❖ **표 1-1** 우리나라 법에 나타난 아동 · 청소년의 법적 구분

| 관련법 | 개념 | 나이구분 |
|---|---|---|
| 영유아보육법 | 영유아 | 6세 미만 |
| 청소년기본법 | 청소년 | 9세 이상 24세 이하 |
| 청소년복지지원법 | 청소년 | 9세 이상 24세 이하 |
| 청소년활동진흥법 | 청소년 | 9세 이상 24세 이하 |
| 형법 | 형사미성년 | 14세 미만 |
| 실종아동 등의 보호 및 지원에 관한 법률 | 아동 등 | 14세 미만 |
| 근로기준법 | 연소자 | 14세 미만 |
| 아동복지법 | 아동 | 18세 미만 |
| 입양특례법 | 아동 | 18세 미만 |
| 한부모가족지원법 | 아동 | 18세 미만 |
| 아동 · 청소년의 성보호에 관한 법률 | 아동 · 청소년 | 19세 미만 |
| 청소년보호법 | 청소년 | 19세 미만 |
| 민법 | 미성년 | 19세 미만 |
| 소년법 | 소년 | 19세 미만 |

출처: 국가법령정보센터(2022).

### 2) 아동기

아동기는 생애주기 중 아동으로서 살아가는 시기를 의미한다. 문화에 따라 아동기를 보는 관점이 다르다. 고대시대와 중세시대에는 아동기에 대한 개념이 없이 권리를 인정하지 않은 상태로 학대와 방임이 자행되기도 하였다. 17세기 들어서 아동기를 인간생애에서 특별한 단계로 인식하기 시작하였고, 성인의 보호가 필요하다는 의식이 생겨났다. 핵가족의 발달, 학교교육제도와 아동에 대한 지원은 향후 경제 · 사회 측면에서 생산성을 높여준다고 보아 아동기를 획기적으로 발전시키는 계기가 되었다. 그리고 20세기 이후 현대사회로 접어들면서 아동을 성인과 질적으로 다른

고유한 권리를 가진 존재로 인정하기 시작하였다. 아동들은 자신의 방을 가지게 되었고, 엔절산업[2)]이 거대해질 정도로 소비경제의 중요한 축을 이루었다. 아동은 부모의 과도한 기대로 학업 압박을 받기도 하고, 사교육이나 특기교육 등으로 아동기가 상실될 정도로 바쁘게 지내게 되었다. 그러므로 아동기는 발달 특성과 성숙을 위한 준비기간 등 사회문화적 맥락에서 포괄적으로 이해해야 하며, 사회가 아동에게 바라는 기대를 달성하기 위해 최적의 환경을 제공해야 한다(김윤재 외, 2015).

## 2 아동복지의 개념

### 1) 개념

'아동복지(child welfare)'는 특정 사회복지 분야를 지적하는 용어로 보다 큰 사회적 개념이며 목적 개념인 '아동의 복지(welfare of child)'로부터 파생된 용어이다. 일반적으로 아동복지는 아동복지법과 그와 관련된 법 규정에 의한 아동을 위한 서비스를 말하는 것으로 학자들의 관점에 따라 조금씩 다르게 정의되어 왔다. 학자별 정의를 정리한 〈표 1-2〉를 살펴보면 확인할 수 있다.

2) 1살부터 취학 전까지의 아동을 대상으로 하는 산업을 총칭하는 말로, 최근 자녀를 한두 명만 낳고 이에 집중하여 소비지출을 늘이는 사회 모습을 반영한 것

❖ 표 1-2 학자별 아동복지의 정의

| 학자 | 정의 |
|---|---|
| Kadushin & Martin(1988) | 특별한 문제 및 욕구가 있는 아동은 물론 모든 아동이 잠재력을 개발하고 가족 및 사회의 일원으로 건강하고 건전하게 성장할 수 있도록 개인, 민간, 국가가 서로 협력하여 벌이는 일련의 전문적 복지활동 |
| 장인협 외(2001) | 사회 구성원으로서 아동의 기본적인 욕구를 충족시키고 건전한 성장과 발달을 도모하기 위해 여러 가지 활동을 가능하게 하는 공적인 방법과 절차 |
| 김익균(2011) | 아동의 건강한 삶을 보장하기 위한 국가와 사회 그리고 민간단체의 다양한 노력들, 즉 법과 정책 그리고 행정뿐 아니라 전문가에 의한 구체적인 서비스를 총칭 |
| 김호년 외(2011) | 모든 아동들의 기본적인 욕구를 충족시킬 뿐만 아니라 이들이 정신적 · 정서적 · 신체적으로 최상의 발달을 하도록 성장시키기 위해서 아동에게 직접적으로 또는 가정이나 사회를 통해서 간접적으로 제공되는 모든 사회적 활동 |
| 오주 · 이덕희(2012) | 지속적인 사회체계의 하나로서 아동의 복지를 증진시키기 위한 사회제도이며 하나의 전문직으로 사회복지의 한 분야 |
| 미국아동복지연맹(윤혜미 · 김혜래, 2013) | 부모가 양육의 책임을 다할 수 없거나 지역사회가 그 가족이 요구하는 자원 및 보호를 제공하지 못하는 아동에게 사회에서 책임지는 제반의 제도와 서비스 |
| 사회사업백과사전(정미현, 2014) | 아동의 건전한 발달과 보호를 향한 이념을 의미하는 말로 사용하고, 아동에게 다양한 혜택을 주기 위한 사회복지 프로그램을 의미하며, 아동을 위하여 제공되는 인간서비스의 한 부분, 아동을 위한 프로그램이나 서비스의 실제적 활동까지를 포함하는 실천적 개념을 공유하는 것을 의미 |

### (1) 협의의 아동복지

일반적으로 좁은 의미의 아동복지를 의미하는 것으로 구조적으로나 기능적으로 부적절한 양육환경에서 자라는 아동, 빈곤아동, 학대받은 아동, 해체가정 아동, 장애아동 등 중심의 요보호아동과 그 가족을 위해 공공 및 민간기관에서 제공하는 서비스라고 할 수 있다(김성경 외, 2013).

### (2) 광의의 아동복지

넓은 의미의 아동복지를 의미하는 것으로 일반 아동과 그 가족을 대상으로 아동의 욕구충족과 정상적인 성장발달을 위해 다양한 복지 주체들이 서로 유기적인 관련하에 체계적으로 복지활동을 전개하는 것을 말한다. 여기에서 일반 아동이란 보호가 필요한 아동에 대응되는 대상이나, 실제로는 보호를 요하는 아동을 포함한 모든 아동이란 의미로 사용되고 있다. 그리고 아동복지의 대상에 아동의 가족이 포함되는 것은 아동복지의 일차적인 책임은 가족에게 있으며, 최선의 아동복지는 아동 양육에 대한 가족의 기능을 강화해 주는 것이라는 입장에 근거하고 있다. 광의적 입장의 정의로 Kadushin(1984)은 모든 아동의 행복과 사회적응을 위해 심리적, 사회적 및 타고난 잠재 능력을 길러 주는 여러 가지 활동을 아동복지로 보았고, Costin 등(1996)은 아동복지를 가족생활을 강화하기 위한 사회복지의 한 분야로서 아동과 그 가정의 안녕을 위한 것이라고 정의하였다. 즉 광의의 아동복지란 모든 아동의 행복을 위해 그들의 신체적 · 사회적 · 심리적 발달을 보호하고 촉진하기 위해 경제, 교육, 보건, 노동 등 아동을 둘러싼 사회체계의 개선을 위한 총체적인 사회적 노력이라 할 수 있다(김성경 외, 2013).

오늘날에는 대부분 아동복지의 의미를 광의의 정의를 취하고 있는바, 아동복지란 '보호를 요하는 상태에 있는 아동은 물론 모든 아동이 가족 및 사회의 일원으로 건강하고 건전하게 성장할 수 있도록 개인, 민간 및 국가가 서로 협력하여 벌이는 활동'으로 정의할 수 있다.

## 2) 아동복지의 이념

이념이란 이상적으로 여겨지는 생각이나 견해로 신념과 가치가 바탕이 된다. 아동복지의 이념은 국가, 가족, 아동 등 세 주체의 무게중심에 위치하며, 자유방임주의와 가부장제, 국가부권주의와 아동보호, 가족중심주의와 부모의 권리 등이 주요

이념이 될 수 있다(김호년 외, 2011). 이러한 아동복지의 이념을 담고 있는 것이 아동복지법이며, 아동복지법 제1조에는 아동이 건강하게 출생하여 행복하고 안전하게 자라날 수 있도록 아동의 복지를 보장함을 목적으로 한다고 규정하고 있다.

또한 아동복지법 제4조에는 다음과 같이 명시하고 있다(2022년 개정안). ① 국가와 지방자치단체는 아동의 안전·건강 및 복지 증진을 위하여 아동과 그 보호자 및 가정을 지원하기 위한 정책을 수립·시행하여야 한다. ② 국가와 지방자치단체는 보호대상아동 및 지원대상아동의 권익을 증진하기 위한 정책을 수립·시행하여야 한다. ③ 국가와 지방자치단체는 아동이 태어난 가정에서 성장할 수 있도록 지원하고, 아동이 태어난 가정에서 성장할 수 없을 때에는 가정과 유사한 환경에서 성장할 수 있도록 조치하며, 아동을 가정에서 분리하여 보호할 경우에는 신속히 가정으로 복귀할 수 있도록 지원하여야 한다. ④ 국가와 지방자치단체는 장애아동의 권익을 보호하기 위하여 필요한 시책을 강구하여야 한다. ⑤ 국가와 지방자치단체는 아동이 자신 또는 부모의 성별, 연령, 종교, 사회적 신분, 재산, 장애유무, 출생지역 또는 인종 등에 따른 어떠한 종류의 차별도 받지 아니하도록 필요한 시책을 강구하여야 한다. ⑥ 국가와 지방자치단체는 「아동의 권리에 관한 협약」에서 규정한 아동의 권리 및 복지 증진 등을 위하여 필요한 시책을 수립·시행하고, 이에 필요한 교육과 홍보를 하여야 한다. ⑦ 국가와 지방자치단체는 아동의 보호자가 아동을 행복하고 안전하게 양육하기 위하여 필요한 교육을 지원하여야 한다.

### 3) 아동복지의 등장배경

아동복지가 우리 사회에 중요한 복지정책이 된 배경을 살펴보면 첫째, 가정과 아동의 지위변화요인을 들 수 있다. 가정은 가족구성원들의 욕구를 충족시키고 갈등을 완화시키는 기본 사회체계이며 산업화 이후 핵가족화, 소가족화의 확산으로 인간생활의 중심이 되었다. 또한 가족이 가족구성원의 정서적 안식처, 정서적 지원처로 인식되면서 아동에 대한 인식도 변화되었고 이에 따라 가정의 중요성과 아동의 법적 지위가 상승되고, 아동복지서비스 발전의 원동력이 되었다.

둘째, 가족구조의 변화이다. 산업화가 진행되면서 가족구조는 부모-자녀 중심의 핵가족으로 변화하였고 이로 인해 가족 내 육아문제와 자녀 양육문제가 단순히 가정에서 해결될 수 없는 사회문제로 대두되었다. 또한 현대사회의 결혼에 대한 가치관 변화, 도덕과 종교적 제재의 완화, 생활고 등으로 이혼 등에 따른 가족해체가 증가하였고, 사회변화에 따라 다양한 가족형태가 출현하였다. 이러한 가족해체 및 가족형태에 따른 아동권리 보장을 위한 사회적 책임이 강조되었다.

셋째, 산업화로 인해 여성 노동력의 요구가 증대되고 여성의 고학력화 및 가치관 변화로 인한 여성 경제활동 증가가 저출생 및 양육의 사회문제를 야기하게 되었다.

넷째, 사회경제적 양극화 및 위기가정과 위험아동의 증가 문제이다. 즉, 외환위기와 IMF 등 사회경제적 위기는 대량실업과 절대빈곤을 증가시켰고, 사회경제적 위기는 가정불화와 가정파괴 등 위기가정을 양산하여 새로운 아동복지 서비스가 필요하게 되었다.

### 4) 아동복지의 대상

아동복지는 전체 아동의 복지에 관심을 갖되, 특히 아동발달을 가로막는 가족이나 열악한 지역사회의 환경에서 자라는 아동이 주요 대상이 된다. 아동의 발달을 가로막는 조건은 사회적 · 경제적 문제 또는 파탄된 가정생활과 관련된 정서적 문제, 소득보장, 교육, 고용기회, 보건, 복지서비스 등과 같은 사회적 대책의 결함, 부모가 일상적으로 대처할 수 없는 아동의 예외적 혹은 특수한 문제 등을 들 수 있다. 항목별 구체적 대상으로는 사망, 별거, 이혼, 유기 등에 의한 해체된 가족의 아동, 미혼모에게서 태어난 아동, 법적 보호자가 없는 아동, 빈곤아동, 유기 및 학대받는 아동, 소수집단에 속하는 아동, 다문화가족 성원의 아동, 학교 중퇴 중의 아동, 정서장애아동, 신체장애아동, 정신장애아동 등을 들 수 있다.

아동복지서비스의 분류로는 요보호 상태의 아동을 위한 아동복지서비스(needy family)로 시설보호, 위탁보호, 거택보호를 들 수 있으며, 경계선상의 아동을 위한 아동복지서비스(borderline family)로는 아동상담, 모자상담, 의료상담, 보육시설, 모자원, 장기결석아 지도 등이 있으며, 일반아동을 위한 아동복지서비스(healthy family)로는 아동복지, 모부자보건, 아동복지사상의 보급 등을 들 수 있다. 아동복지의 기본조건으로는 건강한 가정과 부모, 경제적 안정, 보건, 교육, 놀이 및 문화활동, 아동노동의 보호, 특수아동을 위한 보호 등이 있다.

### 5) 아동복지 개념의 변화

복지국가로의 발전으로 인해 아동복지 개념은 잔여적 개념에서 보편적 개념으로 변화되었다. 초기의 아동복지는 일반적인 사회생활을 영위할 수 없는 이른바 사회적 약자인 빈곤아동, 빈곤 한부모가족의 아동, 장애아동 등을 대상으로, 이들이 일반적 생활을 유지할 수 있도록 구제, 보호, 예방, 회복 등의 정책 및 방법체계로서의 협의의 개념으로 시작되었다. 이후 역사적 · 경제적 · 사회적 조건의 변화와 그에 따른 국민생활의 변화, 구제 및 원조의 기본 구조와 국민의식의 변화 등에 따라 아동복지는 보호를 요하는 아동에서부터 전체 아동으로 대상이 확대되는 광의의 개념으로 실시되었는데, 이는 자본주의의 발달 내지 산업화의 진전에 따른 사회구조의 변화에 의해 아동복지가 대응해야 할 문제의 변화와 확대에 기인한 것이라 볼 수 있다.

### 6) 아동복지의 학문적 배경

아동복지의 학문적 배경을 살펴보는 것은 아동복지의 개념을 파악하는 데 도움이 된다(김성경 외, 2013). 아동복지는 노인복지, 여성복지, 장애인복지 등과 같이 대상자를 기준으로 분류한 사회복지의 하위체계이다.

사회복지학은 사회학, 문화인류학, 법학, 경제학, 정치학, 심리학 등의 인접 학문에 근거하여 발달해 왔다. 이 중에서도 사회학과 문화인류학은 초기 사회복지학의 체계를 성립시키는 데 기여한 바가 컸다. 특히 오늘날에 있어서는 아동문제를 포함한 사회문제의 발생과 내책에 대한 국가의 책임이 강조되는 추세이므로 정치학, 경제학, 법학 등의 이론적 배경이 사회복지 및 아동복지의 실천에 적용되고 있으며 최근 아동의 최대한 발달보장의 관점에서 아동복지가 논의되고 있다. 관련 학문의 아동복지에의 적용을 살펴보면 다음과 같다.

### (1) 사회학

사회학은 인간의 사회적 공동생활을 연구하는 사회과학의 한 분야로, 사회학의 이론적 체계 중에서 문화, 사회화, 사회계층, 사회이동, 사회통제 등의 개념은 아동복지를 포함한 사회복지에 관한 사회적 힘의 근원을 발견하는 데 유용하다. 그 예로 사회계층과 범죄아동 발생률과의 관계에 대한 연구를 들 수 있다.

### (2) 법학

법학은 사회질서를 유지하고, 공익을 보장하기 위한 근거를 마련하기 위해 연구하는 사회과학의 한 분야이다. 법학의 이론적 체계 중에서 특히 아동복지를 포함한 사회복지정책의 실천은 관계 법률의 입법제도를 통해서 이루어지고 있다. 더구나 우리나라와 같이 여러 사회적 질서를 법에 의존하는 나라에서는 법적 뒷받침이 강력한 힘을 갖게 된다.

### (3) 문화인류학

문화인류학은 인간의 사회생활과 문화를 연구하는 사회과학의 한 분야로, 역사적 관점에서 인류의 역사와 현재의 생활을 대상으로 문화의 생성과 변이를 탐구하는 과학이다. 문화인류학의 이론적 체계 중에서 특히 문화의 개념은 아동을 포함한 사회구성원의 사회적 적응 과정을 이해하는 데 도움을 주며, 아동발달의 보편성과 특수성에 대한 시각을 제공하고, 더 나아가 문화적 차이에 의한 사회적 행동의 이해와 수용은 아동복지 종사자와 대상 아동의 문제해결 과정에서 상호작용을 용이하게 해주는 역할을 한다.

### (4) 정치학

정치학은 정치 현상을 연구하는 사회과학의 한 분야로, 정치학의 이론적 체계 중에서 특히 정치 이념의 유형은 아동복지를 포함한 사회복지에서 국가 차원의 서비스 수준을 결정하는 기준이 된다. 또한 정치활동의 하나로 복지정책의 결정 과정과 분석은 공공복지의 실행에 영향을 주는 이익집단의 역동성에 대한 실체를 파악할 수 있게 해준다.

### (5) 경제학

경제학은 경제활동과 관련된 사회적 질서를 연구하는 사회과학의 한 분야로 정치학과 밀접한 관련을 갖는다. 경제학의 이론적 체계 중에서 특히 고용, 임금, 소득의 분배와 조세의 개념은 아동복지를 포함한 사회복지정책에서 비중 있게 취급된다. 즉, 기본적 생활의 보장과 관련된 완전고용, 최저임금의 보장, 공공부조와 사회보험 및 복지사업을 실시하는 기관과 사회적 약자에 대한 조세 감면 등은 아동복지 실천에서도 구체화된다.

### (6) 심리학

심리학은 생물체의 의식과 행동을 연구하는 학문으로 심리학의 이론적 체계 중에서 자극–반응, 학습, 정신분석, 모방 등의 개념은 아동과 부모를 위한 상담과 치료 등에 유용하게 활용된다. 뿐만 아니라 낙인(stigma) 및 일탈(deviation) 심리의 연구 등은 복지 전반에 걸쳐 광범위하게 활용된다. 특히 아동발달심리학의 연구 성과는 아동을 올바르게 이해하고 지도하는 데 있어서 중요한 지침으로 활용되고 있다.

## 3 아동발달 특성

### 1) 발달의 개념과 발달원리[3)]

발달이란 수정에서부터 사망할 때까지 개인에게서 일어나는 체계적인 변화를 말한다. 변화에는 순서가 있고 패턴이 있으며 비교적 지속적으로 이루어진다는 것에 의미가 있다. 발달은 전 생애 동안 일어나고, 환경에 적응하는 과정에서 일어난다. 발달과정에는 결정적 시기(critical period)가 있는데, 특정 경험이 발달에 결정적 영향을 미치는 시기라고 할 수 있다.

발달과 유사한 개념으로는 성장, 성숙, 학습 등을 들 수 있다. 먼저 성장이란, 신체의 양적인 변화(신장, 체중)로 외부적 자극 없이도 자연히 일어나는 것을 말한다. 또한 성숙이란, 학습에 의한 것이 아니고 생물학적으로 유전에 의한 변화를 의미하며, 학습이란 인간의 경험이 느낌, 생각, 행동에 비교적 영속적인 변화를 만들어 내는 과정으로 후천적 경험에 의해 일어나는 변화와 능력의 획득을 의미한다.

3) 구혜영(2022)의 내용을 참고하여 정리하였음.

발달은 유전과 환경의 상호작용성을 가지며, 점진적 · 계속적 과정인 연속성, 중심부에서 말초방향(머리가 먼저 발달하고 손발이 발달)하는 순서성, 개인에 따라 속도나 모양이 다름을 의미하는 개인차, 어느 시기에 어느 발달이 왕성하게 발달하는 결정적 시기성, 발달 영역 간에 상호영향성의 특성을 갖는다.

아동의 발달원리는 첫째, 기초성의 원리를 들 수 있다. 어릴 때 일수록 그때의 경험 여부가 그 이후를 위한 초석적 의미를 가지므로 유아기 초기 경험의 기초성이 매우 중요하다고 할 수 있다. 즉, 이 시기에는 적절한 신체적 영양상태, 지적, 정의적, 사회적, 도덕적 발달을 위한 자극 등이 주어져야 한다. 둘째, 적기성의 원리를 갖는다. 인간의 발달과업은 가장 적절한 시기가 있어 그 시기에 해당 발달과업이 이루어지지 못하면 다음발달에 지장을 초래하기 때문에 특정 시기에는 그 발달과업이 성취될 수 있도록 지도해야 한다. 셋째, 누적성의 원리를 들 수 있다. 아동이 환경 및 여러 요인에 의한 결함으로 그들의 성장과 발달에 결손이 생기면 그 결손이 다음 단계의 성장 및 발달에도 영향을 미친다. 그러므로 결손이 장기화되지 않도록 지원이 즉각적으로 이루어져야 한다. 넷째, 불가역성의 원리를 들 수 있다. 한 단계에서 잘못한 것 또는 잘못한 것의 영향에 대하여, 역으로 이후 단계에서 잘한다고 해서 그것으로 전 단계의 영향을 주거나 이를 교정, 보충하는 데 한계가 있다는 점이다.

### 2) 아동의 발달과업

아동은 발달과업을 갖는다. 유아 및 아동기에 달성해야 할 과제(Gilmore)로는 일과 관련된 과업(주변의 세계를 탐색하고 조종하거나 언어와 개념을 습득함), 대인관계와 관련된 과업(다른 사람에게 접근함, 타인의 접근을 허용함, 가족, 친구, 낯선 사람을 구별함), 자기 자신에 관한 과업(어머니가 시야에서 사라지는 것을 허용함, 혼자 서고 걸음, '나'라는 의식(me-ness)의 독립적 발달, 자신이 주도한 유희) 등을 들 수 있다.

## 3) 영역별 아동발달의 특성[4)]

### (1) 신체발달

아동이 성장하는 속도는 개인마다 신체 부위마다 다르지만, 영유아기와 아동기는 신체발달이 제일 빠른 시기이다. 생후 1년 내에 몸무게의 3배가 증가하고 뇌는 0~4세에 현저히 발달하고, 5세에는 성인 뇌 무게의 95%가 된다. 젖니가 빠지고 영구치가 나게 되며 시각은 만 7세까지 완전히 발달한다. 여아는 대략 만 10세에서 12세경이면 사춘기에 들어가며, 남아는 대체로 만 14세에서 16세경에 사춘기를 맞게 된다. 생식기는 청소년기 이전에는 서서히 발달하다가 청소년기가 되면 급속히 발달하여, 20세경 기초적인 신체적 성숙이 거의 완성된다.

아동기 신체발달을 위한 특정한 목표로는 첫째, 대근육 기술 강화하기(자신감을 가지고 대근육 기술 사용하기, 방향이나 속도에 대한 조절 능력 강화하기, 물체 뛰어넘기), 둘째, 소근육 기술 강화 정교화하기(원활한 소근육 사용하기, 쓰고 그리는 도구 사용하기), 셋째, 신체적 능력 향상을 위해서 모든 감각 사용하기(소리의 유사점과 차이점 확인하기, 향상되는 기술을 사용하여 균형 잡기, 방향 잡기) 등이다. 신체발달은 아동이 건강한 삶을 영위할 수 있도록 하는 기반이 되므로 아동기에 신체운동 발달이 자연스럽게 이루어질 수 있도록 아동이 필요로 하는 다양한 아동복지서비스를 제공해 주어야 한다.

### (2) 운동발달

출생 시 바빈스키반사, 빨기반사, 잡기반사, 모로반사, 수영반사 등의 반사운동은 대뇌피질의 발달과 함께 점차 의식적, 자발적 운동으로 대치된다. 운동발달은 머리 들어올리기(2개월), 구르기(3개월), 혼자서 앉기(6개월), 붙잡고 걷기(9개월), 혼자서

4) 김성경 외(2013)의 내용을 참고하여 작성하였음.

서기(11개월), 혼자서 걷기(12개월), 손잡고 계단 오르내리기(16개월), 달리기 및 혼자서 계단 오르내리기(24개월), 달리기(2~4세), 혼자 옷 벗기(3세 이후), 5~6세 경에는 모든 근육의 기능이 높은 수준까지 발달한다. 초등학교 시기에는 신체 각 부분의 조정 및 통합을 추구하고, 몸의 유연성이 증가하게 된다.

### (3) 언어발달

언어는 문화의 창조, 발전, 계승의 도구이다. 언어에 필요한 기능은 소리를 구별하고 내는 능력, 낱소리를 단어로 연결시키고 단어를 문법에 맞는 문장으로 연결시키는 능력, 언어에서 의미를 도출하는 능력, 메시지가 전달되는 사회적 맥락을 파악하는 능력 등이 요구된다. 언어는 인지발달과 마찬가지로 아동의 발달초기가 가장 중요하다. 지적 능력뿐만 아니라 사회성 발달과도 관련성이 높아 최근 관심이 높아지고 있다. 아동은 양육자나 부모와의 언어적 상호작용을 통해 적절한 언어표현방법과 사고능력 등을 향상시킬 수 있도록 도움을 받아야 하며, 아동의 언어발달향상을 위한 다양한 서비스 제공도 필요하다.

언어발달 과정을 보면, 옹아리 시작(3~4개월), 1음절의 소리를 닮은 옹아리로 변화( 5~6개월), 자신의 소리와 다른 사람의 소리를 식별 · 모방하기 시작(8개월), 뜻이 있는 실제 언어로 변화(10개월), 사물의 이름 배우고 그 이름 적용 시작(15~18개월), 50개 미만의 단어사용 및 두 개의 단어로 구성된 구절이해(18개월경), 사고와 관찰 및 욕구를 전달하기 위해 언어 사용 · 구어에 대한 이해 거의 완성 및 자기중심적 언어사용(3세경), 광범위한 어휘 습득 · 기초적인 문법 구사 · 사고의 기초도구로 사용(4세), 언어를 사회적 의사소통 도구로 사용(학령기) 등으로 변화된다.

### (4) 자아개념의 발달

아동에게 첫번째 자아개념 발달은 인격적 독립을 얻는 것, 동년배 이성과 어울려 지내도록 배우는 것, 그리고 성역할을 배우는 것 등과 같은 사회성 발달을 가져오게 한다. 아동은 자신의 성취에 대한 기쁨과 더불어 성인에게 인정받으면서 자신에 대한 가치감과 근면감을 형성하게 되고 성장하면서 점차 가족보다 또래집단의 영향이 더욱 중요해지며, 또래관계가 아동의 가장 큰 기쁨과 좌절의 근원이 되기도 한다.

두 번째 자아개념 발달은 나는 누구이며, 무엇인가를 깨닫는 것을 말한다. 자아개념은 타인과 구별되는 분리된 실체라고 인식하는 데서 발달이 시작되는데, 주요한 사람과의 상호작용에서 형성된다.

세 번째 자아개념 발달은 친사회적 행동 발달로 타인을 도우려는 행동, 즉 협동, 양보, 나누어주기 등과 같은 행동을 하게 한다.

네 번째는 성역할 및 성개념의 발달로, 한 사회에서 여성 또는 남성으로서 역할, 즉 행동, 태도, 권리, 의무, 책임에 대한 태도, 신념 등을 발달시킨다. 성별에 맞는 옷차림, 놀이, 직업에 대한 사회적 기대를 의식하게 되고, 부모의 기대와 문화적 기준에 맞는 성역할 기준을 이해하고 내면화하게 된다.

### (5) 정서발달

정서란 외부 자극에 대하여 동요, 흥분될 때 경험하는 심리 상태나 감정으로서 포괄적인 정신·신체적(psychosomatic) 상태라 할 수 있다. 쾌·불쾌의 차원을 감정이라 한다면, 감정의 분화된 상태를 정서라고 한다. 아동기에 정서를 표현하는 수단과 방법은 성장함에 따라 달라진다. 즉, 영유아기에서는 미분화적·전체적·직접적 표현을 했으나, 점차 성장해 감에 따라서 스스로 이를 스스로 억제할 수 있게 되며, 분화된 간접적 표현을 하게 된다

아동기의 정서 발달을 위한 구체적 목표는 첫째, 가족의 한 구성원으로서 자신 확인하기, 독립심 증진시키기, 자신감을 지니고 남에게 보여 주기, 자신의 권리 옹호하기 등을 통해 자아존중감을 경험하게 하는 것이며, 둘째, 타인 돕기, 성인과 자신 구별하기, 타인의 권리 존중하기, 타인과 긍정적으로 상호작용하기, 과업 완수를 위

해 타인과 협동 작업하기 등을 통해 협동적인 친사회적 행동을 보여 주는 것, 셋째, 새로운 활동 시도하기, 일상생활에 참여하기, 교실활동에서 흥미와 열정 보여 주기, 성인과 신뢰감 형성하기 등을 통해 삶에 대한 적극적 태도를 보여 주는 것이다.

### (6) 인지발달

아동의 인지발달은 발달 초기에 다른 발달영역보다 빠르게 이루어진다. 인지는 지각을 통해 이루어지는데, 지각이란 인지발달의 기초이고, 지각한 것은 정신작용의 재료가 된다. 즉, 인지발달의 기본기제는 감각운동이라 할 수 있으므로 아동에게 지적 자극을 적극적으로 제공하여 뇌세포의 활성화를 촉진하고, 지적 능력이 보다 높은 상태로 성장 발달할 수 있도록 다양하고 발달에 적합한 자극을 제공해야 한다. 아동기의 인지발달을 위한 구체적 목표는 학습에 대한 적극적 태도 발달시키기, 학습기술 강화하기, 논리적 기술 확장하기, 사물에 대한 개념 및 정보 습득하기, 언어적 의사소통 기술 확장하기 등이 있다.

### (7) 도덕성 발달

도덕성이란, 사회구성원이 요구하는 규범을 행위준칙으로 인정하고, 내면화하여 사고하고 행동하는 성향을 의미한다. 사회화 과정에서 아동에게 이러한 도덕성, 즉 옳고 그른 것을 구별할 수 있는 능력을 가르치는 것은 매우 중요하다. 아동 중기에 접어들면서 아동은 사회의 규칙과 기준에 자신의 가치관을 맞추는 도덕성이 발달하며 이로써 자신의 생활을 조직화한다. 즉, 도덕성 발달이란 아동 자신이 속한 문화의 도덕적 가치에 따라 행동하도록 배울 뿐 아니라 그것을 내면화시켜서 자기 자신의 가치로 받아들이는 과정을 의미한다. 이것은 도덕적 태도와 신념 및 가치관의 획득과 함께 도덕적 행동을 수정할 수 있어야 한다.

# 4 아동복지의 이론적 관점

## 1) 아동발달이론

아동발달이론은 아동복지를 설명하는 이론으로 아동의 발달과정을 통해 일어나는 심리, 행동, 인지, 성격 등의 다양하고 복잡한 변화를 이해하기 위해 필요하다. 아동을 위한 복지서비스 제공자들은 인간발달이론을 바탕으로 아동의 발달과업, 욕구와 문제를 정확히 파악하여 진단과 평가를 하게 된다. 그리고 아동에게 필요한 복시서비스가 제공될 수 있도록 계획을 수립한다. 아동발달이론에 존재하는 중요한 쟁점은 첫째, 유전적 요인과 환경적 요인의 중요성을 강조하는 것으로 인간은 유전적 요인과 환경적 요인의 상호작용으로 발달하기 때문이다. 둘째, 성숙과 학습의 중요성으로 인간은 성숙과 학습의 상호결합에 의해 성격과 행동이 변화되기 때문이다. 셋째, 인간발달은 연속성과 불연속성이 동시에 존재하는데 인간의 발달적 변화는 이 두 가지를 결합한 것이라 할 수 있다.

## 2) 정신분석이론

Sigmund Freud
(1856~1939)

Freud는 인간의 모든 행동, 사고, 감정, 심리현상이 의식에 의한 것이 아니고 신체적 긴장 상태에 의해 유발되는 무의식적인 성적 본능과 공격적 본능에 의해 결정된다고 보았다. 즉, 무의식적 동기나 욕구를 조절하지 못하면 신경증적 증상이나 행동으로 나타나게 된다고 본 것이다. 성격발달의 세 가지 기본 원칙으로 정신적 결정론(인간의 외적인 행동, 감정, 생각은 내적인 원인에 의해서 미리 결정), 무의식의 중요성(인간의 행동은 인식할 수 없는 무의식적 동기에 의해서 유발), 성적 에너지인 리비도(본능적인 성적 에너지가 행동과 사고의 동기)를 지적하였다.

### (1) 중심 개념

#### ① 의식수준

Freud는 인간의 의식수준을 전의식, 의식, 무의식으로 나누었다. 전의식은 무의식과 의식 사이에 존재하며, 억압되어 있지만 주의를 집중하고 노력하면 의식으로 회상시킬 수 있는 정신세계이다. 의식은 인간이 감각기관을 통해 알아차리는 모든 것을 말하고 무의식은 감각기관을 통해 알아차릴 수 없는 마음속 깊은 곳에 감추어져 있어서 기억하지 못하는 정신세계로서 본능, 정열, 억압된 관념 및 감정 등이 잠재되어 있는 곳으로 설명하였다.

#### ② 성격구조

원초아(id)는 인간의 선천적인 본능적 충동의 덩어리로써 무의식적 영역에 있는 정신에너지의 기본적 성격구조이다. 이 원초아는 본능을 충족시키고 싶어 하고, 고통을 피하려는 쾌락 원리에 따르기 때문에 원시적이고 비논리적인 일차적 과정을 거친다. 아동들은 원초아의 원리에 따라 행동하는 경향이 있다. 자아(ego)는 출생 후 세상과의 현실적 관계를 통하여 원초아의 욕구를 충족시키거나, 통제하기 위해서 발달하는 것으로 인간 의식의 일부가 된다. 즉, 자아는 원초아의 충동과 현실 사이에서 욕구를 집행하여 균형 잡힌 해결책을 강구하는 이성에 의한 중재적 역할을 하는 것이다. 이 과정에서 자아는 욕구나 긴장, 충동 등을 합리적으로 해소시킬 수 있는 상황을 고려하기 때문에 현실 원리에 따르는 이차적 과정이다. 초자아(super ego)는 사회문화적 규범이 내면화된 것으로 부모나 주위 사람의 훈육에 깊은 영향을 받는다. 초자아는 도덕의 저장소라 불리며, 양심과 이상, 도덕성, 죄책감을 대표하는 기능을 하고 도덕적 관점에서 원초아의 충동을 억제한다.

③ 정신에너지(리비도)

Freud의 이론에서 사용되는 정신에너지는 성적 차원에서의 본능적 에너지, 즉 리비도(libido)라 하며, 이 리비도가 집중적으로 모이는 곳을 성감대라고 하였다.

④ 방어기제

자아가 합리적 방법으로 자신이 느끼는 불안감에 대적하지 못할 때 자신이 의식하지 못하는 가운데 비현실적 방법으로 불안감을 제거하려고 하는데 이러한 무의식적인 심리적 기제를 방어기제라 한다. 방어기제의 종류는 억압, 합리화, 반동 형성, 투사, 퇴행, 감정 전이, 억제, 보상, 치환, 승화, 히스테리, 동일시 등이 있다.

### (2) 발달단계별 특성

① 구강기(0~1세)

구강기는 생후 1년까지의 시기로 리비도가 입, 혀, 입술 등 구강에 집중하게 되므로, 먹는 행동을 통해 만족과 쾌감을 얻게 된다. 이 시기에 아동은 기본적이고 근본적인 욕구를 만족시켜 주는 어머니와 애착을 형성하며 구강을 통해 어머니의 젖을 빨아먹음으로써 성적 욕구를 충족시킨다. 만약 이 시기에 구강만족을 얻지 못하면 아동은 다음 발달 단계로 이행하지 못하고 이 단계에 고착[5]하게 되는데 구강기 전반에 좌절이나 방임을 경험하면 구강수동적 성격(수동적, 미성숙, 의타심 등)이, 구강기 후반에 고착되면 구강수동적(논쟁적, 비판적, 타인에 대한 지배 등) 성격이 나타날 수 있다.

② 항문기(1~3세)

이 단계는 리비도가 항문 부위에 집중되어 대소변을 보유하거나 배출을 통해 쾌

5) 고착: 이전 단계의 문제점이나 쾌락이 계속 정착하는 것을 의미한다.

감을 얻는 시기이다. 이 시기의 발달과업은 배변 훈련인데, 만일 부모가 배변 훈련을 너무 조급해 하거나 억압적으로 시키게 되면 성인이 되어서도 항문기에 고착된 현상을 일으켜 항문기 강박적 성격이 나타나게 된다. 항문기 강박적 성격으로 지나치게 깨끗한 것을 추구하는 결벽증이나, 무엇이나 아끼고 보유하려는 인색한 성격 등이 나타날 수 있다.

③ 남근기(3~6세)

이 시기에는 정신에너지인 리비도가 성기에 집중되고 성기를 만지는 것을 통해 쾌감을 얻게 된다. 이 시기 동안 아동은 성격발달에서 몇 가지의 커다란 심리적 변화가 일어나는데 남아는 오이디푸스 콤플렉스를 경험하게 되고 여아는 엘렉트라 콤플렉스를 겪게 되는데 이러한 콤플렉스는 이성의 부모에게 성적 애정과 접근하려는 욕망을 갖게 되는 현상이다.

④ 잠복기(6~12세)

이 시기는 다른 단계에 비해 평온한 시기로 성적 욕구가 억압되어서 이전 시기에 가졌던 충동들이 잠재되어 있는 시기이다. 반면 이 시기에는 지적 탐색이 활발하게 되는데 이때의 아동은 초등학교에 입학하는 시기이므로, 지금까지 경험하지 못했던 지적 활동에 관심을 가지고 에너지를 집중시키게 된다.

⑤ 생식기(12세 이후)

이 시기의 아동은 전 단계에서 잠복되었던 성 에너지가 무의식에서 의식의 세계로 나오게 된다. 이 시기의 청소년은 성적 충동을 현실적으로 수행할 신체적 · 생리적 능력을 갖추게 되어 이성에 대한 진정한 관심을 갖게 되고, 점차 성숙한 애정으로 발전시켜 갈 수 있게 된다. 이 시기에 순조로운 발달을 보인 청소년은 타인에 대해 관심을 갖게 되고 이타적인 사람으로 성숙해 간다.

## 3) 심리사회이론

### (1) 이론의 중심 개념: 발달적 위기

Erikson의 심리사회이론에서는 인간이 각 단계마다 겪어야 하고 겪어낼 수밖에 없는 발달적 위기(developmental crisis)를 설명하는데, 각 단계마다 특정 발달과업의 성취 여부에 따라 발달 위기의 극복 여부가 결정되며, 그에 따라 발달의 정상적 측면이나 비정상적 측면이 나타난다고 설명한다.

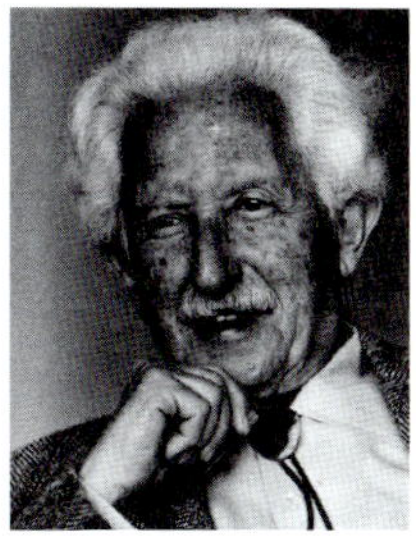

Erik H. Erikson
(1902~1994)

### (2) 발달 단계별 특성

#### ① 제1단계 영아기(0~1세): 기본적 신뢰감 대 불신감

이 단계의 아동은 세상을 안전하고 믿을 수 있는 곳이라고 생각하며 이때 아동의 적절한 욕구충족은 기본 신뢰감을 형성하게 한다. 기본신뢰감은 이후에 생의 의욕과 긍정적 세계관을 기르는 데 기초가 된다. 반면 이 시기에 아기를 돌보는 방법이 부적절하고 일관성이 없고 부정적이면, 아동은 공포와 의심을 가지고 세상을 살아가는 불신감이 형성된다.

#### ② 제2단계 유아기(1~3세): 자율성 대 수치심과 회의

부모로부터 신뢰감을 얻으면 아동은 독립하고자 하는 강한 욕구를 갖게 된다. 만일 부모가 아동 스스로 할 수 있는 신체 동작이나 놀이 등을 허용하고 격려하면 아동은 자율성을 형성하게 된다. 물론 이런 격려와 허용의 과정에서도 적절한 감독과 제재가 있어야 하지만, 부모나 교사가 참을성 없이 아동의 모든 것을 내신해 주고 지나치게 간섭하고 통제하면, 아동은 자신의 능력에 대해 의심을 갖게 된다. 더욱이 아동의 미숙하고 부적절한 행동에 대해 수치심을 심어 주면 심한 자기 회의에 빠지게 된다. 이러한 자율성은 이후에 독립심과 자아존중감을 갖게 되는 기초가 된다.

③ 제3단계 학령전기(3~5세): 주도성 대 죄책감

자기의 욕구에 따른 자율과 독립의 기초가 마련되면 아동은 외부세계에 대해 적극적이고 능동적인 신체활동과 언어의 사용이 증가하며, 이 시기에 자신의 활동을 스스로 계획하고 추진하며 도전하는 능력을 갖게 된다. 아동이 적당한 만큼의 자유를 가지고 탐색하고 실험하도록 허용하고, 부모나 교사는 아동들의 질문에 진지하게 응하며, 스스로의 문제 해결에 자발적 의지를 갖도록 격려하면 자발성이 발달된다. 반면 아동의 요구와 신체활동을 지나치게 제한하고, 질문이나 탐색 활동에 무관심하게 되면, 아동은 자신에 대해 심한 죄책감을 갖게 된다. 순수한 자발성은 이후에 포부와 야망의 형성에 중요한 기초가 된다.

④ 제4단계 아동기(5~12세): 근면성 대 열등감

초등학교 시기의 아동은 뭔가 스스로 알아내고 성취하는 데서 인정을 받고 싶어하고, 자신의 능력과 가능성을 확인하려는 욕구가 강하게 드러난다. 그러므로 아동이 성취의 기회를 부여받고, 성취한 과업에 대해 인정을 받으며, 격려를 받으면 성취감이 길러진다. 그러나 성취할 기회도 갖지 못하고 좌절감과 낮은 평가를 경험한 아동은 심한 열등감을 형성하게 된다.

⑤ 제5단계 청소년기(12세~20세): 정체감 대 정체감 혼란

신체적 성숙이 이루어지고 부모로부터의 심리적 독립의 기회를 가지게 되면 청소년은 자신이 어떠한 사람이 될 것인지에 대해 깊은 관심을 갖게 된다. 끊임없는 자기 질문을 통해 자신을 통찰하고 자기상을 찾기 위해 노력하게 된다. 자아정체성(ego-identity)을 통해 이는 자신의 장래 진로와 직업 선택, 배우자 선택, 인생관의 확립 등의 과업을 수행하게 된다. 이것이 해결되지 아니하고 방황하게 되면 역할혼란(role confusion), 또는 자아혼돈 정체성(identity diffusion)으로, 직업 선택이나 성역

할 등에 혼란을 가져오고, 인생관과 가치관의 확립에도 심한 갈등을 야기한다.

⑥ 제6단계 청년기(20~40세): 친밀감 대 고립감

청소년기에 자아정체성이 확립되면 자신의 정체성을 타인의 정체성과 연결시키고 조화시키려는 노력을 하게 된다. 즉, 부모, 배우자, 동료 등 사회의 여러 다른 성인과 친밀한 관계를 맺으면서 자신의 고립과 고독을 극복하게 된다. 만일 다른 성인과 친밀한 관계를 맺지 못하고, 고립되면 불행한 인생을 영위하게 된다.

⑦ 제7단계 장년기(40~60세): 생산성 대 침체성

가정에서 배우자와 부모, 직장에서는 동료 및 사회의 다른 성인과 원만한 관계가 성취되면 장년기에는 자신에게 몰두하기보다는 생산적인 일에 몰두하며, 자녀를 낳고 기르고 돌보는 일에 전념하게 된다. 여기서 말하는 생산성은 일차적으로 다음 세대를 길러내고 돌봐 주는 일을 의미하지만 넓은 의미로는 자신보다는 남과 사회를 위해 일하는 것으로, 즉 사회적 성취를 포함하는 넓은 의미로 보아야 할 것이다. 이러한 과정이 원만하게 이루어지지 못하는 사람은 어릴 적과 마찬가지로 계속 자신에게만 몰두해 있고, 사회적 · 발달적 정체를 면하지 못한다.

⑧ 제8단계 노년기(60세 이상~사망): 통합성 대 절망감

통합성은 자신의 인생을 그대로 인정하고 받아들이며, 생에 대한 통찰과 관조로 유한성과 다가올 죽음까지도 수용하는 것을 의미한다. 이러한 통찰이 이루어지지 못하면 자신 인생에 불만족과 불행을 느끼며, 결국 죽음에 대해서도 부정적인 절망에 빠지게 된다.

### 4) 인지발달이론

Jean Piaget
(1896~1980)

인지발달이란, 새로운 것을 탐색하여 동화하고 조절하는 사이 더욱 새롭고 복잡한 도식으로 조직화하는 능동적인 과정이다. Piaget는 인간이 외부세계를 이해하고 파악하는 데 바탕이 되는 인지구조가 형성되는 과정을 강조하였다. 아동은 인지발달을 통해 환경에 대해 적응하며, 이 인지발달은 유기체와 환경과의 상호작용의 결과로 이루어진다. 아동은 조직화와 적응의 과정을 통해 새로운 도식(schema)을 개발하고 기존의 도식을 변화시킨다. 인지발달이론은 아동의 교육적 측면에서 이론적 기반을 제공하고, 인지발달단계를 기준으로 아동의 인지수준을 정확하게 파악하여, 아동의 수준에 따른 적절하고 적합한 프로그램을 계획하고 수행하는 데 도움을 준다.

#### (1) 중심 개념: 동화, 조절, 도식, 평형, 조직화, 적응

아동의 인지발달은 적응 능력의 발달 과정이며, 적응은 '동화(assimilation)'와 '조절(accommodation)'의 두 가지 작용에 의해 '평형(equilibrium)'을 이루는 과정이다. 여기서 동화는 이미 아동이 갖고 있는 자신의 이해의 틀(인지도식)에 의해 새로운 대상이나 사건을 해석하고 이해하는 것이며, 조절은 기존의 인지구조로 새로운 대상을 받아들일 수 없는 경우에는 기존의 구조를 변경시키는 과정을 의미한다. 또한 평형은 새로운 상황에서 일관성과 안전성을 이루려는 시도를 말한다. 또한, 조직화는 점차 성숙하면서 상이한 도식을 결합시키는 것이고 도식은 사물이나 현상에 대한 개념(인지구조), 도식은 유기체가 환경과의 접촉에서 되풀이 되는 행동과 경험을 의미한다.

### (2) 발달 단계별 특성

피아제의 연령별 인지발달단계는 다음의 〈표 1-3〉과 같다.

❖ 표 1-3 피아제의 인지발달단계

| 연령 | 인지발달 단계 | 특징 | Freud | Erikson |
|---|---|---|---|---|
| 0~2세 | 감각운동기 | 자극에 대란 반응, 직접적인 신체감각과 경험을 통한 환경 이해, 대상영속성 발달, 사회적 애착 확립, 목적 지향적 행동 | 구강기<br>항문기 | 신뢰-불신 |
| 2~7세 | 전조작기 | 자아중심적, 직관적 사고, 물활론, 상징적 기능, 타율적 도덕성, 중심화(집중성), 비가역적 사고, 대상영속성 확립, 보존개념을 이해하기 시작 | 항문기<br>남근기 | 자율성-수치심<br>주도성-죄의식 |
| 7~11/12세 | 구체적 조작기 | 논리적 사고의 발달, 보존개념 확립, 분류화, 서열화, 탈중심화, 가역적 사고, 자율적 도덕성, 조합 기술 | 잠복기 | 근면성-열등감 |
| 12세~성인기 | 형식적 조작기 | 추상적 사고가 가능, 가설-연역적 추론, 조합적 사고 | 생식기 | 자아정체감-역할혼란 |

출처: 사회복지교육연구센터(2016).

## 5) 행동주의이론

행동주의이론은 인간행동의 대부분이 학습되거나 학습에 의해 수정된다는 기본 전제에 근거를 두고 있다. 인지, 감각, 의지, 본능과 같은 개념은 내성적이며 관념적인 것들로 과학적 연구의 대상이 될 수 없기 때문에 직접 관찰 가능한 인간행동이 초점이 되는 것이다. 행동주의이론에서는 특정 인간발달 단계를 제시하지 않고 있다.

### (1) Pavlov의 고전적 조건화

Ivan Petrovich Pavlov
(1849~1936)

고전적 조건화는 Pavlov의 개 실험에서 찾을 수 있는데, 그는 개의 조건 현상에 의한 타액 분비의 양을 정확히 측정하는 장치를 고안해 내어, 일정한 속도로 종(metronome)을 울리며 그와 동시에 개의 입에 음식을 넣어 주는 실험을 수십 차례 반복하였다. 이후 개는 종소리만 들어도 타액을 흘리게 되었는데 음식을 개의 입에 넣으면(무조건 자극) 타액이 나온다(무조건 반사)는 것은 당연한 생리적 반응이나, 종소리는 타액과는 하등의 관계가 없는 중립자극이다. 이와 같이 고전적 조건화는 중립자극이 일차적 유발자극과 결합될 때 중립자극에 대해서도 유기체가 특정 반응을 형성한다는 것이다. 즉, 행동을 유발하는 힘이 없는 중립자극에 반응 유발 능력을 불어넣어 조건자극으로 변화시키는 과정이 고전적 조건화이다.

### (2) Skinner의 조작적 조건 형성

Fredrick B. Skinner
(1904~1990)

Skinner는 자신이 고안한 작은 상자에 흰 쥐를 넣어 쥐가 마음대로 활동하다 조작적 조건화를 통해 측정한 행동이 형성되는 과정을 설명하였다. 즉, 한쪽 벽에 지렛대를 장치하여, 쥐가 지렛대를 누르면 자동적으로 먹이가 나오게 하는 구조로 쥐는 이리저리 움직이다가 우연히 지렛대를 누르게 되었고, 그 결과 먹이를 먹게 되었다. 이러한 행동을 반복하면서 쥐는 지렛대를 누르는 횟수를 증가시켰다. 이 실험에서 인간은 어떤 반응을 하여 그 반응이 긍정적 결과를 가져오면 그 행동을 반복하게 될 확률이 높아진다고 강조하였다. Skinner는 이와 같이 도구적 조건화 또는 조작적 조건화에 의해 습득된 행동을 조작적 행동이라 하였다. 조작적 조건화는 인간의 행동이 강화 자극에 의해 통제될 수 있음을 설명하였다. 이때 특정 행동에 뒤따르는 결과 중에서 행동 재현 가능성을 높여 주는 것이 강화(reinforcement)이며, 가능성을 낮추는 것이 벌(punishment)이다. Skinner는 인간의 행동은 환경적 자극에 의해 동기화되며, 행동에 따르는 강화에 의해 전적으로 결정된다고 보았다.

#### (3) Bandura의 사회학습이론

Albert Bandura
(1925~2021)

Bandura는 인간의 학습과정은 직접적 강화에 의한 경험을 통하여 학습되는 경우도 있지만, 타인의 행동을 관찰하고, 이를 모방함으로써 새로운 행동을 학습할 수 있음을 주장했다. 이러한 학습은 일상적인 사회적 학습에서 이루어지기 때문에 사회학습이론이라고 한다. 학습은 경험이나 연습에 의해 개인의 지식이나 행동에 비교적 지속적인 변화가 일어나는 것을 의미하는데 아동발달에서 생물학적 요인보다는 환경적 요인을 강조하였다. 즉 인간이 살아가면서 획득하게 되는 관찰과 모방에 의해 관찰 가능한 외현적인 행동이 드러난다고 보았다. 이와 같이 Bandura의 사회관찰학습 이론은 외부 환경이 아동의 심리적 발달에 얼마나 중요한지를 뒷받침해 주는 이론이라 할 수 있다.

### 6) 인본주의이론[6)]

인본주의이론은 인간을 무의식적 결정론(정신분석학), 기계론적 환경결정론(행동주의) 입장으로 보는 것에 반대한 대안의 이론이다. 즉, 인본주의 심리학파는 인간을 자율적 존재로 보고, 인간의 주관적 가치를 강조하며 존재론적 입장에서 인

---

6) 구혜영(2022)의 내용을 참고하여 정리하였음.

간의 변화 가능성과 자유의지(free will)를 강조하였다. 인본주의 심리학은 대표적으로 C. Rogers의 인간중심 접근과 A. Maslow의 자아실현 접근, 의미치료(logotherapy)의 창시자인 V. Frankl의 실존주의적 접근 등이 있다.

Carl Rogers
(1902~1987)

인본주의는 각 개인에게 현상이 나타나는 방식과 각 개인이 그 현상을 경험하고 느끼는 방식에 관심을 두기 때문에 현상학적 이론이라고도 하며, 인간의 성장과 자기실현을 강조하는 등 인간에 대해 긍정적으로 접근하기 때문에 인본주의 이론이라고 한다. 이 이론은 치료자와 클라이언트의 관계를 중시하며, 클라이언트를 무조건적으로 수용하는 클라이언트 중심의 접근법을 제시하고 있다.

### (1) 인간에 대한 관점

인본주의에서 인간은 누구나 자신의 자유로운 선택에 따라 행복하고 가치 있는 삶을 살 수 있는 가능성을 지니고 있으며, 자유롭고, 선하며, 진실하고 이성적이며 합리적이고 통합적인 존재로 본다. 또한 자신의 행동에 책임을 지며, 유목적적이고, 건설적인 방향으로 지속적으로 성장해 나가는 미래지향적 존재로 인식하고 있다. 그리고 환경조건이 적당하기만 하면 자신의 잠재능력을 실현해 나갈 수 있는 존재라고 보았다. 이것은 모든 사람에게 자신을 유지하거나 향상시키는 방향으로 자신의 능력을 발달시키려는 자아실현의 경향이 있다는 기본전제에 기인한다. 즉, 인간의 존재를 사랑, 창조성, 선택, 의미, 가치, 자아실현과 같은 긍정적인 측면에 초점을 두고 있다.

### (2) 주요개념

#### ① 현상학적 장(phenomenal field)

현상학적 장이란 특정한 순간에 개인이 지각하고 경험하는 모든 것을 의미한다. 동일한 현상이라도 개인에 따라 다르게 지각하고 경험하기 때문에 이 세상에는 개인적 현실, 즉 현상학적 장만이 존재하게 되는 것이다. Freud가 과거경험이 인간의 행동을 결정하는 요인이라고 본 데 비해, Rogers는 현재의 행동을 결정하는 것은 과거 그 자체가 아니라 과거에 대한 각 개인의 해석이라고 보는 것이다. 이것은 인간을 이해하는 데 있어 문제의 역사보다 '지금 여기에'를 강조하는 것을 의미한다.

#### ② 자아(self)

갓난아이는 내적 경험 또는 주관적 세계가 비교적 유사한 감각과 지각을 가진 유기체이지만, 부모와 같은 중요한 타인과의 상호작용과 자아실현 경향으로 유기체적 경험의 일부가 '자기(I)' 또는 '자기개념(self)'으로 분화되는데, 이 자아는 의식적 지각과 가치를 포함하게 된다. 이는 자신이 어떤 존재인가에 대한 개인의 개념으로 현실자아(real self)와 이상적 자아(ideal self)로 구성되어 있고, 현재의 경험이 자아구조와 불일치할 때 개인은 불안을 느끼게 되며, 불안을 완화하기 위해 자아는 방어기제를 사용하기도 한다.

#### ③ 긍정적 관심에 대한 욕구

이것은 중요한 사람으로부터 조건 없이 따뜻함, 존경, 사랑, 그리고 수용을 얻고 싶은 기본적인 욕구를 의미한다. 아이에 대한 부모의 양육에서 중요한 것은 부모가 아이에게 모든 것을 용서하고 수용하는 것이 아니라 그 존재 자체로 귀중한 한 인간으로서 평가받고 사랑받고 있다는 분위기를 제공하는 것을 말한다. 긍정적 관심은 개인의 올바른 성장과 발달에 도움이 되는 중요한 과정이다.

④ 자아실현 경향

자아실현 경향이란 선천적으로 인간이 갖고 태어난 자신의 능력과 잠재력을 최대한 개발하려는 욕구를 의미한다. 이는 일생을 통하여 이루어지는 과정으로 인간은 외적인 힘에 의존하고 통제되기보다는 독립성, 자기책임성, 자기규제, 자율성, 높은 수준의 자기 통제로 나아가려는 속성을 지니며, 이를 위해 직면하게 되는 고통이나 방해요인을 극복할 수 있는 성장 지향적 유기체이다.

⑤ 의미 있는 타인(significant others)

의미 있는 타인이란 개인의 목표와 가치, 신념, 삶에 대한 의사결정에 영향을 미치는 중요한 사람, 주로 부모, 가족, 친구, 존경하는 사람을 일컫는다. 인간은 단순히 긍정적 관심을 받는 존재로부터의 인정에서 의미 있는 타인의 기대와 태도에 민감하게 반응하게 되며 의미 있는 타인으로부터 가치와 규범을 내면화하게 되고, 개인은 자신을 가치 있는 존재로 판단하게 되며 자아구조가 더욱 심화된다.

### (3) 개입기법

① 공감(empathy)

공감이란 사회복지사가 클라이언트의 생각, 감정, 경험에 대하여 본인의 주관적인 입장에서가 아니라, 클라이언트의 입장에서 듣고 반응하는 것으로 자신의 입장을 지키면서도 클라이언트의 감정에 빠지지 않고 마치 자기 자신의 감정인 것처럼 느끼는 것이다. 즉, 타인의 입장에 서게 되는 것 또는 타인의 눈으로 사물을 바라보는 것이라 할 수 있다.

② 무조건적 긍정적 배려(unconditional positive regard)

무조건적 긍정적 배려란, 속으로든 겉으로든 판단적인 행동을 보이지 않는 것을 의미한다. 조사나 해석을 하지 않고 또 시인이나 부정하는 태도를 보이지 않으며 클라이언트를 전적으로 신뢰하며 수용하는 것을 말한다. 이것은 클라이언트를 있는 그 자체로 존중하고 긍정적인 변화 잠재력을 갖고 있음을 믿는 것이다.

③ 진실성(genuineness)

진실성은 클라이언트와의 반응이 순간순간 내적으로 경험하고 느끼는 바와 합치되는 상태를 의미한다. 척하는 것이 아니라 인간으로서 사회복지사 자신의 모습을 정확히 인식하고 이를 진솔하게 표현하는 것을 말한다.

## 7) 통합방법론

### (1) 통합방법론의 개념

통합방법론적 접근은 사회복지사들이 개인, 집단, 지역사회에서 제기되는 문제에 활용할 수 있는 공통된 하나의 원리나 개념을 통합하여 제공하는 방법이다. 전통적으로 활용되어 온 방법의 전부 또는 일부를 통합함으로써, 한 명의 사회복지사가 복수의 방법을 통합적으로 사용하여 대상자인 아동 및 그 가족들에게 개입하는 것이다.

### (2) 통합방법론의 기본원칙

통합방법론의 기본원칙은 첫째, 기본적인 개념, 활동, 기술, 목표 등에 하나의 공통된 기반이 있음을 전제로 해야 한다. 둘째, 아동이나 그 가족의 성장과 잠재성은 미래지향적이라는 믿음을 가져야 한다. 셋째, 통합방법론은 실천현장에서 사용되는 지식과 이론들이 과거 실천현장에서 사용되어 왔던 심리내적인 정신분석적인 것에서부터 상황 속에서 인간을 이해하고자 하는 체계이론까지 모든 개념들이 사용된다. 넷째, 인간과 환경적 초점을 동시에 둠으로써 인간과 환경의 공유영역인 '사회적 기능수행' 영역에서 사회복지사로서의 역할을 수행하여야 한다. 다섯째, 아동이나 그 가족을 존중하고, 그들이 가지고 있는 강점을 믿고, 직접 그들이 참여하고 자기결정을 할 수 있도록 하며, 아동 및 그 가족의 개별욕구가 극대화될 수 있도록 지속적으로 실천과정을 평가하여야 한다.

### (3) 통합방법론의 주요 관점

① 환경 속의 인간 관점(Person In Environment: PIE)

Mary Richmond(1917)는 그의 저서 '사회진단(social diagnosis)'에서 환경 속의 인간을 강조하였는데 이는 인간을 보다 잘 이해하기 위해서는 인간의 심리내적인 특성만을 고려할 것이 아니라 인간의 환경 혹은 그가 속한 상황까지도 고려해야 한다는 점이다.

② 일반체계이론(General system)

생물학자 Bertalanffy에 의해 제시된 일반체계이론은 사회현상 간의 상호관련성에 초점을 두고 있다. 그는 사회체계의 구성요소 간의 상호의존과 상호작용, 그리고 사회체계의 적응과 부적응에 관심을 두었으며, 사회체계 내부 및 체계 간의 안정성과 변화를 설명할 수 있는 근거로 일반체계이론을 주장하였다. 일반체계이론에서의 인간관은 크게 전체적 인간관과 환경 속의 인간관으로 구분되며 전체적 인간관은 인간을 통합된 하나의 체계로 간주하는 인간관을 가지며, 그 체계를 지속적으로 상호의존하거나 상호작용하는 부분들의 총합으로 규정하였다.

③ 사회체계이론(Social system theory)

일반체계이론의 기반 위에서 시도된 사회체계이론은 인간행동에 영향을 미치는 다양한 체계수준, 즉 개인, 가족과 조직을 포함하는 소집단, 지역사회와 같은 좀 더 복잡하고 넓은 체계를 설명하려는 이론이다. 사회체계의 인간관은 인간을 독립된 존재로 보는 것이 아니라 끊임없이 사회체계 간에 상호작용하며, 상호의존적인 역동적인 것으로 이해하기 때문에 사회체계는 적응적이거나 목표 지향적이고, 사회체계의 구성원 간에는 고도의 상호의존성과 내적인 조직력이 존재하게 된다.

#### ④ 생태체계이론

생태체계이론은 생태학과 일반체계이론의 두 개념을 포함한 것으로서 인간과 외부환경, 그들의 상호교류를 분석하기 위해 사용되는 이론이다. 이 이론은 단순히 인과관계를 규명하는 것이 아니라 인간과 환경 간의 복잡한 상호보완성을 설명하는데 관심을 두며 환경과 인간을 하나의 총체로 간주하는 이론이다.

CHAPTER 02

# 아동과 환경

CHAPTER

# 02 아동과 환경

## 1 아동의 환경의 개념

아동의 환경이란, 아동이 태어나서 성장해 가는 과정 속에서 경험하게 되는 삶의 장을 의미한다. 환경은 개인에게 부딪히는 조건과 세력 및 외적 자극의 개별적 · 총합적 구조와 작용이라고 할 수 있다. 즉, 아동환경은 아동 각자의 성장과 발달에 영향을 미치는 외적 조건 및 자극과 그 작용이라 할 수 있다(주정일 · 이소희, 2012).

아동과 환경과의 관계를 구체적으로 살펴보면 다음과 같다. 첫째, 환경 속에서 언제나 핵심이 되는 것은 개인이다. 즉, 집단으로서의 인간이 아니라 개인으로서의 아동을 중심으로 하고 있다는 점인데 아동에 따라 환경의 영향을 받는 정도가 다르므로 같은 외적 자극에 대해서도 아동은 서로 다르게 지각하고 반응할 수 있다. 둘째, 환경은 개인에게 영향을 미치는 개인 외부의 물적 · 인적 요인을 모두 포함한다. 아동 개인을 중심으로 볼 때 그의 환경에는 아동을 둘러싼 가족들과 그들의 특성은 물론, 또래와 친척, 이웃들과 같은 인적 조건과 그들이 주는 자극이 포함된다. 셋째, 개인에게 부딪히는 외적 조건과 자극은 개별적 및 총합적으로 개인에게 영향을 미친다. 부모는 각각 아동이라는 개인에게 영향을 미치는 환경이 되지만 아버지와 어머니의 상호작용이 총합적으로 아동에게 영향을 미칠 수 있다. 넷째, 아동의 환경에는 인적 요인과 물적 요인 간의 작용이 포함된다. 이 작용은 눈에 보이지 않는 풍토이며 문화이기 때문에 아동이 감각적으로 흡수하고 반응하는 행동에서 관찰될 수 있다. 또한 이 작용은 가변성을 가지는데 이는 인적 및 물적 요인의 영향을 받기도 한다(공계순 외, 2016).

## 2 아동과 가족환경

아동의 가족환경에는 가정의 주택 등 물적 환경뿐 아니라 부모의 양육 태도 및 양육관을 비롯한 심리적 혹은 인적 환경이 포함된다. 아동환경 중 가족과 부모는 자녀의 성장, 발달에서 필수적인 요소이며 또한 가족은 아동을 외부의 위험으로부터 보호하고 격려하면서 한 인격체로 성장시켜 나가는 가장 근본이 되는 체계라 할 수 있다.

### 1) 가족환경의 의의

아동의 사회화 과정에 많은 사회적 요인과 집단이 영향을 주지만 그중에서 가족은 가장 강력한 영향력이 있는 집단이라 할 수 있는데, 그 주된 이유가 아동은 가족 구성원과 최초로 사회적 접촉을 가지며 많은 시간을 함께 보내기 때문이다. 따라서 부모의 성격, 태도, 사회 · 경제적 지위, 교육 수준 등이 아동의 문화에 대한 가치관이나 태도, 의식 등에 영향을 미치게 된다. 다시 말해 가족은 언어와 인간관계를 배우고 질서와 규칙을 익히는 최초의 학교이자 사회화 과정을 습득하는 체계로서, 인생의 가장 중요한 초기시기를 보내는 공간인 것이다. 특히 경제적으로나 사회적으로 완전히 독립할 때까지 비교적 가정의 영향력 안에서 보내게 되는 우리나라의 경우, 한 인간의 발달과 교육에서 가족과 부모의 역할은 무엇보다 중요하다.

### 2) 가족환경의 변화

가족이 갖는 기능은 경제적 기능, 출산 및 성행위 규제 기능, 자녀양육 및 사회화 기능, 정서적 유대 기능, 사회보장 기능, 지위계승 기능 등이다. 가족의 경제적 기능은 산업화로 인해 가족과 일터가 공간적으로 분리됨에 따라 생산기능은 약화되고 소비기능은 강화되었다. 특히 현대사회의 산업화와 도시화 현상은 가족의 구조와 기능 및 가족 간의 관계에 많은 변화를 가져왔으며, 이러한 변화는 아동에게도 중요한 영향을 미치고 있다.

최근 우리나라의 가족유형은 부부 및 미혼자녀로 구성된 핵가족이 많지만 이러한 가족유형이 지배적인 가족의 형태라고 보기는 어렵다. 즉 전체가구 중 약 33.4%(통계청, 2021)에 달하는 가족이 1인 가구, 여성가장가족, 부 또는 모의 사망이나 실종, 또는 부모의 이혼에 의해 어느 한쪽 부모와 자녀가 살게 되는 한부모가족 등 전통적인 가족형태에서 다양한 가족형태로 바뀌고 있다. 따라서 점차 확산되고 있는 다양한 가족유형의 등장으로 인해 발생되는 요구들을 아동복지 차원에서 새롭게 조망할 필요가 있다. 특히, 확대가족의 급격한 감소는 가족주기상 자녀 양육기 단계에 있는 가족의 여성취업을 보완해 줄 자원이 고갈되는 현상과 연계되고, 이와 함께 무자녀 부부가구의 급격한 증가는 저출생률로 나타나고 있다.

### (1) 사회적 요인

가족제도의 변화는 사회구조의 변화와 밀접한 관계를 맺고 있어 서로 영향을 주고받는다. 가족제도는 산업화 · 도시화 · 정보화 등과 같은 사회구조의 변화에 민감하게 변하고 있다. 정보사회를 넘어 4차혁명의 시대가 되었다. 수렵채취사회에서는 소규모가족이 이상적이었는데, 이것이 제1의 물결인 농업혁명을 통해서 대규모가족으로 대체되었으며, 제2의 물결인 산업화를 겪으면서 다시 핵가족이 이상적 가족이 되었고, 제3의 물결인 정보사회가 되면서 전형적인 핵가족에 또 다른 변화를 가져왔다. 4차산업혁명의 시대, 알파고시대에는 상당부분 인간의 노동력을 인공지능형 로봇들이 대체함으로써 가족형태는 더 다양화되고 분화될 것으로 보인다. 현대사회는 단순하지 않은 복합사회이므로, 이제는 가족 역시 사회의 변화에 따라 다양해지고 재구조화되면서 사회의 요구에 현실적으로 대응하고 있다.

### (2) 가치관적 요인

가치관이란 여러 가지 인간문제에 관하여 바람직한 것과 해야 할 것에 대한 일반적인 생각 또는 이념내지 신념을 의미한다. 사람들로 하여금 어떤 행동을 일으키게 하는 심리적 요인이 되기도 하고, 개인의 행동을 구속하는 평가적 표준이 된다. 혼인가치관, 자녀 가치관, 부부관계 가치관, 가족부양 가치관, 여성의 자아욕구 등이 가족환경의 가치관이 되고 있다. 또한 경제활동, 자녀양육, 가사분담 등에 관한 성역할관이나 부부간의 의사결정에 관한 가치관이 새로운 평등주의적 사고로 변화되어 가고 있다.

### (3) 개인 및 가족 요인

개인적 요인 및 가족 요인에는 여성교육 수준 향상, 여성경제활동참가 증대, 이혼가족 증대, 재혼가족 증대, 국제결혼 증가 등을 들 수 있다. 한국의 경제사회발전은 전반적으로 국민의 교육수준을 향상시키는 결과를 가져왔으며 특히, 교육수준의 상승효과는 남성보다는 여성에게서 두드러지게 나타났다. 이에 따라 여성의 양성평등의식, 경제활동, 경제적 독립의 가능성의 증가현상을 가져오며 이는 모든 가족원에게 직접적으로 영향을 주게 되는데 이러한 경향은 교육수준의 상승 및 여성의 자아성취욕구 증대와 함께 앞으로 더욱 가속화될 것으로 전망된다.

### (4) 양육기능 저하

아동은 주로 부모와 그 가족에 의해 기본적인 생활이 이루어지고 있다. 전통사회에서 아동의 양육은 가정에서 이루어졌지만, 탈산업화 사회로 사회가 변화되고 가족구조 또한 변화되면서 부모나 가족이 전적으로 아동 양육을 책임지기가 어렵게 되었다. 더욱이 어머니가 취업을 하게 될 경우, 가정에서의 전통적인 자녀양육 기능이 제대로 이루어질 수 없게 되었다. 그 대안으로 아동의 양육 주체가 가정에서 학교를 비롯한 사회로 바뀌어 가고 있다.

### (5) 가족관리의 변화

대가족으로 이루어졌던 사회에서는 가족 구성원들이 각자 맡은 역할을 충실히 수행하였기 때문에 가족 내의 모든 일이 가족 자체적 기능으로 해결되어 왔다. 아동의 경우 취학 전까지는 전적으로 가족의 보호 아래 있을 뿐 아니라 가정의 영향을 가장 많이 받았다. 그러나 현대사회 속에서는 사회가 가정의 역할을 대신하는 가족관리의 외부화 현상이 나타나고 있다. 즉 예전부터 내려왔던 경제, 출산, 자녀양육, 사회화, 정서 · 여가기능 등이 사회변화와 더불어 다양한 가족의 형태로 변화되면서 가족 내 복지기능 또는 경제적 생산기능 등이 상실되거나 약화되고 있으며, 반면 소비기능, 자녀의 사회화기능, 정서적 만족기능 등과 같은 것들이 강화되고 있다. 이처럼 가족생활주기와 가족가치관의 변화라든지 개인주의적인 사고방식, 남녀평등사상 등의 유입을 통해 가족과 관련한 가치관이 변하는 현상을 보이고 있다.

이혼의 경우 자녀양육에 대한 권리와 책임을 정하는 일들이 법정에서 결정되고, 그 외에도 가정 내의 문제들을 스스로 해결하지 못할 경우 외부의 도움이 필요하게 되었다. 가족이 해체되거나 정서적 · 경제적 · 사회적 어려움으로 양육을 책임지기 어려울 경우는 부모와 가족을 도와 영유아가 정상적으로 성장 · 발달할 수 있도록 돕는 외부로부터의 사회적 · 국가적 노력이 필요하게 되었다.

### (6) 출생률 저하

우리나라는 1962년부터 약 30년간 정부 차원에서 강력히 추진해 온 가족계획사업과 그동안의 사회 · 경제 발전에 따른 국민생활의 변화, 그리고 가치관의 변화가 출생수준의 변화를 초래하였다. 또한 IMF 이후 대량 발생한 기업의 도산, 파산, 구조 조정 등의 영향으로 실업자의 급증, 소득의 감소, 그리고 불투명한 장래, 결혼 연기와 기혼 부부의 출산 지연 등을 가져옴으로써 출생률이 떨어지고, 저출생 국가에 진입했다. 우리나라의 합계출생률은 경제협력개발기구(OECD) 국가 중 가장 낮을 뿐 아니라, OECD 평균출생률을 크게 밑돌고 있다.

한국의 출생률 저하는 두 가지 점에서 서구 선진국과 다른 점을 가지고 있다. 첫째는 출생률이 급격하게 감소하고 있다는 점이며, 둘째는 이에 대한 준비와 종합적 가족복지정책이 미흡하다는 점이다. 보육비 지원과 다양한 보육서비스 제공, 불임시술비 지원 등 건강과 보호정책, 배우자 출산휴가와 산전후 휴가급여 및 육아휴직 활성화, 직장보육시설 지원, 탄력근무제 확대, 여성고용촉진 지원, 가족친화인증제 등의 일과 가정양립정책, 세제혜택 등 일련의 대책을 제시하고 있지만, 경제, 사회, 복지 등 사회제반 분야의 총체적인 정책적 관심이 필요하다.

자녀의 출산이 각 가족의 개인적 차원에서 독립적 형태로 진행되는 것처럼 보이지만, 한 나라의 출생률은 그 국가의 경제 과정이나 사회 과정과 밀접히 관계되고 국가의 존속, 발전에 중요한 영향을 미치고 있다. 출생률 저하는 인구 규모의 감소 속도를 증가시키고 인구구조를 비정상적 형태로 변화시켜 인구의 고령화, 노동력 감소, 사회복지비 지출 증대 등의 문제를 야기한다. 그리고 고령화 사회와의 관련성 및 사회보장제도의 운영위기, 사회활력 저하 등을 가져온다. 그래서 각 국가들은 출생률 저하에 대해 각별한 관심을 갖고 이에 대한 아동복지정책을 마련해 왔다. 이것은 아동 자신의 문제보다는 사회의 존속에 관련된 문제로 저출생 문제를 보는 것임을 알 수 있다(도미향 외, 2014).

### (7) 이혼 증가

점점 높아지는 이혼율은 여성의 사회진출 증대, 결혼율과 출생률의 감소, 여성의 사회경제적 지위의 향상, 여성의 자아실현욕구 강화, 개인의 개성이나 감정을 존중하고 집단보다 개인을 우선시하는 가치관, 핵가족화로 인한 갈등 중재자의 부재,

사회인식도 개방적으로 변함 등으로 인하여 결혼생활의 갈등을 이혼으로 해결하려는 경향이 높아지고 있기 때문으로 설명할 수 있다. 즉, 결혼 및 가정에 대한 절대적 가치가 개인에 따른 상대적 가치로 전환되어 결혼에 대한 가치관이 변화되었고 이와 함께 이혼이나 재혼에 대한 가치관의 변화도 수반되었다고 할 수 있다(도미향 외, 2014).

### 3) 어머니의 취업과 아동

우리나라 여성의 경제활동참가율은 2021년 기준 53.3%(통계청 경제활동인구조사, 2021)로, 기혼 여성의 취업은 지속적으로 증가하고 있다. 그 이유는 초혼 연령의 상승, 자녀 소수화 및 고학력화 등으로 취업을 희망하는 기혼 여성의 수가 계속해서 증가하고 있으며, 또한 노동 수요 측면에서도 인력 부족 현상과 여성 집중 종사 업종의 확대, 가정경제의 불안정, 여성들의 자아실현 욕구 증대 등으로 기혼 여성에 대한 노동 수요가 계속 높아지고 있기 때문이다.

이와 같이 기혼 여성의 취업률 증가에 따라 맞벌이가정도 급증하고 있는데, 맞벌이가정의 아동은 외벌이가정의 아동과는 달리, 어머니의 취업으로 자기보호(self-care)를 해야 하는 상황에 직면해 있다. 특히 초등학교 저학년의 아동은 어머니의 부재로 정서적인 외로움을 가장 크게 경험하고 있으며 가정과 사회에서의 보호와 지지가 원활하지 않은 경우 여러 가지 어려움에 부딪힐 수 있다.

현대의 핵가족은 다른 확대된 지원체계 없이 자녀를 양육해야 하므로 맞벌이 생활에 긴장을 야기하고 특히 여성에게 스트레스의 원천이 된다. 그 원인의 하나는 사회구조의 급격한 변화에 비해 가족의 구조와 가치관은 느리게 변화함으로써 나타나는 사회변화와 가족변화 간의 지체 현상이고, 다른 하나는 가족 내의 구조와 의식 간의 불일치에서 나타나는 지체 현상으로 볼 수 있다. 가족의 구조적 측면은 아직도 전통적인 가부장제 이데올로기를 벗어나지 못한 상태에 있어 어머니들이 취업을 할 경우 이런 전통적인 신념으로 인해 자녀들이 잘못되면 그 원인을 어머니의 취업 탓으로 돌리는 경향까지 생기고 어머니 자신도 정체감의 혼란을 갖게 된다.

### 4) 자녀양육 환경과 부모역할

자녀들의 건강한 성장에 있어 부모의 역할은 가족환경 중에서도 매우 중요한 요인이라 할 수 있다. 여성의 사회 진출증가로 부모들이 양성 성격의 역할을 수행하는 경우가 많아 어머니의 역할과 아버지의 역할이 뚜렷이 구분되지 않고 있다. 어머니의 취업 유무 자체는 아동의 행동특성과 능력 발달에 큰 영향을 미친다기보다는, 어머니가 취업모로서 자신의 현재 역할 또는 비취업모로서의 현재 역할에 만족하는지, 어떤 의식과 태도를 가지고 자녀를 양육하는지가 중요하다(도미향, 2014). 자녀를 바람직하게 양육하기 위해서는 부모는 자녀와 함께 시간을 보내고, 언어적 상호작용 기회를 충분히 가지도록 노력해야 하며 아동의 발달을 촉진시킬 수 있도록 풍부한 학습 경험의 환경과 기회를 제공해 주어야 한다. 뿐만 아니라 아동이 자신감을 가질 수 있도록 도와주어야 하며, 부모는 자녀에게 좋은 역할 모델로서 부부간의 원만한 관계를 유지함으로써 자녀의 성격발달이나 인지발달이 더욱 긍정적인 방향으로 이루어질 수 있도록 해야 할 것이다.

### 5) 가족의 유형

가족의 유형은 무자녀가족(증가하는 추세, 혼인 이후에도 자녀를 출산하지 않는 가족으로 교육, 소득 수준 높고, 높은 초혼연령, 무종교, 전문직부부, 맞벌이부부, 평등한 성역할 태도 부부에서 많이 보이는 유형), 재혼가족(생부모가 아닌 부모와 아동으로 구성된 새로운 가족구성, 서로 적응하는 과정에서 많은 문제 발생), 입양가족(입양이라는 법적 관계에 의해 성립되는 가족, 현대에는 인류애 실천으로 이루어지며 적응 과정에서 스트레스 발생),

한부모가족(이혼 및 사별 등의 가족해체로 이루어진 가족), 결혼 전 출산으로 이루어진 미혼모가족, 다문화가족(언어, 종교, 문화의 이질성으로 어려움, 자녀 출산 양육 문제, 자녀들의 정체성 혼란 문제, 사회적응 문제 발생), 부모 모두 직업 가진 맞벌이가족(가사분담 및 양육분담에서 평등 관계 추구, 여성의 역할 확대 현상, 충분한 부모의 아동보호 부족 문제 야기), 부부가 떨어져 생활하는 기러기가족(한부모가족의 아동이 겪는 어려움과 유사) 등 다양하게 이루어지고 있다. 이러한 가족의 유형은 아동의 성장에 다양한 문제들을 내포하는 환경을 갖게 되며, 이러한 문제를 해결하기 위한 사회복지적 접근을 필요로 하고 있다.

## 3 아동과 교육환경[1)]

### 1) 보육환경

산업화 이전의 아동은 자신의 가정 내에서 어머니로부터 양육되어 왔다. 그러나 현대의 우리 사회에서 아이를 키우는 것은 더 이상 가족의 책임으로만 한정시킬 수 없는 현실이다. 보호를 필요로 하는 아동에게 필요한 것은 보호와 교육의 기능을 겸비한 보육이다. 보호의 개념에 속하는 내용은 아동의 안전, 건강, 영양관리이며, 교육에 속하는 내용은 아동의 발달을 지원, 촉진시킴으로써 바람직하게 발달하고 성장할 수 있도록 교육하는 것이다.

이와 같이 보육의 목적은 보호자가 근로 또는 질병 기타의 사정으로 인하여 보호하기 어려운 영아 및 유아를 심신의 보호와 건전한 교육을 통하여 건강한 사회성원

1) 김성경 외(2013)의 내용을 참고하여 정리하였음.

으로 육성함과 아울러 보호자의 경제적 · 사회적 활동을 원활하게 하여 가족복지 증진에 기여하는 데 있으며 아동을 건전한 민주시민으로 육성하는 주된 목적 이외에 이를 통해 여성의 사회참여 및 취업이 촉진되고 가정의 기능을 제고시키는 사회 지원적 효과를 거둘 수 있다.

## 2) 학교환경

학교는 가정에 비해 다분히 계획적, 조직적, 합리적, 의도적인 사회화 기관이며, 교사와 학생이 함께 생활하고 경험하는 교육환경이 하나로서 학교뿐만 아니라 학교와 밀접하게 관련된 학교 주변의 상황을 모두 포함한다. 또한 학교의 주요 인적 환경인 교사는 아동이 가정 밖에서 만나는 부모의 대리 역할을 하게 되며, 오늘날과 같이 복잡, 다양, 첨단화해 가는 사회에서 교사의 역할은 어느 때보다 중요하다(김춘경, 2017). 학교교육의 본질적 기능은 새로운 지식을 발견하고 가르치는 기능과 기존의 문화유산을 전달하고 습득시킴으로써 새로운 생활방식을 익히게 하는 사회화 기능 및 개인의 능력과 적성에 맞는 직업과 지위를 선택하고 분류하는 선발 기능을 수행하는 것이다.

그러나 우리나라의 학교교육은 입시 위주의 교육으로 어린이집 및 유치원에서 고등학교에 이르기까지 부모의 지나친 경쟁의식과 고학력 사회 풍토로 인하여 진정한 인간교육을 실현할 수 없는 중요한 조건이 되고 있다. 특히 아동들에게 학업 및 시험에 대한 중압감, 시험 후의 결과에 대한 불안, 시험 횟수의 과다로 인한 스트레스는 전인교육에 많은 지장을 초래하고 있다. 그리고 학교 인적 환경면에서도, 교원 1인당 학생 수는 초등학교 14.0명, 중학교 11.9명, 고등학교 9.9명에 이르러(한국교육개발원, 2021), 이는 모든 교육단계에서 한국의 교사 1인당 학생수가 OECD 평균에 비해 높게 나타나는 경향을 보이나 꾸준히 감소하고 있는 추세이나. 교사 대 학생 비율이 높으면 질 높은 교육여건이 이루어지지 못할 가능성이 높다. 아울러 초등학교의 여교사 비율이 계속 증가 추세에 있어 남녀의 적절한 역할 모델 제공이 어렵다.

### 3) 방과후 교육환경

맞벌이 부부와 한부모의 취업활동을 돕고 아동을 안전하게 보호, 지도하기 위해 방과후 아동지도시설은 아동에게 보호와 지도뿐만 아니라 다양한 경험 또한 제공해 줄 수 있어야 한다. 학교 및 가정 이외 장소에서 또래와의 상호작용이나 사회적 경험을 가질 기회가 부족한 형편이므로 아동들이 서로 어울려 지낼 수 있는 사회문화적 공간으로, 방과후 아동지도를 확산해 나가는 것이 필요하다. 이러한 맥락에서 아동의 방과후 활동지원을 위한 지역아동센터와 방과후 아카데미, 초등돌봄교실과 우리동네키움센터가 있으며, 어린이집의 방과후교실 등이 있다. 이러한 방과후 시설은 지역사회 아동의 보호·교육, 건전한 놀이와 오락의 제공, 보호자와 지역사회의 연계 등 아동의 건전육성을 위하여 종합적인 아동복지서비스를 제공하는 목적으로 설립되어 지역사회 내 보호를 필요로 하는 18세 미만의 아동이 다니고 있다. 그러나 대부분의 아동은 입시 위주의 교육제도와 부모의 기대감이 맞물려 방과후 시간의 대부분을 학원이나 과외수업을 받고 있으며 이러한 사교육의 증가는 영리추구 사설학원의 엄청난 증가를 가져왔고, 기하급수적인 과외수업비 지출은 가계소득의 대부분을 차지하게 되었다.

# 4 아동과 사회환경

## 1) 또래환경

아동이 성장함에 따라 사회적 환경은 가정의 울타리를 벗어나 연령이 비슷한 또래집단으로 확대되며, 이러한 변화는 아동의 사회화 과정에 새로운 의미를 부여한다. 특히 최근 들어 맞벌이 부부와 외동아의 증가로 또래가 더욱 중요한 의미와 역할을 지니게 되었다. 또래관계의 특성은 우리라는 공동감정(we-feeling), 또래들끼리 통하는 규칙, 또래에 대한 기대, 평등관계 유지, 동지감정으로 단결감을 들 수 있으며 또래관계는 책임, 권위, 경쟁을 통해서 사회적 가치 내면화, 아동의 인지, 사회, 정서발달에 영향, 갈등과 논쟁을 통한 사고발달, 도덕성, 의사소통기술, 수용능력 발달, 경험의 공유를 통한 동반자적 지지, 강화자, 모델, 사회적 비교의 준거틀을 발달시킨다. 또래관계의 순기능은 아동에게 정서적 안정, 자신감 부여, 신뢰관계를 통한 서로 의지와 상호 도움, 고백과 수용을 통한 친밀감, 상대에 대한 격려 등을 들 수 있지만 역기능으로 갈등, 다툼, 괴롭힘, 상실감, 배신감 등을 들 수 있다. 또래환경을 구성하는 요인은 정서적 지지(위로, 충고, 애정, 칭찬, 인정), 공동생활(함께 지내기, 놀기), 교환적 협동(수고의 교환) 등을 들 수 있다.

이와 같이 아동의 또래환경은 사회적 관계의 자아개념을 형성하고 자기평가의 중요한 준거 틀을 마련하며, 자신의 인식에 있어 자신을 비추는 거울 역할을 하기 때문에 그들의 의견이나 반응에 매우 민감해진다. 또래 사이에서 인기를 끄는 성격특성은 나이, 성별, 계층에 따라 다르다. 즉, 우호적이고 사교적이며 참여적인 아동이 인기가 높은 반면, 수줍어하고 소심하고 무관심한 아동은 인기가 적지만, 인기를 좌우하는 요인은 아동의 성격 특성뿐 아니라 그 가정의 사회 · 경제적 특성도 포함된다. 아동은 연령이 증가함에 따라 점점 주변 세계의 지식을 넓힐 뿐 아니라 또래를 점점 중요하게 생각하기 시작하고 또래와 관계를 맺고 의사소통하려고 노력한다. 이 시기에 또래집단에 수용된다는 것은 아동의 자아발달에 매우 중요한 역할을 하는데 특히 초등학교에 입학하게 되면 아동의 역량과 독립심은 더욱 발달하면서 부모를 따르는 것이 점차 줄어들고 또래와의 관계가 깊어진다.

또래관계에서 나타날 수 있는 현상 중 한 가지는 또래 괴롭힘이다. 또래 괴롭힘의 방법으로 남학생은 적극적이고 공격적인 방법을 사용하는 반면, 여학생은 수동적이면서 사회적 고립이나 배척 등 무시하는 방법을 자주 사용한다. 성격에서도 공격자는 충동적이고 지배적이며, 공격적인 것이 가치가 있다고 생각하는 반면, 괴롭힘을 당하는 아동은 수줍어하고 순종하는 것이 가치 있다고 생각하는 등 뚜렷한 차이를 보인다. 이러한 또래 괴롭힘의 영향을 살펴보면 아동기에 또래로부터 반복적 괴롭힘을 당한 피해 아동은 자아존중감이 낮고, 우울증 증세와 외로움을 보이며, 학교에 대한 거부감을 갖게 되는 등 사회·정서적 차원의 여러 가지 부적응 문제를 보인다. 이런 아동은 집중력 저하, 주의 산만, 심지어 비행이나 정신질환에 이를 수도 있으며, 아동기에 경험한 또래 괴롭힘의 부정적 결과가 성인기 우울증 성향과 낮은 자아존중감과도 관련이 있게 된다.

### 2) 대중매체환경

현대인에게 있어서 대중매체를 통한 생활은 필수불가결한 것으로 성인뿐 아니라 아동과 매우 밀접한 관련을 맺으며 앞으로 그 영향력은 더욱 커질 것임이 분명하다. 즉, 대중매체의 환경으로는 공중파, 인터넷, 신문, 출판물, SNS 등을 들 수 있는데, 이것들은 사회에 축적된 가치, 사회적 규범, 지식, 기타문화를 사회구성원에게 전달하는 역할과 사회통합, 성원들 간 결속, 사회적응에 도움, 휴식과 오락 등을 제공한다. 반면에 아동들에게 다양성 상실, 창의성 방해, 선정적, 폭력적, 지나친 몰입(중독) 등에 영향을 주어 학습에 지장을 초래하며, 음란물 접촉으로 왜곡된 성의식, 가족 간 대화시간 감소, 시력 감퇴 등의 부정적 결과를 만들어 낸다.

### (1) 텔레비전의 영향

텔레비전은 규칙적인 친사회적 프로그램을 통해 바람직한 행동을 습득하고, 좋은 교육 프로그램을 통해 인지 능력의 향상 및 학교에 대한 준비도와 흥미도를 높여주기도 하지만, 외설적이며 폭력적인 장면, 자극적이고 퇴폐적인 복장과 몸짓의 장면, 도덕과 전통을 무시한 품위 없는 유행어와 몸짓을 소개하는 저질 프로그램, 선정적인 광고물과 자극적인 선전 문구 등으로 아동들에게 부정적인 영향을 주고 있다. 한편 성인의 퇴폐적이고 향락적인 생활 문화와 가정과 사회 속에 내재되어 있는 비인간적 · 폭력적인 문화는 아동의 도덕적 · 정서적 발달에 부정적 영향을 미치고 있다.

또한 영유아들은 폭력적인 사회 환경에 자연스럽게 노출되어 즐겨 보는 텔레비전, 만화 등의 폭력성은 심각한 수위에 있어 즐거움을 주기보다는 승리에 급급하여 과격한 경향이 짙다. 이와 같이 무분별한 방송매체의 노출은 아동들의 공격성과 폭력적 행동을 유발하며 이로 인한 교육상의 부정적 결과를 초래하고 있다.

### (2) 인터넷 및 모바일(핸드폰)의 영향

인터넷 및 모바일을 통하여 아동은 자아를 탐색하고, 부모와 가족을 벗어나 다양한 국적, 성격, 취미, 가치관을 가진 사람들을 만날 수 있으며, 정보의 홍수 속에서 필요하고 가치 있는 정보를 찾을 수 있는 능력을 향상시키고, 세상에 대한 이해의 폭을 넓힐 수 있다. 특히 가구 내 컴퓨터 및 스마트폰의 소유율이 높아지면서 이에 대한 아동의 접근성이 높아졌다. 그러나 아동의 경우 인터넷 접속 후 시간을 조절하지 못하고, 인터넷을 하지 않을 때에는 불안감이나 궁금증으로 자신이 해야 할 일을 제대로 할 수도 없는 인터넷 중독 증세를 보이고 있다. 특히, SNS의 과다사용 및 왜곡된 사용, 아동들의 가짜뉴스, 성범죄, 왕따 등의 문제도 이어지고 있다.

### 3) 안전환경

산업화로 인한 도시화는 아동의 생활환경에도 많은 영향을 가져왔다. 안전환경은 국가의 유해환경과 아동의 복지 및 삶의 질에 적극적으로 영향을 주는 매우 중요한 환경의 하나이다. 도시의 밀집화 현상은 아동의 주요 생활패턴인 놀이의 공간을 빼앗고 그 결과 안전하지 못한 거리에 방치된 아동은 교통사고를 비롯한 각종 사고의 위험에 노출되어 있다. 또한 상해 및 사고, 유해환경과 관련한 각종 질병(급성 호흡기 질환, 말라리아, 전염병 등)으로 사망하는 비율이 높아지고 있다. 각종 공해로 인한 주거생활의 오염은 호흡기 질환이나 예전에 없었던 희귀한 질병들을 일으켜 아동의 보건문제를 위협하고 있다. 이 밖에 익사 등 비의도적 부상, 특히 어린이보호구역 내 아동 교통사고 부상자가 늘고 있는데 그 이유는 아동의 활동력은 왕성한 반면 주의력이 떨어지기 때문에 골절, 낙상, 교통사고 등 상해사고의 위험도가 타 연령 대비 높은 것이다.

이를 예방하기 위해서는 건강한 안전환경 조성이 필요하고, 아동안전교육을 철저히 진행할 필요가 있다. 열악한 사회환경으로부터 아동을 안전하게 보호하려면 먼저 아동에 대한 성인의 인식변화가 필요하다. 더불어 아동이 신체적, 심리적, 정서적, 사회적으로 건강하고 건전하게 자랄 수 있도록 깨끗하고 편안한 생활환경을 제공해야 한다. 그리고 각종 유해 환경들을 정화하고 마음껏 뛰어놀 수 있는 안전한 놀이공간의 확보도 시급한 당면 과제라 할 수 있다.

### 4) 식생활의 변화와 아동비만

아동기의 신체발달에서 최근 관심을 기울여야 하는 문제 중 한 가지는 아동비만증이다. 비만아동(obese child)이라 함은 체내에 지방이 정상 범위를 넘어서는 아동을 말하는데 최근의 발육 가속 현상 또는 도시화 현상으로 비만아동이 증가하고 있다. 이것은 생활환경의 개선이나 식생활에서의 식품의 질적 또는 양적인 면에서의 향상, 운동량의 감소 등이 관계되는 것으로 생각되며, 세계적 추세이기도 하다. 특히 아동비만은 9~13세에 집중적으로 많은데 가족요인과 과식, 운동과 음식 섭취의 불균형에서 기인한다. 비만아동의 문제는 2차적으로 운동 기능이 저하되고, 그것이 다시 비만을 조장하는 악순환을 거듭할 뿐만 아니라 이로 말미암은 부정적 신체 이미지와 열등감을 형성할 수 있어 심리적 측면의 문제도 발생할 수 있다는 점에서 관심을 가져야 한다.

CHAPTER 03

# 아동복지의 역사와 외국의 아동복지제도

CHAPTER

# 03 아동복지의 역사와 외국의 아동복지제도

## 1 외국의 아동복지 변천과정[1)]

### 1) 고대사회의 아동복지

고대사회는 개인의 가치, 존엄성 중시보다는 생산능력, 종족보존에 대한 기여가 생존의 판단기준이 되는 시기로, 생산과 생존투쟁에 도움이 되지 않으면 무가치한 존재로 여겼기 때문에 아동에 대한 사회적 태도와 양육 형태는 매우 원시적이었다. 부족이나 종족, 집단의 안전이 중요시 되는 상황에서 아동은 인간으로서의 존엄성과 가치로 인정받지 못하였고, 아동의 존재는 부부관계에 의한 불가피한 소산이자 종족 보존을 위한 수단에 불과하였다. 그래서 고대시대의 아동양육은 여성에 의한 본능적 양육으로 모계가 중심이었던 사회도 있었으나, 유아를 살리고 죽이는 권한이 아버지의 손에 주어지는 경우도 있었다. 하지만 생산력이 높아져 아동을 죽이는 일보다는 버리는 일이 많아졌다. 그리고 더욱 불행한 일은 풍속, 습관, 미신 등에 좌우되어 많은 아동이 희생되는 일이 빈번했다는 것이다. 새로 태어난 영아는 긴 양육 기간이 필요하여 부모나 사회의 부담이 되었으므로 병약한 유아나 장애아들은 우선적으로 배제될 수밖에 없었다. 영아 살해, 유기, 기아, 낙태, 인신매매, 아사가 성행하는 등 아동의 생명은 경시되었다.

1) 김성경(2013)의 내용을 참고하여 작성하였음.

이러한 일들이 성행할 수 있었던 것은 당시 사람들은 아동에겐 영혼이 있다고 생각하지 않았으며, 아동은 어른들의 생활에 부담을 주는 성가신 존재로 여겨졌기 때문이었다. 이처럼 원시 고대사회에서 아동은 인격적 권리를 지닌 존재라기보다는 본능적 존재였으며, 그들의 존재는 종족 보존의 수단으로 간주되어 그 시대의 풍속이나 미신에 의해서 생명을 위협받는 대상이었으며, 건강한 아동의 가치만 인정되었다. 아동을 위한 복지의 이념은 없었음을 알 수 있다.

### 2) 중세사회의 아동복지

중세(4~13세기)시기는 신분적 계층을 중시한 봉건사회이자, 종교가 사회적으로 영향력이 강한 시기로 영주와 영민, 국왕과 신하, 교황과 신도의 주종관계가 엄격한 사회였다. 이 시대의 아동은 장원(莊園)을 위한 군사력, 경제력의 확보 수단에 불과했으며, 영주들은 자신들의 권력 유지를 위하여 농노를 통한 경제력을 쌓고 군사력 강화의 필요성에 따라 아동의 가치를 인정하였다. 이 시대의 아동은 공동체 안에서 상호부조적 양육이 이루어졌는데, 농촌의 경우 자식이 없는 농노나 빈 집에서 양육되어 지역사회의 노동력으로 활용되었으며, 공동체가 보살피지 못하는 장애아동 등은 교회나 수도원에서 양육되었다. 도시의 경우 아동은 5, 6세가 되면 도제가 되어 길드의 상호부조로 양육되었다. 중세사회의 아동복지는 종교적 동기에 의해 각 교구의 자선기관(사원숙박소, 구빈원 등)을 통하여 이루어졌다.

중세는 엄격한 신분계급사회였기 때문에 아동의 지위도 신분에 따라 달라, 신분이 높은 가정의 아동은 가계의 계승자로 존중되었으나, 신분이 낮은 가정의 아동은 도제나 농노 등의 부가치한 생명으로 취급되었다. 즉, 중세시대의 아동관은 아동을 성인의 축소판으로 보는 것이었다. 하지만 가톨릭교회의 인권존중사상 영향으로 아동도 인격체임이 주장되면서 기아, 낙태, 아동매매, 영아살해 등 아동의 생명을 빼앗는 행위를 죄악으로 금지하였고, 종교단체를 중심으로 가난하고 의지할 곳이 없는 아동을 보호하기 위한 시설보호가 시도되었다. 아동의 권리는 신분에 따라 일부 아동에게만 인정되었으며, 종교적 자선 행위에 의한 최초의 아동보호사업이 실시되었고, 고아는 노동력으로 장애아동은 수도원에서 보호되었다. 이 시기의 아동보호사업은 동정에 근거한 자선행위로서의 아동복지일 뿐, 개인의 욕구와 권리를 존중하는 근대적 의미의 전문적 아동복지사업으로는 전개되지는 못했다.

### 3) 근대사회의 아동복지

계몽주의시대에 들어서면서 인간의 이성을 중시하는 아동관으로 전환되기 시작하였다. Comenius, Rousseau, Pestalozzi 등 학자의 영향으로 아동을 인간 고유의 권리를 가진 자연인으로 바라보면서 인간발달의 단계론을 인정하게 되었다. 학자들은 아동이 무한한 가능성을 가지고 있고, 이 가능성을 발휘하게 하는 아동교육은 그들의 흥미와 욕구에서 출발해야 하며, 아동이 아동답게 살아갈 권리를 보장해야 한다고 주장하였다.

근대사회는 산업혁명을 계기로 봉건제도가 붕괴되고 자본주의가 새롭게 탄생하면서, 개인주의와 자유주의가 나타나기 시작하였다. 경제활동을 담당하는 자본가와 노동자라는 사회계층의 출현과 동시에 아동 및 기타 보호가 필요한 사회적 약자에 대한 관심이 높아졌다. 이러한 빈곤에 대한 국가적 책임을 법제화한 것이 1601년 엘리자베스구빈법으로 영국과 미국의 구빈사업에 있어 기본이 되었다. 이 법률은 빈민을 노동 가능한 빈민, 노동 불가능한 빈민, 요보호아동 등 세 부류로 구분하고 구빈행정의 체제를 확립하는 계기가 되었다. 구빈법은 빈곤에 대한 사회적 배경과 국가적 책임을 인식하면서 성인뿐만 아니라 보호가 필요한 아동을 포함한 빈곤층에 대한 국가보호 및 국가적 개입을 규정하였다는 측면에서 아동복지제도의 시발점이라고 할 수 있다. 하지만 아동문제에 관한 사회적 인식은 여전히 미분화된 상태였기 때문에 빈민, 노인, 장애인과 분리되지 못한 채 대상 구분 없이 근로 능력 없는 자는 구빈원에 혼합 수용하였다. 다른 인구계층과 함께 포괄적으로 취급된 아동들은 질병에 감염되거나, 사망에 이르는 등 많은 문제가 발생하였다.

집단수용시설에서의 높은 사망률은 집단수용이 아동의 건강과 복지에 나쁜 영향을 미치는 것으로 인식되기 시작하면서, 민간단체가 주도하는 자발적 아동보호사업의 전개로 아동시설은 혼합수용 형태에서 아동중심의 전용시설로 발전하게 되었다. 새로운 시대적 상황과 아동에 대한 인식개선으로 아동을 보호하려는 운동이 전개되기 시작한 것이었다. 즉, 민간차원의 아동시설 증가와 함께 구빈원으로부터 아동을 구출하자는 운동의 하나로서 위탁가정운동으로 전개되었다. 이 위탁가정운동은 구빈원의 혼합수용보호와 대규모 집단수용보호의 폐단에 대한 인도주의적 비판에서 출발되었다. 위탁가정운동이 전개되면서 구빈법과 결합한 도제형식의 가정위탁이 성행하여 아동의 노동문제가 새롭게 대두되었다. 즉, 산업혁명하에서의 아동노동은 기계 생산양식의 도입으로 도제제도에 의한 노동은 사라지게 되었으나, 아동의 고용은 면방직 공업에 필요한 값싼 노동력으로 간주되어 아동노동이 계속 행해졌다. 공장에 고용된 아동들은 교육 기회를 박탈당하자 교육기회의 제공이란 측면에서 아동노동에 대한 법적인 규제조치가 취해지기 시작하였다. 그리하여 19세기 후반부터 아동노동을 금지하는 사회운동과 입법조치가 이루어졌다. 산업혁명으로 대량 발생한 취업모에 대한 보호대책에는 민간주도의 탁아시설이 주된 역할을 담당하게 되었다.

이 시기에는 아동의 좋은 습관을 형성하는 장소로 도제 출신인 Robert Owen에 의해 성격형성학교가 설립되었고, 아동보호를 위한 입법운동이 일어났다. 보호와 교육을 담당하는 많은 유아학교가 설립되었고 장애아동에 대한 인식 또한 합리적으로 바뀌면서 맹아학교가 설립되었다. Thomas John Barnard는 부랑아와 빈곤아동을 보호하는 시설인 버나드 홈(Barnard's Home)을 설립하여 혼합 수용, 분리 수용, 소숙사, 위탁모 등의 서비스를 실시하였다.

이와 같이 근대사회의 아동복지의 특징은 구빈법 제정으로 국가의 책임하에서 아동을 보호하는 것이 인정되었다는 점, 민간 주도의 자발적인 아동보호사업이 전개되어 종전의 비합리적인 혼합수용보호에서 분리수용보호 및 가정위탁제도 실시 등의 아동중심의 독립된 아동복지 서비스가 발전하게 된 점이다. 또한 인간의 생애를 통해 아동기를 독립된 생애기로 인식하면서 아동기에 대한 관심이 증가하여 아동인권사상의 확대로 이어졌고 위탁가정보호와 전문 아동시설은 아동의 성장 및 발달의 역동성과 각 아동의 특성과 욕구의 독특성에 대한 인식이 변화됨에 따라 이루어진 결과라는 점을 들 수 있다.

### 4) 현대사회의 아동복지

20세기에 접어들면서 아동권의 사상, 권리로서의 아동복지사상이 더욱 강조되었다. 빈곤으로 인한 영유아 사망률의 증대와 영양실조 등 아동의 보건 문제 등을 점차 사회구조적 산물로 인식하게 되었다. Freud, Erikson, Piaget, Kohlberg, Dewye 등 심리학자 및 교육학자들은 아동기의 중요성을 강조하였다. 아동은 이제 더 이상 성인의 종속물도 어른의 축소판도 아닌 하나의 독립된 인격과 개성, 무한한 잠재 능력을 지닌 가능성의 존재라고 생각하고 아동중심 교육을 강조하였고 아동교육은 아동의 흥미와 요구를 반영해야 한다고 주장하였다. 이는 아동법의 제정이나 아동권리선언 등의 제창을 뒷받침하게 되었다. 특수한 아동만이 아닌 일반 아동을 대상으로 하며 국가적 책임하에 시행되는 정책이 탄생함으로써 아동복지에서 보편주의 실현과 책임 소재를 명확하게 되었다. 아동복지에 대한 국가의 책임을 강조하기 위해 미국에서는 1차, 2차, 3차 백악관회의가 진행되었으며, 아동복지의 국제적 운동은 제1차 세계대전 후 활발히 이루어졌다. 1924년 국제연맹의 선언을 수정해 전면적으로 개정한 국제연합의 아동권리선언, 그리고 1989년의 아동권리협약 등으로 구체화되었다. UN인권위원회에서는 세계아동의 해인 1979년 많은 협약에 흩어져 있는 아동을 위한 규정들을 포괄적인 규약으로 초안을 만들고 10년 동안 다듬어 1989년 11월 20일 UN총회에서 국제협약으로서 채택하였다. 비로소 1989년에 아동의 권리는 국제법으로 확정되었다. 이로서 권리로서의 아동복지가 아동복지의 이념으로 자리 잡게 되었다.

이와같이 현대사회의 아동복지는 아동의 권리를 세계적으로 인정하였고 이를 법으로 제도화하였다는 특성을 갖는데, 이러한 특성은 아동복지의 발전을 가져왔으며, 아동복지의 개입형태도 다양화되어 전문성을 강화시키는 계기를 마련하였다. 구체적으로 아동복지서비스는 집단적 수용보호에서 소규모 수용보호로, 시설보호 중심에서 재가보호 및 지역사회에 의한 보호로, 포괄적 서비스에서 분화된 다양한 서비스로, 비전문적 서비스에서 전문적 서비스로 발전되었다.

### 5) 21세기 현대사회

현대사회에서도 여전히 아동복지의 혜택에서 소외되고 있는 지역과 아동들이 있는 상황이다. 선진국에서는 빈익빈 부익부 현상으로 많은 아동들이 풍요 속의 빈곤과 빈곤선 이하의 생활을 경험하고, 폭력, 약물중독 등 일탈행동에 쉽게 빠지게 되었다. 개발도상국의 아동복지는 매우 취약하여, 아동들은 빈곤과 비위생적인 환경, 적절한 보건서비스 부족, 교육기회 박탈, 영양실조와 질병에 노출되고 있다.

이와 같이 고통받고 있는 아동을 위해 1990년 9월 2일 법적 효력을 지닌 아동권리협약은 21세기 현대사회에서도 아동의 생존, 보호, 발달을 위해 전 세계 아동복지의 중심이 되고 있으며 2017년 기준 미국을 제외한 196개 국가가 가입하였다. 이와 더불어 21세기에 들어서면서 아동복지 접근은 한걸음 더 나아가 아동의 가족체계에 대한 복지로 발전하고 있으며 빈곤, 전쟁, 질병 등으로 적절한 보호를 받지 못하는 아동문제가 더 이상 한 국가의 문제가 아니라 국제적인 공동대처를 요구하는 문제로 인식되고 있다.

# 2 우리나라 아동복지 변천과정과 주요 이슈[2)]

## 1) 전통사회의 아동보호

### (1) 삼국시대

삼국사기에 의하면 신라 제3대 유리왕 때에 환과고독노병(鰥寡孤獨老病: 홀아비, 홀어미, 고아, 아들 없는 이, 늙은이, 병든 이)을 요보호 대상자(병과 자립불능자)로 정해 무료 급식과 양육을 왕명으로 수행하였으며, 백제 온조왕 33년, 고구려 태조왕 56년에는 아동을 포함하여 재해를 당한 사람들에게 관곡을 배급하였다고 기록되어 있다. 이것은 고대사회부터 국고에 의한 재원조달을 통한 이재민에 대한 구휼사업이자 아동보호사업이 태동되었음을 의미한다. 하지만 아동에 대한 관심은 지대했으나 아동 자신에 대한 권리 및 인격체로서가 아닌 가계를 계승시키기 위한 수단으로서 보호되고 있었다고 볼 수 있다. 특히 종족보존에 대한 기여가 생존의 판단기준이 되었기 때문에 풍습이나 미신에 의해 아동은 생명의 위협을 받을 수 있는 무력한 존재여서 영아살해, 매매 등이 있었다. 삼국사기에 기록된 사실은 아동에 대한 나쁜 악습을 막기 위하여 나라가 앞장서기도 하였는데, 이것은 서양보다 앞선 아동보호장치라 볼 수 있다.

### (2) 고려시대

고려시대는 엄격한 신분차별의 계급사회로, 아동에 대한 인신매매, 유괴, 약탈, 승려 및 사역승, 양자녀, 노비 등이 성행하였다. 친족이 없는 아동은 관에서 양곡을 주어 구호하였고, 어린고아는 10세까지 관에서 수용하여 양육하였다. 충목왕 3년

2) 도미향(2014)의 내용을 참고하여 정리함.

에는 혜민국, 동서대비원, 동서제위부감, 제위실, 해아도감 등을 설치, 관 중심의 유아보호와 양육이 이루어졌다. 이를 시작으로 빈곤퇴치정책이 제도화되기 시작하였으며, 이것은 서양의 종교적 동기의 자선사업의 의미와 유사하다고 볼 수 있다. 불교가 융성함에 따라 불교의 영향으로 자비 사상에 입각하여 구걸아동, 버려진 아동, 빈민가의 아동 등은 사찰 위주의 위탁형태의 보호가 이루어졌는데, 이는 우리나라 최초의 시설구제로 볼 수 있다. 병란과 흉년으로 인한 기아, 고아, 빈곤아동 등을 사찰에서 수용, 양육하여 승려 또는 사역승으로 양성하는 일이 성행하였다. 민가에서도 이러한 아동을 양육한 후에 양자녀 또는 노비로 삼았다. 고려사에서 10세까지에 한하여 소고무양육자(小孤無養育者: 어릴 때 아비를 여의고 양육할 사람이 없는 자)를 관가에서 수양(收養)하다가 연한이 지난 후에는 거처를 정하여 준 사례를 찾아볼 수 있다.

### (3) 조선시대

조선시대 아동관은 유교사상에 입각한 아동관으로 아동을 훈육의 대상이며 혈통계승자로 인식하였기 때문에 사랑이나 보호의 대상으로 인식하지는 못하였다. 유기아 및 행걸아를 구제하는 목적으로 제정된 요보호아동보호에 관한 법률은 아동에 대한 국가의 책임과 역할 일정부분을 인정한 것이라 볼 수 있다. 19대 숙종 22년에는 수양임시사목(收養臨時事目)을 제정하여 흉년에는 일시보호를 실시하였고, 수양을 원하는 사람이 있을 경우에 그 어린이의 부모의 유무, 부양책임자의 유무 등을 부모, 친척 또는 동리의 장, 이웃 사람들에게 상세히 조사하여 사정을 밝힌 후에 진휼청에 보고하여 등록하고 허가를 얻어 시행하도록 규정하였다. 영조 때는 '동사목'을 속대전 속에 편찬하여 영국의 '구민법'(1601)과 같은 취지의 법령을 제정하였다.

이후 22대 정조 때는 이러한 일련의 제도를 집대성한 자휼전칙[3]을 제정하여 유기

3) 자휼전칙의 내용을 사세히 살펴보면 나음과 같다.
① 나이 및 구제기간: 행걸아 4~6세, 7~10세 구분 급여 제공

및 부랑걸식 아동을 보호하였다. 즉, 서울과 지방에서 흉년이 들어 기근이 심한 때에 유기를 당하여 사방에 호소할 곳이 없는 불쌍한 아동이나 의식주(衣食住)를 자력으로 해결할 수 없는 아동과 사방을 떠돌면서 걸식을 하는 부랑아들을 관가에 유양(乳養) 또는 민가에 수양(收養)하도록 허용한 것이었다. 이처럼 전통사회에서의 아동은 가계 계승을 위한 수단이었으며, 국가는 고아와 기아 및 빈곤아동의 보호를 수양제도로 개입하였으며, 민간 차원에서도 이를 장려하였다. 자휼전칙은 우리나라 전근대사회의 대표적인 부랑 및 유기 아동보호령의 체계를 갖추었다고 볼 수 있다. 조선시대 구제의 특징은 빈민의 구제는 왕의 책임이며, 신속한 구제를 중시하였고, 1차적인 구빈행정의 실시책임은 지방관이 지도록 하였다. 중앙정부는 구호관계의 교서나 법을 제정하고 지방의 구호행정을 지도 감독하였다. 조선 최초 아동복지 관련 기록물은 경국대전 혜휼조이다.

### 2) 근대사회의 아동복지

근대사회는 구한말부터 해방 전 시대를 의미한다. 근대사회의 아동관은 부모의 소유물로 인정하려는 경향이 남아있었지만, 고유한 욕구와 존엄성을 가진 독립된 인격체로 미래 사회의 주역이라는 인식이 생겨나게 되었다. 아동의 복지에 대한 사

② 행걸아 구제에 있어서 친족책임의 원칙
③ 행걸아 구제방법(민가수양/진휼청 류양: 간이보호시설)
④ 유기아 발견, 보고절차(발견 및 보고: 진휼청 직원, 관리/급여 및 수양의 실무: 진휼청낭관)
⑤ 젖어미제도: 유기아동과 젖어미를 결합한 구제
⑥ 행걸아, 유기아 입양과 추거(推去: 본래의 연고권자가 찾아가는 것)
유양: 젖어미제도 활용 양육
수양: 자식으로 삼기 위한 입양
속양: 노비나 고공을 삼기 위한 입양
⑦ 서비스 절차와 사후감독(매달 그믐에 발육 성장상태 점검, 비리 문책)
⑧ 의복과 의료구제(의복제공/의료구제: 진휼청 혜민서)
⑨ 지방에서의 절차와 재정(지방관의 책임아래 구휼엄무 수행: 아동구휼 중앙은 진휼청 곡식 재원/지방은 상진곡, 자비곡에서 충당)

회 및 국가적 책임의식이 보다 확고해지고, 아동복지에 대한 개념도 비교적 조직적이고 체계적으로 자리 잡게 되었다.

### (1) 아동복지의 태동기

옛날 명동성당 모습

1830년대 프랑스 선교사들의 입국 및 포교를 계기로 체계적인 영유아보육사업과 아동복지사업이 조직화되고 확립되기 시작하면서 근대적 의미의 아동보호가 시작되었다. 조선 말 1880년에는 프랑스 Blanc 신부가 한양에 양로원과 고아원을 처음으로 개설하였고, 고종 25년에 프랑스 신부 Maistre는 명동 천주교회 내에 최초의 고아원을 설립하였으며, 고종 32년(1895년)에 인천 천주교회에 부속 고아원이 설립되었다. 갑오경장 이후 외국의 종교단체들이 포교를 겸하여 입국하여 육아 및 구호사업을 실시함으로써 근대적 유아사업의 효시가 되었다. 그리고 1905년에는 이필화에 의해 정부보조로 경성고아원이 세워지는 등 근대적 영유아복지사업의 발판이 되는 근대적 성격을 띤 아동복지사업이 시작되었다.

### (2) 아동복지의 성립기

1910년 한일합방 이후부터 1919년 3 · 1운동까지의 시기로 이 시기의 사회복지사업은 일본의 간섭과 제한을 받아 이전에 수행되었던 아동복지활동이 위축되었다. 또한 일본 독점자본의 유입과 경제적 수탈에 의해 산업구조가 급격히 변화되면서 농민들의 빈곤이 더욱 심해지고 노동자의 수도 급증하여 근대적인 빈민이 등장하기 시작하였다.

### (3) 아동복지의 발전기

1919년 3.1운동부터 만주사변 전까지의 시기로 일본의 식민지 정책이 3.1운동과 같은 민족독립운동의 재발을 방지하기 위해 문화정치로 전환한 시기이다. 1930년대부터는 지방의 보육원을 시작으로 사회복지시설을 건립하기 시작하여 1939년에는 전국적으로 60개의 아동보호시설이 있었다. 한일병합 이후 1921년에는 총독부가 제생원이라는 의료구호기관인 수용시설을 설립하였고, 그해 총독부에 사회과가 생겨서 각종 구호사업을 지휘, 감독하였다. 1922년 박영효에 의해 보육원이 설립되었고, 1923년의 영홍학교 설립은 우리나라 최초의 공적 비행청소년 감화구제시설이 되었다. 1926년에는 농촌의 갱생과 공장노동자를 위한 탁아사업에 대한 필요성 증대로 부산 공생탁아소 및 대구탁아소가 설립되었으며, 여성의 노동력 활용방안의 일환으로 농번기 계절탁아소가 설치되기도 하였다. 1944년에는 생활이 빈곤한 임산부와 13세 이하 아동을 대상으로 가택구호를 원칙으로 하는 조선총독부구호령이 제정되어 가택구호가 적절치 못한 경우에 개인 가정에 위탁하거나 구호시설에 수용할 수 있도록 하였다.

### (4) 아동복지의 왜곡기

일제강점기에 해당되는 시기로, 일본은 전쟁으로 인한 재정적 어려움을 이유로 우리나라 아동의 구호활동을 제대로 수행하지 않았다. 단지, 일본의 구호법(1929)을 기초로 하여 모자보호법과 의료보호법을 부분적으로 부가 · 종합하여 제정한 조선구호령으로 아동복지에 대한 명목을 유지해 나갔다. 이 시기는 공적 사회사업의 범위가 확대되는 시기라고 할 수 있지만, 사실상 조선구호령의 제정은 명목적인 것에 불과하였으며, 부랑아 수용보호사업에서 아동복지라는 명목으로 주민통제권 및 통치권 유지 차원의 목적을 달성하고자 했다고 볼 수 있다.

한편, 20세기 초 일제치하의 시대적 상황에서도 방정환, 마해송, 강소천, 윤석중 등의 선각자들은 민족주의 사상과 관련한 아동애호운동 혹은 독립운동 차원으로 어린이날을 제정하는 등 아동에 대한 사업들을 추신하였다. 이들은 출판, 음악, 문화, 창작동화, 동요발표, 아동 문예육성과 대한민국 어린이헌장(1957년) 기초 마련에 기여하였다. 이후 천도교의 소년운동은 민간차원의 아동보호운동, 새로운 아동관 계몽, '어린이'라는 말을 만들어 보급, 어린이날 제정, 민족운동 성격을 가지게 되었고, 태화기독사회관(1921년 개관)에서는 초기에 교육사업, 태화진료소 등을 통하여 아동보건과 사회사업이 운영되었으나 일제에 의해 중지되었다. 최초의 공립시설로서 감화원(感化院)을 설립하여 해방 전 유기된 아동을 집단수용하였지만 이는 아동보호보다는 사회질서 유지에 목적을 두었다.

### 3) 현대사회의 아동복지

현대사회의 아동복지사업은 광복 이후부터 현재까지의 기간을 말한다. 현대의 아동복지는 전통사회나 근대에 비해 아동의 복지권이 보장됨은 물론이고 아동복지에 대한 사회 및 국가의 책임이 보다 확고해짐으로써 비교적 조직적이고 체계적으로 실시되었다. 현대사회의 아동복지 변천과정은 사회구호단계(1945~1960), 선별주의단계(1960~1970), 보편지향주의단계(1980~현재)로 구분할 수 있다.

#### (1) 사회구호단계(1945~1960년)

1945년부터 1960년까지의 기간은 한국전쟁 이후 미군정시대를 의미한다. 이 시기에는 사회구호적 차원의 아동복지사업이 전개되었다. 1945년 광복 후 미군정시대까지, 혼란스런 사회 상황에서 이재민, 월남피난민으로 인해 빈곤가정의 영유아가 대거 발생하였고 이로 인하여 민간 및 지역유지 후원단체 활동이 늘어나면서 보호시설이 증가되었다. 1946년 이선우 씨가 한국인 최초로 고아원을 설립하였다. 광복 이후 아동복지 관련 법령으로는, 미군정은 법령 112호로 아동노동법규를 공포하여 14세 미만의 아동 고용금지, 16세 미만 아동의 유해한 노동 금지, 18세 미만 아동의 유해 또는 위해한 노동을 금지하여 노동으로부터 아동을 보호하였다. 1947년 과도정부령 제14호에서도 미성년자노동보호법을 공포하고 12세 미만 아동의 노동 절대 금지와 18세 미만 아동의 위험한 직종의 노동을 금지하였다.

광복 이후 한국전쟁으로 인한 수많은 전쟁고아, 기아 및 부랑아를 보호하기 위하여 국가에서 사회사업을 권장하기 시작하였고, 요보호아동의 응급구조 형태와 외국의 재정적 원조보호시설의 종류가 다양화되었다. 즉 영아원은 3세 미만 아동수용, 육아원은 3~18세 미만 아동이 수용되었고 아동복지는 사회적 책임이라는 인식하에 사업이 전개되면서 국가 및 국내·외의 민간단체는 아동보호시설을 설립하여 응급구호를 실시하였다. 이러한 수용시설 중심의 아동·청소년 보호사업은 1950년대 급속하게 증가하여 1960년도에 아동복지시설은 전국에 472개소로 전체 사회복지시설 592개소의 약 80%에 달하였다. 또한 이 시기에는 전쟁고아에 대한 국외입양사업이 아동복지의 주요 사업이었으며 이는 1970년대까지 외국의 원조기관에 의해 추진되었다.

이와 같이 1960년 이전까지의 아동복지사업은 국가책임의 원칙이나 전문화된 서비스가 아닌 민간과 해외 원조에 의존하여 빈곤 계층의 아동을 대상으로 한 사회구호적 형태로 운영되었다. 실례로 1959년의 경우 아동복지시설의 운영 재원은 국고보조 22.9%, 해외원조 41.5%, 자체 수입 21.5%, 기타 14.1%로 구성되었다. 이러한 해외원조 중심의 아동복지시설의 운영은 1960년대까지 지속되었으며 1, 2공화국에는 교육법(1949), 소년법(1958), 근로기준법(1953) 등 보호를 필요로 하는 아동을 위한 법적규정 입법화되었다.

### (2) 선별주의단계(1961~1980년)

1961년부터 1980년까지는 요보호아동을 대상으로 선별주의적 아동복지사업이 진행되었다. 관련법으로 생활보호법(1961)과 아동복리법(1961), 미성년자보호법(1961)을 제정하여 요보호아동에 대한 국가책임 원칙을 법제화하여 아동복지사업이 실시되었는데 보호대상을 부모가 양육할 수 없는 경우로 명시함으로써 사후적 조치 성격을 가졌다. 1970년대부터 외원단체의 점진적인 철수에 따라 국가보조가 증가하기 시작하였다. 한편 아동복리법 제정(1961)으로 탁아사업도 추진되었는데, 아동의 유기방지와 산업화 과정에서의 일손부족을 위한 여성들의 산업인력참여를 계기를 위해 미인가 탁아시설 임시조치령(1969)이 마련되면서 어린이집 명칭이 허용되었다.

1970년대에도 개인의 책임을 상소하는 잔여적 아동복지정책이 중심이 되었다. 이 시기에 모자보건법(1973년), 소년원법(1977년), 특수교육진흥법(1977) 등으로 다양한 형태의 시설보호가 증대되었지만 대리가정보호는 활성화되지 못했고 외국의 원조를 받기 위한 보호기관이 난립되고 아동복지에 대한 국가적 관심은 부족하였다. 특히 아동을 국내외 건전 가정에 입양하여 건전하게 양육되도록 하는 입양특례법(1976) 제정으로 아동양호회(1954), 카톨릭구제회(1955), 안식교성육회(1955), 홀트양자회(1956), 국제사회봉사회(1957) 등 민간아동복지기관이 주도하여 전쟁고아를 해외에 입양하게 되었다.

### (3) 보편주의지향단계(1980년대)

전국의 아동을 위한 보편주의적인 아동복지사업은 1980년대부터 시작되었다. 1961년에 제정된 아동복리법이 1981년 아동복지법으로 개정됨으로써 보호 대상이 요보호아동으로부터 18세 미만의 전체 아동으로 확대되어 서비스의 전문화와 다양화를 지향하였다. 이와 함께 요보호아동문제의 해결을 위해 시설 위주의 아동복지에서 가정위탁 및 결연사업의 확대 등 다양한 서비스를 제공하게 되었다. 그리고 1979년 한국사회복지협의회가 아동학대고발센터를 개설하여 아동학대에 대한 사회적 관심을 촉구한 이후 1985년 서울시립아동상담소가 공립기관으로는 처음으로 아동권익보호신고소를 개설하였다. 1989년에는 한국아동학대예방협회가 발족되어 전국 9개 시 · 도 지역사회복지관 내에 아동학대신고센터를 개설하는 등 아동학대에 대한 예방활동을 펼쳐나갔다.

1989년 정부는 아동복지법 시행령을 개정하여 새마을유아원을 아동복지시설인 탁아시설로 환원하고, 가정탁아제도도 마련하였으며 관장부서도 내무부에서 보건사회부로 바꾸었다. 이후 보육서비스 질에 대한 의문이 제기되면서 미인가 탁아시설 임시조치령은 폐기되었고, 1982년 유아교육진흥법에 의해 어린이집은 새마을유아원으로 흡수되었고 관장부서도 보건사회부에서 내무부로 이관되었다. 그리고 1984년 3월 소년소녀가장이라는 명칭으로 아동가장세대를 지원하였으며, 민간단체에 의한 후원자와의 결연사업 등이 실시되었다. 1980년대 후반의 아동복지시설의 운영비를 보면 정부지원 65.0%, 자체 수입 15.8%, 민간 보조 12.0%, 기타 7.3%로, 1950~1960년대의 해외원조 중심의 운영에서 국가 중심의 운영체제로 아동복지서비스 재원이 전환되고 있음을 알 수 있다.

### (4) 1990년대

핵가족화와 취업모의 증가로 보육수요가 확대되고 전문화가 필요하게 되자 1991년 1월 영유아보육법의 제정으로 아동 탁아 관련 서비스는 아동복지법에서 분리되었다. 보육사업은 아동복지가 일반아동으로 확대되는 것을 의미하며 보편적 아동복지의 대표적 사례가 되었다. 1990년대 이후는 시설수용보호와 국외입양사업에 치중되어 있던 아동복지사업이 가정과 지역사회 중심의 보육서비스, 국내입양, 가정위탁, 재가복지서비스로 발전되었으며 시대적 요청에 의해 학교사회복지, 결식아동사업, 아동학대예방사업이 전개되었다. 학교사회복지는 학교 내 사회복지사가 상주하거나 지역사회복지관에서 이루어졌는데 1993년부터 지역사회복지관에서 학교부적응 학생 프로그램을 운영하였으며 지역사회복지관들이 학교사회복지를 적극적으로 시행하였다. 한편 1997년에는 일반 학교에서 공식적으로 학교사회복지사가 활동하게 되었고 연구학교 선정을 통해 시범사업을 전개하였다. 한편 1997년 IMF 경제 위기로 인한 부모의 실직과 어려움으로 많은 가정이 해체되고 핵가족구조에서 아동이 시설에 맡겨지는 상황이 증가됨에 따라 국가는 실직가정에 대한 결식아동 지원과 학자금 지원 등의 경제적 원조를 제공하였으며, 빈곤아동의 방과후 교실도 운영하기 시작하였다.

아동학대예방사업은 1990년에 들어서면서 사회적 관심을 갖게 되었고, 2000년 아동복지법의 개정으로 아동학대 관련 규정과 학대받는 아동을 위한 아동보호전문기관이 신설되면서 전국 규모의 아동보호서비스 체계가 구축되었다. 그리고 1998년 개정된 성폭력범죄의 처벌 및 피해자 보호 등에 관한 법률의 신고 의무화 규정에는 아동 성폭력의 피해를 최소화하려는 정부의 의지가 반영되었다. 그러나 이 시기의 위기아동에 대한 시설보호가 57.5%, 위탁보호 18.2%, 입양 17.2%로 여전히 시설보호가 차지하는 비율이 매우 높았으며, 아동에 대한 정서적 치유와 성장, 자립과 관련된 프로그램이 많이 미흡한 상태로 아동시설에서 제공되는 서비스의 질적인 변화가 요구되는 상황이었다.

이와 같이 이 시기에는 가정과 지역사회의 보육서비스, 국내입양, 가정위탁, 재가복지서비스의 중요성이 강조되었으며, 민간책임에서 국가책임으로, 집단적 수용보호에서 소규모 보호로, 시설보호에서 재가보호로, 포괄적 서비스에서 분화된 다양한 서비스로, 비전문적 개입 수준에서 전문적 개입으로 발달하였다. 또한 아동복지시설의 평가를 통해 투명성과 효율성 제고, 복지수준이 향상되었다. 그리고 한국아동복지학회가 창립(1991)되면서 아동복지 관련 연구에 대한 전문화가 이루어졌다.

### (5) 2000년대 이후

2000년대 이후에는 이혼 증가, 출산율 저하 및 고령화 사회로의 진입으로 인해 가정해체 현상이 두드러졌다. 입양, 가정위탁, 그룹홈 서비스 계획에 초점을 두게 되면서, 가정위탁지원센터, 입양촉진특례법 개정으로 국내입양 활성화 계획을 수립하였다. 또한 외국 근로자 입국 증가 및 결혼이민자 증가, 북한이탈주민 유입으로 다문화가족 아동복지에 관심이 많아졌다. 아동학대, 문제가정의 증가에 따른 가정보호서비스, 장애아동서비스, 학교사회복지서비스, 새터민아동서비스, 다문화가족아동서비스 등이 새롭게 부각되었다.

특히 이 시기엔 아동인권에 대한 관심이 고조되어 체계적 지원체계가 마련되었는데 2000년과 2011년 아동복지법의 전면 개정을 통해 아동학대 개념의 정의, 학대신고 의무화, 긴급전화 설치, 아동보호전문기관을 법적을 규정하고(2000년 개정) 더 나아가 아동 · 청소년의 권리주체를 강조하고 아동학대 신고의무자 대상의 확대 및 처벌조항을 마련(2011년 개정)하였다.

더불어 2010년 이후 아동복지는 보편적인 정책을 실시하는 커다란 변화를 가져왔다. 구체적으로 2011년 아동복지법 개정으로 무상급식, 무상보육이 실시되었는데, 특히 무상보육은 2012년 이후 0~5세 모든 영유아 대상 유아교육 · 보육을 위한 보육수당을 지급하며 그 외 어린이집 유치원 돌봄서비스를 이용하지 않는 취학 전 84개월 미만 가정양육아동에게 양육수당을 지원하고 있다. 또한 2018년 7월부터는 0~5세 까지의 모든 아동에게 아동수당(약 10만 원)을 지원되었고, 2022년에는 7세까지 확대되었다. 영아수당은 23개월까지 월 30만 원이 지급되고 있다.

그리고 2020년 아동권리보장원이 설립되었다. 그동안 흩어져 있던 중앙아동보호전문기관, 지역아동센터 중앙지원단, 중앙가정위탁지원센터, 디딤씨앗지원사업단, 중앙입양원, 아동자립지원단, 드림스타트사업지원단, 실종아동전문기관, 다함께 돌봄사업지원단 등의 통합기관 협의처를 구성해 조직되었다. 아동복지법 제10조의 2항에 근거한 기관으로 아동정책에 대한 종합적인 수행과 아동복지 관련 사업의 효과적인 추진을 위하여 필요한 정책 수립을 지원하고 사업평가 등의 업무를 수행하고 있다.

## 3 외국의 아동복지제도

### 1) 영국의 아동복지

영국은 사회보장제도에 의한 가족 강화를 기본 원리로 하여 아동을 정상적인 가정환경에 두어 보호하는 것을 최대 목표로 하고 이 목표를 관철하기 위하여 국가가 여러 가지 서비스를 지원하고 있다.

#### (1) 산업화 이전

산업화 이전에 영국에서의 아동은 성인과 다른 존재로 인식되지 못하였다. 산업화 이전에 아동은 영주들에게 오직 장원제도를 유지하는 데 필요한 노동력과 군사력 차원에서의 존재였다. 영국의 아동복지가 제도적으로 확립된 것은 1948년 아동법의 제정부터라고 볼 수 있다. 영국은 이미 1601년 엘리자베스구빈법의 제정으로 아동보호의 원칙이 세워졌다. 그러나 구빈법의 표면적 의미는 고아 및 빈곤아동의 보호원칙, 지역학교, 육아원, 특수학교 등의 설립이 있었으나, 그 이면에는 아동의 노동력을 확보하고자 하는 의미도 있었다.

### (2) 산업화와 아동복지

산업혁명으로 자본주의 발달 이면에 방치되는 아동이 증가하였고 산업화의 가속화로 빈곤가정과 결손가정의 아동이 증가하게 되었으며, 가정에서의 아동양육의 기능은 약화되었으며 아동방임은 날로 증가하였다. 이에 따라 1780년경 일요학교(유아학교)가 설립되었는데, 이는 영국에서의 공교육의 기틀을 마련하는 계기가 되었다. 이후 1884년 런던에 아동학대예방협회가 설립되었고, 이어 1889년 아동학대방지법이 제정되었다. 구빈법 개정(1834)으로 아동을 위한 지역학교, 육아원, 맹아와 농아를 위한 특수학교 설립, 9세 이하 아동의 노동금지, 13세 이하 소년의 노동시간은 주 48시간 이내로 제한 등이 이루어졌다. 초등의무교육이 세계 최초로 실시되었고(1870), 유아생명보호법(1872), 출생신고의무법(1874), 아동학대방지협회(1884), 아동학대방지법 제정(1889), 학교급식법(meals act, 1906)이 제정되어 초등학교의 빈곤아동에게 무료로 급식을 제공하였다.

### (3) 아동법의 제정과 가족 강화

1945년에는 가족수당법을 제정하여 경제적 · 사회적 지위에 관계없이 한 가정에 자녀가 둘 이상일 경우 16세 미만의 아동에 대해 수당을 지급하였다. 그리고 1948년 아동법의 제정 이후 영국의 아동복지가 확립되었다. 영국 아동복지제도의 골격은 1948년 아동법에서 시작되었고 1989년 아동법에서 모든 아동관련법을 종합함으로써 최근 아동복지제도의 근간이 되었다. 아동법은 양친이 없는 아동, 유기아동, 부모와 떨어져 사는 아동, 아동부양 능력이 없는 부모의 자녀들은 지역사회와 공공단체가 부모의 역할을 담당해야 한다는 개념이 확립되었다. 입양결연의 근대화를 위하여 전문적 입양기관 사전조사와 알선자보호사업을 실시하였으며, 의학, 교육, 직업적 서비스를 통한 비행청소년의 사회복귀 프로그램 등 집단위탁사업을 실시하였다. 교육법(1970년)의 제정으로 모든 아동에게 의무교육의 혜택이 제공되었다.

1974년에는 가족수당제도의 개선책으로 아동수당법을 제정하여 모든 아동을 대상으로 아동수당을 지급하였다.

### (4) 아동의 권리옹호와 서비스의 전문화

1989년 UN 아동권리에 관한 국제협약 이후 아동의 권리와 함께 아동의 욕구에 부합하는 전문적인 서비스가 개발되고 집단적 수용 · 보호에서 일반 가정과 유사한 소규모의 생활과 보호, 더 나아가서는 재가지원과 지역사회보호로 전환되고 발전되었다. 아동권리에 관한 권리협약은 국회를 통과하였고, 아동이 자신의 복지와 관련된 결정에 대해 알 권리와 참여의 권리를 강조하였다. 아동수당은 모든 아동에게 주어지는 소득보장제도로서 1991년부터 첫 번째 자녀에게 보다 높은 정도의 혜택이 주어지며 한부모가족아동의 경우에는 급여액이 추가되었다. 탁아서비스는 5세 이상 도움이 필요한 아동의 경우, 지방운영 공립탁아소를 무료로 이용할 수 있게 되었으며, 위탁보호 시행령으로 가정상실, 부모와 분리된 아동의 위탁보호, 위탁가정 배치가 가능하게 되었다. 그리고 학대아동 보호를 위해 영국아동학대예방협회의 아동보호전화, 학대 관련 문제 처리 등 활동이 활성화되었다.

1997년 이후의 영국의 아동정책은 Sure start 프로그램 등 조기 아동개입 프로그램이 강화되었다는 특징을 갖는다. 보육시설의 확충을 통해 보육의 질 향상과 비용 및 접근성의 용이함, 부모의 선택권 확대, 아동의 건강한 성장을 위하여 아동보육을 강화하였다. 그리고 경제적으로 소외된 지역 아동에게 국가가 교육제도를 통해 아동의 잠재력 개발 및 교육실패의 부정적 결과를 예방함으로써 성인이 되었을 때 경험할 수 있는 사회적 배제를 극복하는 목적의 예방직 프로그램을 실시하였다. 그리고 개인 및 지역사회자산 강화–아동자산형성지원프로그램을 도입하여 실시하였는데, 모든 아동을 대상으로 자산축적과 저축장려 목적의 공적자원을 지원하는 형태로, 아동신용기금 저축 투자의 이점에 대한 이해, 저축습관 강화, 소득보장, 금융 및 재정관련 정보 제공 등을 강조하였다. 또한 이 시기의 아동정책은 아동중심의 소득보장제도로 전환된 특징을 갖고 있는데, 이는 아동중심의 기존 사회급여의 재조정을 통해, 부모의 노동시장 참여를 촉진하는 결과를 낳았다.

## 2) 미국의 아동복지

아동복지를 포함한 미국의 사회복지제도는 영국의 영향을 많이 받았는데 청교도의 영향, 빈곤을 개인의 책임으로 보는 등 영국의 구빈법과 유사하게 전개되었다. 사회복지에 대한 단독법이 없고 사회보장법에 상세히 규정하여 지방 주의 권한이 크며 기본적 법률도 주법으로 이루어지는 것도 중요한 특징이다.

### (1) 영국의 영향

미국은 아동을 성인과 분리하여 고아원을 설립하였으며, 또한 특수아동 위한 시설도 설립하였다. 최초의 고아원은 조지아 주 베데스타 고아원이었고, 1817년 농아를 위한 시설, 1831년 맹아학교, 1948년 정신박약아시설 등이 설치되었다. 뉴욕아동구제협회(1853)를 통해 최초의 원외보호방법이 실시되었고, 아동가정협회 발족으로 빈곤가정의 아동보호 운동이 전개되면서 아동에 대한 가정위탁사업을 실시하였다. 이 협회는 뉴욕의 노숙아동과 요보호아동을 중서부 지역의 농가로 위탁하는 활동을 전개하였는데, 그 결과 수천 명의 아동이 도시의 슬럼 지역에서 벗어났지만 서부로 보내진 아동이 적절한 양육 환경을 찾지 못했다는 비판도 받았다. 1866년과 1873년에는 주립 아동구빈원 설립하여 공적차원의 아동대책을 실시하였다.

### (2) 가정위탁제도의 발달

미국의 아동복지체계가 전국적으로 확립된 것은 1935년 사회보장법의 제정부터

이며 이는 사회보장법에 의한 아동 빈곤가정에 대한 공적부조가 실시되었기 때문이다. 미국의 아동복지도 초기에는 종교단체에 의해 시작되었으나 1850년대 이후 시설보호가 아동의 건전한 발달에 도움을 주지 못한다는 정상화 이념에 영향을 받으면서 가정에서의 보호를 모색하기 시작하였다. 위탁가정운동은 초기에는 아동의 의식주와 자립의 기회를 제공해 줄 가정을 찾아 연결해 주는 과업에만 전념하였으며, 아동의 욕구에 따라 선별적으로 위탁가정을 선택하는 것이 아니라 위탁가정의 필요에 따라 위탁가정보호가 결정되는 경우가 많았다.

### (3) 아동노동법 제정과 백악관 회의

1895년 아동노동법이 제정되었는데, 이 법에서는 14세 이하의 아동에 대해 근로를 금지하고, 야간작업을 금지하였으며, 노동 시간을 제한하였고, 학교에 출석하도록 하였다. 아동문제의 관심이 전국적 수준으로의 확대와 아동복지에 대한 국가의 책임을 강조하는 사건으로 미국의 루스벨트 대통령이 소집한 제1차 백악관 회의는 1909년 '요구호아동의 보호'를 주제로 진행되었으며, 1912년 연방 아동국 설치로 더욱 구체화되었다. 가난으로 아동이 가정으로부터 이탈되어서는 안 되고 가정을 떠날 충분한 이유가 있을 시 차선책으로 선정된 위탁가정이 제공되어야 하며, 필요에 따라 소숙사제도를 제공해야 한다는 지침을 제시하였다.

제2차 백악관 회의는 1919년에 윌슨 대통령에 의해 '아동복지의 최저기준, 모자보건, 요보호아동의 보호'를 주제로 소집되었으며, 그 성과로 아동노동법 및 아동복지법의 제정, 각주에 아동위생과와 아동복지과가 설립되었다. 제3차 백악관 회의(1930)는 '아동보건 및 보호'를 주제로 개최되었으며, 아동헌장을 채택하여 아동복지 전문화의 획기적 계기를 마련하였다. 이와 같이 백악관 회의는 부모역할과 가정생활의 중요성과 아동복지 증진을 위한 정부의 책임을 강조함으로써 아동복지정책이 수립되고 서비스 프로그램이 발달하는 중요한 계기가 되었다(김성경 외, 2013). 백아관 회의 결과 아동문제를 전담하는 아동국이 만들어져 아동복지, 아동문제, 아동발달, 아동노동, 비행 등 아동에 관한 다양한 연구를 실시하였다.

### (4) 모성보호와 사회보장법

빈곤아동에 대한 주 단위의 구제 방법으로는 1911년 미주리 주를 시작으로 아동복지 전담부서인 아동국 설치 이후 1919년 39개 주에서 모성연금제가 제정되었다. 이 연금제의 목적은 한부모 혹은 적당한 보호자가 없거나 빈곤한 가정의 아동을 대상으로 이들이 가정에서 생활하도록 하기 위해 양육비를 지원해 주는 것이다. 이 모성연금제도는 모자연금법 및 기타 사회보호법에 영향을 미쳤고 1935년 사회보장법의 요부양아동가족부조(Aid to Families wit h Dependent Children: AFDC, 자녀를 둔 가정에 대한 지원)에도 반영되었다. 이후 정부의 사회복지에 대한 투자와 미국 내 경제 상황에 따라 아동복지제도는 변화하여 왔으며 최근에는 모자가정에 대한 지원에서 시간제한을 두어 모의 취업을 의무화하는 TANF(Temporary Assistance for Needy Families) 등 모성보호제도로 변화하여 왔다(김성경 외, 2013).

### (5) 아동을 위한 사회보장제도

1965년 존슨 대통령은 Head Start Project를 통해 아동 및 빈곤아동들에게 교육기회를 제공하도록 하였다. 아동발달센터 개설, 건강진단, 무료급식, 무상교육 및 가정에 대한 원조활동도 시작되었다. AFDC를 통해 한 부모, 저소득층 가정에 대한 지원을 강화하였으며, 보조소득보장(Supplementary Security Income: SSI)을 통해 65세 이상 맹인, 장애인을 지원하였다. 일반부조(General Assistance: GA), 식품부조권(Food Stamps, 저소득층에 대한 식품 부조), 의료보호(Medicaid, 소득이 빈곤선 미만의 18세 이하 아동에게 제공되는 의료서비스), 사회보험에는 노령 및 유족연금, 장애보험, 의료보험(Medicare), 실업보험, 근로자보상 등을 실시하였다.

특히 미국의 아동복지서비스로는 첫째, 부모-아동관계의 긴장을 해소하기 위한 지지적 서비스(Supportive Service)로 부모의 역할을 지원해 주는 각종 가족서비스, 지역정신보건서비스, 아동학대와 방임에 관한 보호적 서비스(Protective Service) 등이 있다. 둘째, 부모의 역할을 보완해 주는 보충적 서비스(Supplementary Service)로는 AFDC, Medicaid, 탁아서비스 등이 있으며, 셋째, 부모의 역할을 대리해 주는 대리적 서비스(Substitutive Service)에는 가정위탁, 입양, 시설보호 등이 있다.

### 3) 스웨덴의 아동복지

스웨덴은 11~12세기경부터 봉건제도가 성립되었으나 13세기에 내란, 페스트, 농촌 인구의 감소, 왕과 귀족의 권력 증대에 따른 가중한 세금, 부역, 공유삼림(公有森林)의 지배 등으로 봉건제도가 몰락하자, 피지배계층의 빈민 전락으로 국가가 빈민문제에 관심을 가지게 되었다. 체계적인 구빈제도의 성립은 구빈에 대한 국가의 책임을 입법화한 1853년의 구빈법이었는데 이는 발달 과정이나 형태면에서 영국구빈법의 영향을 많이 받았다. 이 법에서 원칙적인 구빈 대상은 15세 이하의 아동과 병자, 폐질자인 노동 무능력자로 규정하고 국가의 책임을 명시하여 구빈제도를 확립하였다. 스웨덴은 산업화 및 공업화에 따른 사회구조의 변화, 노동 조건의 악화에 따른 노동자 문제, 여성과 연소 노동자의 증가, 도시 인구의 급증, 청소년의 비행 등이 사회문제화됨에 따라 1881년 노동금지법을 제정하여 아동을 저임금과 장시간 노동으로부터 보호하였다. 1902년 입양법이 제정되어 미혼모 아이의 입양이 촉진되었으며, 1924년 아동복지법 제정으로 아동복지위원회가 설립되어 아동복지업무를 감독하게 되었다. 아동복지에 관한 사항이나 공공부조는 1960년에 개정된 아동복지법에 의하여 시행되었고, 국가는 이러한 분야의 전문 인력을 육성하는 데 역점을 두었다.

### (1) 아동복지서비스정책

스웨덴의 아동복지서비스로 첫째, 아동수당을 들 수 있다. 1946년부터 시작하여 기본자녀수당(스웨덴 거주 16세 이하의 모든 어린이 부모에게 지급, 한 아동 당 한 달 자녀수당 약 90,000원 정도)과 추가자녀수당(아이가 많을수록 누진적)이 지급된다. 둘째, 한부모 양육지원비를 들 수 있다. 부모의 이혼 및 별거 시 자녀양육 부모는 양육하지 않는 부모로 부터 양육비 지원하고 기초자치단체 사회보장사무소에서 비양육부모의 월급에서 원천징수, 양육부모에게 지급하며, 능력이 없거나 부족할 경우 기초자치단체에서 지급하고 있다. 셋째, 유자녀 연금으로 연금을 받는 부모 중 1명 이상 사망 시 18세 이하의 어린이에게 지급되는 서비스이다. 넷째, 입양수당으로 해외에서 아동을 입양한 경우 지급하고 법원, 국제양육청의 인가 자격 부여, 아동을 출산한 부모와 동등한 권리를 가진다. 다섯째, 장애아 보호수당으로 지원과 서비스가 요구되는 장애인법 적용 대상의 장애아를 부양하는 부모에게 지급하며, 지급 대상은 자녀나이 19세 6개월 이하이다. 여섯째, 주택수당을 들 수 있는데, 아동이 있는 가정과 아동이 없는 18~28세 시민에게 지급한다.

### (2) 출산관련정책

출산관련정책으로는 첫째, 출산휴가를 들 수 있다. 출산한 부모는 480일간의 휴가(아동이 8세까지 사용)를 사용할 수 있으며, 이는 부모가 공동으로 사용 가능(한편이 60일 이상, 나머지 한편 420일 이하 사용)하다. 출산 180일 이전 사회보험 사무소에 등록하면 되고, 출산 전에는 60일의 출산휴가 사용이 가능하다. 둘째, 출산급여이다. 출산휴가를 받은 부모는 390일까지 평균 소득 80%의 급여를 수급할 수 있다. 무직인 부모도 일정금액의 급여를 받는다. 시간제 직장의 부모는 근무한 시간에 대하여 정상적 급여를 지급받을 수 있다.

### (3) 보육서비스정책

스웨덴의 자녀 양육을 위한 보육서비스정책으로는 첫째, 대상은 부모가 노동시장에 참여하는 1세 이상 6세 이하의 아동이며, 필요 인정 시 방과후 교실 서비스 제공이 가능하다. 둘째, 서비스 내용은 아동에 대한 주간교육, 유치원 교육, 초등학교 저학년의 방과후 보호 및 학습지도, 점심 및 간식 제공 등이다. 셋째, 서비스 제공시설로는 보육, 유치원 교육시설은 공립과 사립으로 구분되어 있고, 규모가 큰 어린이집과 개인가정에서 제공하는 놀이방으로 구분된다. 넷째, 재정은 아동의 부모와 기초자치단체가 함께 부담하고 있다.

### (4) 장애아동교육정책

한편 장애아동을 위한 교육적 조치는 1952년 장애아학교법(The School Act of Handicapped)의 규정에 따라 7세에서 16세의 모든 아동에게 교육권을 개방하였다.

## 4) 일본의 아동복지

아동복지를 포함하는 일본의 사회복지의 발달은 자선사업 → 사회사업 → 후생사업의 단계를 거치고 있다.

### (1) 자선사업단계

일본에서도 혈연공동체인 씨족사회 중심 시대에는 씨족 내의 상부상조 형태의 구제로 인해 외부로부터의 특별한 구제 수단을 필요로 하지 않았다. 그러나 명치유신으로 인해 봉건제도가 붕괴됨에 따라 정치, 경제, 사회에 걸쳐 광범위한 변혁을 가져왔다. 특히 경제면에서는 자본주의가 급속히 발전하였으며 이로 인해 여러 가지 사회문제가 야기되었는데 이 중 빈곤 계층에서는 어머니의 취업으로 인해 아동 양육문제가 사회문제화되어 빈민구제와 아동보호의 필요성이 대두되었다.

일본 아동복지의 역사적 전개과정을 살펴보면 6세기 초 불교의 전래에 따라 자발적 서비스로부터 시작되었다. 초기에는 황실 내지는 주로 교토와 나라 등에 설립되었던 불교사원에서 고아에 대한 구제에 관심을 가졌으나, 명치 4년(1871)에 정부는 기아양육미급여방(棄兒養育米給與方)을 정하고 아기를 3명 이상 낳은 빈곤 어머니에게 쌀을 지급하였다(강란혜, 2016). 이후 전국적 규모의 구제책이 필요하게 되어 1874년 공적 구빈법인 휼구규칙(恤救規則)이 제정되었다. 이 규칙은 친족 및 공동체에 의한 상호부조를 원칙으로 했으나, 공동체에 의한 상호부조가 어려운 경우 국가가 구제에 개입함을 명시한 것이었다. 구제 대상으로는 빈곤한 폐질자, 노약자, 중병자와 13세 미만의 고아로 한정했으며, 이 정책은 소화시대까지 50여 년간 지속되었다. 이후 무사계층이 정치적 권력을 지니고 있던 시기에는 사회복지가 유교와 불교를 기반으로 한 무사들에 의해 수행되었다.

### (2) 사회사업단계

명치유신 후기에 들어서는 산업 발전으로 인한 조치로서 조직적, 계획적 국가차원의 아동복지사업이 활발하였는데, 고아원이 설립된 것은 1887년 이시이주지(石井十次)에 의해서였고, 학제(學制)는 이에 앞서 1872년에 공포되었으나 취학률은 매우 낮았다. 1886년에 정부가 대용간이소학교제(代用簡易召學校制)를 인정하였고 전국에 빈곤아동을 위한 학교가 설립되었다. 또한 빈곤가정의 아동을 돌보기 위하여 선교사들에 의해 1900년에 후다바(人棄)유아원이 설립되었다. 이후 민간 독지가에 의해 보육소가 설립되었으며, 1918년 이후에는 공립보육소가 설립되었다. 한편 1929년 상호부조를 기초로 한 공적 구빈법으로서 구호법이 제정되었다. 동법에서 휼구규칙에서 불분명했던 구호 방법으로 구호기관과 구호 내용에 관한 사항을 규정하였으며, 그 대상으로 임산부가 포함되었다. 일본은 제2차 세계대전에서 패망하자 생활

전선으로 뛰어든 어머니들의 아기를 맡기 위하여 보육소의 수요는 급격하게 늘어났으나 당시 정부의 힘이 미치지 못했던 탓에 보육사업은 민간에 의존하였다. 당시 입소 조건은 생활 빈곤자, 근로 여성 및 병중이거나 임신 중인 어머니의 자녀들, 혹은 부모 없는 자녀들로 국한되었다. 민간단체 주도로 보육원, 정신지체아 시설, 감화원 등이 설립되었고, 모자보호법(1937)도 제정되었다.

### (3) 후생사업단계

보육소는 1947년 아동복지법에 의해 비로소 아동복지시설의 일종으로 변화되었으며, 정부는 1949년부터 보육소 운영비를 지급하였고, 이후 급속한 발전을 거쳐서 오늘날 일본 아동복지사업의 주를 이루게 되었다. 장애아동을 위한 서비스로는 1947년 교육기본법 및 학교교육법에서 의무교육제도의 실시하였으며, 동법에 장애아동을 위한 특수교육을 의무화하였다. 이러한 원칙에 따라 1955년 양호학교 및 특수학급 정비촉진의원회가 발족되었고 이듬해 이에 관한 조치법이 제정되었다. 일본은 장애아동 교육제도에서 특히 정신박약아를 위한 조기교육에 중점을 두었다. 이 시기에 아동부양수당법(1961), 특별아동부양수당의 지급에 관한 법률(1964), 모자보건법(1965), 정신박약아 아동복지법(1965), 모자 및 과부복지법, 아동수당법(1971) 등이 제정되었다.

### (4) 엔젤플랜 사업(아동양육지원 종합계획, 1994)

지속적인 출생률 저하와 양육환경의 변화로 출산과 육아에 대한 사회적 지원 시스템을 구축하려는 대책이 긴급과제로 부상되었다. Angel Plan은 자녀양육에 대한 사회전체의 지원시스템 구축, 자녀를 양육하기 쉬운 환경 만들기, 자녀양육비에 따른 부담감 경감이라는 기본이념을 바탕으로 하였다. 또한 이를 원활히 추진하기 위하여 교육, 후생, 노동, 건설 등의 부처와 협조하에 추진하였다.

### (5) 1억 총활약플랜

일본은 저출산대책과 경제정책과의 혼합 · 종합정책으로 인구 1억 명을 유지하기 위한 복지정책 등 사회전반의 정책과 연계하여 실시하고 있다.

# CHAPTER 04

# 아동의 권리와 복지

1. 아동권리의 개념과 유형 | 2. 아동권리 사상의 발전 | 3. 아동권리의 발달과정 | 4. 한국의 아동권리 | 5. 국제아동복지서비스

CHAPTER

# 04 아동의 권리와 복지

## 1 아동권리의 개념과 유형

### 1) 아동권리의 개념

권리란 자기 의지를 자유로이 행사할 수 있는 능력 혹은 자격이자, 법에 의해 보호되는 것으로 이익에 관하여 인정되는 힘의 범위이며, 인간의 여러 가지 욕구에 대한 사회적 표명이라 할 수 있다. 즉, 권리는 여러 가지 욕구가 사회에 의하여 인식되고 주창될 때 권리라고 표현되는 것이다. 권리는 그 형태와 종류를 막론하고 인간의 존엄성을 기초로 하고 있다.

이러한 의미에서 아동권리는, 아동의 욕구와 관심을 인정하고 충족해 주는 사회의 표명이며, 보호대상으로서의 아동권리, 포괄적 인권보장으로서의 아동권리, 권리주체로서 아동권리를 포함한다. 일반적으로 아동복지는 아동복지권 보장이라는 차원에서 전개되고 있는데 아동복지권이란, 아동이 한 독립된 인간으로서 최소한도의 기본적 생활을 영위하는 것뿐만 아니라, 더 나아가 인간다운 생활을 영위할 권리가 있는 존재로 파악되는 것을 말하며, 사회와 국가는 이러한 권리를 보장해 주어야 할 의무가 있다는 것을 전제하는 의미이다. 그러나 아동은 신체적 · 정신적으로 미숙한 존재이기 때문에 보호를 위해서, 아동의 권리는 최소한으로 제한되어야 한다.

역사적으로 볼 때, 19세기까지만 하여도 세계 각국은 아동복지를 일종의 자선사업으로 간주하는 경향이 짙었으나 20세기에 들어서서 아동을 독립된 인격체로 받아들이기 시작하였다. 아동은 일정 기간 동안 스스로 생존을 보장할 수 없는 특징을 갖고 있기 때문에 특별한 권리를 가진다는 인식이 필요하다. 아동의 견해, 경험, 희망은 어른들의 것과 다르다는 것을 인식해야 하며 아동이 부모의 소유물이 아닌 완벽하게 독립된 주체로서 권리를 가지는 한 인간임을 인식해야 한다.

## 2) 아동권리의 종류

### (1) 생존권

인간은 스스로 생명이 존중되어야 하고 그 생명활동이 유지되어야 하며, 이를 위해 최상의 건강과 의료혜택을 받을 권리가 있다. 아동을 포함한 모든 사람은 세상에 태어날 때 생존권을 가지고 태어나므로 장애를 가진 아동과 발달이 지체된 아동도 예외가 아니다. 아동의 생존권과 관련하여 굶주림과 영양실조, 신체적 학대를 포함한 성인에 의한 공격, 빈곤, 보호시설에 수용된 아동 환경, 범죄에 개입한 아동(폭력, 구걸, 마약, 절도 등), 집 없는 아동과 고아, 비행 및 가출아동, 학대당하는 아동, 성적으로 착취당하는 아동, 부모에게 버려진 아동 등을 위한 적극적인 지원이 필요하다.

### (2) 특별보호권

어떤 상황에서든 아동은 차별대우와 착취, 학대와 방임, 가족과의 인위적 분리 등으로부터 특별히 안전하게 보호받을 권리를 지닌다. 또한 천재지변과 같은 재난, 전쟁, 위기상황에서도 아동은 최우선으로 보호되어야 한다. 특별보호권은 정상아동이나 특수아동에 관계없이 주어지는 동일한 권리로 생각해야 한다. 아동의 특별보호권과 관련하여 경제적 착취, 정신적 학대, 전생, 유기, 혹사, 위법행위 아동, 돌봐 주는 사람이 없는 아동, 성적으로 학대당하는 아동, 거리의 아동 등을 위한 지원이 필요하다.

### (3) 성장발달권

아동은 성인과 달리 신체적으로 성장하고 정신적으로 발달해야 할 과업이자 권리를 가지고 있다. 식품을 통해서 영양을 섭취하여 신체를 발달하도록 하고, 지적 자극을 받아들여서 정신적 발달을 도모해야 한다. 아동에게 성장발달은 자연스런 생명활동이자 발달과업이라 할 수 있다. 따라서 아동의 성장발달을 방해하는 모든 요소는 아동의 생명에 손상을 입히는 가해행위나 다를 바가 없다.

아동의 성장발달권과 관련하여 아동은 육체적 · 정서적 · 도덕적 · 사회적 성장에 필요한 정규 교육, 비정규 교육을 포함한 모든 종류의 놀이, 여가, 정보, 문화 활동, 사상, 양심, 종교의 자유를 누릴 권리, 국적과 이름을 가질 권리가 있다. 이를 위해서 아동에게 다양한 정보와 자료의 제공, 교육, 놀이와 오락 등의 문화 활동 참여, 사상, 양심 및 종교의 자유, 건강과 신체적 발달, 표현의 보장 등이 필요하다.

### (4) 참여권

참여권은 자신의 의사를 표현할 자유와 자기 생활에 영향을 주는 일에 대하여 말할 수 있는 권리, 아동 자신의 능력에 부응하여 적정한 사회활동에 참여할 기회를 가질 권리를 의미한다. 아동의 참여권과 관련하여 자신의 견해를 자유롭게 표현할 권리, 정보를 얻을 권리, 집회 참여의 자유와 결사 및 참여의 권리 단계가 전제되어야 한다.

### (5) 시민권과 자유권

성인이 사회의 시민으로서 자유롭게 의사결정을 할 권리가 있는 것처럼 아동도 사회의 시민으로서 자유롭게 자신의 의견을 제시하고 자기 미래를 결정할 권리가 있다. 아동은 부모의 부당한 친권 행사에 대해서도 자신의 성장과 행복을 추구할 권리를 가진다. 따라서 아동과 관련된 사항은 아동 자신의 행복을 최우선 조건으로 하여 결정되어야 한다.

### (6) 양육보장권(가정환경 및 대리보호에 대한 권리)

성인과 달리 스스로를 보호할 수 없는 아동은 성장할 때까지 안전하게 양육될 권리를 가진다. 양육보장권은 아동의 발달에 적합한 가정환경을 보장받아야 할 권리이므로 부모로부터의 방임이나 학대와 같이 가정환경이 아동발달에 부적합한 경우에 대리보호자에 의해 건강한 대리환경에서 보호받을 수 있도록 해야 한다.

### (7) 복지권(기초보건 및 복리권)

아동이 신체와 정신을 건강하게 발달시키고 타고난 신체와 지적기능을 개발하여 행복하게 살기 위해서는 기본적인 건강상태를 유지하고 자신의 복리를 보장받을 복지권이 필요하다. 특히 정상아가 아닌 경우에는 그 장애를 극복하고, 불우한 가정에서 태어난 경우에는 그 환경의 문제를 극복하도록 사회가 지원해 주어야 한다.

### (8) 교육권 및 문화향유권(교육, 여가 및 문화적 생활을 위한 권리)

아동은 자신의 잠재된 능력을 개발하기 위해서 교육받을 권리가 있다. 특히 사회에 나가서 직업을 가지고 생활을 영위할 수 있는 기본능력을 준비하는 교육과정이 제공되어야 한다. 현재 우리나라는 보육 및 초 · 중 · 고등학교 과정을 의무교육 및 무상교육으로 지원하고 있다.

## 2 아동권리 사상의 발전

아동권리 과정을 역사적인 관점에서 보면, 근대사회에 이르기까지는 제대로 보호받지 못했거나 매우 소극적이며 제한적으로 보호받아 왔으며 인권사상이 발전한 서구사회에서조차 아동의 권리사상은 20세기에 들어서야 비로소 확립되었다. 현재 아동의 권리사상, 즉 권리로서의 아동복지사상은 아동복지의 이념과 실천적 과제로 강조되고 있다.

### 1) 아동권리 사상의 등장배경

아동의 권리사상의 정신을 살펴보면(오정수 · 정익중, 2013) 첫째, 해방이다. 해방은 부모로부터의 분리를 의미하는 것이다. 아동은 성인의 소유물이 아니며 자유와 권리를 가진 독립된 인격체이고, 국가나 부모는 아동의 뜻에 반하는 보호 및 통제를 하지 않아야 한다. 즉, 성인 기준의 요구나 지나친 보호는 억압이 될 수 있으므로 아동의 사고나 감정을 무시하지 않고, 선택권을 보장하기 위해 아동이 원하는 것을 존중하고 아동의 권리를 극대화하는 것이 복지라고 할 수 있다.

두 번째 정신은 자유방임주의와 가부장제이다. 가정의 문제는 가장이 책임지고, 국가의 역할을 최소화하여야 한다는 정신으로 이는 정부의 개입이 약할수록 가족은 더 강해지고, 개인은 더 자유로워지며, 아동은 정상적인 가정에서 가족의 구성원으로 존재할 때 가장 행복하다는 기본전제를 갖는다. 이때 국가는 가정에서 부모의 결함이나 자질문제로 아동보호조건이 성립되지 않을 때만 개입함으로써 자녀양육에서 부모권리가 중시되고 부모는 양육의 책임자가 된다는 것이다.

세 번째 정신은 국가부권주의와 아동보호 정신이다. 부모의 보호가 부적절할 때 국가는 가족과 아동의 복지를 위해 개입해야 한다는 뜻이다. 이때 부모의 권한은 낮아지고, 아동의 권리가 무엇보다 우선시되기 때문에 다른 가정 혹은 시설에서의 양육도 가능하게 된다. 즉, 혈연보다는 심리적 유대를 중요시하여, 입양이나 위탁보호에 대해 긍정적인 측면을 강조한다. 국가는 미래의 사회 주역인 아동에게 관심을 갖고 아동을 보호할 도덕적 의무를 갖는다.

네 번째 정신은 가족중심주의와 부모의 권리정신이다. 생물학적 부모-자녀 관계가 중시되기 때문에 국가는 부모-자녀 관계를 보호 유지하는 데 도움을 주어 가족을 지지하는 역할을 해야 한다. 또한 대리적 보호보다는 가족을 지지하는 서비스를 제공해야 하며, 국가는 국가부권주의보다 덜 권위주의적이고, 예방적이고 지지적인 역할을 담당해야 한다. 아동에게 최선의 행복이란 친부모와 함께 가정 내에서 양육되는 것이라고 강조하여 취약한 부모에게 도움을 주어 아동복지를 실현하고자 하는 입장이다.

## 3 아동권리의 발달과정[1]

### 1) 제1차 아동권리선언

아동권리에 대한 시작은 1922년 아동복리회 창설자 Jebb 여사에 의해 성문화된 아동권리선언으로부터라고 할 수 있다.

1) 김성경 외(2013)의 내용을 참고하여 작성하였음.

### 2) 제1차 제네바선언

제1차 제네바선언(1924)은 국제연맹 제5차 총회에서 채택되었는데, 아동은 특별한 보호 대상이자 구제의 대상임을 선포하였다. 제네바선언은 전문과 5개 조항[2]으로 구성되어 있지만 선언이라는 상징적 의미만 갖고 있었다. 하지만 1948년 유엔의 아동권리선언이 있기까지 아동권리의 지표이자 아동권리에 대한 첫걸음이 되었다.

### 3) 세계인권선언

세계인권선언은 제2차 세계대전 이후 인류 공존과 평화 이상 실현을 위해 1948년 국제연합에 의해 채택되었는데 전문과 본문 30조로 구성되어 인권보장을 위한 보편적 규범을 명시하였다. 이 중 아동권리에 관한 조항은 25조와 26조인데 25조 2항에는 모자의 보호, 26조 1항은 모든 사람은 교육을 받을 권리를 가짐을, 26조 2항에는 교육목적을 완전한 발달, 인권과 기본적 자유의 존중에 둔다는 내용을 담았다.

### 4) 제2차 제네바선언

1959년 제2차 제네바선언은 아동의 해방에 초점을 두고 7개 조항에서 아동권리를 강조하고 있다. 이는 이후 1989년 아동권리협약의 모태가 되었지만 적극적으로

---

2) 제1조: 신체적, 정신적 면에서 아동의 정상적 발달에 요구되는 필요한 모든 수단들을 강구하여 반드시 제공하여야 한다.
제2조: 굶주린 아동들에게는 음식을, 병든 아동에게는 치료의 혜택을, 지능발달이 늦은 아동에게는 도움을, 비행아동에게는 갱생의 감화를, 고아와 부랑아는 주거와 보호를 받도록 원조해야 한다.
제3조: 위기에 직면하였을 때, 최우선적으로 아동을 구제해야 한다.
제4조: 아동은 생계연명과 장래설계를 할 수 있는 지위를 주어야 하며, 모든 형태의 착취로부터 보호받아야 한다.
제5조: 아동이 지닌 본인의 재능과 능력이 인류에게 공헌한다는 인식을 갖고 교육을 해야 한다.

아동을 권리의 주체로는 인정하지는 못한 상태였고 일반적으로 불리한 조건에 처한 아동에게 특별한 보호를 보장하려는 성격이 강하게 나타나 있으므로 아동의 생존을 위한 최저보장기준의 확보를 목적으로 했다고 볼 수 있다. 이런 점이 '제네바선언'의 한계이지만 이를 시작으로 아동의 권리가 국제적 무대에 오르게 되었다는 점에서 역사적 의미가 크다.

### 5) 제2차 아동권리선언

제2차 국제연합 아동권리선언(1959)은 세계인권선언의 내용을 보완하고 확대한 아동의 특수성에 초점을 맞추어 전문[3] 및 10개조[4]로 구성된 완벽한 아동고유의 인

3) UN의 모든 국민들은 UN헌장을 통하여 인간의 기본적 권리와 개인의 존엄성 및 가치에 대한 그들의 신념을 재확인하고 더욱 큰 자유 속에서 사회적 진보와 생활수준의 향상을 가져올 것을 결심하였으며, UN은 또한 그 세계인권선언을 통하여 인간은 누구나 그 선언에서 규정된 바와 같이 인종, 피부색, 성별, 언어, 종교, 정치적 또는 기타의 견해, 그가 속하는 국가나 사회, 재산, 가문, 그 밖의 신분상 차이 등에 의하여 차별받음이 없이 모두 동등한 권리와 자유를 누릴 권리가 있음을 선언하였으며, 아동은 아직도 심신이 미성숙하기 때문에 그의 출생 전과 후에 걸쳐서 적당한 법률상의 보호를 포함하는 특별한 보호와 양호를 필요로 하는 것이며, 이런 특별한 보호의 필요성은 1924년도의 아동의 권리에 관한 제네바 선언과 세계인권선언에서도 언급되었고, 그 밖에 아동복지에 관계있는 특수기관 또는 국제관계들의 규약에서도 인정된 바 있으며, 인류는 그가 가진 최선의 것을 아동에게 베풀 의무를 가졌으므로, UN 총회는 아동이 행복한 아동으로 자라나며, 그 자신의 선과 사회의 선을 위하여 여기에 규정된 권리와 자유를 즐길 수 있게 할 것을 목적으로 하고, 또한 양친, 개인으로서의 남녀, 민간단체, 지방행정기관 또는 중앙행정에 대하여 다음에 규정한 제 원칙에 따라서 정식 법률로써 또는 기타의 적극적인 수단으로써 이 모든 권리를 인정하고 또한 준수할 것을 요구하기 위하여 이에 이 아동의 권리선언을 선포한다.

4) 제1조 아동은 이 선언에서 열거된 인종, 피부색, 성, 언어, 종교, 정치적 견해, 국가적 또는 사회적 출신, 재산, 문벌, 지위 등에서 모든 차별금지 권리
제2조 특별한 보호, 건전하고 정상적인 방법 및 자유와 존엄의 상태 하에서 신체적, 지능적, 도덕적, 정서적 및 사회적으로 성장할 수 있는 기회나 혜택이 법률과 기타의 수단으로써 제공되어야 할 권리
제3조 이름과 국적을 가질 권리
제4조 출산 전 후의 적당한 보호, 영양, 주거, 오락 및 의료 등 사회보장의 혜택을 받을 권리
제5조 장애가 있는 아동에 대한 특별한 치료, 교육 및 보호를 제공받을 권리
제6조 양친, 특별한 사유 없이 어머니로부터 분리금지, 가정 없는 아동의 국가공공기관의 보호 등 아동 인격의 완전하며 조화적인 발전을 위해 애정과 이해를 받을 권리
제7조 교육을 받을 권리(초등단계에서는 무상 또는 의무적, 교육에 대한 기회의 균등), 아동에게 유익한

권선언을 담고 있다. 이는 아동은 신체적으로나 심리적 미숙하기 때문에 출생 전후부터 법적보호는 물론 특별한 경우의 보호를 제공하는 것이 필요하다는 권리보장의 국제적 승인을 의미하는 것이었다. 구체적으로 아동을 권리향유의 주체로 인정하고, 인종, 국적, 종교 등의 이유로 차별을 금지해야 한다고 규정하였으며, 아동은 가족의 구성원으로 보호 양육되어야 함을 강조하였다. 하지만 아직 선언적 수준으로 구속력은 없는 상태였다.

### 6) 유엔아동권리협약

1979년 UN은 '세계아동의 해'로 선포하면서 '아동권리선언'을 협약으로 바꾸어 구속력을 강화하려는 움직임을 보이기 시작하였으며, 아동의 연령 기준이자 협약의 대상인 아동을 18세 이하의 자로 정의하였다. 이후 1989년 11월 20일 제44회 유엔총회에서 유엔아동권리에 관한 국제협약이 채택되고, 1990년에 발효되었다. 아동권리협약은 법적 구속력을 강화한 국제적인 인권조약으로 전문, 제3부[5], 총 54개 조문으로 구성되었으며, 아동의 사회적 권리를 폭넓게 규정했다고 볼 수 있다.

아동협약의 일반원칙으로는 첫째, 무차별의 원칙(제2조)으로 인종, 피부색, 성별, 언어, 종교, 정치적 의견 등, 모든 형태의 차별이나 처벌로부터 보호 및 적절한 조치가 있어야 함을 강조하였고, 둘째, 아동 이익 최우선의 원칙(제3조)으로 민간 사회복지기관, 법원, 행정당국, 입법기관 등 아동에 관한 활동에 있어 아동 이익 최우선의 원칙을 설명하였다. 셋째, 아동의 생명존중 및 발전보장의 원칙(제6조)으로 모든 아

교육 및 지도, 유희 및 아동의 충분한 기회 제공
제8조 어떠한 상황에서도 우선보호와 혜택받을 권리
제9조 방임, 학대, 착취로부터의 보호, 최적 연령 미만의 아동 고용 금지
제10조 인종적, 종교적, 기타 차별을 조장할 우려가 있는 관습으로부터의 보호받을 권리

5) 제1부(제1조~41조)에는 아동이 가져야 할 구체적인 여러 가지 권리의 실제적 규정, 제2부(제42조~45조)에는 가맹국과 국제연합의 관계와 아동권리 이행의 의무사항을 규정, 제3부(제46조~54조)에는 비준 가입의 문제와 협약의 정차 및 개정에 관한 규정이 담겨졌다.

동이 생명에 관한 교육의 권리 인정, 아동의 생존 및 발전 보장을 받아야 함을 강조하였고, 넷째, 아동의 의사존중 원칙(제12조)으로 자신의 견해의 형성능력이 있는 아동에게 본인의 모든 문제에 있어 자연스럽게 표시할 권리 보장, 이에 대한 연령과 성숙도에 따른 적당한 비중이 부여되어야 함을 강조하였다. 그리고 생존권[6], 보호권[7], 발달권[8], 참여 및 자유권[9]을 네 가지 기본 권리로 규정하였다.

이와 같이 이 협약은 아동권리를 법제화하고 아동을 권리행사의 주체가 됨을 천명한 것이라 할 수 있다. 이에 따라 국제협약 당사국들은 협약에서 제시한 아동의 권리를 실현하기 위하여 모든 적절한 조치를 취할 의무를 가짐과 동시에 그 법을 집행하고, 집행 결과를 점검한 국가보고서를 제출하는 의무를 갖게 되었는데 아동권리협약의 이행에 대한 1차적 책임은 국가와 부모에 있지만 아동권리 실현의 책임은 국가와 가족, 아동을 포함한 모두에게 있음을 규정하였다.

이와 같이 유엔아동권리협약은 포괄적 특성을 갖는데, 시민권, 정치권, 경제권, 사회권, 문화권을 보장받기 때문이다. 특히 보편적 특성을 갖는데, 이는 모든 아동에게 적용되기 때문이며, 무조건적 특성을 갖는 것은 가난한 국가에게도 적용되기 때문이다. 이 협약을 통해 아동을 보호의 대상이 아닌 권리의 주체로 인식하였다는 점에서 아동관련 인권조약의 새로운 지평을 연 협약이라고 볼 수 있다. 유엔아동권리협약은 그동안 아동의 권리에 대한 선언에서 협약의 단계로 도약, 발전의 계기를

6) 건강 의료의 권리, 양육지정의 권리, 사회보장의 권리, 영양, 의복, 주거 등의 생활수준 향유권 등

7) 부모로부터의 폭력, 학대, 방임, 착취로부터 보호받을 권리, 마약, 향정신성 약으로부터 보호받을 권리, 성적 착취, 학대로부터 보호받을 권리, 유괴, 매매, 거래를 방지받을 권리, 모든 형태의 착취로부터 보호받을 권리, 고문, 사형을 금지받을 권리, 소년사법에 관련된 권리, 존엄과 가치에 대한 자각을 촉진하도록 처우받을 권리, 특별히 곤란한 조건하에 있는 아동의 권리, 난민아동의 보호받을 권리, 장애아의 권리, 소수자, 원주민 아동의 권리, 무력 분쟁 시 아동이 보호받을 권리, 피해아동이 사회에 복귀받을 권리 등

8) 부모를 알 권리, 법률에 인정된 정체성 및 신분을 보전할 권리, 출생 후 즉시 등록, 출생시부터 성명권, 국적취득권, 부모 양육받을 권리, 부모로부터 분리당하지 않을 권리, 가족 재회 시 출입국이 자유로울 권리, 국외 불법 이송을 금지받을 권리, 부모에게 1차적으로 양육받을 권리, 양호를 받을 권리, 양자결연을 받을 권리, 교육받을 권리, 휴직권, 여가권, 문화 참가권

9) 생활참가권, 의견 표명권, 프라이버시, 통신, 명예를 보호받을 권리, 사회참가권(표현정보의 자유, 사상, 양심, 종교의 자유, 결사, 집회의 자유), 정보 접근권, 사생활보호

마련하였다. 각국의 아동, 청소년관련 제반 법규, 복지정책, 서비스의 내용을 수정 보완할 수 있는 틀이 마련되었으며, 평화, 자유, 복지적 측면에서 지구 공동체 의식에 기여하였다.

국제연합은 아동권리협약 채택 이후에도 아동에 대한 무력 분쟁 참여와 성 착취가 계속되자 2000년 '아동의 무력 충돌 참여에 관한 아동권리협약 선택의정서(OPAC)'와 '아동의 매매 · 성매매 및 아동 음란물에 관한 아동권리협약 선택의정서(OPSC)'가 채택되었다. 그리고 2011년에는 개인청원절차를 확보한 '아동청원권에 관한 제3선택의정서(OP3CRC)'를 채택하였다. 이에 따라 아동은 무력 충돌 참여나 성 착취 등 제1선택의정서와 제2선택의정서에서 명시한 권리를 침해한 사건에 대해 스스로 국제연합에 진정을 제기할 수 있게 되었다.

이 협약은 196개국[10)]이 비준하여 전 세계적으로 가장 많은 국가의 비준을 받은 국제법이 되었고, 유엔아동권리협약은 아랍어, 중국어, 영어, 프랑스어, 러시아어, 스페인어의 6개 언어로 작성되었다.

### 7) 국제아동위원회

지역 및 국제기구와의 협력을 위해 유엔국제아동위원회는 한국정부를 포함한 동남아시아 국가연합(ASEAN)회원국에서 본 협약과 여타 인권조약의 이행을 위해 한국정부가 아시아 여성과 아동위원회와 협력할 것을 권고하였다.

10) 2015년 소말리아가 비준하여 미국 제외 UN가입(옵서버 포함) 196개국 전부 비준함(출처: United Nations Treaty collection. Convention on the Right of the Child).

# 4 한국의 아동권리

## 1) 국내 아동권리 사상의 역사와 배경

우리나라에서 근대 이후로 아동에 대한 권리사상에 대한 접근은, 방정환의 아동권리 사상이 시작이라고 볼 수 있다. 방정환은 1923년 5월 1일을 어린이날로 선언하고, '어린이선언문' 공표하였다. 또한, 아동권리증진을 위한 천부적인 인권부여인 '아동권리공약 3장'[11]을 선언하였다. 그의 수필인 '어린이의 예찬'에서 아동을 인격자로서 대우해야 함을 강조하고, 어린이를 천사에 비유하며 동심의 세계를 그대로 인정해야 한다고 강조하였다. 어린이를 귀하게 여기고, 인격적인 존재로 대함과 동시에 체벌금지를 강조하였다. 그는 소년운동협회를 결성하여 어린이날 선언문을 선포하였는데 이것은 국제아동권리선언(제네바선언, 1924)보다 1년 앞선 것이였다.

이후, 1927년에 어린이날은 5월 5일로 변경되었다. 일제의 탄압으로 없어졌다가 1946년 5월 첫째 일요일(5일)로 부활하였고, 어린이날 노래(윤석중)도 제정되었다. 1957년에는 어린이헌장이 선포되었으며, 1975년에는 어린이날이 법정 공휴일로 지정되었다.

## 2) 아동복지법 등의 법률

한국은 1961년 12월 30일 아동복리법을 통해 아동에 대한 권리를 상화하는 작업을 시작하였다. 1981년 아동복지법으로 명칭을 변경하고, 2000년에 다시 전면개정을 시도하였다. 아동복지법은 아동의 기본적 인권으로서의 생존권, 생활권, 발달권

11) 어린이를 재래의 윤리적 압박으로부터 해방하여 그들에 대한 완전한 인격적 예우를 허락하라. 어린이를 재래의 경제적인 압박으로부터 해방하여 만 14세 이하의 그들에 대한 무상 또는 유상의 노동을 폐하라. 어린이들에게 그들이 고요히 배우고 즐거이 놀만한 각양의 가정 또는 사회적 시설을 행하라.

을 명시하고 있다. 아동복지법 이념의 배경에는 대한민국 헌법 10조의 '모든 국민은 인간으로서 존엄과 가치를 가지며, 행복할 권리를 가진다. 국가는 개인이 가지는 불가침의 기본적 인권을 확인하고 이를 보장할 의무를 진다'에 기초하고 있으며 그 목적은 아동이 건강하게 출생하여 행복하고 안전하게 자라나도록 그 복지를 보장하는 것이다.

아동복지법에는 국가와 지방자치단체의 책임조항을 넣어 아동의 건강과 복지증진에 노력하여야 하며 이를 위한 시책을 시행하여야 한다고 강조하였다. 관련하여 2010년에는 학교폭력예방 및 대책을 위한 제2차 5개년 기본계획수립 등을 통해 국제사회에서의 한국의 아동인권에 대한 상당한 부분의 진전에 대해 평가를 받았다. 2011년에는 입양특례법 개정, 민법개정, 초중등교육법시행령 개정, 자살예방과 생명존중문화조성을 위한 법률 제정, 장애아동복지지원법 제정, 다문화 가족지원법이 개정되었다.

### 3) 유엔아동권리협약의 이행

한국은 1990년에 이 협약에 동의, 1991년 11월 20일에 비준하였으며, 이 협약에 의해 아동권리 관련법규를 제정하고 개정하게 되었다. 한국 정부와 민간단체는 5년마다 협약에 관한 이행보고서를 작성해 국제연합 소속의 인권 기구인 '유엔아동권리위원회(Committee on the Rights of the Child: CRC)'에 제출하고 있다. 이행보고서는 유엔아동권리위원회 지침에 따라 협약 이행을 위한 일반조치와 가정환경 및 대안 양육, 기초보건 및 복지, 교육과 문화활동 등의 주제로 작성된다. 유엔아동권리위원회는 이행보고서를 기반으로 협약 이행상황을 평가한 뒤 권고사항을 한국 정부에 전달한다. 2004년 9월 24일 한국은 아동권리협약 선택의정서 중 '아동의 무력 충돌 참여에 관한 아동권리협약 선택의정서'와 '아동의 매매 · 성매매 및 아동 음란물에 관한 아동권리협약 선택의정서' 2개를 비준했다.

### (1) 1차보고서(1994)

1차보고서(1994)에서 한국정부의 아동권리협약의 이행노력에 대한 권고(14개 항목), 부모면접권, 대국민 홍보와 교육제안, 아동관련업무 종사자들에게 구체적 협약 내용교육 권고, 정부가 3가지 원칙(차별금지, 아동이익 최우선, 아동견해 존중 기본원칙)을 입법과정에 반영, 협약 이행 여부와 아동 불평등을 검토하는 옴부즈맨제도 설립, 정보수집체계 개선, 지표확인, 발전정도 평가 등이 다루어졌다.

### (2) 2차보고서(2005)

2차보고서(2005)에서는 가정폭력특별법(1997), 청소년보호법 입법(2000), 국가인권유엔아동권리위원회 설립(2001), 취업최저연령 15세로 상향, 1차 권고사항에서 미이행부분에 대한 이행을 촉구하였다. 위원회는 96년 1차보고서 심사 이후 채택되었던 권고의 대부분이 제대로 이행되지 않은 데 유감을 표시하면서, 체벌금지와 경쟁적인 교육풍토의 개선 등과 관련된 1차 때의 권고를 거듭 내놓았다. 위원회가 특히 우려를 표현한 부분은 아동관련 정책을 조정할 권한을 가진 상설적인 중앙기구가 없다는 점이었다. 그로인해 아동관련지표가 불완전하고, 협약에 대한 홍보와 교육도 미흡하며, 아동관련 정책 전반에 아동의 인권에 기초한 접근이 부족하다는 것이 위원회의 지적이었다. 한마디로 책임지는 주체가 없다는 것이었다.

위원회가 최종 견해에서 밝힌 주요 권고내용 중에는 국가인권위원회에 대한 것도 포함되어 있었다. 위원회는 국가인권위원회가 아동권에 대한 전문성을 갖추지 못한 점을 우려하면서, 인권위원 중에 최소 1인을 아동권 전문가로 두거나 위원회 내에 아동권에 관한 소위원회를 설치할 것을 권고했다. 위원회는 또 가정이나 학교에서 아동의 참여가 제대로 이뤄지고 있지 못한 현실을 우려하며 학생의 참여를 제약하는 교칙이나 지침을 개정할 것을 권고했다. 그밖에 한국의 경제수준에 비해 기초보건 · 복지 · 교육 분야에서 아동에게 할당된 예산이 극히 미약하다고 판단, '가용자원의 최대한도까지' 예산을 우선 배정할 것을 권고했다.

### (3) 3차보고서(2010)

3차보고서에서는 폭력과 관련된 아동안전 문제가 권고되었다. 아동들이 겪고 있는 안전문제에 대응하기 위해, 학교 안이 행복해지고 아이들이 학교에서 안전하고 즐겁게 생활할 수 있도록 실천 방안을 모색하라는 의도였다. 그리고 유엔 아동권리위원회는 부모의 법적 지위나 출신에 상관없이 모든 아동의 교육 접근성이 보장되어야 한다고 권고하였으며, 유엔인종차별철폐위원회도 우리나라에 난민, 인도적 지위 체류자, 난민 신청자, 미등록 이주민 자녀의 출생을 적절히 등록할 제도와 절차를 마련하라고 촉구했다.

### (4) 4차보고서(2015)

위원회는 한국이 그동안 협약 이행을 위해 아동복지법 개정, 장애아동복지지원법 개정 등 다양한 아동관련 제도를 도입한 것을 환영하였고, 위원회 권고에 적절한 후속조치를 한 부분을 높이 평가했다. 그러나 여전히 이행 상태가 미흡한 부분에 있어서는 위원회가 같은 권고를 거듭하는 부분도 있었다. 아동학대나 폭력이 여기에 속하였다. 위원회는 3차 권고문에서 입법, 예산, 자료 수집, 표현의 자유 등에서 보완할 점을 지적하면서 아동학대 · 방임을 포함한 폭력 대책도 미흡하다고 지적했다. 그러면서 가정, 학교 및 여타 기관에서 체벌을 명백히 금지하도록 관련법과 규정을 개정할 것, 아동학대 및 방임을 신고할 법적 의무를 강화하고 확대할 것, 더 많은 아동보호기관을 설립하고 충분한 인적 · 재정적 지원을 할 것, 아동폭력 방지와 해결을 위한 국가전략을 개발할 것 등의 권고를 내놓았다.

또한, 한국이 경제협력개발기구(OECD) 회원국으로서 높은 경제발전 수준에 걸맞는 재원을 아동권리 실현을 위해 배정하고, 예산을 '아동의 최상의 이익' 원칙에 맞도록 투자하라고도 촉구했다. 특히 아동폭력과 더불어 한국의 높은 청소년 · 아동 자살률에도 깊은 우려를 표명하며 가정과 학교 내에서 자살위험 요인을 파악해 충분한 예방 · 후속조치를 취하라고 권고했다.

#### (5) 제5차, 6차 국가보고서

2017년 12월, 2021년 국가보고서를 제출하였는데, 아동학대 예방, 입양허가제도, 아동수당도입 등 정책성과를 제시하였다. 이를 통해 과도한 학업 스트레스, 이주배경 아동보호 등에 대한 점검 및 아동정책을 정립하는 계기가 되었다.

### 4) 국가인권위원회의 아동권리위원회

국가인권위원회는 2014년부터 아동인권 문제를 전담하는 부서인 아동청소년인권팀을 신설하였고, 이어 2016년에는 아동인권 침해와 차별행위 등 문제를 전담할 소위원회인 '아동권리위원회'를 개설하였다. 아동권리위 신설은 유엔이 2011년과 2012년 각각 아동권리협약 이행 제3 · 4차 정부보고서에 대한 최종견해와 제2차 국가별 인권상황 정기검토에서 촉구한 '인권위 내 아동분과위원회 설립'에 대해 인권위가 수용의사를 밝힌 데 따른 것이다. 아동권리위는 인권위 상임위원인 위원장과 위원으로 구성되며, 만 18세 미만 아동이 피해자인 인권침해 및 차별행위 사건, 아동보호시설과 소년보호시설 방문조사, 진정사건 관련 아동인권 증진 정책권고와 의견표명 등의 안건 등을 심의 및 의결하고 있다.

### 5) 아동권리보장원[12)]

아동권리보장원은 아동정책에 대한 종합적인 수행과 아동복지 관련 사업이 효과

---

12) 아동권리보장원 홈페이지(https://www.ncrc.or.kr) 참고.

적인 추진을 위하여 필요한 정책의 수립을 지원하고 사업평가 등의 업무를 수행하는 기관으로, 아동복지법 제10조의2(아동권리보장원의 설립 및 운영)의 법적 근거를 갖고 2019년에 출범하였다.

주요 기능으로는 아동정책 수립을 위한 자료 개발 및 정책 분석, 아동정책기본계획의 수립 및 아동정책시행계획, 평가 지원, 아동정책조정위원회의 운영 지원, 아동정책영향평가 지원, 아동보호서비스에 대한 기술지원, 아동학대예방사업의 활성화, 가정위탁사업의 활성화, 지역 아동복지사업 및 아동복지시설의 원활한 운영을 위한 지원, 「입양특례법」에 따른 국내입양 활성화 및 입양 사후관리를 위한 업무(입양아동 · 가족정보 및 친가족 찾기에 필요한 통합데이터베이스 운영, 입양아동의 데이터베이스 구축 및 연계, 국내외 입양정책 및 서비스에 관한 조사 · 연구, 입양 관련 국제협력 업무), 아동 관련 조사 및 통계 구축, 아동 관련 교육 및 홍보, 아동 관련 해외정책 조사 및 사례분석, 그 밖에 이 법 또는 다른 법령에 따라 보건복지부장관, 국가 또는 지방자치단체로부터 위탁받은 업무 등을 들 수 있다.

이 아동권리보장원은 그동안 민간에 위탁하여 운영해 오던 아동복지사업 지원기관을 통합하여 공공기관으로 새롭게 출범한 아동권리 실현의 중심기관이라 할 수 있다. 이 아동권리보장원을 통해 보호가 필요한 아동이 안전한 환경에서 행복하게 성장할 수 있도록 아동보호체계의 통합성과 공공성 확대 및 전문성 강화를 위해 노력하고 있다. 그리고 모든 아동의 놀 권리와 보호권이 보장되고 아동이 존중받는 사회가 되도록 힘쓰고 있다. 또한 우리나라의 모든 아동이 차별받지 않고 최선의 이익이 보장되도록 다양한 연구의 기획과 수행, 정책 및 제도 분석과 평가를 강화하고 있다. 마지막으로 아동 관련 정보를 총괄하고 아동 전문자료를 생산 · 공유 · 확산하는 우리나라 아동정책의 허브이자 핵심 기반으로서의 역할을 충실히 이행하고 있다.

# 5 국제아동복지서비스

## 1) 개요

UN에서는 지속가능개발계획(2016~2030, SDGs)을 수립하여, 빈곤퇴치, 기아근절, 질 좋은 삶, 교육, 양성평등, 위생, 에너지, 경제성장, 사회기반시설, 불평등해소, 안정, 책임 있는 소비생산, 환경보호, 수자원보호, 생태계보호, 정의, 목표단결력 등의 목표를 설정하였다. 그리고 국제해외원조개발을 위해 GNP의 0.25%를 달성할 뿐만 아니라 가능하다면 목표를 초과할 것을 장려하여 국내뿐만 아니라 국제사회의 아동을 위한 지원이 필요함도 강조하였다.

## 2) 국제아동 주요문제

개발도상국 혹은 제3세계 국가의 아동들은 현재 빈곤과 영양실조, 보건, 질병, 식수 및 위생환경, 교육, 특별한 보호 등이 제대로 이루어지지지 못하고 있는 실정이다.

## 3) 국제아동복지실천의 단체 및 주요사업

### (1) 유엔아동권리위원회

유엔아동권리위원회(Committee on the Rights of the Child: CRC)는 아동의 권리에 관한 협약에 의해 창설된 유엔 산하 인권 기구이다. 아동권리위원회는 유엔 아동권리협약에 규정된 협약 이행감시기구로, 아동권리협약 당사국회의에서 선출된 18명의 위원들이 매년 3회의 회의를 제네바에서 개최하고, 협약 당사국이 제출한 이행 보고서의 심의와 협약 이행에 대한 권고안을 제시하고 있다. 유엔은 이 위원회를 통해 국가차원에서 인권을 모니터링하고 증진하는 인권기구 설립 중요성을 강조해왔으며 특히 아동들이 이러한 기구를 이용할 수 있도록 보장해야 하며, 이 기구들이 독립적으로 아동권리를 위한 강력한 감시자나 옹호자 역할을 해야 함을 권고하고 있다.

### (2) 국제아동기금(UNICEF)

유니세프는 1946년 국제연합이 창설한 기구이다. 전쟁으로 어려움을 겪고 있는 지역이나 신생국가 및 저개발국가의 아동을 기아, 무지, 질병으로부터 보호하는 데 주력하고 있다. 주요 사업은 재해에 대한 긴급 원조로서 식량 및 의료 지원과 신생 및 저개발국가를 대상으로 한 교육 · 직업훈련, 모자보건, 질병 퇴치 등 광범위하다. 우리나라에서도 지금까지 활발한 활동을 전개하고 있다. 최근에는 저소득층의 자녀를 대상으로 한 유아교육과 보육, 부모교육 및 학대아동을 방지하는 사업에도 지원을 하고 있다.

### (3) 세계보건기구(WHO)

세계보건기구는 세계 모든 사람이 가능한 한 최고의 건강수준에 도달할 것을 목적으로 설립되었다. 아동복지와 관련된 사업으로는 모 · 부자보건의 향상을 위한 교육과 훈련을 실시하고, 각종 의료기기와 용품 등을 지원하고 있다. 구체적인 사업의 예로 모유 먹이기 캠페인, 낙태를 방지하기 위한 효과적인 피임의 실시 등이 있다. 우리나라에서는 방역사업, 보건교육과 보건요원의 훈련사업 등에 많은 도움을 받고 있다.

### (4) 국제노동기구(ILO)

국제노동기구는 근로자의 완전고용과 생활수준의 향상을 위해 설립되었다. 아동복지 관련 사업으로는 근로아동의 복지를 위한 제 협약을 설정하여 세계 여러 나라에 권고함과 동시에 그 준수를 촉구하는 일을 한다. 협약 내용으로는 최저 고용연령, 연령별 근로 시간, 고용 금지 업종 등이 있다. 우리나라에서는 이 기구의 협약사항을 관계법에 반영하여 준수하도록 노력하고 있다.

### (5) 국제연합 교육 · 과학 · 문화기구(UNESCO)

유네스코는 국제연합 교육, 과학, 문화의 보급 및 교류를 통해서 세계 여러 나라 사이의 이해를 돈독히 하고, 협력관계를 촉진함으로써 국제 평화에 이바지하기 위해 설립되었다. 교육 부문에서는 문맹 퇴치와 무상교육의 실시와 연장, 과학 부문에서는 환경문제, 문화 부문에서는 세계문화유산의 보존사업에 역점을 두고 있다. 최근에는 이러한 활동에 시청각 매체를 개발, 활용함으로써 효과를 거두고 있으며, 우리나라와도 활발한 교류사업을 벌이고 있다.

### (6) 국제아동복지연합(IWCW)

국제아동복지연합은 1959년 국제연합에서 선포한 아동의 권리선언에 명시한 바를 실현하기 위해서 설립되었다. 주요 사업은 모자보건, 심신장애아동 재활, 사회부적응 아동의 보호와 교육 등이다.

### (7) 유니세프한국위원회

유니세프는 1948년부터 우리나라 어린이를 지원하였으며 1950년 3월 25일 대한

민국 정부와 기본협정을 체결함으로서 한국에서의 공식 활동을 시작하였다. 한국에서의 유니세프 활동은 긴급구호단계(1950~1962년), 아동생존발달단계(1963~1976), 조기아동교육사업단계(1977~1986), 세계 어린이를 위한 새로운 동반자단계(1987~1993)의 단계로 이루어지고 있다. 특히 1994년 1월 1월에는 유니세프 한국위원회가 출범하여 이를 계기로 한국은 유니세프의 도움을 받던 수혜국에서 도움을 주는 공여국의 입장이 되었으며 주된 임무도 한국의 빈민아동구호에서 개발도상국의 아동지원으로 전환되었다.

unicef 유니세프한국위원회 KOREAN COMMITTEE FOR UNICEF

### (8) 세이브더칠드런

한국의 6.25전쟁 시 한국지부를 설립하여 한국에서의 아동구호사업을 시작으로 발족되었다. 2004년 어린이보호재단과 합병하여 세이브더칠드런코리아로 명칭을 개정하였고 이후 모든 아동의 생존, 보호, 발달 및 참여 권리를 누릴 수 있는 사회를 만들기 위해 노력하고 있다. 세이브더칠드런은 30개 회원국이 전 세계 120여 국가에서 아동의 생존, 보호, 발달 및 참여의 권리를 실현하기 위하여 국적, 종교, 정치적 이념을 초월하여 활동하는 국제아동권리기관이다.

세이브더칠드런은 해외보건의료사업, 다문화가족 아동지원사업, 빈곤아동지원사, 해외교육 및 발달지원사업, 아동보호사업, 아동권리교육사업, 대북지원사업, 긴급구호, 권리옹호, 아동권리모니터링, 국제개발협력사업, 영세이버 운영 등의 사업을 진행하고 있다.

### (9) 월드비전

월드비전은 1950년 한국전쟁당시 설립되어 현재 전 세계 100여 개국에서 일하는 세계 최대규모의 국제구호개발 NGO이다. 한국전쟁의 현장에서 Bob Pierce 목사가 거리에서 죽어가는 어린생명을 위하여 전문구호기관을 만들고 모금을 시작하였으며 1950년부터 1960년대 말까지 식량과 교육, 건강관리, 직업훈련을 통하여 아동 개인을 직접 돕는 방식으로 활동하였으나 1970년대에 들어서면서 지역개발사업을 통하여 아동을 지원하고 있다. 특히, 지역사회개발사업은 식수, 위생 · 보건, 교육, 소득증대, 주민역량강화 등의 통합적인 방향으로 이루어지며 위급한 재난이 발생 시 국제적인 네트워크를 통하여 효과적인 구호활동을 하고 있다. 최근 월드비전은 아동의 생존권과 빈곤완화를 위한 옹호활동을 강화하고 있으며 아동노동, 소년병, 아동과 여성에 대한 성적 착취 등과 같은 문제를 정부 및 관련 기관들과 연대하여 활동하고 있다. 관련 사업은 국제개발사업, 국제구호사업, 국내사업, 북한사업, 옹호사업 등이 있다.

### (10) 굿네이버스

굿네이버스는 굶주림 없는 세상, 더불어 사는 세상을 만들기 위하여 1991년 한국에서 설립되어 전 세계 29개국에서 전문사회복지사업과 국제구호개발사업을 실시하는 한국 국적의 국제구호개발 NGO 기관이다. 1996년 국내 최초로 UN경제사회이사회로부터 NGO 최상위 지위인 포괄적 협의지위를 획득하였다. 굿네이버스는 아프리카 7개국, 아시아 14개국, 중남미 5개국 등 26개 해외 사업국에서 교육, 보건의료, 환경 개선, 소득 증대, 지역사회조직, 권리옹호 등의 전문구호 개발사업을 실시하고 있으며 해외구호 개발사업은 총체적인 지역개발사업을 중심으로 각국마다 지원을 필요한 영역을 조사하고 이에 대한 지원계획을 수립하여 보다 조직적이고 체계적인 전문해외구호 개발사업을 실시하고 있다. 현재 전문복지사업, 해외구호개발사업, 대북지원사업, 긴급구호사업을 진행하고 있다.

### 4) 국제아동복지실천을 위한 과제 및 방향

국제아동복지실천을 위해서는 국가, 정부, 기관과의 협력 체제를 구축하고, 민간단체 및 기관의 역할을 새롭게 정립해야 한다. 그리고 국제아동복지 전문 사회복지사 양성을 위한 전문교육이 실시되어야 한다.

CHAPTER 05

# 아동복지서비스의 목표와 실천원칙, 관점과 대상, 분류

CHAPTER

# 05 아동복지서비스의 목표와 실천원칙, 관점과 대상, 분류

## 1 아동복지서비스의 개념

아동복지서비스는 전문적이고 임상적인 실천기술을 적용하여 아동과 환경과의 기능적 상호작용을 돕고 사회 환경을 변화시킴으로써 문제를 예방·치료하는 것을 의미한다. 또한 아동복지서비스는 아동 및 가족에게 직접적으로 접근하여 아동복지를 구체적으로 실천하는 것을 의미한다.

아동복지서비스의 구체적인 목표는 첫째, 아동을 위해 아동을 둘러싼 사회·환경의 정책과 아동을 위한 조직과 조직, 기관과 기관의 상호작용에 영향력을 행사하는 것, 둘째, 아동들의 욕구에 기능적으로 반응하는 조직이 될 수 있도록 감시하는 것, 셋째, 아동이 자신의 역량을 확대하고 자신의 문제해결 능력 및 대처 능력을 증진할 수 있도록 도움을 제공하는 것, 넷째, 아동이 필요로 하는 각종 자원을 확보할 수 있도록 도움을 제공하는 것, 다섯째, 아동 개인과 아동의 주변 환경에 속한 사람들 간의 상호작용을 촉진하는 것이라 할 수 있다.

# 2 아동복지서비스의 기본전제[1)]

## 1) 안정된 가정환경

아동에게 안정된 가정환경이란 최우선의 기본전제이다. 가정은 사회 구성의 기본단위이며 아동의 건전한 성장, 발달의 기본토대를 이루고 있으므로 아동들의 가정생활의 안정이나 가족기능의 강화가 아동복지 실현의 가장 중요한 기초로서 인식되고 있다. 아동은 부모와 가정을 일차적 매개체로 하여 그 사회에 필요한 기본적인 일상생활의 습관이나 행동 및 가치판단의 기준을 학습하게 된다. 이러한 의미에서 가정은 아동의 건전한 성장 발전의 기본토대를 이루고 있으므로 아동의 가정생활 안정이나 강화가 아동복지 실현의 가장 중요한 요소로 인식되고 있다.

가정에서의 아동양육은 아동의 본능적 욕구충족에 온갖 관심과 보호와 정성을 기울이는 보호자의 사랑을 필요로 하며, 이러한 아동과 보호자와의 관계는 아동의 인격발달과 인간관계 형성의 기반이 된다. 부모는 아동이 건강한 인격을 형성할 수 있는 관계와 사랑을 제공함으로써 자녀로 하여금 창조적이고 독립적인 인간으로 성장할 수 있는 길을 열어 주어야 한다.

## 2) 소득보장과 주거의 보장

아동의 건전육성을 위해서는 안정된 경제생활과 주거생활이 보장되어야 한다. 즉, 아동의 건전한 발달을 위해서는 가정에서 생활에 필요한 최소한의 물질적 욕구가 충족되어야 한다는 것을 의미하는데, 이는 아동의 기본적 욕구인 의식주의 해결이 그들의 신체적, 정신적 발달에 필수적인 요소이기 때문이다. 빈곤과 경제적 불안

1) 김호년 외(2011)의 내용을 참고하여 작성하였음.

정은 최소한의 아동의 욕구를 충족하지 못함으로써 건전한 성장 발달에 장애를 초래하고, 교육과 문화적 경험의 기회마저 박탈하여 아동의 지적 발달과 정서적 발달을 저해한다.

경제적으로 안정된 생활을 누리지 못하는 빈곤가정의 아동은 아동양육 환경상의 박탈이나 결함을 경험하게 되며 이것은 나아가 아동학대나 방임, 비행 등의 사회문제와 행동문제를 초래하기도 한다. 또한 빈곤아동은 다양한 학습과 문화적 경험의 기회를 갖지 못하여 지적 자극이 부족할 수 있으며, 이것은 아동의 인지능력의 향상과 학습능력의 발달에 부정적인 영향을 미치게 된다. 아동빈곤의 문제를 해결하고 경제적 안정을 제공하기 위한 대책으로는 빈곤가정을 지원하는 기초생활보장제도, 저소득층을 위한 각종 소득공제제도, 아동양육비를 지원하는 보육수당제도, 저소득가정의 아동을 위한 무료급식, 건강진단, 방과후 교육 등의 서비스가 있다.

### 3) 건강과 보건의료서비스

아동복지서비스의 기본전제는 아동의 건강과 의료보호다. 이러한 현실을 전제로 유엔아동권리협약 제24조에서는 아동이 최상의 건강수준을 향유하고 질병의 치료와 건강의 회복을 위한 시설을 사용할 수 있는 권리를 인정하고 있다. 이를 위해 국가는 유아와 아동의 사망률을 감소시키기 위한 조치, 기초건강관리의 발전에 중점을 두면서 모든 아동에게 필요한 의료지원이나 건강관리의 제공을 보장하는 조치, 질병과 영양실조를 퇴치하기 위한 조치, 산모를 위하여 출산전후의 적절한 건강관리를 보장하는 조치 등을 규정하고 있다.

우리나라 아동복지법에서는 아동이 건강하게 출생하여 행복하고 안전하게 자라나도록 그 복지를 보장함을 목적으로 하고, 아동의 건강과 안전을 위한 보호자의 책임, 국가의 책임을 규정하고 있고, 모자보건법과 저출산·고령사회기본법에도 모성의 생명과 건강을 보호하고 자녀의 출산과 양육을 도모하기 위하여 모성의 의무, 국가와 지방자치단체의 책임을 규정하고 있다. 국민건강보험법에 의한 건강보험제도에서도 아동의 출산과 양육의 어려움을 해소하여 출산친화적 환경을 조성하기 위하여 2006년부터 6세 미만 모든 아동에 대한 입원진료비를 무료로 하고 2007년 8월부터는 외래진료비를 경감하는 조치를 취하였다. 이것은 아동에 대한 건강투자를 확대하여 아동기의 건강을 향상시키는 제도적 장치로서의 의의가 있다.

아동에 대한 건강과 의료서비스는 어머니와 영아를 위한 보건서비스로 아동의 초기발달단계부터 잘 성장할 수 있도록 지원해야 한다. 결혼 전 상담서비스, 임신 중 지속적인 서비스(정상적인 위치, 유산, 태아의 크기, 영양 등), 분만 전후 보호서비스(해산 예정일, 산후 안전 등), 경제적 · 사회적 문제를 가진 임산부를 위한 특별 서비스 등이 이에 속한다. 더 나아가 영유아 및 아동보건을 위한 건강서비스로 소아과 의사의 지역별 균등한 분포, 정상아에 대한 건강진단 및 보건지도의 정기적 서비스, 전염병 및 방역대책, 위생제반 법률이나 규정의 실시, 좋은 영양, 적절한 병원보호, 외래환자 진료서비스, 보건소 서비스, 정신위생, 아동상담 서비스 등이 이에 속한다.

### 4) 교육기회

아동은 성장 발달단계에 따라 적절한 교육을 받음으로써 자기완성과 가치를 실현할 수 있다. 만약 이러한 교육기회가 박탈되거나 거절되는 경우에는 아동 자신의 욕구 좌절은 물론 부모나 사회에 대해서도 많은 부담을 안겨 주게 될 것이다. 모든 아동이 어려서부터 학교와 관계를 갖게 되는데 학교는 단순히 지식을 전달하는 기능뿐만 아니라 아동의 전인격적 성장을 위한 교육의 장이다. 따라서 아동의 권리 중에 교육을 받을 권리는 가장 우선되어야 한다. 우리나라는 헌법 제27조에 명시되어 있는 바와 같이 모든 국민은 능력에 따라 균등하게 교육을 받을 권리를 가진다. 특히 초 · 중등교육은 무상의무교육이기 때문에 일정한 연령에 도달하는 아동은 모두 의무적으로 정규교육을 받아야 한다. 그러나 학습기회가 박탈되거나 거절되는 경우에는 아동 자신의 욕구 좌절은 물론 부모나 사회에도 많은 부담을 안겨줄 수 있다.

유엔아동권리협약 제28조에서도 초등교육은 의무적이며 모든 사람에게 무료로 제공되어야 하며 일반교육 및 직업교육을 포함한 여러 형태의 중등교육의 발전을 장려하고 국가는 이에 대한 아동의 이용 및 접근이 가능하도록 재정적 지원을 제공하도록 규정하고 있다.

유아조기교육 지원의 성과는 저소득지역, 농어촌지역의 어린이들에게서 높게 나타나는데 이는 빈곤하거나 불우한 환경에서 교육의 기회를 누리지 못하고 자란 어린이들은 성인이 되어서도 빈곤에서 탈피하지 못하는 빈곤의 악순환을 경험하게 되기 때문이다. 현재 저소득지역의 아동을 위하여 민간차원에서는 교육, 복지, 건강 서비스를 결합한 WE Start 프로그램을, 공공차원에서는 드림스타트 프로그램이 시행되고 있다.

### 5) 유해노동과 환경으로부터 보호

아동복지서비스의 기본전제는 모든 아동이 노동이나 유해한 환경에서 보호되어야 한다는 것이다. 아동노동은 결과적으로 아동의 발달을 저해하고 건강을 위태롭게 하고 있으며, 지능발달과 장애를 초래하여 인격발달에도 부정적인 영향을 미치게 한다. 일반적으로 개발도상국가의 아동이나 빈곤가정아동은 집안에서 아기를 돌보거나 청소 및 가사일 등 집안일 돌보기, 논이나 밭에서 농작물 수확하기, 가축 키우기, 공장직공으로 채용되어 일하기, 거리의 쓰레기통을 뒤지거나 구두닦이, 껌팔이 하기, 그리고 아동매춘 혹은 음란산업에 악용되기도 한다.

유해노동과 환경으로부터 아동을 보호하는 일을 법률로 규정하는 것은 아동발달의 관점에서 아동에게 교육과 놀이의 기회를 충분히 보장하고 정상적인 성장발달을 도모하고자 하는 정신에서 나온 것으로 볼 수 있다. 아동이 불가피하게 취업해야 할 경우 아동의 연령 및 능력을 고려하여 취업과 함께 아동의 욕구를 충족해 줄 수 있는 제반 교육이나 복지대책이 수반되어야 하며, 근로아동을 위해 사업장에 교육시설 및 기술교육제도를 마련하여 교육적 성취감을 충족시켜야 한다. 그리고 기본적 권리를 박탈당하고 있는 모든 근로아동에 대해 법률적 또는 사회적 보호를 할 수 있는 강력한 대책이 선행되어야 할 것이다.

### 6) 건전한 놀이 및 오락

모든 아동들에게는 성장에 도움이 되는 지적 관심과 신체적 활동을 추구하고, 자기충족감을 줄 수 있는 놀이기회를 갖도록 해야 한다. 아동은 놀이를 통해 자신의 신체를 조절하는 능력을 터득하고, 운동능력을 발달시키며, 정서발달과 지적발달에 도움을 주고, 아동의 의사소통 기술과 사회성, 창의성과 상상력을 발달시킨다. 이와 같이 아동의 놀이는 필수적인 것이며 놀이를 통하여 사회화 과정을 경험하고 대인관계의 기술을 습득한다. 또한 놀이는 욕구나 감정 발산을 충족시키며 신체적, 정신적으로 건전하게 성장할 수 있는 촉진제가 되는 것이다. 아동에게 놀이의 시간은 학습, 교육, 평가, 치료의 네 가지 측면의 기회를 제공한다고 볼 수 있다. 아동에게는 놀이 시간은 단순히 노는 시간일 뿐 아니라 교육시간이 된다는 점, 놀이시간은 아동의 발달단계를 측정하고, 아동의 현재 상태를 분석하는 평가의 시간이 될 수 있다는 점, 놀이시간은 장애나 문제에 직면에 있는 아동에게 치료의 시간이 될 수도 있다는 점에 그 의의를 둘 수 있다(지성애 · 홍혜경, 2001). 아동에게는 가족구성원 이외에도 또래집단의 아동과 놀이 활동을 할 수 있는 다양하고 폭넓은 기회가 주어져야 한다.

### 7) 특수보호

아동복지가 모든 아동을 대상으로 그들의 복리를 증진시키기 위한 것이라 할 때 특수아동을 위한 개별적인 특수보호도 마땅히 실시되어야 한다. Fredericksen(1950)

은 특수보호를 특수한 욕구를 지니고 있는 아동을 보호하기 위한 서비스로, 정상적인 결혼생활을 하지 않는 부모에게서 태어난 아동(혼외아동)에게 다른 일반아동과 동등한 기회를 부여하기 위해서는 특수한 법적 · 사회적 보호가 필요하다고 하였다. 그리고 어머니가 취업했을 경우 아동에게는 주간의 위탁보호 서비스가 필요하며 어머니들과의 상담서비스가 필요하다고 하였고, 지체장애아, 농아, 난청아, 발달장애아, 결핵, 류머티즘, 심장병, 기생충 감염아 등은 모두 특수한 보호와 치료의 기회를 부여해야 한다고 하였다. 인격 및 행동장애를 나타내는 아동 또한 증상의 조기발견과 함께 조기치료를 실시하며, 특정 장애를 가진 아동에게는 특별한 보호를 제공해야 한다. 저소득 지역이나, 슬럼가 등에서 사는 아동들을 위해서는 정상적인 교육, 보건, 오락 및 문화시설 등의 환경을 특별히 확보해 주어야 한다. 특히 전쟁, 재난, 재해 발생 시 아동들에게는 우선적으로 긴급구호 및 양육체계가 마련되어야 한다.

## 3 아동복지서비스의 목표

아동복지서비스는 아동의 안전, 연속성, 아동의 복지, 가정복지의 목표를 가져야 한다(박정란 · 서홍란, 2010). 첫 번째 목표는 아동의 안전이다. 아동복지서비스의 가장 첫 번째 목표는 아동학대나 유기 및 모든 위해한 환경으로부터 보호하고 안전하게 양육하는 것이다. 구체적인 결과목표 측면에서는 아동이 학대를 받지 않으며, 동시에 가정도 아동에 대한 최소한의 양육기준을 수행할 수 있도록 안전하게 보호할 수 있도록 하는 것이다. 아동복지 분야의 사회복지사들은 이러한 목표 하에서 아동이 안전한 환경에서 생활할 권리를 갖고 신체적, 성적, 정서적 학대로부터 자유롭고, 유기로부터 보호를 받아야 한다는 철학적 · 윤리적 기초를 갖고 활동하게 된다. 아동은 음식, 의복, 주거 등 기본적인 욕구를 충족시키고 사랑을 제공하는 보호자와의 관계 속에서 안전하게 성장해야 한다.

두 번째 목표는 연속성이다. 국가나 사회복지기관이 아동을 학대나 위험한 상황으로부터 보호하자고자 할 때 아동의 안전만을 고려하는 것은 충분하지 않으며, 안정된 가족관계의 유대에 대한 욕구를 고려해야 한다. 아동을 일시적인 가정위탁이나 공공기관의 보호 아래 두기보다는 아동이 안정되고 영구적인 가정에서 성장할 수 있도록 조치를 취하여야 한다. 아동은 전적으로 헌신하여 돌볼 수 있는 부모를 필요로 하는데 지속적인 사랑과 보호를 제공하는 부모(생물학적 부모나 위탁부모)를 갖지 못하고 여러 위탁가정을 옮겨 다니거나 아동보호시설에서 장기간 보호를 받는 것은 아동의 건전한 자아상에 손상을 주기도 한다. 연속성을 지니면서 영구적인 가정을 갖는 것은 아동의 소속감을 증진시키고 아동에게 미래에 대한 확신을 갖고 살아갈 수 있게 하며, 아동기나 사춘기의 어려움을 보다 잘 극복할 수 있는 힘을 준다.

세 번째 목표는 아동의 복지이다. 아동의 복지를 구현한다는 목표는 아동이 기본적 욕구가 충족되고 지속적인 양육과 지원, 자극을 제공하는 환경 속에서 성장할 수 있는 기회를 갖는 것이다. 아동복지서비스 체계가 제공할 수 있는 지원이 한계가 있음에도 불구하고, 아동복지서비스는 아동에게 정상적인 발달을 가능하게 할 최소한의 기회와 정서적인 필요를 공급하는 양육의 최소기준을 향상시켜야 한다.

네 번째 목표는 가정의 복지이다. 가족의 복지를 구현한다는 목표는 가족이 아동을 돌볼 수 있는 능력을 갖게 하고 기본적인 아동발달, 건강, 교육, 주거 및 사회적 · 영적 · 문화적 욕구를 충족시키게 하는 것이다. 가족에게 이러한 서비스를 공급하고 아동을 양육하는 부모의 역할을 지지하고 증진해야 한다. 아동이 보살핌과 보호를 받고 사회화를 이루어 가는 이러한 성장과 발달과정에서 안전하고 영구적인 가정은 최선의 환경을 제공한다. 아동의 욕구는 지속적인 양육, 지지 및 자극을 제공하는 환경에서 성장 발달할 기회를 갖는 것이며, 가정은 보살핌을 제공하는 보호자와의 안정된 관계를 제공하는 최선의 장이다.

다섯 번째 목표는 지역사회의 지원, 문화다양성의 능력, 책임성과 적시성, 시스템과 자원조정 등을 들 수 있다(The Casey Outcomes and Decision-Making Project, 1998).

지역사회은 지원은 지역사회가 가족이 아동을 위한 안전한 양육환경을 제공하도록 직업, 주거 및 지역사회 기반의 예방적이고 가족지지적인 서비스를 제공해야 하는 것이며, 문화다양성 능력은 문화적 차이와 다양성을 이해하고 지원하는 서비스 체계를 구축해야 하는 것이다. 책임성과 적시성은 잘 조직된 서비스 전달체계, 수행기준에 대한 책임성, 서비스 시간계획은 아동을 보호하고 가족을 강화하는 활동에 핵심이 되어야 하며 시스템과 자원조정은 서비스와 지원활동을 조정하는 공식적 노력으로 다양한 기관에서 제공되는 서비스의 응집력을 향상시켜야 하는 것이다.

## 4 아동복지의 관점

아동복지에 대한 중요관점은 다음의 여섯 가지로 나누어서 살펴볼 수 있다(김익균, 2011). 우선 권리와 책임의 관점으로 아동, 국가, 부모의 권리와 책임으로 구분된다. 다음은 보편성과 선별성의 관점으로 모든 아동이 대상이지만, 아동에게 적합한 서비스가 지원되어야 한다는 관점이다. 예방성과 치료성의 관점으로는 예방이 우선되어야 하나, 문제 상황에 처해 있는 아동에게는 반드시 치료가 먼저 제공되어야 한다는 관점이다. 개발성의 관점은 아동의 잠재능력을 개발하는 교육과 보호 기회가 제공되어야 한다는 관점이며, 포괄성의 관점은 아동이 전인적으로 성장하도록 삶의 모든 분야에 지원되어야 한다는 관점이며, 전문성의 관점은 아동복지를 위한 접근에는 전문기구와 전문직 인력에 의한 전문적 서비스가 제공되어야 한다는 관점이다.

## 1) 권리와 책임의 관점

### (1) 아동의 권리와 책임

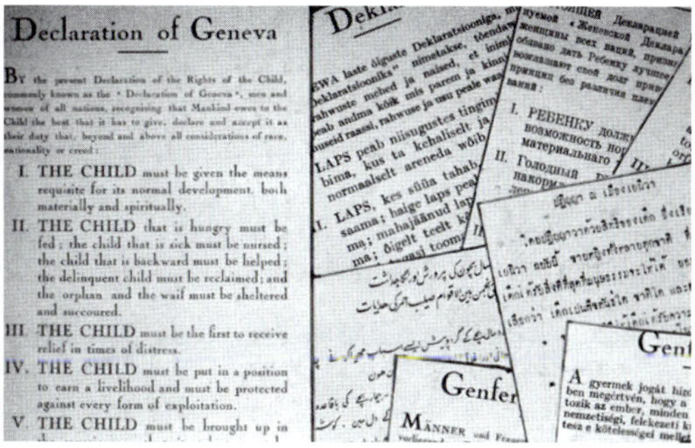

제네바 아동권리선언

모든 아동은 하나의 인간으로서 부모와는 상관없이 독자적 권리를 지니고 태어나, 생존하고 성장하여야 하며, 양호와 지도를 받아야 하는 권리를 갖고 있다. 이러한 아동들의 권리는 권리와 자격을 수반하는 법적 규정에 입각해 있다. 제네바의 아동권리선언에서 비롯하여 UN의 국제협약, 어린이헌장, 청소년헌장 등에 이르기까지 모든 권리선언이 이를 뒷받침해 주고 있다. 반면 아동은 책임도 갖고 있는데, 아동을 보호하고 있는 성인들의 명백한 기대를 충족시키며, 합리적 요구를 수용하고 개인의 책임감을 발전시키며, 자발적 활동이나 계획 등에 참여하여 자신들의 발전에 스스로 도움이 되는 기회를 적극적으로 활용해야 한다는 것이다.

### (2) 부모의 권리와 책임

아동의 보호 · 육성을 위한 일차적인 권리와 책임은 부모가 갖고 있다. 부모의 권리는 후견의 권리로써 아동들의 인격 발전에 영향을 주는 매일의 행동이나 생활양식에 어떤 기준을 설정해야 한다. 부모는 아동의 교육, 종교, 직업에 직접적인 영향을 미치며, 아동들이 받는 건강보호의 질적인 면은 그 지역사회의 보건서비스 활용여하에 따라, 의료적 보호가 요청될 때 부모가 갖는 지식의 정도와 선택에 달려 있다. 또한 부모는 아동에 대한 무한한 책임을 갖고 있는데, 재정적 지원, 신체적 보호에 대비하는 일, 정서적 교양보호, 기타 광범위한 부모의 의무를 감당해야 하는 책임을 가지고 있는 것이다. 그렇기 때문에 부모들이 주요 역할을 수행할 수 없을 때에는 자녀들에게 많은 갈등과 부적절감을 불러일으키는 결과를 초래하게 된다.

#### (3) 국가 · 사회의 권리와 책임

국가나 사회는 아동들을 보호하기 위해 법률로 통제하고 있다. 아동이나 청소년을 고용하는 기업주들에 대해 규정을 부과하고, 술이나 담배 등 유해약물을 팔지 못하도록 제반 규정을 설정하고 있다. 이와 같이 국가와 사회의 권리와 책임은 아동의 건전한 육성대책을 위해 보호와 혜택을 제공할 수 있는 권한을 행사해야 하는 것이며, 아동들을 위한 국가의 권리와 책임의 적용은 부모-자녀관계 경우에도 이루어진다. 부모의 적절하지 못한 보호양육이나, 부모의 자녀학대, 아동의 범죄나, 비행 등의 가정문제가 있는 경우 일시적으로 아동을 강제보호하거나 위탁가정이나 시설보호를 받을 수 있게 하고 있다. 즉, 다양한 아동복지 정책의 개발 및 보호를 위해 입법의 권한을 행사하고 있는 것이다. 아동을 위해 국가와 사회는 제반 규정 채택, 광범위한 정책 수립, 아동복지를 위한 복지시설의 설치, 재정적 근거를 마련할 수 있는 입법의 책임을 적극 수행해야 한다.

### 2) 보편성과 선별성의 관점

보편성의 원칙은 일반 아동을 위해 적용되며, 선별성의 원칙은 특수한 요구나 문제를 가진 아동에게 적용된다. 보편주의란 전체 아동을 대상으로 급여나 서비스를 제공하는 것으로 무상의무교육, 무상급식, 보육수당(누리과정), 아동수당 등이 이에 속한다. 보편주의에 의한 제도는 대체로 일반조세에 의해 재정을 충당하며, 누진적 조세구조를 통해 이루어지는 경우 소득계층 간의 소득재분배 효과를 나타낸다. 반면, 선별주의란 빈곤계층의 아동이나 가장 욕구가 큰 아동들에게 급여나 서비스를 제공하는 원칙으로 시혜적으로 이루어지며, 낙인 효과에 의한 수치감을 초래하기도 한다.

### 3) 예방성과 치료성의 관점

아동복지에서 예방성의 원칙은 어린 시절의 상처가 일생을 두고 영향을 미치기 때문에 문제를 일으키기 전에 미리 예방하는 것이 더 중요하다는 관점으로 정책적 및 전문적 접근 모든 부분에서 유용하게 활용되는 원칙이다. 일반적으로 제도권 내에서 이루어지는 정책적 접근보다 더 광범위하게 적용되는 일반아동을 위한 모든 아동복지대책이 이 원칙의 적용을 받는다. 반면, 치료성의 원칙은 문제의 발생 후에 실시되는 사후조치에 적용되는 것이다. 일단 확인된 문제는 치료하는 것이 중요하며, 조기발견, 조기개입을 통한 치료가 필요하다. 복잡한 현대 사회에서는 불의의 사고에 의해 심신이 손상되는 경우가 많은 편이지만, 여러 종류의 심리적 · 물리적 치료에 의해 손상의 정도를 경감시키거나, 영구적 장애가 되는 것을 방지할 수 있다.

### 4) 개발성의 관점

아동복지의 개발성의 관점은 아동이 가진 능력을 최대한 발휘할 수 있도록 해야 한다는 것이다. 이 원칙은 모든 아동이 적용을 받지만, 그중에서도 발달상의 편차가 심한 장애아동이나 영재아동 또는 가정이 해체되어 시설에서 양육되거나 가정이 빈곤한 아동이 주 대상자가 된다. 장애아동은 잔존 능력을 최대한 개발하도록 하고, 우수한 아동은 그 우수한 능력을 최대한 개발하는 데 초점을 두어야 한다. 특히 오늘날과 같이 개인 능력을 중시하며, 업적 지향적인 현대사회에서는 이 원칙이 갖는 실제적인 의미가 매우 크다. 개발성의 원칙은 아동의 권리 중 교육·여가 및 문화적 생활을 향유할 권리에 해당되는 원칙이다.

### 5) 포괄성(통합성)의 관점

아동복지의 기본 전제가 되는 제요소, 즉 안정된 가정생활, 경제적 안정, 교육, 건강, 보건, 노동, 오락 및 사랑, 특수보호 등에 대한 프로그램이나 서비스를 포괄적이고 통합적으로 제공해야 한다는 관점이다. 관련 부처의 기능이 원활하게 협력될 수 있도록 대통령 또는 국무총리 직속 하의 아동에 관련되는 각 행정 분야를 조정하는 기구를 두어 아동복지 대책에 포괄적인 상호조정 체계가 확립되도록 하고 있고, 지역아동의 다양한 욕구에 통합적이고 전문적으로 대응하기 위한 서비스운영체제를 마련하고 있다.

### 6) 전문성의 관점

현대사회에서 아동과 그 가정의 문제는 복잡·다양하여 아동의 건전한 성장과 발달 추구 위해 여러 전문적 분석과 접근이 필요하다. 특히 아동관련 전문기구와 시설, 전문인력이 필요한데 이는 아동의 욕구, 사고 행동문제 등은 전문적 지식이나 기술이 없이는 바른 문제해결이 어렵기 때문이다. 특히 급격한 사회변화와 다양한 가족문제로 인한 아동문제가 증가하고 있으며 이러한 다양한 아동문제와 문제해결을 지원하기 위한 전문적 접근방법이 요구되고 있다. 그러나 아동지도력 개발을 위한 훈련이나 전문적 기술개발 프로그램 등은 대학을 제외하고는 거의 없으며, 전문훈련을 받은 인력들도 생활보장, 신분보장을 받을 수 없어 아동복지현장에서 참여하는 데 주저하는 상황이다. 그러므로 전문성 있는 아동복지사업을 효율적으로 전개하기 위해서는 사회복지학, 교육학, 심리학, 아동복지학, 기타 아동과 관련되는 학문분야를 전공한 전문인력의 양성 및 활용이 복지정책에 반영되어야 하며 이 밖에 현행 자원지도자들의 체계적인 보수교육을 통해 전문직 인력을 투입할 필요가 있다.

## 5 아동복지서비스의 대상

아동복지법에 근거하여 18세 미만 아동은 모두 아동복지의 대상이 된다. 또한 18세 미만의 모든 아동의 부모, 가족도 아동복지의 대상이다. 아동복지의 대상에 부모와 가족이 포함되는 것은 아동은 일정기간 동안 타인의 도움을 절대적으로 필요로 할 정도로 미성숙하므로, 아동의 건강한 발육과 성장을 위해서는 보호와 양육의 일차적인 역할을 담당하는 보호자가 필요하기 때문이다. 또한, 아동의 욕구를 정확하게 이해하여야만 아동이 필요로 하는 서비스를 제공해 줄 수 있는데 아동의 발달단계와 발달과업을 이해하고 있다면 아동의 욕구를 빠르게 파악할 수 있다. 이때, 아동의 개별적 발달단계와 그 단계에서 요구되는 것, 부모의 양육능력, 가족 및 환경적 요소 등에 대해 함께 고려해야 한다. 아동복지는 아동의 욕구와 문제를 해결하기 위한 서비스이고 복지대상을 구분하는 일은 아동복지서비스를 보다 효율적으로 제공하는 일이다. 일반적으로 아동의 보호와 양육의 일차적인 책임을 부모와 그 가정에 두고 있다. 따라서 아동복지의 대상은 아동과 그 부모 및 가정이며, 부모와 가족에게 지급되는 현금, 현물, 상담 등의 복지서비스 등은 아동을 보호하는 데 기여하기 때문에 아동중심적인 동시에 가족친화적인 서비스로 제공되어야 한다.

### 1) 일반아동

일반아동은 외부로부터의 특별한 도움이 필요하지 않는 아동이다. 하지만 현재 심각한 문제가 없다는 개념이지, 앞으로도 문제를 경험할 가능성이 없다는 의미가 아니기 때문에 예방적 차원에서 아동복지서비스의 대상이 된다. 1981년 아동복지법의 전면 개정 이후 일반아동의 복지에 대한 사회적 관심은 점점 증가되고 있다. 아동이 건강하게 출생하여 행복하고 안정하게 자라도록 복지를 보장함을 목적으로 하기 때문에 궁극적으로 일반아동에 대한 복지는 보편주의에 입각해 모든 아동과 그 가정 대상을 대상으로 하며, 보존, 계발, 예방의 측면에 관심이 있다. 일반아동은 현재 어려움 없이 지내고 있더라도 가족의 문제가 언제든 발생 가능하다는 기본전제하에 일반아동에 대한 복지는 모든 아동이 자신의 잠재능력을 보존하고, 기본적인 생활을 유지하며, 인간다운 삶을 영위할 수 있도록 이루어져야 한다. 최근 저출산·고령화가 심각한 사회문제로 부각되면서 일반아동에 대한 아동복지서비스에 대한 관심이 증가하고 있으며 서비스도 확대되고 있다.

### 2) 보호를 필요로 하는 아동

1961년 처음 제정된 아동복리법에 의하면, 아동이 보호자로부터 유실, 유기 또는 이탈되었을 경우, 아동의 보호자가 아동을 육성하기에 부적당하거나 양육할 수 없는 경우, 아동이 건전한 출생을 기할 수 없는 경우 또는 기타의 경우에 아동이 건전하고 행복하게 육성되도록 그 복리를 보장함을 목적으로 밝히고 있다. 또한 아동복지법에서는 '요보호 아동'을 아동 자신이나 그 아동을 양육하는 친부모 혹은 가족구성원에게 개인적인 문제나 장애가 있거나, 가정환경에 문제가 있어 외부로부터 특별한 도움을 받아야만 생활할 수 있는 아동으로 정의하고 있다. 이들을 위한 복지사업은 주로 빈곤가정, 결손가정, 또는 병리가정 등의 부적절한 양육환경에서 자라는 아동, 발달상의 문제나 신체기능 상의 장애를 가진 아동들이 대상이 되는데 구체적으로 빈곤, 부모의 실직, 학대, 부모사망이나 질병, 부모이혼 등과 비행 혹은 가출한 아동을 대상으로 아동양육시설, 일시보호시설, 장애아동시설, 공동생활가정 등에서 보호하는 아동을 의미한다.

## 6 아동복지서비스의 분류

아동복지서비스는 그 분류의 기준에 따라 다음의 몇 가지로 나누어 볼 수 있다(송정애, 2016). 첫째, 서비스가 전달되는 장소를 기준으로 분류하면 가정 내 서비스와 가정 외 서비스로 양분할 수 있다. 둘째, 가족의 욕구수준에 따른 분류에 의하면, 모든 가정을 위한 서비스, 약간의 추가지원이 필요한 가정을 위한 서비스, 특별한 지원이 필요한 가정을 위한 서비스, 위기가정을 위한 서비스, 가정 밖의 서비스 등으로 구분해서 볼 수 있다. 셋째, 서비스가 갖고 있는 기능을 중심으로 분류하면 지지적 서비스, 보조적 서비스, 대리적 서비스로 분류할 수 있다. 넷째, 아동복지서비스가 수행하는 방어선(line of defence)의 위치에 따라 제1차 방어선, 제2차 방어선, 제3차 방어선으로 분류하기도 한다.

### 1) 서비스 제공과 장소에 의한 분류

서비스 제공 장소에 따른 이 개념은 아동복지서비스의 분류에서 가장 전통적이고 일반적인 방법이며, 보편적으로 사용되고 있다.

### (1) 가정 내 서비스

가정 내 서비스(in-home service)는 아동이 부모를 비롯한 가족구성원과 함께 생활하면서 필요한 양육과 서비스를 제공받는 경우다. 재가서비스라고도 하며, 여러 가지 도움이 필요한 아동들을 그의 가정에서 분리하거나 시설에 수용하지 않고 지역사회 내에서 일상생활을 위한 서비스를 제공하는 것을 의미한다. 가정 내 서비스는 아동의 양육에서 가장 핵심적인 위치와 중요성을 지니고 있다는 점에서 아동복지서비스에서 강조되고 있다. 우리나라의 아동복지법 제3조(기본이념)에서 언급한 바와 같이, 아동은 완전하고 조화로운 인격발달을 위하여 안정된 가정환경에서 행복하게 자라나야 한다는 아동복지의 기본이념과 아동복지의 실현하는 데에 강조되는 가정중심의 보호원칙에 비추어 볼 때 가정 내 양육과 서비스는 매우 중요하다.

### (2) 가정 외 서비스

가정 외 서비스(out-of-home service)는 아동이 자신이 거주하는 가정과 가정 밖의 서비스 제공 장소 간에 왕래하면서 보호나 서비스를 받는 경우, 그리고 자신의 출생가정을 떠나서 일시적으로 또는 장기적으로 보호시설이나 다른 위탁가정 등에 거주하면서 양육이나 서비스를 제공받는 경우를 모두 포함한다. 즉 아동이 생활하던 자신의 가정에서 분리되어 일정기간 동안 혹은 영구히 시설, 위탁가정 등에서 제공받는 서비스를 의미한다. 아동의 보호에 있어 안정된 가정생활과 가정 중심의 보호원칙의 중요성에도 불구하고 가정이 해체되거나 아동의 특별한 욕구를 충족시키기 위하여 불가피하게 가정을 떠나 보호를 받아야 하는 경우가 발생한다. 이러한 경우 가정 외 서비스를 부정적인 관점에서 보기보다는 적극적으로 아동의 복지를 위한 최선의 대안을 제공하여야 한다.

## 2) 가족의 욕구수준에 따른 분류

가족의 욕구수준에 따라 아동복지서비스는 다음과 같이 분류된다. 이 분류체계는 미국의 아동보호기금이란 단체에 의하여 개발되었다(Shireman, 2003). 가족 욕구수준에 따른 서비스의 피라미드 형태의 연속성으로 피라미드의 맨 아래로 갈수록 욕구수준은 낮으나 대상자가 많아지며, 피라미드의 위로 올라갈수록 욕구수준이 높고 대상자는 적어지는 형태를 보여 준다.

### (1) 모든 가정을 위한 서비스

피라미드의 가장 아래에 위치한 모든 가정을 위한 서비스는 모든 가정의 아동을 위한 보편적인 서비스이며, 적절한 소득, 주거, 건강보호, 보육, 교육, 레크리에이션 서비스가 포함된다.

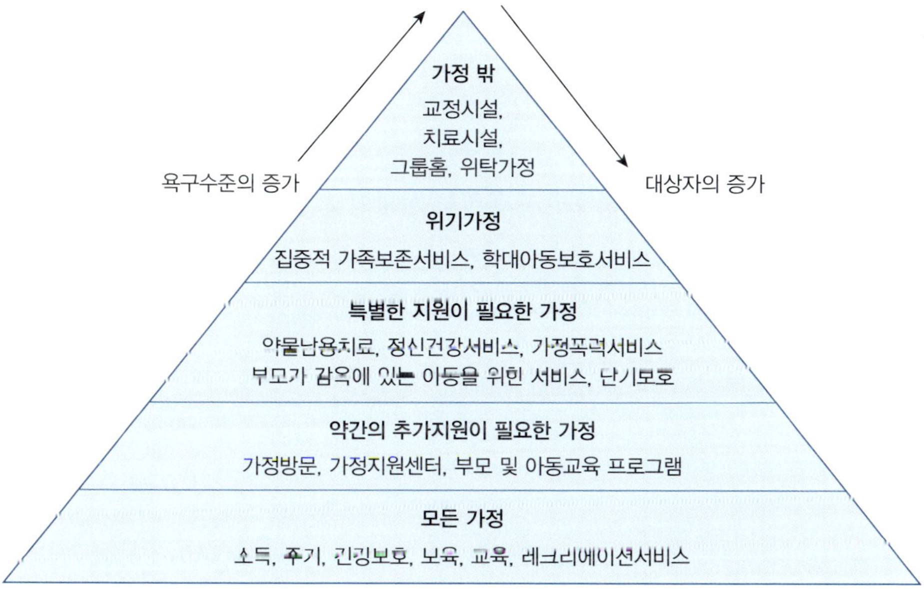


❖ 그림 5-1 가족의 욕구수준에 따른 아동복지서비스

출처: Shireman(2003). Critical lssues in Child Welfare. p. 129.

### (2) 약간의 추가지원이 필요한 가정을 위한 서비스

약간의 추가지원 서비스에는 가정방문 프로그램, 가정지원센터의 서비스, 부모 및 아동교육 프로그램을 포함한다.

### (3) 특별한 지원이 필요한 가정을 위한 서비스

특별한 지원이 필요한 가정을 위한 서비스에는 약물남용치료서비스, 정신건강서비스, 단기보호서비스, 가정폭력서비스, 부모가 감옥에 있는 아동을 위한 서비스 등이 포함된다.

### (4) 위기가정을 위한 서비스

위기가정 서비스는 욕구수준이 상당히 높은 단계로서 집중적 가족보존서비스, 학대아동보호서비스 등이 포함된다.

### (5) 가정 밖의 서비스

아동이 자신의 가정에서 보호받지 못하는 상황이 오면, 아동은 자신의 가정을 떠나 외부의 가정이나 시설에서 보호를 받게 된다. 가정을 떠난 외부 서비스에는 비행아동을 위한 교정시설, 치료시설, 그룹홈, 위탁가정 등이 포함된다.

## 3) 서비스 기능에 따른 분류

### (1) 지지적 서비스(supportive service)

지지적 서비스는 아동들이 자신의 가정에서 생활하면서 받는 복지서비스를 의미한다. 부모자녀관계가 손상, 긴장상태에 있을 때 이를 감소시키고 해결할 수 있도록 부모나 가족의 기능을 지원하고 그들의 능력을 강화시켜 주는 서비스이다. 이 서비스의 목표는 가족의 기능을 향상시킴으로써 가족의 붕괴위험을 감소시키는 것에 있으므로 다른 서비스와는 달리 아동들이 자신의 가정에 머물러 생활하면서 받을 수 있는 서비스다. 이러한 서비스를 제공에서 서비스의 기능은 부모나 아동의 역할을 대신해 주는 것이 아니라 가족구조나 구성원의 역할을 침해하지 아니하고, 다만 외부에서 가족 내부의 역할과 기능이 제대로 수행될 수 있도록 지원해 주는 역할을 한다.

지지적 서비스가 필요한 상황은 일반적으로 아동의 양쪽부모가 함께 생활하고 부모의 역할을 효과적으로 수행할 의사와 능력이 있지만 부모-자녀 간의 갈등이나 부부갈등의 결과 부모-자녀관계에 어려움이 있는 경우이다. 지지적 서비스를 제공하는 과정에서 부모-자녀관계의 역기능이 있더라도 서비스는 가족의 구조를 손상시키지 않고 가족구성원의 역할과 기능을 대신하지 않는다. 또한 서비스는 가족구조의 외부에서 머무르면서 도움을 제공하게 된다.

이러한 지지적 서비스를 제공하는 주요 기관에는 가족서비스기관과 아동상담기관이 있으며 가족구성원에 대한 개별지도와 집단서비스, 가족치료 등의 접근방법이 활용된다. 지역아동센터(공부방), 상담사업, 미혼부모를 위한 사업 등이 이에 속한다.

### (2) 보조적(보충적) 서비스(supplementary service)

보조적 서비스는 가족서비스를 제공하는 기관에서 아동문제에 대하여 부모들이 자신의 역할을 잘 수행할 수 있도록 그들을 강화시킴으로써 아동복지를 실행하는 것이라고 할 수 있다. 가정 내에서 생활하고 부모들이 가진 역할 일부를 대신 수행해 주는 서비스로 아동양육을 위한 부모의 역할이 일시적으로 충족되지 못하는 경우, 가족의 적절한 역할 수행이 어려움이 있을 경우, 아동의 욕구를 충족시키는 사회적 장치인 것이다. 사회보험제도와 공적 부조와 같은 부모의 소득창출 역할을 보조한다는 의미에서 중요한 서비스이다.

보조적 서비스는 가정 외부에서 이루어진다. 예를 들어 아동양육을 위한 부모의 역할이 일시적으로 충족되지 못할 때 이러한 보조적 서비스가 필요하게 되는데, 현금소득지원을 필요로 하게 된다. 이러한 보조적 서비스에는 빈곤가정을 지원하는 소득보장으로 현금급여 또는 아동수당, 일하는 어머니를 도와주는 보육서비스, 부모가 질병이나 부재중일 때 아동의 집안일을 도와주는 가정봉사원 서비스 등이 포함되며 장애아동 · 비행아동복지사업, 학대 및 방임아동의 보호사업 등도 이에 속한다.

### (3) 대리적 서비스(substitute service)

대리적 서비스는 정상적 부모－자녀 관계를 유지하기가 불가능한 경우 양육을 일시적 또는 영구적으로 대리 보호해 주는 서비스로서 부모가 아닌 제3자가 부모역할 전부를 대신하는 경우가 이에 속한다. 이 경우 아동은 자신의 가정을 떠나서 다른 가족이나 양육자에 의한 양육과 보호를 받게 되거나 생활시설에서 일시적으로 혹은 영구적으로 양육과 보호를 받게 된다. 이러한 급격한 양육 역할의 변화는 아동의 출생가정이 기능을 상실하여 아동에게 필요한 최소한의 양육활동과 보호를 제공할 수 없게 된 경우가 발생하기 때문이다. 따라서 아동은 자신의 가정을 완전히 떠나서 다른 가족이나 양육자, 생활시설 등에 의하여 보호를 받게 된다. 대리적 서비스에는 가정위탁, 입양, 집단보호사업 등의 서비스가 포함된다.

### 4) 방어선 위치에 따른 분류

Zukerman은 방어선(line of defence) 개념을 통해 아동복지서비스 체계를 분류하는데 가정이 아동을 위한 일차적인 서비스의 중심임을 강조하여 아동의 기본적인 생리적, 심리적, 사회적 욕구가 충족되지 못하거나 부모-자녀 간의 관계에서 역할수행에 장애가 있는 경우의 지지적 서비스와 보조적 서비스의 대부분을 1차 방어선, 대리적 서비스 중 가정형태의 서비스를 제공하는 가정위탁과 입양을 2차 방어선, 집단보호서비스를 3차 방어선이라고 설명하였다(신선인 · 박영춘, 2013).

#### (1) 제1차 방어선으로서 가정 내 서비스

가정은 아동에게 일차적인 방어선으로서의 기능을 수행한다. 그러나 가정이 아동의 기본적인 욕구를 충족하지 못할 위험에 처하거나 부모-자녀의 역할관계에 장애가 있을 경우, 가정의 사회적 기능을 회복, 유지, 강화함으로써 제1차 방어선으로서의 역할을 수행해야 한다. 가정에서 생활하는 아동과 가족을 위한 서비스로는 지역사회의 기관에서 제공하는 아동상담이나 가족복지서비스 등이 대표적이다.

#### (2) 제2차 방어선으로서의 대리가정서비스

가정이 정상적인 기능을 충분히 수행하지 못하면 아동에게 원가정의 역할을 대신할 수 있는 다른 보호의 장이 요구된다. 이러한 경우, 가능한 한 가정과 유사한 자연스러운 보호의 장으로 대리가정을 마련해 주는 것이 가장 바람직하다. 이러한 주장은 Goldstein, Freud 그리고 Solnit에 의하여 제안된 것으로 최소 침해대안(the least detrimental alternative)의 원칙이라고 불린다. 이 원칙은 가정의 기능수행에 장애가 있을 경우 아동에게 가장 적절한 형태의 보호와 서비스가 무엇인가를 결정하는 기준으로 널리 수용되고 있다. 이 원칙이 제시하는 서비스의 목표는 아동의 삶과 가정에 대하여 제한적인 요소를 최소한도로 줄이는 것이다. 따라서 구조화된 생활시설에 비하여 덜 구속적이고 가정생활의 환경에 근접하며, 지역사회에 자유롭게 접근할 수 있는 보호의 장으로서 대리가정이 제안되는 것이다. 대리가정서비스의 대표적인 형태로는 가정위탁과 입양서비스를 들 수 있다.

### (3) 제3차 방어선으로서 집단보호(생활시설)서비스

그룹 홈이나 생활시설에 의한 서비스는 위에서 언급한 최소 침해대안의 원칙에 따라 아동의 욕구가 출생가정이나 대리가정에 의하여 충족될 수 없는 경우에 한하여 집단적인 보호를 제공하는 것이다. 또래집단과의 관계가 중요한 요소인 집단적인 생활환경이 필요한 아동 및 특수한 욕구를 가진 장애아동에게 서비스가 제공된다. 집단보호는 6~12명의 아동을 수용한 소규모 집단가정에서부터 대규모 수용시설에 이르기까지 규모와 그 형태가 다양하다. 어떤 가정은 직원이 대리부모의 역할을 수행함으로써 가정의 형태로 운영되기도 하며, 정서적인 장애를 지닌 아동이나 가정에서 행동장애를 일으킨 아동을 위하여 치료적인 기능을 수행하는 시설도 있다. 대부분의 집단보호 프로그램은 공공 또는 민간 복지기관에 의하여 운영되며 공공재원의 지원을 받는다.

06

CHAPTER

# 아동복지 실천방법

1. 클라이언트로서 아동의 특성 | 2. 아동대상 개인사회복지실천 | 3. 아동대상 가족사회복지실천 | 4. 아동대상 집단사회복지실천 | 5. 아동의 통합적 사례관리 | 6. 놀이치료(play therapy) | 7. 미술치료 | 8. 음악치료 | 9. 숲치료 | 10. 몬테소리 치료 | 11. 학교사회복지서비스 | 12. 아동급식

CHAPTER

# 06 아동복지 실천방법

## 1 클라이언트로서 아동의 특성

아동은 생존과 발달을 위해 성인의 사랑과 보살핌에 의존하여 성숙되어 가기 때문에 자기수준에 맞는 학습의 기회가 필요하다. 그리고 아동은 생리적, 사회적, 욕구를 가지고 있기 때문에 욕구 충족을 위한 지원이 중요하고, 감정, 욕구, 또래와의 관계, 환경에 민감하기 때문에 환경에 적응을 돕는 시스템이 필요하다.

클라이언트로서 아동에 대한 특성을 살펴보면, 첫째, 사회적 측면에서, 아동은 자기가 속해 있는 문화 내에서 사고하고 행동하는 법을 습득해야 하며, 또래관계를 위해서 놀이, 행동, 옷 입는 유형 등을 습득해야 한다. 둘째, 권리적 측면에서 아동은 권리를 가진 인격체로 인정받아야 하며, 아동에게 가치를 부여하여 투자라는 개념이 강조되어야 한다. 아동에 대한 보건, 복지, 보호서비스가 강조되어야 하며, 특권적 지위 보장이 교육제도를 통해 강화되어야 한다. 셋째, 정치적 측면에서 빈곤아동이나 장애아동 모두는 최상의 상태에서 출발할 수 있도록 국가적 지원이 필요하다. 만약 아동복지가 낙후되면 비행아동과 장애아 발생 증가로 이어져 사회불안이 증가되며 이를 해결하기 위한 사회적 비용이 더 많이 소요되게 된다. 넷째, 경제적 측면에서 인간의 생애 초기 투자가 큰 효과가 있다는 말처럼, 아동기의 건강한 사고와 정서발달은 사회적으로도 경제적 이익이 크다는 점이다. 아동에 대한 투자는 가급적 이르면 이를수록 파급력은 커지기 때문에 아동복지서비스는 아동의 연령이 어릴 때 지원되는 것이 바람직하다(공계순 외, 2016).

# 2 아동대상 개인사회복지실천

## 1) 아동대상 개인사회복지실천의 개념

아동대상 개인사회복지실천은 아동을 대상으로 하는 복지서비스로, 전문적인 훈련을 받은 사회복지사와 문제를 해결하기 위하여 찾아온 아동 클라이언트 간에 맺어지는 전문적인 인간관계를 전제로 한다. 이때 아동 담당 사회복지사는 클라이언트를 독립된 존재로 보고 클라이언트의 행동, 특성에 주의 집중을 해서 관찰하고 진단해야 한다. 전문적인 위치에서 해결책을 제시하고, 치료과정을 돕게 되며, 지도하게 된다. 문제의 원인과 결과를 선형적으로 보고 '왜'라는 질문과 '현재에 초점'을 둔 질문으로 문제를 객관적이고 정확하게 진단, 평가해야 한다.

## 2) 실천과정[1)]

### (1) 초기 단계(인테이크 단계)

초기 단계는 전문가인 사회복지사와 클라이언트 아동이 첫 만남, 첫 접촉이 이루어지는 단계이다. 아동은 대개 비자발적 클라이언트로 부모와 함께 방문하게 된다. 주로 사회복지사는 부모와 아동을 면접하기 때문에 이 단계의 목적은 초기원조관계 성립이다. 이 단계의 과업은 면접을 통해서 아동의 문제 및 문제해결 요구와 서비스를 파악하여 전문적 개입에 의한 서비스 수행에 대해 잠정적으로 합의를 도출하는 것이다. 이때 해당기관에서의 서비스가 곤란할 경우 타 기관에 의뢰하기도 한다. 그러므로 아동 클라이언트와의 초기 대면접촉은 전문적인 아동복지서비스를 효과적으로 제

1) 김성경 외(2013)를 참고하여 서술함.

공할 수 있게 하며 이후 계속되는 상호작용 과정에 전반적으로 영향을 미치게 된다.

아동 대상 사회복지사는 개입하고자 하는 아동 및 부모에게 신뢰감을 주어야 하고, 아동의 상황, 어려움에 대해 스스로 어떻게 인식하는지 파악하고 동기 확인 및 아동의 행동특성, 대처기제 등을 조사해야 한다. 아동에게 서비스 내용, 아동이 누릴 수 있는 자유 및 책임에 대해 설명하고, 아동과 부모에게 실천과정 시의 제한사항과 비밀보장을 설명하며, 아동에게는 낙관적 기대감을 표시할 필요가 있다.

### (2) 조사단계

조사단계에서 아동 대상 사회복지사는 클라이언트인 아동에 대해 정보를 수집하며 아동, 문제, 상황에 대한 좀 더 정확하고 실제적인 지식과 정보를 얻어야 한다. 우선적으로 아동의 발달단계별 생활력 조사, 주요사건, 현재 발달상태의 조사, 아동이 가진 병력, 신체적 능력, 인지적 능력, 사회적 대인관계 조사, 장애나 정신병 진단 여부조사, 그동안 문제해결 위해 노력한 것 조사, 가족배경 조사(가족구성원에 대한 정보, 가족의 역동성 및 상호작용, 가족문화 및 가족의 사회적 배경, 가족 내 권력관계, 가족규칙, 가족가치관 등), 사회적 관계망 조사, 환경의 자원 조사(확대가족, 또래집단, 보육시설, 학교, 종교시설, 이웃, 아동에게 도움이 될 만한 자원을 찾기 위해 사회적 지지망 조사, 아동의 주변 환경으로부터 지지를 받는 정도 파악, 사회복지사가 활용할 수 있는 지원체계 등) 등을 하게 된다.

### (3) 사정단계

사정단계는 조사단계에서 수집된 정보를 조직하고 분석하는 단계로 아동복지실천의 가장 기본적인 단계다. 사정단계에서는 정보를 토대로 아동과 상황이 현재 문제에 어떤 영향을 미쳤는지 이해하고 아동과 환경 내의 강점과 자원을 활용하여 아동문제가 어떻게 다루어질 수 있는지 생각해야 한다. 이를 위해 첫 번째로 아동의 발달과 행동을 심도 있게 이해하기 위해 아동 개인에 대한 사정이 이루어져야 한다. 아동 발달단계 및 기능 수행 분석(발달상 문제, 나이에 맞는 기능 수행 여부, 지체현상, 발달상황과 현재 문제행동과 연관성, 퇴행 등), 아동의 보호욕구 분석(피해사례 확인된 경우 위험성과 보호요구 사정 등), 아동의 강점 확인(아동의 긍정적이고 기능적 측면의 능력, 기술, 자원, 동기 등), 대체기제와 방어기제 분석(유용한 경우 강화, 유용하지 않은 경우 수정방안) 등이 필요하다. 두 번째는 가족 및 부모-아동 상호작용의 사정이 필요하다. 가족의 생활주기 확인(발달과제와 변화 확인), 가족의 역동성 및 가족기능 사정(상호작용 특성 및 구조 확인, 가족기능 확인, 경제, 일상생활, 휴식, 정체감, 소속감, 가족규칙 등)이 이에 속한다. 세 번째는 환경에 대한 사정이다. 사회적 지지 사정(아동과 가까운 개인 또는 집단의 아동에 대한 지지 및 영향 사정), 지역사회의 자원 사정(도움이 될 만한 자원 확인) 등이 이에 속한다.

### (4) 계약단계

계약단계는 개입을 위한 목표를 명확하게 하고 목표달성 정도를 평가하기 위해 계획을 수립하는 단계이다. 계약과정은 사정단계 후에 시작되는 과정이기보다는 사정과정 동안 혹은 사정단계가 시작된 직후에 시작된다.

### (5) 개입단계

개입단계는 계약단계 후에 아동, 문제, 상황변화를 위해 클라이언트의 경험과 상황을 토대로 아동 대상 사회복지사의 전문적인 지식과 기술을 활용하는 단계이다. 이를 위해 우선 개입목표를 설정해야 하는데, 이때 목표는 구체적이고, 실현 가능한 형태여야 하며, 서로의 합의가 중요하다. 다음은 개입방법을 결정해야 하는데, 아동의 문제 및 요구, 환경 자원의 특성, 전문가의 능력에 따라(놀이, 미술음악, 게임 등) 치료방법을 선택할 수 있다. 그리고 개입과정에 참여시킬 대상을 선정해야 한다.

#### (6) 평가 및 종결단계

평가 및 종결단계에는 아동 대상 사회복지사는 자신의 생각, 느낌, 신념, 의견, 가설, 추론, 결론 등을 표현하여 아동의 변화에 대해 기술하여야 한다. 종결하는 가장 일반적인 형태는 계약기간 만료, 아동의 상황 변화, 전문가의 상황 변화, 목표달성 등이며, 다른 기관의 인계, 의뢰, 종결, 클라이언트에 의한 중단 등에 의해 이루어진다. 다른 기관으로 인계 및 의뢰, 종결은 먼저 클라이언트와 종결에 대하여 이야기하고 주어진 상황에서 최선의 방법을 선택하는 것으로 가장 좋은 방법이라고 할 수 있다. 종결은 전문가와 클라이언트가 합의해서 결정해야 한다.

종결한다는 것은 힘들고 고통스러운 경험이기 때문에 클라이언트에게는 어려운 과정일 수 있다. 그러므로 종결단계에서의 해결과제는 종결의 시기결정, 정서적 반응의 해결을 포함해야 한다. 종결의 개입은 종결로 인해 친밀감이 변질되지 않도록 해야 하며, 클라이언트가 배신감을 느끼지 않도록 해야 하며, 성장과 변화의 의미로 인식하게 하는 것이 중요하고, 문제재발 시 그에 대한 조치계획을 수립해야 한다.

### 3) 개별지도의 기본원칙

- 개별화: 아동의 개별적 차이 인정하고 이에 알맞은 원리나 개입방법 활용.
- 의도적 감정 표현: 아동의 표현 욕구를 인식하고 진심을 갖고 표현.
- 통제된 정서적 관여: 아동의 감정에 적절히 반응하고 지지.
- 수용: 아동의 장점 및 약점, 성격, 감정, 행동 등 있는 그대로 이해.
- 비심판적 태도: 잘못, 비난, 벌 금지, 객관적 판단 보유.
- 자기결정: 스스로 선택할 권리 인정, 능력, 법, 도덕에 대한 제한성 인식.
- 비밀보장: 사생활 침해 금지, 신뢰와 안전감, 안심, 솔직한 공개.

### 4) 개별지도의 주요기술

- 관찰: 말하는 속도, 몸짓, 부자연스런 반응을 주의 깊게 지켜봄.
- 경청: 아동의 말을 중단시키지 말 것, 아동의 이야기를 이해하고 있는 반응을 보일 것.
- 적절한 질문: 확산적 질문 등.

## 3 아동대상 가족사회복지실천[2)]

### 1) 아동대상 가족사회복지실천의 개념

아동대상 가족사회복지실천이란, 가족구성원 전체를 대상으로 가족의 역기능적 상호작용과 관계구조를 변화시킴으로써 문제해결과 스트레스 대처를 통해 가족기능을 회복시키는 것을 말한다. 아동의 정서장애, 품행장애, 자폐증, 부모-자녀 간 문제 등에 활용된다. 가족을 치료적 매개로 활용하여 가족구성원이 건강한 관계를 맺도록 돕고, 상호작용과 상호영향을 고려하여 순환적 사고 문제 속에 개입한다. 즉, 아동을 가족관계나 가족과의 상호작용 맥락을 고려하여 파악하려는 것으로 인과관계를 순차적이고, 회귀적인 것으로 파악하는 데서 출발한다. 상황이나 맥락에 따라 다르게 반응하기 때문에 아동에 대해서는 절대적, 객관적 평가는 불가능하다고 보는 입장이다.

2) 김호년 외(2011)의 내용을 참고하여 작성하였음.

### 2) 부모상담

아동에 대한 가족사회복지실천이 효과를 거두기 위해서는 부모지도나 부모상담, 부모심리요법 등의 접근방법이 필요하다. 부모지도란 어떤 특정문제에 직면하여 스스로의 힘으로 해결할 수 없어 고민하는 당사자에게 문제해결을 위해 객관적인 자료를 포함한 지적인 정보를 제공하거나 구체적인 해결방법을 제시하는 활동이며, 부모상담은 상대방의 인격적 측면까지 접근하여 변화를 시도하여 특정문제에 대한 해결에 국한하지 않고 보다 광범위한 문제의 해결을 목표로 한다. 부모심리요법은 상담보다 인격의 심층 부분까지 접근하여 인격의 전체적인 변화를 기대하면서 적응성을 높이는 데 그 목적이 있다.

아동대상 가족사회복지실천에서는 부모 중 어머니에 대한 접근도 물론 중요하지만, 아버지에 대한 접근도 무시해서는 안 된다. 특히 남아들은 자신을 아버지와 동일시하면서 아버지의 행동이나 생각을 그대로 모방하려고 하기 때문에 아버지에 대한 지도나 협조가 요구되는 경우도 많다. 그러므로 경우에 따라서는 아동의 상태나 적절한 대응방법에 대한 정보를 아버지에게도 제공할 필요가 있다. 특히 정서장애 아동의 경우 그 원인이 대개는 조부모, 부모 그리고 형제 등을 포함한 가족구성원 전체의 병리현상과의 밀접한 관계가 있기 때문에 가족 전체의 개입을 통해 갈등이나 긴장 상태를 명확히 파악해야 한다.

이와 같이 부모상담은 우선 아동을 지속적 치료관계를 유지하는 데 필요하며, 치료에 필요한 아동 및 가족에 대한 정보 수집, 그리고 치료에 필요한 정보 또한 제공하고, 부모 자신에 대한 심리치료 측면에서도 필요하다.

# 4 아동대상 집단사회복지실천[3)]

## 1) 아동대상 집단사회복지실천의 개념

아동대상 집단사회복지실천이란, 전문적인 집단 지도자와 함께 안전하고 허용적인 분위기 속에서 자기이해와 자기수용을 촉진하고 집단 구성원들 간 상호작용을 통하여 아동의 태도와 행동변화를 통한 문제를 해결할 수 있도록 돕고 더 나아가 아동의 잠재능력을 극대화하려는 활동이다. 집단사회복지실천은 아동에게 적합한 지지적인 환경을 인위적으로 구성하여 그 속에서 또래 구성원들과의 긍정적인 상호작용을 통하여 다음과 같은 것을 얻을 수 있게 된다. 첫째, 나뿐만 아니라 다른 아동들도 비슷한 문제를 가지고 있다는 사실을 알 수 있다. 둘째, 자기의 단점에도 불구하고 집단 내 다른 아동들로부터 배척당하지 않는다는 사실을 경험한다. 셋째, 다른 아동들이 이해하지 못해도 적어도 한 사람(집단지도자)만은 자신을 이해하고 수용해 준다는 사실을 경험하게 된다. 넷째, 자신과 다른 아동에 대한 솔직한 느낌과 생각을 말하고 들음으로써 타인을 이해하고 수용할 수 있게 된다.

집단사회복지실천과 개인사회복지실천이 필요한 경우는 다소 차이가 있다. 집단실천이 필요한 경우의 아동 특성으로는 여러 아동들을 보다 잘 이해하고 다른 사람이 자신을 어떻게 보는가를 알아야 할 아동, 다른 사람들에 대한 배려, 대화기술, 사회적 기술습득이 필요한 아동, 자신의 관심사나 문제에 대하여 다른 사람의 조언, 반응이 필요한 아동, 자기문제에 관한 검토, 분석을 기피하거나 유보, 필요이상의 위협을 느끼는 아동, 다른 사람과의 유대감, 소속감 및 협동심 향상이 필요한 아동이다. 반면, 개인 실천이 필요한 아동의 특성은 아동이 가진 문제가 위급하고 원인과 해결방법이 복잡한 아동, 집단에서 수용될 수 없을 정도로 심한 의심증, 우울증,

3) 이소희(2003)의 내용을 참고하여 작성하였음.

대인관계가 좋지 않은 아동, 자신에 대한 탐색, 이해, 통찰력이 적거나 극히 제한되어 있는 아동, 타인들로부터 관심, 인정을 지나치게 요구하거나 비정상적 행동가능성이 있는 아동, 집단에서 공개적으로 발언하는 것에 대하여 심한 불안, 공포가 있는 아동, 폭력이나 비정상적인 행동을 취할 가능성이 있는 아동 등이다.

### 2) 집단의 유형

아동을 대상으로 한 집단은 두 명 이상, 공동의 목표, 유사한 인지적 정서적 사회적 흥미, 관심, 요구를 가지고 반복적으로 모여 서로에게 영향을 주며, 공동규범을 만들고, 목표를 발달시키는 모임을 의미한다. 집단의 종류는 과업집단(특정 과정을 완성하는 것을 목표), 상담집단(아동의 자존감, 사회적 기능, 문제해결력 향상이 목표, 강화와 지지적성향), 자조집단(성인 지도자 없이 아동끼리 모여 주제에 대해 의견 나눔), 사회화 집단(일탈된 행동 수정하고 사회적으로 용납되는 행동 유도) 등으로 나눌 수 있다.

### 3) 실천과정

#### (1) 준비단계

준비단계에는 기관에 의뢰된 아동을 중심으로, 자격을 갖춘 집단 지도자가 준비, 집단프로그램 목표 선정, 집단지도자의 집단프로그램 역할 규정, 집단구성원 모집 등이 이에 속한다.

#### (2) 사정단계

사정단계는 세 가지 차원으로 이루어진다. 첫째, 집단 내 개별아동에 대한 사정

(아동의 자기보고, 부모 · 교사 · 의사 등 전문가 평가, 장점을 중심으로 사정, 표준화된 질문지를 사용하여 사정), 둘째, 집단에 대한 사정(집단역동 이해가 목적으로 집단의 구조, 의사소통 유형, 집단의 응집성, 집단의 발단단계, 집단의 분위기 등), 셋째, 집단의 환경에 대한 사정(집단 활동이 이루어지는 기관의 시설, 전문가 인적 자원, 지역사회 자원 등 지원체제 확보가 중점)이다.

### (3) 개입단계

집단활동을 진행하기 위해서는 우선 자리배정, 자기소개를 하게 된다. 아동대상 집단사회복지사는 리더 역할로 아동 개개인의 요구와 특성을 파악하고 구성원에게 역할을 부여하는 역할을 담당한다. 그리고 아동의 집단 내 역동과 역할을 분석하여야 한다. 또한 지도자 역할, 과업중심 역할, 집단유지 역할, 자기만족 추구 역할, 희생역할, 고립자 역할 등을 담당하여야 한다.

### (4) 평가 및 종결단계

아동의 변화된 성과, 학습 성과를 측정하고 성과 확정, 보고, 후속활동을 계획한다.

## 4) 집단실천의 원칙

- 수용의 원칙: 집단아동의 각자 태도, 행동, 감정, 가치관 수용하여 아동이 성장을 촉진.
- 참가의 원칙: 참가를 촉진하기 위해 흥미와 욕구를 반영한 프로그램 진행.
- 체험의 원칙: 구성원과 함께 문제를 해결하는 체험 공유.
- 규범의 원칙: 구성원의 일관된 행동 위해 비난, 방해, 공격은 금물, 집단이 스스

로 규칙 제정.

- 갈등해결의 원칙: 객관적이고 중립적인 입장에서 규칙에 따라 일관되게 진행.
- 개별화의 원칙: 개인과 가족의 사회적 배경과 요구 등을 파악해서 전체 집단에서 이해, 획일적 프로그램은 금물.
- 평가의 원칙: 목표 달성 때까지 지속적 모니터링 현재 상태 평가, 반영, 계획.

### 5) 집단사회복지사의 개입기술

집단사회복지사의 개입기술은 리더십, 지지기술, 집단변화 주도기술 등을 들 수 있다.

## 5 아동의 통합적 사례관리

### 1) 통합적 사례관리의 개념

빈곤아동이나 장애아동처럼 복합적인 욕구를 가지고 있는 경우 단일기관에서의 한 두 개의 서비스 제공으로 문제가 해결되기 어렵다. 따라서 다양한 기관의 여러 가지 서비스가 동시에 개입되는 것이 일반적이다. 이때 서비스 간의 통합과 조정이 없으면 서비스의 중복이나 누락이 생기기 쉽다. 이러한 필요성에 의해 주장된 사례관리는 다양한 욕구를 가진 사람들의 기능 향상과 복지를 위해 총체적이고 통합적인 일련의 서비스를 제공하는 방법이며 문제의 정도나 해결과정의 수준에 따라 단계별로, 혹은 동시에 각 단계 간에 지속적이고 관련성 있는 서비스를 제공하여 문제를 해결하는 과정이라 할 수 있다(이한우 · 정정란, 2012).

### 2) 사례관리의 필요성과 목적

아동에 대한 사례관리가 필요하게 된 원인은 다음과 같다. 첫째, 아동인 클라이언트의 욕구와 원하는 서비스수준이 높아졌다는 것이다. 종전의 단순보호 차원에 심리적, 정서적, 사회적 욕구충족을 통하여 삶의 질 향상을 추구하고 있기 때문이다. 둘째, 증가된 클라이언트의 욕구에 보다 효율적으로 대처하고, 중복되는 사회복지서비스 제공으로 인한 막대한 비용투입을 방지할 수 있도록 적절한 관리 및 새로운 서비스 전달방식이 필요하게 되었다. 셋째, 사회복지사가 유사전문직과 차별화된 역할을 담당할 필요성이 제기되었다는 점이다.

사례관리를 실천현장에서 제공하게 되면, 다양한 서비스의 지속성, 서비스 간의 연계성과 통합성으로 인해 아동이나 그 가족에게 보다 효과적인 서비스를 제공할 수 있다. 공식 · 비공식인 자원과 서비스 활동의 관계망을 조직 · 조정 · 유지할 수 있는 복지실천의 통합적 모델로 가장 적절한 방법이기 때문이다. 사례관리는 개인, 가족, 집단 등의 복지를 위해 개인의 변화, 환경의 변화, 또는 인간과 환경 모두의 변화를 추구하려는 의도가 반영되며 사례관리의 폭을 넓히기 위해 사례관리자는 연결자, 옹호자, 협상자로서의 기술 등을 활용되어야 한다.

사례관리에서는 아동이나 그 가족의 욕구에 따른 체계 간 조정이 핵심이기 때문에 그들의 적극적인 참여가 중요하다. 그러므로 사회복지사는 지역사회 내의 다양한 기관과의 협력적 관계유지와 지역사회 내의 공식적 · 비공식적 활동에 적극적으로 참여함으로써 사례관리 자원을 적극적으로 활용할 수 있어야 한다. 자원연계방법으로는 먼저 자원목록을 작성 후, 자원을 접촉하고 연계하며 자원을 연계한 후 지속적으로 자원을 관리해야 한다.

### 3) 사례관리의 기본원칙과 전제조건

아동을 대상으로 한 사례관리의 기본원칙은 다음과 같다. 첫째, 아동 및 그 가족의 욕구에 따른 개별화된 서비스가 제공되는 것이 원칙이다. 둘째, 조정의 원칙으로서 서비스 제공을 위한 서비스 체계 내에서의 조정이 조화롭게 이루어져야 한다. 셋째, 서비스 통합 원칙으로서 체계 내의 서비스들이 중복되지 않도록 아동과 그 가족에게 제공되는 것도 중요하지만 서비스의 양과 질의 수준, 서비스 내용과 제공방법 등 그 특성에 따라 서비스가 통합적으로 제공되어야 한다. 넷째, 서비스 연속의 원칙으로서 현재 시점에서의 다차원적인 서비스를 지속적이고 연속적으로 제공하여 아동과 그 가족들이 사회체계 속에서 자신의 기능을 원활히 수행할 수 있도록 하는 것이다. 다섯째, 사례관리자 책임의 원칙이다. 여섯째, 사례관리의 가정방문원칙으로 사례관리자는 되도록이면 아동과 그 가족이 생활하는 가정과 그들이 포함되어 있는 환경을 직접 방문하여 적극적으로 그들과 상호작용하여야 한다. 일곱째, 사례관리의 실천에 있어서의 기술 통합의 원칙이다. 사례관리는 아동 및 그 가족의 개별적인 실천기술과 함께 지역사회의 실천기술을 통합한 형태로 제공되어야 한다.

효과적인 사례관리 계획수립을 위해서는 다음과 같은 전제조건이 갖추어질 필요가 있다. 첫째, 사정과정을 통하여 아동의 다양한 욕구를 충분히 이해한다. 둘째, 개인, 가족, 조직, 지역수준의 욕구들에 우선순위를 정하고 이를 세분화한다. 셋째, 욕구충족을 위한 내 · 외적 자원파악 및 이에 걸림돌이 되는 장애물을 파악한다. 넷째, 아동과의 협력적 관계형성 및 변화를 위한 동기를 강화한다 등이다.

## 4) 사례관리 과정

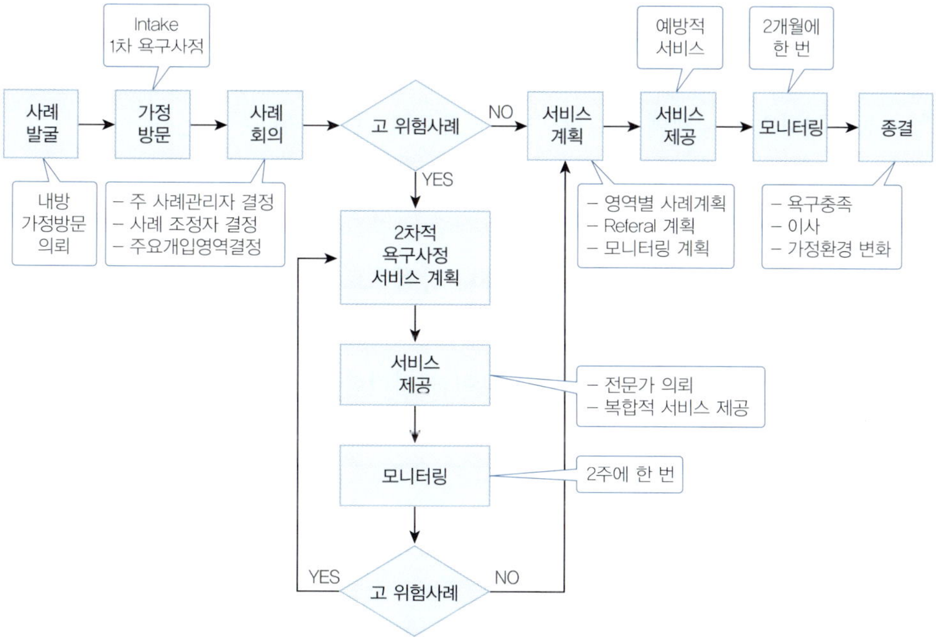


❖ **그림 6-1** 사례관리서비스의 과정

출처: 아동복지사업안내(2017).

### (1) 사례발굴

사례관리의 대상이 되는 아동이 발견되는 경우는 먼저 병 · 의원(특히 산부인과, 소아과), 보건(지)소의 의사, 간호사, 사회복지직공무원, 학교 · 어린이집 · 학원의 교사, 종교기관(교회, 성당, 절 등)의 종사자 등으로부터 의뢰받는다. 둘째, 통반장, 부녀회, 학교 앞의 다양한 상인(분식집 주인, 문구점 주인) 등 지역주민들로부터 의뢰를 받는다. 셋째, 홍보를 통해 서비스 욕구가 있는 아동이나 부모의 자발적 방문을 받는다.

넷째, 지역을 순회하면서 사례관리자의 아웃리치(outreach)[4]를 통해 도움이 필요한 사례들을 발견할 수도 있다. 아동들이 많이 오가며 생활하여 아동들을 쉽게 만날 수 있는 곳(학교 운동장 및 놀이터, 학교 앞의 오락기계, PC방 등)에서 도움이 필요한 아동들을 구별해 낸다. 이는 기존의 서비스 체계로부터 소외되어 있는 사각지대의 아동들을 아동복지서비스 체계에 연결할 수 있는 중요한 기회가 될 것이다.

도움이 필요한 아동이나 가족을 발견하기 위해 눈여겨보아야 할 점은 아동의 신체다. 아동들의 신체는 아동이 적절한 보살핌을 받고 있는가를 요약적으로 보여 주는 경우가 많다. 보호자의 직접적인 학대나 방임으로 인한 상처들뿐만 아니라 발육부진, 비만, 사시, 발음문제 등은 그 가족의 심리적 · 경제적 · 사회적 상태를 보여준다고 해도 과언이 아니다. 아동들이 보이는 이러한 신체적 어려움들이 가정의 어떠한 요소들과 관련이 있는지를 고려해야 한다(오주 · 이덕희, 2012).

### (2) 1차 욕구사정 및 등록

접수된 아동들의 문제나 욕구를 가정방문이나 서비스 제공자 면접을 통해 대략적으로 파악한다. 이를 사례관리 대상자 선정의 근거 및 사례회의의 자료로 활용한다. 이 과정에서 아동에게 집중적인 사례관리서비스가 필요한지(고위험사례) 아니면 단일 프로그램이나 서비스로 문제가 해결되는 것인지(저위험 사례)를 파악한다. 사례관리서비스가 필요하다면 부모나 기타 보호자에게 사례관리서비스의 내용을 알기 쉽게 전달하고 대상자가 이런 서비스를 받기를 원하는지 여부를 승낙 받는다. 서비스 수급에 대한 동의가 있으면 사례관리 대상자로 등록한다.

4) out-reach(아웃리치)란 도움을 찾고 요구하는 사람을 기다리는 것이 아니라 도움과 충고가 필요한 사람들을 직접 찾아나서는 행위로 주변 관계자들에 대한 기관의 적극적인 봉사활동을 의미한다.

### (3) 사례회의

사례회의를 통해 주 사례관리자, 사례조정자를 결정한다. 또한 고위험사례 여부를 판정하고 개입의 우선순위를 결정한다. 많은 사람들이 대상자에 대한 민감한 정보가 상당히 노출되는 사례회의에 참여하므로 각 참여자들에게 비밀보장에 대해 주의할 것을 요청하고 처음 참석 시 비밀보장 각서를 받는다. 사례기록과 관련 정보의 비밀보호는 사회복지실천윤리에서 가장 기본적인 사항이다. 대부분의 전문가들은 이 기록과 정보들이 자신이 속한 기관의 외부로 공개되는 것을 매우 조심스럽게 다루어야 한다. 사례기록과 정보를 외부에 공개해야 하는 경우라면 대상자들로부터 동의를 얻어야 하며 반드시 공문 발송 절차를 따르는 것이 바람직하다. 이는 혹시라도 발생할 수 있는 윤리적 문제를 예방하는 한 방법이다.

사례회의에서는 우선 기존사례를 점검하게 되는데, 달라진 상황은 없는가? 어떤 변화가 나타났는가? 변화가 있었다면 긍정적 또는 부정적인가? 변화가 나타난 요인은 무엇인가? 새로운 개입 방안은 무엇인가? 변화를 유지 확대할 방안은 무엇인가? 개입을 촉진할 자원은 무엇인가? 추가적으로 변화되어야 할 요소는 무엇인가? 이를 촉진할 수 있는 자원은 무엇인가? 등에 대해 논의하여야 한다. 또한 신규사례에 대한 검토도 있어야 하는데, 알아야 할 추가적인 정보는 없는가? 클라이언트의 주 호소 문제와 욕구는 무엇인가? 클라이언트의 실제 욕구와 문제는 무엇인가? 단기, 중기, 장기적 개입목표는 무엇인가? 개입목표를 달성하기 위한 개입전략은 무엇인가? 클라이언트의 장점은 무엇이며 개입전략에 적극 반영하고 있는가? 등이 논의되어야 한다(보건복지부, 2017).

### (4) 2차 욕구사정

고위험사례의 경우 2차 욕구사정이 필수한다. 가족욕구 사정도구와 면접을 통해 사례관리 대상자의 문제 및 상황, 욕구, 자원 등을 다차원적으로 파악하여 이를 서비스 계획의 자료로 활용하고, 앞으로 이루어질 개입의 효과성 평가에 기초 자료로 활용한다.

### (5) 서비스 목표 및 계획수립

서비스 목표와 계획수립 단계에서는 사정기록지, 사례관리계획을 가지고 대상자의 문제와 욕구를 해결하기 위한 개입방법을 다각적으로 모색한다. 이 단계에서는 제공될 서비스의 내용, 서비스 제공자, 서비스의 양과 횟수, 시간 및 기간 등을 조정한다. 제공될 사례관리서비스의 조정이 필요한 경우에는 사례회의를 통하여 내용을 조정한다. 즉, 제공될 서비스의 제공 가능 여부 및 타 전문가의 협조 가능 여부, 타 기관 의뢰 가능 여부 등에 대한 계획 및 논의도 이루어져야 한다. 사례관리서비스와 관련된 모든 담당자들(읍사무소의 사회복지담당공무원, 지역보건(지)소 간호사, 지역아동센터 담당자, 학교의 교사, 학원의 강사 등)이 계획에 함께 참여할 수 있다. 사례관리자는 적절한 의뢰를 위해 지역사회는 물론 인접 지역의 주요 서비스 기관에 대한 이해가 필수적이므로 각 기관에 대한 구체적 사항을 지역사회 자원 목록에 정리하여 보관한다. 또한 이러한 기관들과 긴밀한 관계를 유지해야 한다.

### (6) 서비스 실행

사례관리자는 비교적 단순한 문제나 단일 욕구를 가진 다수의 아동을 위한 예방서비스를 개발하고 조정한다. 동시에 집중 서비스를 필요로 하는 대상자에게 아동, 부모, 교사가 함께 동의하고 계약한 계획에 맞도록 학교 내의 필요한 서비스를 개발하거나 지역사회 서비스를 연계한다. 서비스의 부재, 교통편 부족, 참여 거부 등의 서비스 전달상의 장애요인들을 확인하고 이의 해결을 위한 방안을 마련한다. 또한 지역사회 기관들 간의 예산, 결산 편성방법 및 시기의 차이, 결재라인의 상이 등에서 빚어질 수 있는 문제점도 해결해 나가야 한다. 필요 시 사례조정자는 아동이나 부모에게 직접적인 복지서비스를 제공할 수 도 있다. 개별상담이나 집단상담, 부모교육 등을 통해 교육자나 상담가로서의 역할을 수행할 수도 있다. 빈곤계층 가정의 아동이나 학부모들은 프로그램에 대한 참여의욕이나 적극성이 부족할 수 있으므로 그들에게 지속적으로 프로그램 참여를 동기화시킬 필요가 있다.

아동을 위한 서비스로는 정서적 지지와 교육 등이 있다. 일상생활기술 교육, 자기표현기술 교육, 주의산만 과잉행동 아동을 위한 교육 등이 포함된다. 가족을 위한 서비스로는 경제적 지원, 가족관계 회복 지원, 아동학대, 가정폭력 관련 서비스 연계, 특정한 문제 가족구성원을 위한 서비스 연계, 직업훈련 및 취업지원, 자원봉사자 발굴 및 연계 등을 들 수 있다.

### (7) 점검 및 재사정

대상아동과 사례관리자 그리고 관련 지원망이 계획단계에서 합의한 목표를 계속적으로 공유하면서 잘 진행되고 있는지 혹은 협력관계에 갈등이 발생하거나 위기가 나타나지 않은지를 확인하고 조정한다. 실행된 서비스에 대한 주기적인 점검(고위험사례의 경우 2주에 한 번 정도, 저위험 사례의 경우 2개월에 한 번 정도)을 통해 대상자에게 제공되는 서비스의 적절성 여부, 서비스가 계획대로 수행되고 있는지 여부 등을 확인해야 한다. 대상자에게 제공되는 전체 서비스 내용은 사례관리자가 사례관리 점검일지에 기록 정리하여 보관한다. 서비스 제공자들은 제공된 서비스의 구체적 내용을 서비스일지에 기록하고 정기적인 사례회의를 통해 다른 전문가들의 조언을 받아야 한다. 교사 및 부모 또는 보호자와의 상담도 병행하도록 하다.

이 과정에서 서비스의 내용, 양과 질에 대해 점검하고 대상자의 변화를 측정한다. 사정단계에서 조사된 사례관리 대상자의 생활환경 및 욕구의 변화가 있는지 여부 등에 대한 재사정과 피드백의 적용을 통해 서비스의 조정 등을 결정한다. 저위험사례 중에서 복합적 문제나 다양한 서비스 욕구가 발생하면 다면적 사정을 통해 고위험사례로 전환하여 집중적 사례관리서비스를 제공할 수 있다.

### (8) 성과평가 및 종결

평가와 종결단계는 대상자에게 제공된 서비스에 대한 변화와 그 성과에 대한 평가를 실시하는 단계다. 이를 위해 사례관리 대상자에게 적용된 서비스의 효과와 효율성을 평가한다. 성과평가를 통해 서비스를 지속할 것인지 종결할 것인지 결정한다. 이사 등을 통해 서비스를 종결해야 하는 경우, 아직 취약한 상태에 있는 아동이라면 서비스가 지속될 수 있도록 다른 지역사회기관에게 의뢰한다.

종결 후에는 무엇을 목표로 어떤 서비스를 실행할 것인지, 어떤 면을 점검할 것인지 대상자와 함께 사후관리에 대해 구체적으로 계획하도록 한다. 종결보고서에는 크게 네 가지를 기록하는데 목표달성평가, 대상자만족도, 사회관계망이나 지지망의 변화, 추후계획을 포함한 사례관리자의 의견을 포함한다.

### (9) 기록

사례를 기록하지 않는다면, 사례관리자는 각 사례의 진행 상황을 기억할 수 없고, 다른 사례관리자 또는 다른 전문가에게 사례의 상황에 대해 정확히 전달할 수 없을 것이다. 따라서 사례관리자는 사례 진행과 관련된 주요한 사항들을 최소한의 분량으로 즉시 적는 습관을 갖도록 한다. 사례관리 기록은 서비스를 계획하고 진행하고 점검하는 데 가장 중요한 자료가 된다.

## 6 놀이치료(play therapy)

### 1) 놀이치료의 개념

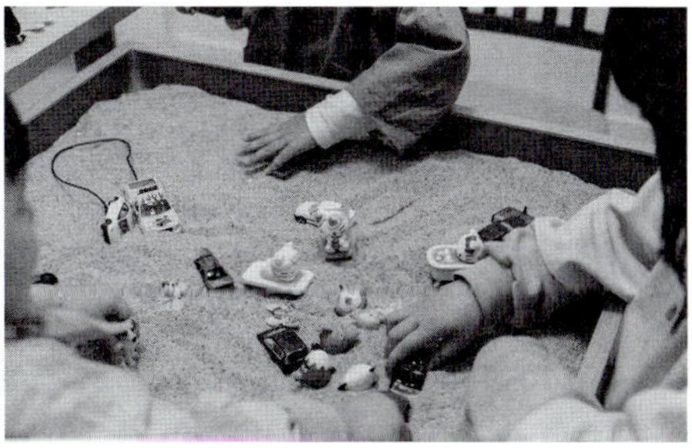
놀이치료의 실제

놀이란 자발적이며, 본질적인 동기가 있는 활동이다. 아동들은 언어로 표현하는 것보다 자신이 창조한 자발적인 놀이를 통해서 좀 더 직접적이고 충분히 편안하게 스스로를 표현할 수 있게 된다. 아동들이 그들의 경험과 감정을 '놀이로 표현하는 것'은 아동들이 할 수 있는 가장 자연적인 자기치유 과정이다. 아동은 언어가 부족하여 자기표현을 충분히 하지 못하기 때문에 놀이를 통해서 표현하는 경우가 많은데 이 방법을 일컬어 '놀이치료'라고 부른다. 이때 놀이 장난감은 단어이고 언어이기 때문에 여러 가지 장난감을 창의적으로 가지고 노는 동안에 아이는 자기 안에 축적되었던 부정적인 감정(긴장감, 좌절감, 불안감, 공격성, 공포심, 당혹감, 혼돈감) 등을 서서히 풀고 발산시킬 수 있는 좋은 기회를 갖게 된다. 이런 감정들은 흔히 잠재의식 속에 깊숙이 묻혀 있다가 놀이치료사의 허용적인 분위기와 이해 있는 눈길을 만나면 아이는 방어기제를 풀고 서서히 그것들을 의식의 표면에 떠올리고 행동으로 나타냄으로써 자기감정을 직면하고, 조절하고, 해소하는 과정을 경험하게 된다. 이러한 과정에서 결과적으로 아동은 본성을 회복하게 되고 자신감 내지는 자긍심까지도 생기게 되므로 차차 문제행동은 사라지고 정상적인 행동으로 옮겨가는 과정을 밟게 된다(주정일 · 이소희, 2012).

이와 같이 놀이치료는 심리적 문제를 지닌 클라이언트를 돕기 위해 체계적으로 놀이가 지닌 치료적 힘을 적용시키는 대인관계과정이며 치료자와 아동 간의 상호과정 속에서 놀이가 가지고 있는 치료적 힘을 활용하여 아동의 문제를 완화시키는 것이라고 볼 수 있다. 놀이치료의 궁극적인 목적은 아동이 사회정서적 어려움을 해결하고 잘 발달하고 적응할 수 있도록 돕는 것이다.

### 2) 놀이의 기능

놀이의 기능은 다음과 같다. 첫째, 놀이는 자기표현의 자연스런 수단으로 활용할 수 있다는 것이다. 둘째, 아동들은 놀이를 통해 자신의 모든 감각기관을 이용해서 세상을 직접 보고, 듣고, 만지고, 냄새 맡고, 느끼면서 학습하는 기회를 갖는다. 셋째, 놀이는 감정을 정화시켜 주고, 스트레스를 풀어주는 치료기능이 있다. 넷째, 놀이는 아동을 위한 심리치료의 수단이기도 하지만 경험을 재현하여 발달정도, 성격특성, 심리적 어려움 등을 이해할 수 있는 진단과 평가 기능도 갖는다. 다섯째, 놀이는 시행착오에 의해 아이가 세상에 적응하는 것을 배우게 하는 기능이 있다. 마지막으로 아동은 놀이를 하면서 사회성과 대인관계 능력을 기른다.

### 3) 놀이치료 대상아동

놀이치료에 적합한 아동은 전반적으로 발달이 늦은 아동, 자폐성향이 있는 아동, 언어발달이 늦거나 반향어가 나타나 의사소통이 어려운 아동, 발달장애가 있는 아동이나 주의가 산만한 아동, 우울하거나 불안이 있는 아동, 또래관계에 문제가 있는 아동, 공격성, 거짓말, 도벽 등의 행동문제를 보이는 아동, 유아교육기관이나 학교생활에 적응이 안 되는 아동, 눈을 깜빡이는 등의 틱증상이 나타나는 아동, 야뇨증과 유분증의 증상이 나타나는 아동 등 정서장애가 있는 아동이 대상이 된다.

# 7 미술치료

## 1) 미술치료의 개념

미술치료

미술치료란 아동의 욕구와 감정을 그림이라고 하는 비언어적 표현활동을 통하여 사회복지나 상담자가 이해하고 상담해 가는 심리상담기법 중의 하나이다. 즉, 미술창작활동을 통하여 치료자는 아동의 마음을 정확하게 읽고, 아동은 자신의 마음을 스스로 알고 문제를 인식할 수 있도록 돕는다. 이러한 과정을 통해 아동의 무의식 세계를 그림 속의 이미지를 분석하여 효과적으로 치료하는 기법이다.

## 2) 미술치료의 기능

일반적으로 미술치료를 통하여 아동은 인지적 능력을 활성화시킬 수 있다. 그리고 직접적으로 관찰하기 어려운 아동의 행동에 대해 인식할 수 있다. 또한 미술활동의 정화기능으로 하여 아동에게 사회적으로 수용되며 해롭지 않은 방식으로 분노, 적대감 등을 표현하게 한다. 특히 미술작품활동은 아동 스스로 주도하고 조절하는 활동이기 때문에 아동자신의 활동과 결과로써 아동의 자아를 고양시켜 주고, 미술재료를 선택하고 미술활동과정과 완성된 작품을 통하여 아동은 성취감, 개인적인 만족감과 가치감을 느낄 수 있도록 해준다. 뿐만 아니라 주저하거나 말이 없는 내성적인 아동과 친밀감을 형성하여 치료관계를 이루는 데 유용하며, 치료사로 하여금 아동의 마음을 다치지 않고 아동의 방어기제를 허물어트리지 않으면서 아동의 무의식세계를 파악할 수 있도록 해준다. 마지막으로 미술활동은 아동에 대한 보충적 자료로 아동을 진단하는 데 도움이 된다.

## 8 음악치료

음악치료

음악치료란 음악이라는 도구를 사용하여 치료대상자의 음악 외적인 행동의 변화를 이끌어 내는 전문분야이다. 음악 교육가들의 주된 임무가 학생의 음악적 기량과 이해를 발달시키는 것이라면, 음악치료사의 주된 임무는 음악활동을 통해 다양한 음악 외적인 행동들을 교정하거나 향상시키는 것이다. 즉 음악활동을 체계적으로 사용하여 사람의 신체와 정신기능을 향상시켜 개인의 삶의 질을 추구하고 보다 나은 행동의 변화를 가져오게 하는 음악의 전문분야인 것이다(오은순 · 이재숙, 2015).

그러므로 음악치료는 음악을 사용하여 심리적, 정신적, 생리적인 건강 회복 및 유지하며, 행동적, 발달적, 신체적, 사회적 기술 습득 및 재활하는 기능을 한다. 그리고 신체적 활동을 야기하고, 상징성과 만족감을 주며, 환경과 접촉하게 하고, 의사소통의 기능을 갖는다. 또한 심층적인 자신의 태도나 감정을 배출시키고 기억을 자극하며 즐거움을 준다.

## 9 숲치료

숲치료는 삼림욕이라고도 하며, 녹색 샤워라고 불린다. 테르펜이라는 정유성분을 공기 중의 작은 먼지와 함께 호흡 할 경우 80%의 공기가 정화되며 심폐기능에도 효과가 크다. 그리고 체내 음이온이 증가되어 이를 통해 몸속의 피가 맑아지고 노폐물이 배출되는 작용이 있다. 아동들에게는 살균작용, 항생, 살충, 이뇨, 거담, 강장, 통변작용 등에 큰 효과가 있어 야외놀이에 적합하다. 또한 멘톨이라는 정유성분은 피부나 점막에 접촉되면 시원한 느낌을 주며 기관지 강화와 신경안정에도 효과가 있어 아동들의 스트레스 해소에 도움을 주고 있다.

중부지방에는 잣나무, 소나무, 낙엽송, 남부지방에는 삼나무, 편백나무가 많은 삼림지역이 아동들의 숲치료에 적합하다. 삼림의 발향(發香)작용은 아침에 가장 왕성하며 바람이 불면 날아가기 때문에 바람이 없는 아침이 적당하다. 시간은 오전 10시~11시 사이가 좋으며 초여름부터 가을까지 맑은 날을 택하여 하면 효과가 있다. 정유물질의 체내흡수와 산소의 호흡량이 많도록 하는 방법으로는 아동들이 수목을 뛰어 다니게 하거나 체조, 스트레칭, 복식호흡(깊은 호흡) 등을 하면 효과가 있다. 이밖에 추적놀이, 순회놀이 등을 각 코스별로 설정하여 심신단련을 하면서 삼림욕을 즐길 수 있다.

## 10 몬테소리 치료

몬테소리 프로그램(Montessori Program)은 이탈리아 최초의 여의사 Maria Montessori의 이론과 실제를 바탕으로 한 프로그램으로 20세기 초에 널리 알려지기 시작

Maria Montessori
(1870~1952)

하였다. 정신지체아동을 치료하면서 아동교육에 관심을 가진 Montessori는 감각을 활용한 교육방법 및 교구를 개발하여 정신지체아동들뿐 아니라 일반아동들에게도 많은 도움을 주었다. 특히 1907년에는 자신의 교육 이념을 적용하기 위해 로마 빈민지역인 산로렌조에 어린이집을 세워 자신의 교육방법들로 아이들을 교육하였다. Montessori는 면밀한 유아관찰을 통하여 유아는 게으르고 무능력하기 때문에 성인에 의해서 길러져야 한다는 그 당시의 의견에 반대하여 유아는 끊임없이 자신을 창조해 가는 무한한 잠재능력을 지닌 자유로운 존재로서, 유아 자신이 스스로 자신의 잠재력을 전개해 나간다는 주장을 하였다.

몬테소리교육의 효과는 일상생활 훈련을 통해 질서감과 협응력이 길러진다는 것이다. 기본적인 규율을 지키게 하여 진정한 자유를 배우게 하며, 다른 사람의 작업을 방해하지 않도록 하여 집중력을 길러준다. 그리고 스스로 자유롭게 선택하도록 하여 독립심을 길러주며, 자기가 사용한 교구를 정리정돈하도록 하여 책임감을 갖도록 한다. 특히 작업을 스스로 완성하게 하여 철저함을 갖게 하고, 민감기 활성화를 통해 정서적 안정과 뇌의 발달을 촉진한다.

## 11 학교사회복지서비스

### 1) 학교사회복지서비스의 개념 및 목적

#### (1) 학교사회복지서비스의 개념

학교사회복지는 학생-학교-가정-지역사회의 연계 및 조정을 통해 학생의 심리

사회적 문제를 해결하고, 개개인의 잠재력과 능력을 최대한 발휘하여 건전한 사회 구성원으로 성장할 수 있도록 돕는 사회복지실천의 전문분야이다. 학교가 학생의 지적 · 사회적 · 정서적 욕구와 문제해결에 관심을 갖도록 도와주는 것이며, 모든 학생들이 학교에서 성취감을 느끼고 공평한 교육기회를 제공받을 수 있도록 학교현장에서 활동하는 전문적인 사회복지의 분야라고 할 수 있다. 그러므로 학교사회복지는 학생 개인의 문제뿐만 아니라 사회환경이나 교육환경의 변화에 빠르게 개입하여 학교가 학생 자신의 역할과 기능을 극대화할 수 있도록 도와주는 연계활동이라고 할 수 있다. 이순형(2009)은 학교라는 교육제도 내에서 실천되는 복지활동의 한 분야로, 신체적 · 정서적 · 사회적 문제들로 인해 어려움을 겪고 있는 아동들에게 사회복지의 원리와 기술을 적용하여 가정, 학교, 지역사회의 지원체계를 조정 · 활용하고 문제를 해결하거나 예방함으로써 교육의 효과를 극대화하고 사회적 역기능을 예방하는 활동을 학교사회복지라고 정의하였다.

### (2) 학교사회복지서비스의 특징

학교사회복지의 필요성은 첫째, 가정불화, 가정해체, 가출, 비행 등의 현대사회문제들이 증가하고 있기 때문에 보호가 필요한 학령기 아동의 심리사회적 · 정서적 건강을 위한 아동상담으로 학교사회복지의 중요성이 증가되고 있다. 둘째, 보호가 필요한 학령기 아동을 위한 학교사회복지의 프로그램은 이제 보호차원을 넘어 가정불화, 가족해체, 학교 부적응 및 비행을 예방하는 데 초점을 두어야 한다. 셋째, 학령기 아동은 가정을 제외하고 가장 많은 시간을 학교에서 보내기 때문에 학교사회복지사가 아동의 사회적응을 돕고 지도하는 것이 효과적이다. 넷째, 변화하는 사회에서 학령기 아동 개개인의 욕구에 부응할 수 있는 개별적이고 보다 다양한 활동을 제시할 수 있는 새로운 학교생활지도방법론이 필요하다(이신영, 2016).

## 2) 학교사회복지서비스의 대상과 주요문제

### (1) 학교사회복지의 대상

대인관계에서 만성화된 문제행동을 보이는 학생, 공격적이거나 비사교적인 행동이나, 교사의 권위에 갈등을 나타내는 학생, 심리정서적 문제를 갖고 있어 우울, 소외, 공포, 불안 등을 보이는 학생, 장기결석, 등교거부, 잦은 지각과 조퇴 등의 학교규칙을 위반하는 학생, 결손가정, 이혼, 빈곤 등의 가정환경적 문제를 갖고 있는 학생, 학대, 방임 등의 아동 · 청소년 양육 상의 문제가 있는 학생, 갑작스런 심리, 행동의 변화를 보이는 학생, 능력은 있으나 학습부진을 보이고 있는 학생, 폭력, 가출, 본드 흡입, 불량 동아리 활동 등의 비행행동을 하는 학생 등이 주요 학교사회복지서비스의 대상이 된다.

### (2) 학교 주요문제

#### ① 학습장애

다른 아동과 비교해서 지능은 정상이지만 듣기, 말하기, 읽기, 쓰기, 추리 또는 계산 능력에 문제가 나타나는 장애로 특수학습장애라고도 한다. 학습장애가 있는 아동은 실패감, 낮은 자아존중감, 무기력을 경험할 수 있다(Zastrow & Kirst-Ashman, 2011). 학령기 아동의 약 3~9%가 이 장애를 갖고 있는 것으로 알려져 있는데 학습의 기회나 교육적 자극이 부족한 경우, 정서적 문제, 신경학적 이상이 있거나 학습과 관련이 있는 뇌 기능의 특정 영역에서 결함, 발육 지연 또는 장애가 있는 경우가 원인이 된다. 또한 부모가 조기에 자녀의 능력과 적성을 잘 알지 못하는 경우에도 많이 생긴다. 따라서 이러한 아동이 조기에 적절한 치료를 받을 수 있도록 학교사회복지사는 정보 제공과 상담 그리고 자원 연결 등의 도움을 제공해야 한다(이한우 · 정정란, 2012).

### ② 학교공포증

학교공포증이란 심인성 등교거부, 정신신경증적 거부라고도 할 수 있는데 발생 배경에는 현대 가정의 문제, 학교교육의 특성 등이 반영된다. 일반적으로 학교공포증을 보이는 아동은 두통, 복통 등의 신체 증상을 호소하는 경우가 많다. 이 외에도 교사에 대한 불만, 공부와 다른 친구에 대한 불평, 교통문제 등을 나타내기도 한다. 이러한 증상은 대부분이 무의식적 불안과 같은 심리적 이유에서 비롯된 것이므로 꾸중이나 강제적인 방법으로 학교에 가게 하는 것보다는 정서적 안정을 유도하는 상담이나 치료를 통해 접근해야 한다(최옥채, 2016).

### ③ 가정문제

장애아동, 그리고 결식아동 또는 소년소녀가정 세대의 아동뿐만 아니라 가정해체나 경제적 어려움 등으로 인해 시설에서 보호받고 있는 아동도 학교사회복지서비스의 도움을 받아야 한다.

### ④ 따돌림 및 학대

또래들로부터 집단따돌림을 경험하는 아동, 부모나 양육자로부터 학대를 당하고 있는 아동 모두 학교사회복지사의 도움과 관심이 필요한 아동이다.

### ⑤ 품행장애

품행장애는 반사회적, 공격적, 도전적 행위를 반복적, 지속적으로 행하여 사회생활, 학업 및 작업기능에 중대한 지장을 초래하는 장애를 의미한다. 가족뿐만 아니라 대인관계 전반에서 나타날 수 있으며 가정과 학교, 사회에서 나타난다. 사회적으로는 일탈행동, 법률적으로는 비행에 해당된다. 품행장애는 남자에게서 훨씬 높게 나타나고, 여아에게는 성적일탈이, 남아는 폭력적 성향이 두드러진다. 주로 학령기에 처음 발현된다.

### 3) 학교사회복지사의 역할

학교 사회복지사의 역할은 첫째, 일반적인 사회복지서비스 전문가로서의 역할이다. 둘째, 고위험집단에 대한 서비스 제공자의 역할이다. 셋째, 경제적 원조자로서의 역할이다. 넷째, 학생 · 학교 · 가정 · 지역사회의 중재자로서의 역할이다. 다섯째, 사례관리자로서의 역할이다. 여섯째, 위기개입가로서의 역할이다. 일곱째, 정보전달자로서의 역할이다. 여덟째, 자문역의 역할이다. 아홉째, 교육자로서의 역할이다. 열번째, 장애학생에 대한 서비스 제공자의 역할이다. 열한 번째, 교육정책 결정 조언자로서의 역할이다.

### 4) 학생을 위한 학교연계서비스

#### (1) 학교연계서비스의 개념

학교연계서비스는 지역사회의 공공 · 민간의 보건사회서비스 기관들과 학교가 공동으로 아동 및 그 가족에게 다양한 보건 및 사회복지서비스를 통합적으로 제공하고자 하는 서비스전달체계이다. 학교연계서비스는 사회복지분야의 서비스 통합운동이라고 할 수 있으며, 가장 효율적이고 효과적인 지원 및 보호체계로 다양한 전문직의 실천가들과 동반자관계를 맺고 새로운 협력체계로 구성된다. 따라서 학교연계서비스의 목적은 학교와 보건 및 사회복지기관들의 협력을 통해 아동과 그 가족에게 최상의 서비스를 제공하는 것이다(전재일 외, 2011).

#### (2) 학교연계서비스의 특징

학교연계서비스의 특징은 첫째, 학교연계서비스의 목적은 전통적인 사회복지실천과 같이 대상자의 문제수정과 치료, 문제에 대한 조기개입, 문제의 위험발생 요인에 대한 예방이 주된 목적이 된다. 그러나 최근에는 학생과 가족의 강점에 초점을 둔 예방과 조기개입에 관심을 두고 있다. 둘째, 학교연계서비스 대상자의 특성과 관련하여 학교연계서비스 유형이 제공된다. 셋째, 학교연계서비스의 제공 장소는 학교 안 또는 지역사회기관 어디에서나 이루어질 수 있다. 넷째, 학교연계서비스의 인적자원 활용과 관련하여 다양한 전문성을 지닌 인적 자원을 공동으로 배치한다.

### 5) 학교사회복지의 문제점과 과제

우리나라에서 공식적으로 학교사회복지사를 개입한 것은 1997년부터 교육부에 의해 실시한 연구학교운영사업과 유사사업으로 2002년 시작한 교육복지우선지원사업의 경우를 제외하면 거의 없는 실정이다. 그나마 교육복지우선지원사업은 대도시의 교육문화적 환경이 열악한 지역을 선정하여 교육 · 문화 · 복지 환경과 서비스 질을 개선하는 것을 목적으로 하므로 모든 학생 대상의 학교사회복지서비스로는 한계가 있다. 특히 최근 청소년의 문제가 나날이 심각해짐에 따라 학교라는 체계 속에서 학교사회복지가 제도화될 필요성이 있으며, 지역사회복지관이 중심이 되는 학교사회복지 또한 더욱 활성화되어야 한다. 학교사회복지의 과제는 첫째, 학교연계서비스의 활성화이다. 둘째, 예방적 차원의 학교사회복지프로그램의 다양화와 확대이다. 셋째, 특성화고 학생을 위한 학교사회복지이다. 넷째, 일선학교가 가지는 학교사회복지에 대한 인식의 전환이다. 다섯째, 제도화된 형태의 학교사회복지의 실현이다. 이를 위해서는 학교사회복지 대상층의 확대, 통합적 서비스 제공, 학교 체계 및 관련 전문가와의 협력 관계 구축, 법적 장치 마련, 학교사회복지사의 전문성 확보, 한국형 학교사회복지실천모형 이론의 개발, 학교사회복지의 가치와 필요성에 대한 인식제고 등이 필요하다.

# 12 아동급식

## 1) 기본 방향

### (1) 아동급식의 개념

아동급식이란, 아동이 빈곤, 가족해체, 부모(보호자)의 실직 · 질병 · 가출 및 직업적 특성, 학대 · 방임 · 유기 · 부양기피 및 거부, 가정위탁, 소년소녀가정, 그밖에 여러 가지 사유로 인한 가정 사정으로 제대로 보살핌을 받지 못해 끼니를 거르거나 먹는다 해도 필요한 영양을 충분히 공급받지 못하는 경우에 건강한 성장을 위하여 식사를 제공하거나 식사를 할 수 있도록 관련 식품 등을 지원하는 일체의 행위를 의미한다. 최근에는 중학생 이하 모든 아동들의 학교급식을 무상으로 지원하고 있다.

### (2) 목적

아동들이 건강하고 행복하게 자랄 수 있도록 민 · 관이 협조체계를 구축하여 지역실정과 아동의 가정환경 및 욕구에 맞는 급식을 효율적으로 제공하는 것이 아동급식의 중요한 목표이다. 아동들은 신체적 · 정신적으로 성숙하지 않아 스스로의 급식능력이 부족하므로 급식이 필요한 아동에게 적극적으로 급식을 지원해야 한다.

## 2) 아동급식 지원대상

현재 초 · 중 · 고등학교까지는 점심급식이 무료로 제공되기 때문에 학기 중 점심급식은 문제가 되지 않고 있다. 단, 휴일, 방학 중 식사가 문제가 되고 있으며, 보호자가 충분한 주식과 부식을 준비하기 어렵거나, 주 · 부식을 준비할 수 있다 하더라도 스스로 식사를 차려 먹거나 식사제공이 어려워 결식우려가 있는 청소년에 대해서는 지자체를 통해 지원된다.

### 3) 어린이급식관리지원센터

식품의약품안전처는 어린이집, 유치원, 지역아동센터 등 어린이에게 단체급식을 제공하는 집단급식소를 대상으로 체계적이고 철저한 위생관리 및 영양관리를 지원하기 위하여 어린이급식관리지원센터를 설립하여 운영하고 있다. 어린이급식관리지원센터의 운영체계는 [그림 6-2]와 같다.

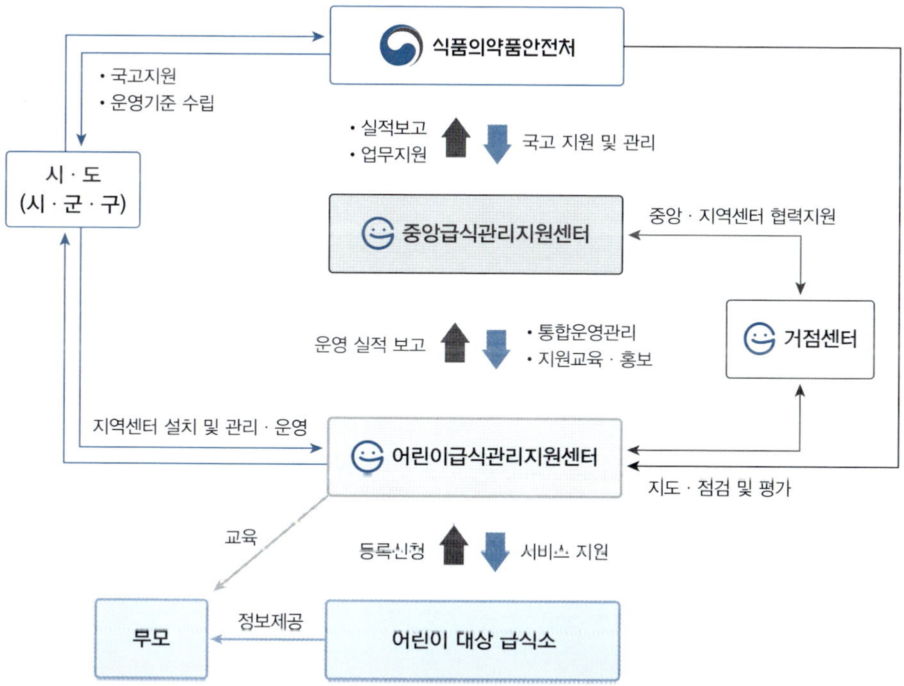


❖ 그림 6-2 어린이급식관리지원센터 운영체계

출처: 어린이급식관리지원센터 홈페이지(2022).

CHAPTER 07

# 아동복지정책과 서비스전달체계

1. 아동복지정책 | 2. 아동복지관련법 | 3. 아동복지행정의 개념과 원칙 |
4. 아동복지서비스 전달체계 | 5. 아동복지정책의 재정 | 6. 아동복지 관련 인력

CHAPTER 07

# 아동복지정책과 서비스전달체계

## 1 아동복지정책

### 1) 아동복지정책의 개념

정책이란 정부 차원에서 각종 사업을 추진하기 위한 방침을 설정하는 것이며, 사회복지정책은 사회복지사업을 실시하기 위한 국가의 방침이다. 다시 말해 사회복지정책이란 사회복지 프로그램이나 제반 문제에 대한 의사 결정에 활용되는 국가의 지침이라 말할 수 있다. 이러한 맥락에서 아동복지정책은 아동복지를 위한 행동 노선과 계획이라 할 수 있으며, 아동복지를 위한 활동을 하는 데 필요한 원칙과 방향을 정하거나 계획하는 것이라고 할 수 있다. 그런데 이러한 아동복지정책은 사회적 보호가 필요한 아동에게 사회적 자원을 할당하는 선택의 메커니즘이므로 자원의 할당과 선택에는 아동보호에 관한 다양한 관점의 사회적 가치나 목표가 관련되어 있다. 아동복지정책에서 중요한 것은 이러한 정책에 영향을 주는 여러 가치들이 아동복지 분야에서는 어떻게 고려될 수 있는가 하는 점인데 그 이유는 아동복지를 포함한 모든 사회복지 영역에서 추구하고자 하는 정책 목표를 기본적으로 서비스의 대상자와 그 대상자를 둘러싼 환경과의 조정으로 보기 때문이다.

## 2) 우리나라 아동복지정책

우리나라 아동복지정책은 아동복지법 제7조에 따라 '아동정책기본계획'을 기반으로 수립되고 시행된다. 아동정책기본계획은 5년 단위로 아동정책 목표와 기본방향 주요 추진과제를 수립하고 범부처가 공동으로 시행·관리하는 중기정책으로 중앙부처와 지자체는 아동복지관련 모든 영역을 포괄하는 정책을 수립하고 아동권리보장원은 이러한 정책의 수립과 평가, 아동정책영향평가를 지원한다.

아동정책기본계획은 1991년에 시작된 '청소년정책기본계획' 대비 늦게 시작되어 2015년 제1차 아동정책기본계획(2015~2019년)에 이어 현재 제2차 아동정책기본계획(2020~2024년)이 시행되고 있다.

제1차 '아동정책 기본계획'은 '아동 최우선원칙'을 목표로 생애주기에서 아동기가 가장 행복한 시기가 되도록 5대 영역별 정책을 추진하여 아동정책에 대한 체계적 틀을 제시하고 아동권리 및 행복에 대한 국민관심의 환기와 아동정책 확대 계기를 마련하였다.

그러나 경제·사회의 고도화 속에 아동권리에 대한 인식은 여전히 지체되고 미래 준비를 위한 경쟁 심화로 아동이 행복에서 소외되며 빈곤아동의 건전한 발달의 위협과 코로나 19여파로 가정 양육역량이 저하되고 위기아동의 증가 문제가 대두됨에 따라 이를 대응할 수 있도록 제2차 아동정책 기본계획을 수립하고 이행하고 있다.

제2차 아동정책 기본계획의 비전은 [그림 7-1]과 같이 '아동이 행복한 나라'이며 이를 실현하기 위해 아동권리의 존중 및 실현과 아동이 현재 행복을 누릴 수 있는 환경을 조성하려는 목표를 가지고 ① 권리주체 아동권리 실현, ② 건강하고 균형 있는 발달지원, ③ 공정한 출발 국가책임 강화, ④ 코로나19 대응 아동정책 혁신의 추진전략 및 추진과제를 두었다.

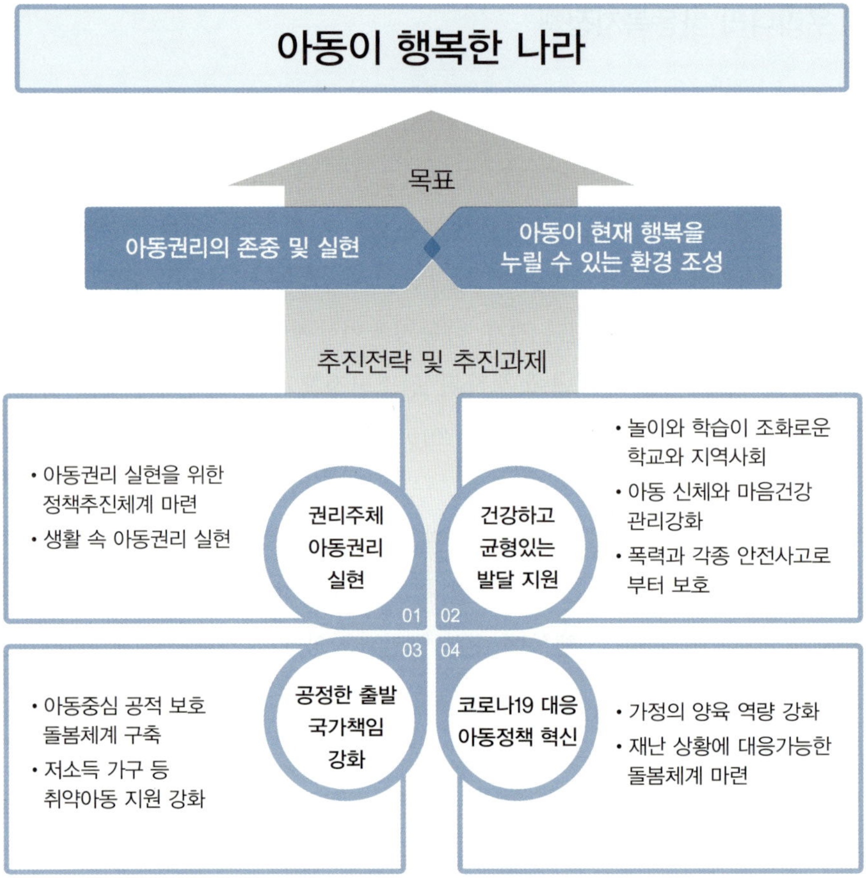


❖ **그림 7-1** 제2차 아동정책 기본계획의 추진전략 및 추진과제

출처: 관계부처 합동(2022). 제2차 아동정책 기본계획.

# 2 아동복지 관련법

## 1) 아동복지관련 법률

### (1) 한국의 아동복지 관련법의 특성

아동복지 관계법의 법률체계는 사회복지의 법률체계에 포함되며 법 제정에 있어서는 다음과 같이 두 가지의 경우이다. 첫번째는, 아동복지의 전 분야를 총체적으로 다루는 단독법을 제정하는 경우이고 두번째는, 아동복지의 기본 방향을 설정하는 법과 동시에 아동복지 분야별로 여러 관계법을 제정하는 경우이다. 우리나라의 아동복지 관계법은 일반적으로 두 번째의 경우에 해당된다. 그러므로 아동복지법을 기본법으로 하고, 아동복지와 관련된 다수 법률이 일부 아동복지의 하위 영역에서

❖ 표 7-1 아동 관련법

| 구분 | | 법률 |
|---|---|---|
| 아동복지법 | | 아동복지법 |
| 아동복지 관련법 | | 아동수당법, 아동의 빈곤예방 및 지원 등에 관한 법률, 영유아보육법, 입양특례법, 장애아동복지지원법, 아동・청소년성보호에 관한 법률, 청소년기본법, 청소년보호법, 청소년활동진흥법, 청소년복지지원법, 학교폭력예방 및 대책에 관한 법률, 실종아동 등의 보호 및 지원에 관한 법률, 아동학대범죄의 처벌 등에 관한 특례법 |
| 기타 아동 관련법 | 사회복지 관련법 | 사회보장기본법, 국민기초생활보장법, 재해구호법, 사회복지사업법, 장애인복지법, 건강가정기본법, 한부모가족지원법, 가정폭력방지 및 피해자보호 등에 관한 법률, 국민연금법, 건강보험법, 의료보호법, 고용보험법, 산업재해보상보험법 |
| | 보건, 위생 관련법 | 지역보건법, 국민건강증진법, 정신보건법 |
| | 교육 관련법 | 교육기본법, 평생교육법, 유아교육진흥법, 특수교육진흥법, 학교급식법, 학교보건법 |
| | 정보화 관련법 | 정보통신망이용촉진 및 정보보호 등에 관한 법률 |
| | 노동 관련법 | 근로기준법, 직업안정법, 최저임금법, 장애인고용촉진 등에 관한 법률 |
| | 법무 관련법 | 소년법, 소년원법 |

출처: 김성경, 김혜영(2021).

보완적으로 제정되어 있다. 아동복지 관련법은 아동복지서비스와 관련된 사업을 실시함에 있어서 기반이 되는 것으로써 아동복지를 보장하기 위한 사회적 책임을 명문화한 것이다. 아동복지 관련법은 〈표 7-1〉과 같이 정리된다.

### (2) 아동관련법

#### ① 아동복지법

아동복지법의 입법목적 및 이념을 살펴보면, 아동이 건강하게 출생하여 행복하게 안전하게 자라나도록 그 복지를 보장함을 목적으로 한다고 규정하였다. 기본이념은 무차별 평등의 이념, 안정된 환경의 제공, 아동이익 최우선 원칙, 아동복지실현을 위한 국가와 지방자치단체의 책임, 보호자의 책임, 모든 국민의 책임이 규정되어 있다.

아동복지법은 1981년 제정 이후 사회 · 환경의 변화에 따라 아동 및 가족의 문제에 대응하기 위해 지속적으로 개정되었는데 대표적인 내용을 살펴보면 다음과 같다.

- 2000년 아동학대에 대한 정의와 금지규정 규정 및 신고의무화 조항 신설, 아동보호전문기관 등 아동복지시설이 확대되었다.
- 2011년 아동종합실태조사 및 아동정책기본계획 수립 및 시행 등의 내용을 포함하고 아동학대신고의무자 확대, 아동학대 가해자에 대한 처벌강화 및 피학대아동 가정의 지원을 규정하였다.
- 2019년 아동권리보장원을 설립하여 보호가 필요한 아동에 대한 총괄적 · 체계적인 지원을 하도록 하고 아동학대 관련 정보관리를 사회보장정보원에 위탁하도록 하였다. 또한 돌봄공백 문제해결을 위해 시도지사 및 시장 군수 구청장이 다함께돌봄센터를 설치 · 운영할 수 있는 법적 근거를 마련하였다.
- 2020년 아동학대 전담공무원을 두고 학대아동의 보호체계를 공공중심(e-아동

행복지원시스템의 구축 등)으로 개편하고 아동보호를 강화하였다.

- 2021년 아동복지시설 등에서 보호종료된 아동의 자립지원방안 마련과 아동실태조사의 시기를 3년으로 단축하였다.

### ② 영유아보육법

영유아보육법은 영유아의 심신을 보호하고 건전하게 교육하여 건강한 사회 구성원으로 육성함과 아울러 보호자의 경제적·사회적 활동이 원활하게 이루어지도록 함으로써 가정 복지 증진에 이바지함을 목적으로 한다. 보육이념은 첫째, 영유아 이익의 최우선 원칙, 둘째, 안전하고 쾌적한 환경 제공의 원칙, 셋째, 차별금지의 원칙을 규정하였다. 영유아보육법에 의한 어린이집의 종류는 국공립어린이집, 사회복지법인어린이집, 법인·단체 등 어린이집, 직장어린이집, 가정어린이집, 부모협동어린이집, 민간어린이집으로 나누어 규정하고 있다. 현행 영유아보육법은 총칙, 어린이집의 설치, 보육교직원, 어린이집 운영, 건강, 영양 및 안전, 비용, 지도 및 감독, 보칙, 벌칙 등으로 구성되어 있다.

### ③ 아동의 빈곤예방 및 지원 등에 관한 법률

이 법은 부모의 가출, 이혼, 별거, 질병 및 사망 등에 따른 가족해체로 빈곤아동이 증가함에 따라 빈곤상태아동을 위한 통합적 사회복지지원체계를 마련하고자 2011년 제정되었으며 빈곤아동이 복지, 교육, 문화 등의 분야에서 소외와 차별을 받지 아니하고 한사회의 구성원으로 건강하게 자랄 수 있도록 제도적 기반 마련 목적의 법률이다.

### ④ 한부모가족지원법

한부모가족지원법은 한부모가족이 건강하고 문화적인 생활을 영위할 수 있게 함으로써 한부모가족의 생활안정과 복지증진에 이바지함을 목적으로 한다. 법의 이념은 한부모가족의 모 또는 부와 아동은 그가 가지고 있는 자산과 노동능력 등을 최대한으로 활용하여 자립과 생활 향상을 위해 노력하여야 함을 규정하고 있다. 한부모가족이란 모자가족 또는 부자가족을 말하며, 아동이란 18세 미만(취학 중인 경우에는 22세 미만을 말함)인 자를 말한다(제4조). 이 법에 따른 보호대상자 아동의 연령을 초과하는 자녀가 있는 한부모가족의 경우 그 자녀를 제외한 나머지 가족구성원을 보호대상자로 한다. 한부모가족에 대한 국가의 책임, 한부모가족의 부 또는 모와 아동의 자립을 위한 노력, 보호대상자의 범위, 복지급여의 신청, 복지자금 대여, 고용의 촉진, 공공시설에 매점 및 시설설치, 가족지원서비스, 국민주택의 분양 및 임대에 관한 제반규정 등이 포함되어 있다.

#### ⑤ 건강가정기본법

가족을 건강하게 유지하고 발전시키기 위해 건강가정기본법이 2003년 12월 29일 제정되었는데, 건강가정기본법에는 국가 및 지방자치단체와 국민들의 의무와 책임에 대해 규정하고 있으며 건강가정사업을 위하여 가정에 대한 지원, 자녀양육지원, 가족단위 복지증진, 가족의 건강증진, 가족부양지원, 가정생활문화발전, 건강가정교육 등에 대한 지원을 추진함으로써 가족단위의 정책을 강화하고 있다.

#### ⑥ 입양특례법

입양특례법의 목적은 자신이 태어난 가정에서 양육이 곤란한 아동에게 입양 활성화 및 입양 후 가정생활의 원만한 적응을 위하여 정책을 수립 시행하도록 하는 책무를 국가와 지방자치단체에 부여하는 한편, 국내입양을 활성화하기 위하여 5월 11일을 입양의 날로 정하고 국가 및 지방자치단체가 양친이 될 자에게 입양 알선에 소요된 비용을 보조할 수 있도록 하기 위함이다.

#### ⑦ 실종아동 등의 보호 및 지원에 관한 법률

매년 수천 명의 실종아동과 장애실종자가 발생하고 있으며 실종아동 등의 귀가가 장기화되어 가정해체 등 심각한 사회문제가 초래되고 있다. 따라서 아동실종으로 인한 본인 및 그 가족의 신체적 · 정신적 · 경제적 고통을 제거하고, 가정해체에 따른 사회적 · 국가적 손실을 방지하며 아동의 실종예방과 실종아동 등의 복귀 및 복귀 후 지원이 필요하였다. 이러한 이유로 국가차원에서 체계적이고 효율적인 실종아동 관련 시스템을 마련하기 위해서 2005년 5월 31일 제정되었다.

⑧ 청소년 관련법

1987년 11월 28일 청소년육성법이 제정되었으며 이어 1991년 12월 31일 청소년기본법이 제정되었다. 청소년기본법은 2004년 전면 개정되었으며 이와 더불어 청소년활동지원법, 청소년복지지원법이 함께 제정되었다. 이 청소년기본법에는 청소년육성의 기본원리와 정책적 근간에 관한 사항 중심으로 규정하고, 종전 청소년기본법에서 규정하고 있던 청소년활동에 관한 사항은 청소년활동진흥법으로, 청소년의 복지에 관한 사항은 청소년복지지원법으로 별도 제정함으로써 청소년 관련법을 체계화하는 한편, 청소년활동, 청소년복지, 청소년보호에 대한 정책적 지원이 유기적이고 종합적으로 이루어지도록 하였다. 청소년보호법, 아동청소년성보호법, 소년원법 등이 대표적인 청소년관련 법이다.

## 3 아동복지행정의 개념과 원칙

### 1) 아동복지행정의 개념

아동복지행정이란, 아동과 그 가족을 대상으로 하는 사회복지의 하위 행정영역으로 아동복지정책을 아동복지서비스로 전환시키는 데 필요한 사회복지조직에서의 총체적 활동을 의미한다. 아동복지조직과 전문가들이 서비스를 효과적으로 기획

·실천·평가하도록 지원하여 아동복지 관련법과 아동복지정책에 따라, 다양한 조직을 통해 아동복지서비스를 클라이언트에게 효과적으로 제공하는 것이다. 아동의 복지를 증진하기 위하여 공공과 민간 조직이 아동복지 실천현장에서 실제적인 복지서비스로 전환하여 공급하는 전 과정이다.

그러므로 아동복지행정은 아동복지기관의 목표 설정, 정책 형성, 기획, 인사활동, 재정 조달, 평가 등 직접적 서비스를 지원하는 아동복지사업 실천방법인 것이다. 현재 우리나라는 국가책임으로 국가 또는 지방자치단체에 의한 아동복지기관의 기능, 아동복지서비스의 내용과 넓은 의미의 아동복지행정까지 포함하는 광의의 아동복지행정의 개념이 적용되고 있다. 이 목표를 달성하기 위해서는 합리적 조직화 및 협력체제에 의한 분업화, 사회적 욕구의 파악, 새로운 서비스의 개발 등에 관한 기술이 요청되고 있다. 또한 아동복지행정은 아동을 그 대상으로 하기 때문에 아동의 권리와 아동에 대한 인간으로서의 존엄성을 보장하는 것이 전제되어야 한다.

### 2) 아동복지행정의 원칙

아동복지행정의 원칙(홍봉선·남미애, 2011)은 첫째, 효과성으로 아동복지행정이 대상자의 욕구를 얼마나 충족해 주고, 또 얼마나 해결해 주었는지, 아동과 그 부모가 가지는 욕구충족을 위해 선택된 서비스가 어느 정도 적합한 것인지에 대한 판단하는 원칙을 가져야 한다. 클라이언트의 욕구를 충족하면서도 그 서비스가 적정수준을 유지할 수 있도록 클라이언트의 자주성을 확보해 주어야 한다. 둘째, 효율성이다. 제한된 자원을 배분함에 있어 아동복지를 위해 최소의 자원을 최대의 효과를 거둘 수 있는지에 대한 의미로 자원의 유한성과 자원의 제한성에 대한 의미 이해가 중요하다. 셋째, 공평성이다. 동일한 욕구를 가진 아동과 그 부모는 동일한 혜택을 받아야 한다는 의미로, 모든 복지서비스가 공평하게 제공되었다 하더라고 공평성에는 형식적 평등뿐만 아니라 기회의 평등이 존재하기 때문에 결과의 측면에서 볼 때 평등하지 못할 수도 있다. 따라서 융통성 있는 판단이 필요하다. 넷째, 편의성과 접근성으로 클라이언트들이 서비스를 쉽게 이용할 수 있는지에 대한 의미이다. 비화폐적 욕구충족과 관련이 되는 경우가 많은데, 클라이언트들이 아동복지서비스를 쉽고 편리하게 이용할 수 있는지에 대해 복지시비스 제공자들이 우신직으로 고려해 보아야 한다. 다섯째, 전문성(specialization)이다. 아동 업무의 독특성은 관련 전문가에 의한 업무 수행의 필요성을 강력하게 제기한다. 예를 들어, 관할지역 하의 아동의 요구 진단과 그에 따라 제공되어야 할 서비스의 내용과 정도 및 서비스에 대한 평가, 자원봉사자들의 업무 지도와 관리 등의 일은 전문성을 요하는 것으로 가능한 일정한 자격을 구비한 전문가에 의해 수행되어야 할 것이다. 여섯째, 체계적 기능 분담(systematic function distribution)이다. 아동 관련 기관들과 공공기관은 그 기관이 속하는 전체 행정조직상의 위치에 따라 수행해야 하는 역할과 기능에서 뚜렷한 차이를 지니고 있다. 따라서 주무부서인 중앙 부처와 중간 조직의 성격을 갖는 광역자치단체와 최일선 기관이라 할 수 있는 기초자치단체에서의 기능과 역할, 서비스가 서로 조화를 이룰 수 있도록 조정하고 관리하여야 한다. 일곱째, 책임성(accountability)이다. 아동복지행정이 공공성을 갖고 개개의 아동에게 충분하고 효과적인 서비스가 제공되도록 하기 위해서는 그 행정체계를 조직, 구성하고 있는 모든 구성원들의 일정한 책임 하에 해당 업무가 추진되어야 한다. 여덟째, 통합 조정(coordination)이다. 자원의 낭비와 불평등한 배분을 방지하고 아동에게 더욱 효과적인 서비스를 제공하기 위해서는 다양한 서비스를 통합하여 조정할 수 있도록 상호 협조, 조정하고 기획할 수 있는 행정체계를 구축하여야 한다. 아홉째, 지역사회 참여(community participation)이다. 아동의 문제와 요구는 공적인 서비스나 정보 제공만으로 해결될 수 없다. 해당 지역사회 전체의 참여와 협조가 있어야 아동문제의 해소와 적절한 서비스의 제공 효과도 기대할 수 있게 된다. 열번째, 조사 및 연구(survey and research)의 원칙이다. 아동에게 보다 적절하고 의미 있는 정보와 서비스를 제공하기 위해서는 무엇보다도 지역사회 아동의 각종 기초 정보에 대한 조사와 연구가 절실하게 요청된다. 아동의 요구를 파악하여 적용하고 행정체계의 효율적인 운영과 관리를 위해서는 연구기능의 구축이 강조되어야 한다. 열한 번째, 평등성(equality)이다. 평등성의 원칙은 모든 아동은 자신이 필요로 하는 서비스와 정보를 제공받을 수 있어야 한다는 것이다. 즉, 아동의 권리와 책임에 근거하여 아동은 어떠한 장애도 받지 않고 평등하게 각종 서비스와 정보를 제공받을 수 있어야 한다. 열두 번째 포괄성(comprehensiveness)이다. 자라나는 아동의 요구는 다양하고 광범위한 수준에 걸쳐 있다. 아동복지행정체계는 이러한 아동의 다양한 요구를 수렴할 수 있어야 한다. 또한 아동문제와 요구를 사전에 파악하여 제공하고 지도하는 예방적 서비스와 구체적인 문제나 상황에 대처하고 극복할 수 있도록 도와주고 지도하는 치료적 서비스가 균형을 이룰 수 있어야 한다. 열세 번째, 적절성(appropriateness)이다. 아동에 대한 서비스의 양과 질의 정도는 다른 모든 서비스와 마찬가지로 그들의 요구와 필요, 성장 속도에 따라 적절하게 배분 제공되어야 한다. 열네 번째, 지속성(continuity)이다. 아동복지사업은 교육행위와 마찬가지로 단기간에 걸친 한정된 시행으로 그 효과를 기대하기 어려운 속성을 갖고 있다. 아동이 한 사회구성원으로서 성장해 나갈 수 있도록 꾸준하게 각종 정보나 서비스가 제공되어야 한다.

### 3) 아동복지행정의 주요 과업과 활동[1)]

#### (1) 기획

아동복지에 대한 목표 설정 및 목표를 위한 수단을 결정하는 과정이다. 아동복지 서비스를 위한 행동을 준비하는 과정이기도 하다.

#### (2) 의사결정

아동복지의 목표를 달성하기 위한 활동으로 여러 대안 중에서 최적의 것을 선택

1) 송정애(2016)의 내용을 참고하여 작성하였음.

하는 과정이다. 의사결정 과정의 소통의 중요인 것이다.

### (3) 정책결정

아동복지서비스를 위해 아동복지 관련 조직의 중요한 행동방침을 결정하는 복잡한 과정이다. 문제 확인, 정보수집 및 분석, 홍보, 정책목표의 개발, 목표에 관한 대중의 지지형성과 정당성 확보, 프로그램 설계 수행 평가 및 사정의 단계인 것이다.

### (4) 인사관리

조직 구성원의 잠재력을 발휘하여 조직 목표를 달성할 수 있도록 하기 위해 필요한 과정이다. 고용관리, 직무분석 및 평가, 직원개발, 임금관리, 인간관계관리, 노사관계관리 등의 활동을 의미한다.

### (5) 재정관리

조직이 생존하기 위해 필요한 자원을 관리하는 것을 의미한다. 조직외부로부터의 자금조달이 필수적이기 때문에 자원관리는 매우 중요하다. 예산수립, 회계, 지출관리, 재정평가의 과정을 거친다.

### (6) 수퍼비전(supervision: 지도감독)

실천현장에서 지시, 정보 등의 저용뿐만 아니라 아동과 그 부모에 관련된 지식과 기술을 전달하는 데 중요한 부분을 차지한다.

### (7) 지도력

지위란 어떤 상황에 대해 통제책임을 지는 지도적 위치에서 주어지는 것인 반면에 지도력은 그 위치에서 다른 사람과의 관계에 영향을 미고 지도자 자신을 따르도록 하는 기술이나 능력이라 할 수 있다. 바람직한 변화나 행동을 초래하는 능력, 자신의 생각 감정 행동에 다른 사람이 따르도록 하는 노력이 포함된다.

### (8) 프로그램과 사업의 관리 및 평가

아동복지서비스의 효과성, 효율성 등 그 프로그램 내용이 적절하게 반영되고 있는지를 평가하는 것을 의미한다.

## 4 아동복지서비스 전달체계

### 1) 전달체계의 개념과 기능

전달체계란 사회복지서비스의 공급자와 수요자(클라이언트) 간을 연결시키기 위한 조직적 장치(최선재 · 남기민, 2014)이며, 정책이 구체적 서비스로 이어지는 과정, 구조(공계순 외, 2016)라 할 수 있다. 이러한 측면에서 아동복지 전달체계의 기능을 살펴보면 수요자에게 각종 복지서비스에 대한 정보 제공과 교육 기능, 다른 서비스 기관과 협력하는 기능을 수행한다. 즉, 아동의 문제를 사정하고 이용 가능한 복지자원을 찾아 이용할 수 있도록 돕고, 경우에 따라 타 기관에의 위탁으로 필요한 서비스를 받도록 보장하며, 아동의 권리보장을 위한 대리, 대변자의 기능을 수행한다.

또한 아동에게 각종 서비스를 직접 제공하는 기능을 하며, 지역사회 아동의 자원과 욕구를 파악하여 그 지역사회에 속한 아동의 문제를 해결하기 위한 계획과 조정, 통제 기능을 수행한다.

## 2) 아동복지 전달체계의 유형

### (1) 공적 아동복지 전달체계

우리나라의 아동복지서비스 전달체계는 공적인 아동복지를 담당하는 중앙부서인 보건복지부, 여성가족부, 기획재정부, 교육부, 법무부, 행정안전부, 문화체육관광부, 고용노동부 등으로 나누어져 있다.

아동복지와 관련하여 직접적인 시책과 서비스를 제공하는 기관은 보건복지부와 여성가족부가 있고 심의 기구로 아동복지법 10조에 따라 아동정책을 총괄하고 그 이행을 평가하는 국무총리실 산하 아동정책조정위원회가 있다.

먼저 아동정책조정위원회는 국가적 차원에서 여러 부처에서 추진하고 있는 아동의 권리증진과 건강한 출생 및 성장을 위하여 종합적인 아동정책을 수립하고 관계부처의 의견을 조정하며 그 정책의 이행·감독 및 평가 등의 기능을 담당하는 심의 기구이다.

보건복지부의 아동복지정책 관련부서는 [그림 7-2]와 같이 인구정책실에서 담당하는데 〈표 7-2〉와 같이 인구아동정책관은 인구정책총괄과, 출산정책과, 아동복지정책과, 아동권리과, 아동학대대응과의 해당 업무를, 보육정책관은 보육정책과, 보육사업기획과 및 보육기반과의 해당업무를 담당한다.

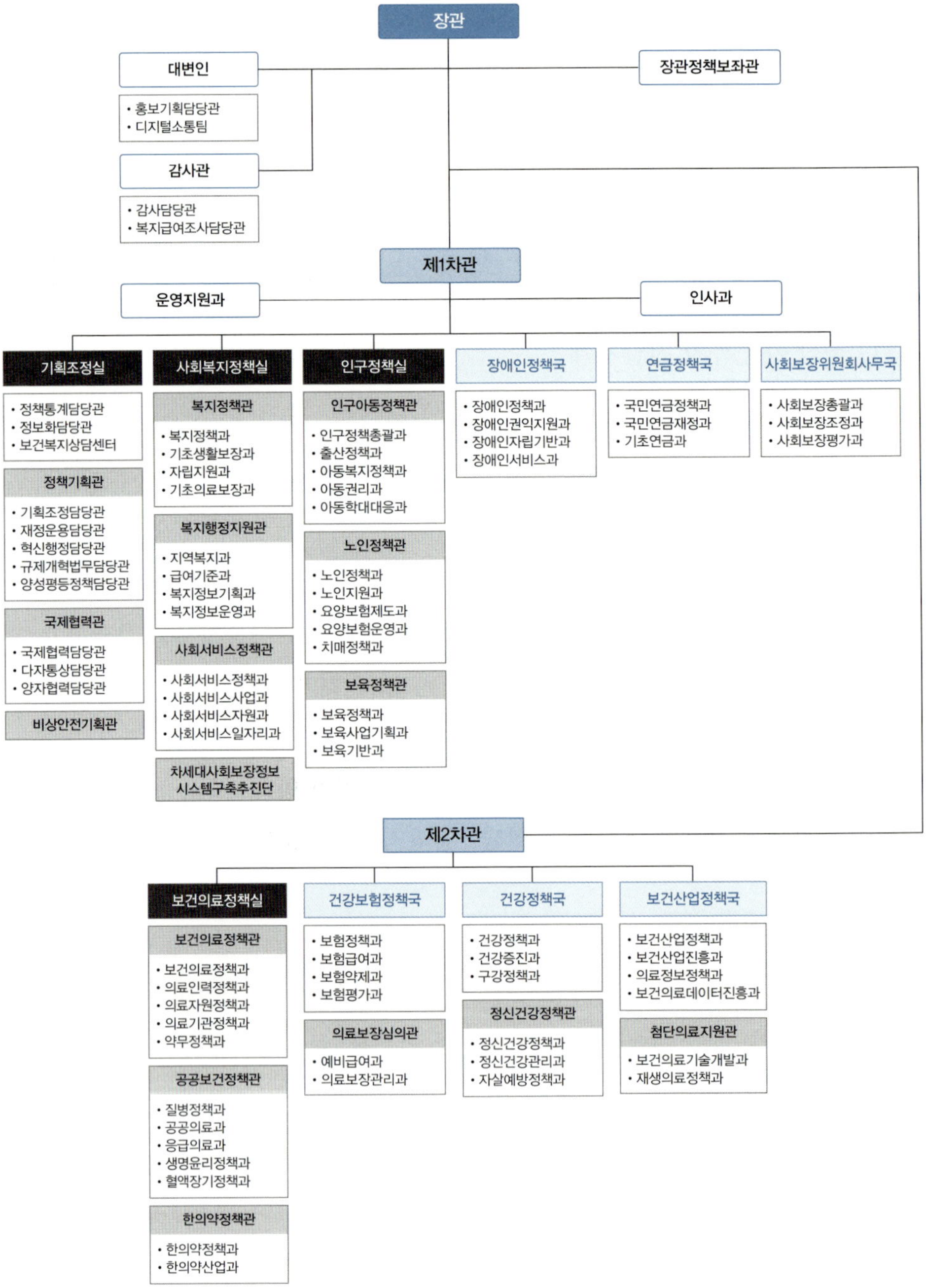


❖ 그림 7-2 보건복지부 조직도

출처: 보건복지부 홈페이지(2022).

❖ 표 7-2 인구정책실의 담당 관련 업무

| 종류 | 업무내용 |
|---|---|
| 아동복지 정책과 | 1. 아동복지에 관한 정책 총괄 및 종합계획의 수립·시행<br>2. 아동복지법령 제정·개정에 관한 사항<br>3. 아동정책조정위원회에 관한 사항<br>4. 아동복지서비스 조사·연구·홍보 및 통계에 관한 사항<br>5. 아동복지관련 업무의 중앙부처 및 지방자치단체 협의·조정<br>6. 빈곤아동종합대책의 수립 및 조정<br>7. 가정위탁, 소년소녀가정에 관한 사항<br>8. 아동복지시설, 그룹홈 등 운영·지원에 관한 사항<br>9. 입양특례법령 제정·개정에 관한 사항<br>10. 국내외 입양 제도개선 및 활성화 종합대책 수립·시행에 관한 사항<br>11. 아동발달지원계좌에 관한 사항<br>12. 아동관련 법인 및 단체에 관한 사항<br>13. 한국아동복지협회, 한국아동그룹홈협의회에 관한 사항 |
| 아동 권리과 | 1. 아동권리증진 및 인권보호에 관한 사항<br>2. 아동권리 관련 국제협약 및 국제협력에 관한 사항<br>3. 아동 건강관리에 관한 사항<br>4. 결식아동 급식에 관한 사항<br>5. 실종아동보호 및 지원에 관한 사항<br>6. 실종아동등의 보호 및 지원에 관한 법령 제정·개정에 관한 사항<br>7. 아동에 대한 맞춤형 통합서비스 제공에 관한 사항<br>8. 지역아동센터, 방과 후 돌봄서비스에 관한 사항<br>9. 아동복지교사 파견 및 관리에 관한 사항<br>10. 어린이날, 어린이 주간 등 아동행사에 관한 사항<br>11. 아동안전에 관한 사항 |
| 아동학대 대응과 | 1. 관계기관 협력을 통한 아동학대 예방 및 피해아동 보호대책의 수립·시행<br>2. 아동학대 관련 법령에 관한 사항<br>3. 아동학대 예방을 위한 중앙행정기관 및 지방자치단체와의 협력에 관한 사항<br>4. 아동학대 관련 범죄전력자 취업제한제도 운영에 관한 사항<br>5. 아동보호전문기관 및 학대피해아동쉼터의 설치·운영에 관한 사항<br>6. 피해아동에 대한 의료 및 법률 서비스 지원에 관한 사항<br>7. 아동학대 예방 관련 법인 및 단체에 대한 지원<br>8. 아동학대 예방 및 피해아동 보호 실태에 관한 조사·연구에 관한 사항<br>9. 아동학대 관련 통계의 생산 및 관리<br>10. 위기아동 조기발견시스템의 운영 및 관계기관 간 정보연계에 관한 사항<br>11. 국가아동학대정보시스템의 운영 및 아동학대 관련 정보제공에 관한 사항 |

| | |
|---|---|
| | 12. 아동학대예방주간 운영 등 아동학대 예방을 위한 대국민 홍보에 관한 사항 |
| | 13. 관계기관 협력을 통한 아동학대 신고의무자 교육 및 아동학대 예방교육에 관한 사항 |
| | 14. 아동학대 예방교육 프로그램의 개발 · 보급 및 전문강사 양성 · 관리 |
| | 15. 아동학대 현장점검 지원에 관한 사항 |
| | 16. 아동학대 관련 해외 사례 조사 및 지원에 관한 사항 |
| 보육 정책과 | 1. 중앙부처 및 지방자치단체의 영유아 정책(유아교육정책은 제외한다. 이하 같다) 지원 정책 협의 · 조정 · 총괄 |
| | 2. 영유아 정책에 대한 조사 · 연구 · 평가 및 제도개선 |
| | 3. 영유아 정책에 관한 종합계획의 수립 및 연도별 시행계획의 총괄 |
| | 4. 보육정책위원회의 운영 |
| | 5. 보육관련 법령의 관리 · 운영 |
| | 6. 보육재정의 중장기 투자계획 수립 |
| | 7. 보육예산의 편성 · 집행관리 및 정산 · 결산 |
| | 8. 보육서비스 이용권 제도(보육전자바우처)의 운영 및 관리 |
| | 9. 보육행정 전산화 |
| | 10. 지방자치단체 보육공무원 교육 |
| | 11. 보육개발원의 설립 및 지도 · 감독 |
| | 12. 영유아 및 영유아보육 지원 정책에 대한 홍보 및 국민인식 개선사업 |
| | 13. 보육 관련 대외협력 및 교류활성화의 지원 |
| | 14. 보육통계의 생산 및 관리 |
| | 15. 어린이집연합회 등 법인 · 단체의 지도 · 감독 |
| | 16. 보육교직원 처우 개선에 관한 사항 |
| | 17. 보육교직원의 양성 및 교육훈련의 지원 |
| | 18. 보육교직원의 경력 및 자격관리 |
| | 19. 「영유아보육법」에 따른 어린이집의 설치 · 인가 기준의 수립 및 관리 |
| | 20. 국공립어린이집 등 어린이집의 확충 및 지원계획 수립 |
| | 21. 직장보육서비스의 확충 |
| | 22. 육아종합지원센터의 확충 및 운영 · 관리 |

출처: 보건복지부 홈페이지(2022).

또한, 여성가족부의 아동복지관련부서는 [그림 7-3]과 같이 청소년정책관, 가족정책관, 권익증진국에서 담당하는데 먼저 청소년정책관은 청소년정책과, 청소년활동진흥과, 청소년 활동안전과, 청소년자립지원과, 위기청소년 통합지원정보시스템 구축 TF, 학교밖청소년지원과, 청소년보호환경과, 2023 세계잼버리지원단으로 나뉘어 관련 시책 수립 및 시행, 조사연구 및 법령개선, 관련 기관 운영지침 마련 및 지원 등의 업무를 담당한다. 또한 권익증진국의 아동청소년 성보호과에서는 아동청소년의 성보호를 위한 시책 수립, 법령, 실태조사, 성범죄 가해 및 피해 아동 · 청소년 치료 및 재활, 전문지도자 양성 등의 업무를 담당한다.

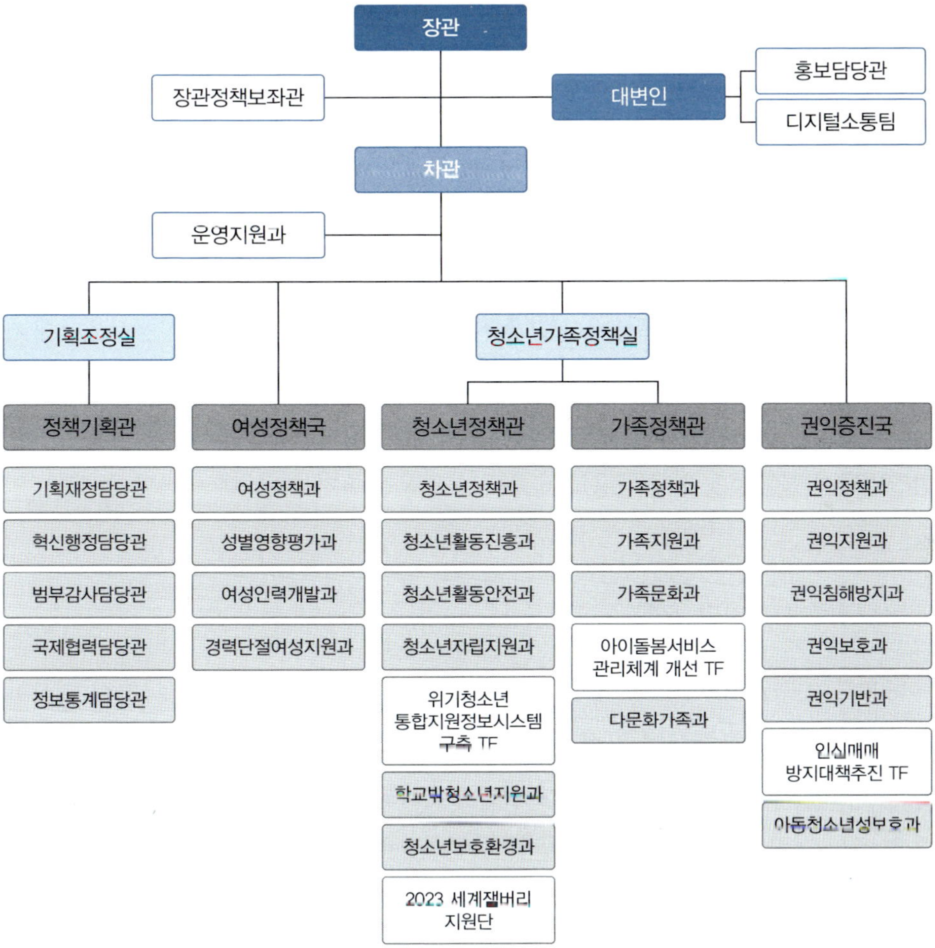


❖ 그림 7-3 여성가족부 조직도

출처: 여성가족부 홈페이지(2022).

아동복지 전달체계상의 공공조직은 중앙정부 각 부처의 아동정책 및 아동권리 증진의 기본방향, 아동정책의 개선과 예산지원, 아동정책 관련 중앙부처 간 협조사항, 아동관련 국제조약의 이행과 평가 조정 등을 하게 된다. 아동복지 공공행정은 보건복지부와 여성가족부를 중심으로 광역시도, 시 · 군 · 구, 읍 · 면 · 동의 사회복지행정체계로 연결되며 광역시도, 시 · 군 · 구에는 아동보육 및 아동복지 담당부서가, 읍 · 면 · 동에서는 사회복지직 공무원이 아동복지 관련 일선 행정을 담당하고 있다.

### (2) 민간 아동복지 전달체계

민간단체, 민간조직 아동복지 전달체계를 의미한다. 개인이나 비영리사회단체 및 기업과 같은 민간이 주체가 되어 행하는 비정부 아동복지활동이다. 아동복지 전달체계의 민간조직으로는 아동복지시설(생활시설, 이용시설), 보육시설, 아동보호전문기관, 입양기관, 가정위탁지원센터, 실종아동전문기관 등이 있다. 민 · 관이 합동하는 전달체계가 수립되어야 서비스의 중복성이나 낭비적 요소를 줄일 수 있을 뿐 아니라 민간기관의 전문성을 적극 활용하여 보다 효율적인 복지서비스를 제공할 수 있다.

### (3) 국제기구 전달체계

아동복지 국제기구는 국제간의 이해와 협력을 통하여 세계 모든 나라의 평화와 발전을 공동으로 구현하기 위해 설치된 기구이며, 아동복지 증진을 위한 여러 활동을 벌이고 있다. 세계의 아동 가운데 인간으로서의 권리를 누리지 못하고 비참한 생활을 하는 저개발국의 아동들을 위한 국제기구에서의 아동복지사업은 국제 간 이해와 협력을 바탕으로 하여 세계 모든 나라의 아동복지를 보장하고 증진시키는 데 그 의의가 있다고 볼 수 있다. 국제기구로서 가장 활발한 사업을 전개하는 곳은 국제연합의 산하기구들로서, 세계보건기구(WHO), 국제노동기구(ILO), 국제연합 교육 · 과학 · 문화기구(UNESCO), 국제아동기금(UNICEF)과 이 외에 국제아동복지연합

(IWCW) 등이 있다.

## 5 아동복지정책의 재정

우리나라 아동복지재정체계는 공공재정, 공공과 민간의 혼합형태, 공동모금형태를 가진다. 국민기초생활보장제도, 급식지원서비스, 보육서비스는 100% 공공재정에 의하여 충당되는 반면, 사회서비스는 공공과 민간의 혼합형태로 운영되고, 불우이웃결연사업의 경우에는 민간의 공동모금에 의하여 운영되는 방식을 취하고 있다.

지방자치단체의 경우 예산 편성과 집행을 결정하는 자치단체장과 예산을 의결하고 감사하는 의회의원들이 선거에 의해 선출되는 관계로 시정의 기본 방향이 유권자의 구미에 맞고 예산 투입 효과가 쉽게 노출될 수 있는 사업에 우선순위가 집중될 수 있다. 지방정부의 사회복지사업에 따른 예산 비중을 보면 지역에 따라 약간의 차이를 보이고 있지만 주로 기초생활보장, 아동, 노인, 장애인복지 순위로 투자 비율을 보이고 있다. 대도시는 아동복지서비스 비율이 높은 데 비해 지방에서는 노인복지서비스가 더 높게 나타나고 있다(도미향, 2014).

2020년 보건복지부의 아동·보육예산은 약 109억 원으로 사회복지분야의 예산 약 736억 원의 약14.8%를 차지하고 보육을 제외한 아동분야 예산은 2010년 1,484억 원에서 2020년 기준 49,621억 원으로 상당히 증가하는 추세에 있다. 그 요인을 살펴보면 2018년 '다함께 돌봄, 아동수당 지급', 2019년 '요보호아동 자립수당 신규사업'을 추진하고 코로나19로 인한 아동양육 한시지원사업으로 23,248억 원의 예산이 추경 편성되었다(보건복지부, 2021).

이렇게 사회복지분야에서 아동복지에 대한 재정비중이 증가한 이유는 양육부담 경감, 보육의 질 제고, 돌봄 접근성 향상에 중점을 둔 것으로 그간의 아동복지정책이 사후처치적인 정책에서 보편적이고 예방적 성격으로 변화하는 과정에 있음을 알 수 있는데 이러한 정책방향이 코로나 등 사회적 이슈로 인한 일시적인 현상이 아닌 지속적인 증가로 이루어져야 할 것이다.

보건복지부의 아동복지사업별 예산현황을 보면 크게 보호가 필요한 아동의 보호와 자립지원사업으로 나뉘는데 아동보호사업은 가정입양, 가정위탁보호, 아동복지시설, 결연사업, 소년소녀가정지원사업에, 자립지원사업은 보호아동자립지원, 디딤씨앗통장(CDA), 경계선지능아동 맞춤형 사례관리서비스, 자립수당, 아동학대예방 및 피해아동보호 등의 지원을 하고 있다(보건복지부, 2022).

## 6 아동복지 관련 인력

### 1) 아동복지실천을 위한 사회복지사의 역할

아동복지실천에서 사회복지사는 아동양육 및 보호자의 역할, 교육자의 역할, 상담 및 치료자의 역할, 행정업무 수행자의 역할, 가정 및 지역사회 연계자 등의 역할을 담당한다.

아동양육시설에서의 사회복지사(보육사)의 역할은 가정 내 주양육자(어머니)의 역할이 주된 역할로서 아동의 일상생활 지도, 상담 및 심리치료가 필요할 경우 전문가 연계, 학습지도, 아동자치회 지도, 가족기능강화사업으로 연고자 간담회, 가정방문지도, 가정체험, 연고자 캠프 등이 있으며, 아동자립지원사업으로는 퇴소준비프로그램, 퇴소예비아동 자립지원, 퇴소아동관리 등이 있다. 마지막으로 지역사회연계사업으로는 자원봉사자 연계 및 관리 등을 들 수 있다. 최근에는 시설 내 아동인권이 강화되고 있어 시설 내의 보육사는 유엔아동권리협약 등 시설 내 아동에 대한 인권 존중하여 체벌 및 아동학대와 관련된 부분(심리 · 정서적 학대 포함) 각별한 유의를 해야 한다. 또한 유엔아동권리협약에 준하여 다양한 프로그램에 아동의사를 존중하여 프로그램 구성 및 참여하게 해야 하며 생활지도 시에도 아동의 의사존중이 각별히 요청된다.

### 2) 아동복지실천을 위한 사회복지사의 자질

아동사회복지사의 자질로는 정직성, 전문적 지식, 평생학습, 비판적 사고의 지양 및 타인에 대한 수용, 전문적인 경계선 유지하기, 자기노출 등을 제시할 수 있다.

### 3) 아동복지서비스기관의 종사자 유형 및 자격기준

우리나라의 아동복지법에 의한 아동복지시설 및 기관의 유형은 아동양육시설, 아동일시보호시설, 아동보호치시설, 자립지원시설, 공동생활시설의 생활시설이 있으며 아동상담소, 아동전용시설, 지역아동센터, 아동보호전문기관, 가정위탁지원센터, 자립지원전문기관 등의 이용시설이 있다. 아동양육시설의 종사자 자격기준은 〈표 7-3〉과 같다.

❖ **표 7-3** 아동양육시설 종사자 자격기준

| 구분 | 자격 |
|---|---|
| 시설장 | 사회복지사 2급 이상 자격 취득 후 아동과 관련된 사회복지사업에 3년 이상 또는 사회복지사업에 5년 이상 종사한 경력이 있는 사람 등 |
| 사무국장 | 사회복지사 2급 이상 자격 취득 후 아동과 관련된 사회복지사업에 1년 이상 또는 사회복지사업에 3년 이상 종사한 경력이 있는 사람 등 |
| 생활복지사, 상담지도원, 자립지원전담요원 | 사회복지사 2급 이상 자격이 있는 사람 등 |
| 보육사 | 사회복지사 3급 이상 자격이 있는 사람 등 |

출처: 보건복지부(2022). 2022 아동분야 사업안내.

### 4) 아동양육시설 내 직종별 법정기준

아동양육시설 내 직종별 법정기준은 〈표 7-4〉와 같다.

❖ 표 7-4 아동양육시설 내 직종별 법정기준

| 직종별 | 법정기준(아동복지법 시행령 제52조 별표 14 참조) |
|---|---|
| 시설장 | • 시설당 1명 |
| 사무국장 | • 아동 30명 이상 시설당 1명(자립지원시설은 10명 이상 1명)<br>* 공동생활가정, 아동전용시설 해당 없음 |
| 상담지도원 | • 양육시설, 일시보호시설, 상담소는 필요 인원<br>• 자립지원시설은 아동 10명 미만-1명, 아동10명 이상 30명 미만-2명, 아동 30명 이상-3명 |
| 임상심리상담원 | • 양육시설, 일시보호시설, 상담소는 30명 이상 1명<br>• 보호치료시설은 시설당 1명 |
| 보육사 | • 0~2세까지 아동 2명당 1명<br>• 3~6세까지 아동 5명당 1명<br>• 7세 이상 아동 7명당 1명<br>* 자립지원시설, 아동상담소, 아동전용시설 해당 없음 |
| 생활복지사 | • 양육시설, 일시보호시설, 보호치료시설은 30명 이상 1명<br>* 양육시설 일시보호시설은 30명 초과 시 1명 추가<br>• 10명 이상 전용시설은 필요 인원 |
| 영양사 | • 양육시설, 일시보호시설, 보호치료시설은 30명 이상 1명 |
| 사무원 | • 양육시설, 일시보호시설, 보호치료시설은 10명 이상 1명<br>• 자립지원시설, 상담소, 전용시설은 30명 이상 1명 |
| 자립지원<br>전담요원 | • 양육시설, 보호치료시설은 10명 이상 1명, 자립지원시설은 30명 이상 1명<br>* 양육시설은 100명 초과 시 1명 추가<br>• 공동생활가정은 필요 인원 |

출처: 보건복지부(2022). 2022 아동분야 사업안내.

08

CHAPTER

# 아동보육과 안전

1. 아동보육 | 2. 아동안전과 실종아동 보호체계

CHAPTER

# 08 아동보육과 안전

## 1 아동보육

### 1) 보육의 개념과 보육정책

#### (1) 보육의 개념 및 필요성

보육이라 함은 영유아를 건강하고 안전하게 보호 · 양육하고 영유아의 발달 특성에 맞는 교육을 제공하는 것을 의미하며, 보육서비스는 어린이집 및 가정양육 지원에 관한 사회복지서비스를 말한다. 아동은 부모의 취업유무, 경제사회적 지위와 계층에 상관없이 자신의 개성과 잠재능력을 계발시키고 자아를 실현할 수 있도록 적합한 환경에서 평등하게 보호받고 교육받는 권리를 가져야 하는데 이러한 정신을 보육 속에 담아야 한다. 그리고 부모도 보육서비스를 통해 일할 권리를 보장받을 수 있도록 해야 하는데, 이 정신을 보육서비스에 담아야 한다(오은순 · 이재숙, 2015).

보육사업이 필요하게 된 배경에는 첫째, 핵가족화와 이혼율 증가로 인한 가족구조의 변화가 보육수요를 증가시킨 것이다. 둘째, 산업화와 학력신장 및 자아실현욕구가 높아진 여성들의 취업률이 증가됨에 따라 자녀양육을 담당할 보육사업이 확대되게 되었다. 셋째, 영유아의 건전한 발달에 대한 관심이 보육사업의 확대를 가져왔다. 넷째, 아동의 권리적 측면에서도 보육사업의 필요성이 제기되었다.

### (2) 보육의 개념 변화

어떤 용어가 학문적으로 법적으로 근거를 가지고 사회적으로 통용되고 있다면, 용어는 그 용어가 지향하는 바의 이념 및 실천적 철학 내지 자세까지 함축하고 있는, 총체적 개념의 표현이라 할 수 있다. 예를 들면 탁아사업이 보육사업으로 변화한 경우, 보육이란 과거에는 탁아사업을 말했는데, 종전의 탁아사업은 아동이 그의 가정에서 정상적인 양육을 받기 어려운 경우에 하루 중의 일정한 시간 동안만 타인에 의해 제공되는 보호(care)를 뜻하였다. 특히 이러한 보호는 하루 중에서 대부분 주간에 이루어졌기 때문에 day care라는 영어로 표기되었고, 맡긴다는 의미가 강했기 때문에 '탁아'로 표기되었다. 1952년 후생시설 요강에서 직장을 가진 부모의 자녀를 일시 또는 일정 기간 중 위탁보호하는 시설이라는 정의하에 탁아소라는 명칭을 사용, 1961년 아동복리법, 1981년 개정된 아동복지법에 이르기까지 계속해서 탁아시설이라는 명칭을 사용해 왔다. 이후 1982년 12월 유아교육진흥법의 제정에 의해 잠시 동안 탁아시설이라는 법적 · 행정적 용어는 폐지되었다가 1989년 9월 아동복지법의 개정 때 다시 탁아시설로 부활되었다.

다시 1991년 1월 영유아보육법이 제정되면서 '보육시설'로 바뀌게 되었다. 법의 명칭에서 보육이란 용어를 사용함으로써 edu-care의 개념을 반영하고 있어 종전의 보호중심 탁아에서 보호와 교육을 함께한 보육으로의 관점 변화를 유도하였다.

### (3) 보육의 기능

보육의 기능의 하나는, 일정시간 동안 발생되는 부모에 의한 양육상의 부적절함을 보충적으로 지원하는 체계라는 것이며, 다른 하나는 아동의 전인적 발달을 돕고, 복지를 향상시키는 기능을 갖는다는 것이다. 단순히 아동을 보호하는 데 그치지 않고, 아동의 발달적 특성과 생활환경을 고려한 교육보호의 기능을 의미한다. 인간의 성장, 발달에서 영유아기의 중요성이 부각되고, 양육에서 가족 외의 보충적 시설의 필요성이 더욱 강하게 인식되었다. 아동을 대상으로 아동이 지닌 발달 특성과 생활환경을 고려한 광범위한 사회복지 지향적인 보호교육사업이라는 측면에서 보육서비스의 주요 기능은 보호기능, 교육기능, 가정을 지원하는 보상기능을 갖고 있다고 볼 수 있다(주정일 · 이소희, 2012).

① 아동 입장에서 본 보육사업의 기능

맞벌이가정의 자녀는 부모가 일하는 동안 기본적 욕구 충족을 해야 한다. 교육적 환경을 통해 인지발달의 촉진을 위한 교육이 필요하며, 또래와 생활을 통해 사회성 발달을 촉진해야 하고, 부모의 질병이나 기타 어려운 상황, 복역 중에는 전문적 보호와 교육서비스가 필요하다. 학령기 아동은 방과후 보육으로 보호, 생활 및 학습지도 등이 병행되어야 한다.

② 부모와 가정의 입장에서 본 보육사업의 기능

자녀양육 기능을 보충해 주어 부모는 생업에 전념하고, 경제적 안정을 가져올 수 있도록 하며, 특히 어머니의 사회참여로 자아실현 및 부부관계의 질적 향상을 도모할 수 있다.

③ 사회 및 국가 입장에서 본 보육사업의 기능

아동의 건전한 성장에 영향을 주어 국가의 중요 인적 자원, 사회적 비용 절감에 기여하고, 여성인력의 활용으로 국가경쟁력을 제고할 수 있다.

### (4) 보육사업의 발달과정[1)]

보육서비스는 1767년 스위스 오베른의 탁아소에서부터 시작되었는데 들에서 일

1) 오은순 외(2015)를 참고하여 정리함.

하는 여성 자녀를 돌보기 위함이었다. 1816년 오웬의 아동보육소는 여성 취업으로 인한 아동보호 필요성 인식으로 설립되었으며, 미국에서는 1854년 뉴욕 보육 및 아동 병원 보육센터가 최초로 설립되어 여성 환자의 자녀를 돌보았다. 1863년 미국 최초 상설탁아소는 군복을 만들고 병원 청소하는 여성 자녀를 돌보기 위해 설립되었고, 본격적인 보육 확대 계기는 제2차 세계대전 때 여성의 노동력 확보를 위한 목적으로 1930년대 세계대공황 이후 여성 취업기회 확대 이후라고 할 수 있다. 우리나라의 보육사업 발달과정은 다음과 같다.

#### ① 보육정책 부재기(~1960년대)

보육사업의 시작이 시작된 시기이다. 1921년에는 태화기독사회관, 1926년에는 부산공생탁아소 및 대구은총탁아소가 설립되었으며, 1939년에는 전국 11개소에 공·사립탁아소에서 435명 보육서비스가 시작되었다. 1945년 광복 이후부터 1960년은 정부의 보육정책 부재시기로, 전쟁고아 등 요보호 아동 보호시설이 외국의 원조로 설치·운영되었다. 임시구호적 성격, 구빈적 성격, 사후처리적 성격의 구호적 서비스였다.

#### ② 탁아소 시기(1961년 아동복리법 제정 이후부터 1968년까지)

1961년 아동복리법 제정으로 탁아소 설치기준이 마련되었다. 이때 탁아시설은 구빈적 성격에서 벗어나 아동의 복지 증진을 위한 제도로 나타났다. 1966년 정부의 지원으로 116개소로 증가, 1968년에는 기혼여성 취업 증가로 탁아수요 증가되면서 미인가탁아시설 임시조치령이 공표되어 민간탁아시설 증설이 추진되었다.

#### ③ 어린이집 시기(1969년~1981년)

1968년 탁아소를 어린이집으로 개칭하였고, 1969년에는 사단법인 어린이집협회가 창설되어 어린이집의 아동복지적 기능과 교육적 기능의 조화 노력이 진행되었다. 1977년에는 전국 어린이집의 개수가 600개소를 넘자 질적 문제 개선 위해 미인

가탁아시설임시조치령을 폐지하고 탁아시설 법인화를 유도하여 탁아시설이 감소되는 결과를 초래하였다. 1978년에는 취업모 증가로 입소대상 아동이 증가하였고, 일반가정 아동에게도 개방하여 수익자 부담원칙에 입각한 운영으로 변화하였다. 1981년에는 657개소에서 455,075명의 아동이 보육서비스를 받음으로써 보육시설로서의 위상을 정립하게 되었다.

④ 새마을 유아원 시기(1982년 유아교육진흥법~1990년)

1981년 내무부에 새마을협동유아원이 시 · 군 · 구마다 1개소씩 총 218개소 설치 시범 운영되었다. 1982년 12월 15일에는 유아교육진흥법이 국회를 통과하면서 아동복지법 상 탁아규정이 삭제되고, 691개 어린이집은 유아교육진흥법에 근거하여 내무부의 새마을 협동유아원, 보건사회부의 어린이집, 농업진흥청의 농번기 탁아소를 통폐합함으로써 새마을유아원으로 명칭을 통일하였다. 내무부에서는 설치운영, 문교부에서는 장학지도, 교사양성, 교재개발을, 보건사회부에서는 보건의료를 지원하였다. 1982년~1987년에는 유아교육기관이 유치원, 새마을유아원으로 구분되면서 영세가정 맞벌이 자녀 보육문제가 해결되지 않는 부작용을 낳았다. 1989년 9월 보육수요 대응 위해 아동복지법시행령을 개정함으로써 보육시설설치운영 근거가 부활하여 대대적인 보육사업의 확충 계획이 수립되었다.

⑤ 양적 팽창기(1991년~2003년)

1990년 12월, 보호와 교육을 포괄하는 전문법인 영유아보육법이 통과되면서 보건사회부가 보육사업을 주관, 일반법인, 단체, 개인도 보육시설 설치가 가능해졌다. 이로 인해 민간보육시설, 가정보육시설이 크게 증가하였다. 1990년 1,919개에서 1991년 3,690개로 증가, 1999년에는 18,768개, 2003년에는 24,142개로 증가되었다.

이 시기에는 유아기 아동 중심에서 영아 및 학령기 아동으로 확대되어 학령기 아동의 보육 기회를 마련하고 직장보육, 가정보육, 통합보육 등의 다양한 형태의 보육을 지향하였다. 즉, 저소득 계층의 아동에서 모든 가정의 아동으로, 또한 건강한 자녀는 물론 장애와 특별한 욕구를 가진 아동으로의 보육 형태가 변화되었으며, 공휴일, 24시간 보육 등의 보육 시간을 자율적으로 설정, 운영하게 하였다. 요약하면, 보호에서 인적 자원개발로의 변화, 가족책임에서 국가책임으로의 변화, 선별주의에서 보편주의로의 변화, 사업의 대상에서 참여의 주체로의 변화로 설명될 수 있다.

#### ⑥ 질적 성장기(2004년 영유아보육법 개정~2011)

보육의 공공성 강화 및 보육의 사회적 책임강화가 이루어지면서 국공립보육시설이 확충되었고, 정부의 보육료 부담이 강화되었다. 특히 보육시설 평가인증제가 처음으로 실시되면서 아동보육의 질을 높이려는 시도가 다양해졌다. 어린이집평가인증제도란, 영유아보육법에 근거하여 영유아에게 안전한 보호와 질 높은 보육서비스를 제공하기 위하여 평가를 통해 일정 수준 이상의 어린이집에 대해 국가가 인증을 부여하는 제도이다.

#### ⑦ 무상보육시대(누리과정, 2012~현재)

보육 영역이 기본생활, 신체운동 및 건강, 사회관계, 의사소통, 자연탐구, 예술경험 등으로 확대되면서, 3~5세 누리과정이 무상보육으로 진행되었다. 3~5세누리과정은 어린이집 표준보육과정과 유치원 교육과정을 통합한 공통과정으로 어린이집·유치원 구분없이 동일한 보육·교육과정을 제공함으로써 국가가 공정한 보육·교육 기회를 보장한다는 의미였다. 5세누리과정은 2012년 3월 1일부터, 3~4세 누리과정은 2013년 3월부터 실시하였고, 2012년 3월에는 0~2세 무상보육이 실시되었다. 영유아 보육료 및 가정양육수당 지원사업이 실시되어, 소득과 관계없이 만 0~5세 연령의 영유아가구의 아동과 장애능록, 다문화, 난민 등 기준을 충족하는 영유아가구의 아동이 그 대상이 되었다. 2018년 9월부터는 아동수당이 신설되었고, 2022년부터는 영아수당이 신설되었는데 아동수당과는 별개로 중복지급이 가능하며, 기존 양육수당과 통합이 되었다.

### (5) 보육사업의 특성

① 아동의 적절한 보호를 받을 권리(아동복지권)

일반적으로 아동복지는 아동의 복지권 보장이라는 차원에서 전개되고 있으며, 아동의 복지권이란 아동이 한 독립된 인간으로서 최소한도의 기본적 생활을 영위할 뿐만 아니라, 인간다운 생활을 영위할 권리가 있는 존재로 파악되는 것을 말하고, 사회와 국가는 이러한 권리를 보장해 주어야 할 의무가 있다고 보고 있다. 이러한 입장에서 볼 때 예로부터 가족이 책임지던 어린 자녀의 보호양육이 여성의 사회참여 증가 및 핵가족화로 급증하는 보육 수요를 아동의 복지권이라는 측면에서 국가가 능동적으로 대응해야 함을 강조하고 있다.

② 아동과 여성 취업활동에 관한 권리적 서비스

취업 기혼 여성의 증가는 아동의 보호, 양육문제를 가족 외의 장으로 끌어내어 국가적 개입으로까지 발전하게 되었다. 영유아의 보육문제와 관련된 사회적 현상은 다음의 다섯 가지 측면에서 나타나고 있다. 첫째, 아동의 측면에서, 기혼 여성의 노동시장 참여 증가로 아동이 가정에서 적절한 보호를 받지 못하는 경우가 많아진다. 둘째, 맞벌이가정, 특히 저소득층 자녀들이 가정에 방치된 채 화재 등 각종 사고로 인해 참사당하는 사건들이 발생한다. 셋째, 여성의 측면에서 많은 기혼 여성들이 육아로 인해 노동시장 참여를 포기하는 경우가 많아진다. 넷째, 경제적 측면에서는 육아문제로 인해 기혼 여성의 풍부한 노동력을 활용할 수 없게 된다. 다섯째, 사회적으로 육아는 개별 가정의 책임이 아닌 사회 공동의 책임이라는 의식이 확대되어 가고 있다.

③ 자녀양육에 대한 국가의 적극적 개입

다양한 아동의 문제와 관련하여 국가는 아동의 적절한 보호를 받을 권리와 여성의 평등한 노동시장 참여의 권리를 보장하는 동시에 국가의 사회 · 경제정책에 발맞

추기 위해 자녀양육문제에 대한 적극적 개입과 막대한 투자를 강조하게 되었다(백선희 외, 2017). 우리나라의 보육사업은 이러한 관점에서 영아 · 장애아 보육 등을 포함하여 양적, 질적으로 보육에 대한 요구가 계속적으로 증가하였고, 여성의 사회참여 확대를 위한 중점 추진과제에 보육시설의 확대를 포함하여 여성의 사회활동 참여를 지원하기 위한 영유아보육의 활성화를 강조하였다. 특히 보육시설의 확충에 중점을 두는 동시에 보육사업의 내실화 및 질적 수준을 향상시키기 위한 정책에도 역점을 두고 있기 때문에 수요자 중심의 보육사업은 계속 활성화될 전망이다(도미향, 2014).

## 2) 아동보육의 유형 및 사회복지사의 역할과 과제

### (1) 보육의 설립주체에 따른 형태

보육주체란, 보육을 실시하는 기관이나 시설을 주로 말하나, 특정한 모임이나 가정 및 개인도 될 수 있으므로 오늘날 보육주체는 매우 다양하다. 보육은 가정보육과 시설보육, 병원보육으로 구분된다. 보육의 설립주체가 다양한 것은 두말할 나위 없이 이 사회가 아동과 부모 및 가족의 다양한 욕구와 요구를 충족시켜 주고자 노력하고 있다는 것이다. 그리고 이러한 사회적 충족은 바로 제도적 조치에 의해서 실현성이 매우 높아진다는 것을 함축하고 있는 것으로, 바로 법에서 규정한 갖가지 보육형태가 그것이다. 우리나라 영유아보육법에 의한 보육시설의 주체는 국 · 공립 어린이집, 사회복지법인어린이집, 법인 · 단체 등 어린이집, 직장어린이집, 가정어린이집, 부모협동어린이집, 민간어린이집 등이다(서문희, 2013).

#### ① 국 · 공립 어린이집

국 · 공립 어린이집은 국가와 지방자치단체가 설립주체가 되어 설치되는 어린이집을 말한다. 국 · 공립 어린이집은 그 설립취지가 민간보육시설과는 분명히 다르다. 다시 말하면 보육운영에 관한 연구를 하기 위해 관련 국립교육기관에 설치하거나 또는 시장경제원리에 부응하지 못하는 취약지역에 설립하여 저소득층 가정의 아동을 보육하게 됨으로써 보육보장을 실현하고자 함이 그 목적인 것이다. 특히, 공립어린이집의 경우에는 국립어린이집과 유사한 관점에서 설립하여 운영하되, 그 지방의 역사 · 사회 · 문화적 특성을 고려하게 되며 설치되기 때문에 시설의 수는 그 지방자치단체의 재정자립도와 밀접한 관련을 지니게 된다.

실제적으로 그동안 우리나라가 시도해 온 보육시설 확충은 공공부분의 감소와 민간부분의 확대일로로 달려 왔다고 해도 과언이 아니다. 다시 말하면 국 · 공립 어린이집이 필요한 지역적 특성은 도외시한 채, 총량적인 수준에서의 보육시설 확충이 이루어져 온 것으로 민간의존도가 매우 높은 편이다. 따라서 앞으로는 민주주의와 시장경제원리에 준할 때, 보육서비스가 제한적으로 실시될 수밖에 없는 취약지역에 대해 국가와 지방자치단체가 설립주체가 되어 국 · 공립 어린이집이 설치되도록 하는 정책적 조치가 필요하다.

② 사회복지법인 어린이집

사회복지사업법에 따른 사회복지법인이 설치 · 운영하는 어린이집을 의미한다.

③ 법인 및 단체 등 어린이집

사회복지법인을 제외한 각종 비영리법인이나 단체 등이 설치 · 운영하는 어린이집으로서 대통령령으로 정하는 어린이집을 말한다.

④ 직장어린이집

직장사업주가 사업장의 근로자를 위하여 설치 · 운영하는 어린이집(국가나 지방자치단체의 장이 소속 공무원 및 국가나 지방자치단체의 장과 근로계약을 체결한 자로서 공무원이 아닌 자를 위하여 설치 · 운영하는 어린이집을 포함)으로 설치주체는 사업주이며, 설치방법은 단독 또는 공동으로 할 수 있다. 자체 · 대학(부설병원 포함)이 부지 · 건물 또는 비용을 부담하는 것을 조건으로 중소기업과 컨소시엄을 구성할 경우시 정부의 직장어린이집 설치비 등 지원이 가능하다. 상시 여성근로자 300인 이상 또는 상시 근로자 500인 이상 사업장의 사업주는 사업장의 자녀를 보육하기 위한 직장어린이집을 의무적으로 설치하여야 한다. 설치장소는 사업장 내 또는 그에 준하는 인근지역이나 사원주택 등 사업장의 근로자 밀집주거지역이다. 직장보육은 같은 장소 내지 인근에 부모가 일하고 있고, 아동이 보육받고 있다는 것만으로도 서로가 안정된 마음을 지니고 생활할 수 있다.

직장어린이집은 기업 및 고용기금을 통해 일부 운영비 지원을 받는다는 점에서 일반의 민간보육시설과 성격이 다르며, 또한 직장 어린이집에 한해 고용노동부의 협력을 받고 있다는 점에서도 다른 보육시설과 차이가 있다. 근로자의 안정된 직무수행은 생산성 제고를 통한 기업이익과 직결되기에 장기적인 기업복지 수준에서 근로자복지를 고려하여야 하며, 여성이 출산과 양육이 사회적 재생산기능을 지니고 있다는 점을 고려한다면 직장보육시설의 활성화는 매우 중요하다.

### ⑤ 가정어린이집

가정어린이집이란 개인이 가정 또는 그에 준하는 곳에서 설치 · 운영하는 시설이다. 가정의 가정보육시설에 해당되는 형태로 설립자 자신의 가정 혹은, 타인의 가정에서 운영되지만, 제도권 내에서 운영된다. 가정어린이집의 설치는 다음과 같은 몇 가지 특징을 가진다. 첫째, 설립자가 개인이다. 즉 국가와 지방자치단체는 가정보육시설을 설립하지 않는다. 둘째, 비록 '시설'이라는 명칭을 사용하지만, 거의 가정의 보육이며 소규모로 운영된다. 때에 따라 일부분은 시설이 아닌 상업적 용지를 활용하기도 하지만, 이 역시 거의 소규모이다. 셋째, 영아기 아동이 상당한 비중을 차지하며, 전반적으로 어린이집 취원 대상보다는 연령이 어리다. 이에 따라 교육보다는 보호의 비중이 강조되며, 보육교사 외에 간호사나 영양사의 자격을 지닌 종사자의 적합도가 다른 시설보다도 더 높다고 할 수 있다. 넷째, 아동의 집 가까운 곳에서 일대일의 개별적 보호가 용이하나, 그만큼 시설장이나 종사자의 애정 어린 태도와 전문성이 보육효과를 좌우한다고 볼 수 있다. 다만, 가정에서 이루어지는 보육은 환경의 구성이나 프로그램의 운용 측면에서 볼 때 시설보육에 비해 덜 구조적인 편이다. 다섯째, 가정보육을 받은 어린 아동들은 베이비시터에 의해 보육을 받은 아동이나 시설보육을 받은 아동에 비해 또래와의 상호작용에서 긍정적인 사회적 행동을 나타나고 있다. 특히, 집단생활에 적응하기 힘든 3세 미만의 영유아들에게는 가정에서의 보육경험이 개별적이며 어머니와 같은 온화한 양육으로 신체적 · 정서적으로 안정감을 주고, 긍정적으로 사물을 대할 수 있도록 해주는 곳으로 평가되고 있다.

⑥ 협동어린이집

보호자 혹은 교직원들이 조합을 결성하여 설치 · 운영하는 어린이집이다(2017년 기준, 11인 이상). 이러한 협동어린이집을 설치하는 것은 보육의 적정 수준을 유지하면서도 보육수요에 대응하기 위해서이다. 따라서 영유아기 자녀를 둔 기혼의 여성근무자가 많아서 독자적으로 직장보육시설을 설립할 수 있는 대기업보다 비교적 여성근로자의 비율은 높지만, 기업의 규모로 볼 때 자체적으로 보육시설을 운영하기 힘든 경우에 적합한 설립방법이라고 볼 수 있다.

⑦ 민간어린이집

민간이라는 주체의 성격은 다소 모호한데, 다른 설립주체와 구분해 보면 민간이 설립주체가 되어 설치되는 어린이집을 말한다. 즉, 국가와 지방자치단체, 사회복지법인, 법인 · 단체(비영리법인 등), 직장, 가정, 협동조합이외의 자가 설치 운영하는 시설을 말한다.

⑧ 병원보육

병원보육은 기본적으로 부모의 자녀양육상에 대한 결함이 아니라, 아동의 신체 및 건강상의 문제 때문에 실시되므로 상당히 아동지향적인 서비스인 것이며, 보상교육과 유사한 보상보육의 성격을 지닌다. 다시 말하면, 병원에서 일정한 기간 동안 생활할 수밖에 없는 아동은 병원이라는 구조적 · 기능적 제한 때문에 건강한 아동들이 받을 수 있는 교육적 경험을 하기가 거의 불가능하다. 따라서 현재의 신체 및 건강상태로 받는 발달상의 손상 이외에 부가적인 발달지체를 경험할 가능성이 크며, 오랫동안 병원생활을 해야 할 경우일수록 더욱 그러하다. 따라서 병원보육은 이러한 발달상의 지체를 경감시키기 위해서 제공되는 것이다. 그렇기 때문에 병원보육은 일정한 교육과정에 의해 특정한 아동을 대상으로 구조적인 운영을 하기가 힘들며, 대체로 혼합연령에 의한 놀이성 교육의 성격을 가지기 쉽다.

### (2) 보육장소에 따른 형태와 기능

보육은 일정한 장소를 필요로 한다. 따라서 보육대상과 보육주체별 구분과 함께 중요하게 고려되는 점은 어디에서 보육을 하느냐 하는 것이다. 이러한 보육장소는 아동의 발달단계와 특성 및 보육하게 된 사유 등을 고려해서 결정하게 된다. 기본적으로 보육장소는 가정과 시설로 구분된다. 가정이라는 장소가 가지는 중요한 의미는 그 보육장소에서 집과 같이 편안한 마음을 지닐 수 있으면서 보육의 목적을 달성할 수 있다는 것이며, 시설의 경우는 비교적 다수의 아동을 구조화된 시설과 설비를 활용하여 조직적으로 보육할 수 있다는 점이다.

### (3) 보육시간에 따른 유형과 기능[2)]

과거의 탁아 및 오늘날의 보육에 해당되는 영어표기는 Day Care로써 낮동안의 돌봄이라는 시간적 개념이 포함된만큼 보육에서 시간은 중요한 고려사항이다. 보육서비스에서 보육시간은 거의 취업한 어머니의 근무시간에 맞추어 실시되므로 대체로 오전 출근에서 오후 퇴근까지 동안이었다. 그러나 산업구조의 변화에 따라 오늘날 어머니의 근무시간이 파트타임, 교대제 근무, 야간근무, 연속근무 등으로 다양화되면서 보육시간도 다양화되고 있다. 즉 주간보육은 물론, 야간보육이나 심지어는

2) 성혜영(2001)을 참고하여 정리함.

24시간 보육과 휴일보육 등 다양한 형태가 존재하고 있다.

① 종일제 보육

종일제 보육이란, 대부분의 맞벌이부모가 취업하고 있는 낮동안 아동을 보육하는 전형적인 형태를 말한다. 일반적으로 성인인 부모의 취업시간이 오전 9시에 시작하여 저녁 7시에 종료되기 때문에 이 시간을 기본으로 하여 보육하는 것을 전제로 하고 있기 때문이다. 최근 맞벌이부모는 증가하고 있지만, 아동이 생활하고 있는 가정주변에서 적절하게 이용할 수 있는 유아교육기관이 부족함을 고려하여 어린이집만이 아닌 유치원에서도 종일제와 유사한 관점에서의 종일반을 운영하고 있다.

② 반일제 보육

반일제 보육은 주로 오후 2시 이전까지 아동을 보육하는 형태를 말한다. 별도의 낮잠시간을 갖지 않고 끝나는 경우이다. 우리나라에서는 점점 반일제가 줄고 있고 종일제가 늘어나고 있는 추세이나 지역적 특성이나 부모의 요구 등으로 인해 유치원과 같은 형태에서는 아직도 반일제 보육이 이루어지는 곳도 있다. 유치원에서의 교육 또한 광의의 보호영역에 포함시킬 경우 반일제로 볼 수 있으며, 초등학교 저학년 아동을 위한 방과후 아동지도를 실시할 경우, 오후의 반일제로 볼 수 있다.

③ 시간제 보육

시간제 보육은 하루 중 일정시간 동안만 보육하는 형태를 말한다. 일반적으로 이러한 시간제 보육은 아동과 부모에게 발생한 일시적인 문제로 인하여 부정기적으로 이용하게 되는 형태이다. 예컨대, 쇼핑센터나 병원 대기소에 설치하여 물건을 사는 동안이나 진료를 받는 동안 손님들이나 환자가족들이 잠시 동안 이용할 수 있도록 하는 형태인 것이다. 급격한 사회변화에 따른 가정생활의 역동성으로 시간제 보육 욕구가 점차 증가하고 있으며, 영유아보육법에서도 이러한 보육이 가능하도록 보장되고 있다.

④ 야간보육

야간보육은 야간에 이루어지는 보육형태를 말한다. 이 형태는 앞서 언급한 종일제 · 반일제 보육이 실시되는 배경과 관련이 된다. 다시 말하면, 맞벌이부모의 취업시간이 대체로 낮 동안에 이루어짐을 전제로 할 때, 특수직종에 종사함으로 인하여 야간에 근무할 수밖에 없는 부모의 자녀인 경우 야간보육은 불가피한 것이다. 이러한 야간보육은 오늘날 사용빈도가 높아지고 있는 24시간 보육과 유사하여 개념적 혼란을 초래하고 있다. 야간보육은 24시까지이며, 24시간보육은 24시간 동안이라는 개념적 차이가 있는 것으로 볼 수 있다. 야간보육은 시설관리와 종사자 근무시간 등을 고려할 때, 영유아보육법에 규정한 가정보육시설이 적절할 것이나, 보육의 근접성을 고려한다면 일반보육시설에서 일종의 파트타임(part time)제나 전담교사를 두고 운영하고 있다.

⑤ 24시간 보육

24시간 보육은 상시 24시간 동안 계속 운영하는 것을 의미한다. 24시간 보육의 어휘적 개념은 하루 종일의 보육을 의미하지만, 다른 한편으로 24시간 보육을 매우 넓게 개념화하여 시간제, 오전 · 오후제, 야간보육제, 휴일제, 주(週)보육제를 모두 수용한 개념으로 보아야 한다. 오늘날 우리나라에서는 취업환경의 다변화 및 보육의 인적 · 물적 여건을 고려할 때 24시간 보육의 요구가 더욱 증가될 것으로 보인다.

⑥ 방과후 보육

방과후 보육이란, 방과후 아동지도와 유사한 개념으로 학교에서 수업을 마치고 돌아와 부모를 만날 때까지 돌보아 줄 성인이 없는 학령기 아동이나 학교수업이 없어 성인의 적절한 보호를 받을 수 없는 학령기 아동에게 허가를 받은 정규기관에서 비영리적으로 제공하는 보육서비스를 의미한다. 그러므로 방과후 보육이란 주로 초등학교의 정규수업이 끝난 후, 교육보다는 보호를 주목적으로 하여 이루어지는 보육형태를 말한다. 그렇지만 초등학교 아동의 발달특성으로 볼 때, 교육적 내용이 상당부분을 이루게 된다.

이러한 방과후 아동보육이 필요한 이유는, 방과후에 아동이 성인의 보호 없이 지내게 될 경우, 사고발생의 가능성이 높으며, 신체적 · 정서적 상처를 입을 가능성이 높다. 그리고 학교와 가정교육을 연계하고, 아동의 유해한 환경으로부터 보호할 필요가 있는데, 이 기능을 방과후 보육에서 담당하는 것이다.

#### ⑦ 휴일보육

휴일보육은 일요일 및 법정공휴일에 실시되는 보육형태이다. 이 형태도 양육자의 직종 다변화에 따른 일종의 사회적 대응책이라 할 수 있지만, 활성화될 가능성은 희박하다고 볼 수 있다. 이와 같은 단기간 숙식보육이나 휴일보육은 국가정책적 차원보다는 특수한 여건의 기업에서 직장보육시설을 설치하고 적절한 프로그램을 개발하는 것이 아동의 복지를 위해서 합리적이라 할 것이다.

### (4) 대상에 따른 분류

보육의 대상 아동에 따라 일반아동, 취약아동으로 구분될 수 있다. 일반아동은 보통 3세에서 7세 미만의 아동으로 맞벌이 가정 등 일상적 보육이 가능한 아동을 의미한다. 반면 취약아동에 대한 보육으로 영아보육은 만 3세 미만의 영아를 대상으로 보육서비스를 제공하는 것이며, 장애아보육은 장애인으로 등록된 영유아 등에게 보육서비스를 제공하는 것이며, 다문화아동보육은 다문화가족의 영유아 등에게 보육서비스를 제공하는 것이다.

## 3) 보육관련법[3)]

### (1) 영유아보육법

영육아보육법이란, 영유아를 심신의 보호와 건전한 교육을 통하여 건강한 사회 성원으로 육성함과 아울러 보호자의 경제적 · 사회적 활동을 원활하게 함으로써 가정복지증진에 기여함을 목적으로 하는 법이다. 영유아보육법의 시행에 있어서 직장보육시설의 설치는 상시 여성 근로자 300인 이상, 상시 근로자 500인 이상의 사업장에 대하여만 의무화되었지만, 그 이하의 소규모 직장에도 보육시설을 설치하도록 유도하는 의미에서 사업주에게 직장 어린이집 운영비에 대한 세제 감면혜택을 부여하는 등의 정책이 이루어지고 있다.

### (2) 남녀고용평등법

남녀고용평등법이란, 헌법의 평등이념에 따라 고용에서 남녀의 평등한 기회와 대우를 보장하고 모성 보호와 여성 고용을 촉진하여 남녀고용평등을 실현함과 아울러 근로자의 일과 가정의 양립을 지원함으로써 모든 국민의 삶의 질 향상에 이바지하는 것을 목적으로 하는 법이다. 여성은 경제 및 사회발전에 기여하며 다음 세대의 출산과 양육에 중요한 역할을 담당하는 자이므로 모성을 보호받으면서 성별에 의한 차별 없이 그 능력을 직장생활에서 최대한 발휘할 수 있어야 한다는 것을 기본이념으로 한다.

그러므로 사업주는 근로여성의 혼인 · 임신 또는 출산을 퇴직사유로 예정하는 근로계약을 체결하여서는 안 되며, 직장 내 성희롱을 예방하고 근로자가 안전한 근로환경에서 일할 수 있는 여건 조성을 위해 필요한 조치를 취하여야 한다. 그리고, 사업주는 생후 1년 미만의 영아를 가진 근로여성이 육아휴직을 신청하는 경우에 이를

3) 김호년(2011)을 참고하였음.

허용하여야 하고 직장보육시설을 설치하여야 한다. 또한 출산-휴가제도를 통해, 출산 전후를 통하여 90일(다태아일 경우 120일)의 출산전후 휴가를 받도록 하고 휴가기간의 배정은 출산 후에 45일(다태아일 경우 60일) 이상이 되도록 하고 있다. 급여에 대해서는 최초 60일(다태아 75일)은 사업주가 지급하고 30일수(다태아 45일)는 고용보험에서 지급한다. 남성 노동자들에게도 10일의 유급 출산휴가가 책정되어 있으며, 2회로 나누어 사용할 수도 있다. 배우자 출산 휴가는 출산 후 90일 범위 내에서 남성근로자가 필요한 날을 정해 신청할 수 있다(2019. 10. 01. 시행, 남녀고용평등법 개정).

뿐만 아니라 육아휴직은 영아를 보육해야 할 근로자가 일정 시기동안 육아를 위하여 휴직을 신청할 수 있는 제도로, 근로자가 만 8세 이하 또는 초등학교 2학년 이하의 자녀 양육을 위해 신청하는 휴직할 수 있도록 하여 육아의 부담은 줄여주고 계속적인 근로를 지원해 안정된 생활을 누리는데 도움을 줄뿐 아니라 기업에서도 숙련된 인력을 확보할 수 있도록 하고 있다. 법에서 규정하는 육아휴직기간은 자녀 1명당 1년 이내로 휴직기간동안 매월 통상임금의 80%(상한액 월 150만 원, 하한액 월 70만 원)를 지급하도록 한다. 단, 육아휴직급여액 중 일부(25%)를 직장복귀 6개월 후에 합산하여 일시불로 지급한다. 육아휴직기간은 부모가 모두 근로자이면 한 자녀에 대하여 아빠도 1년, 엄마도 1년 사용이 가능하며 부부가 동시에 같은 자녀에 대해 육아휴직이 가능하다.

그러나 대체인력의 확보와 현실적으로 사용을 불가능하게 하는 분위기로 아직까지도 육아휴직제도 실행에는 많은 문제점이 있다. 출산휴가와 마찬가지로 육아휴직제도가 제대로 정착되기 위해서는 적절한 대체인력의 확보와 인건비 보조가 필요하다. 또한 남성의 육아휴직 사용을 의무화하는 것도 필요하다.

### (3) 근로기준법

생후 1년 미만의 유아를 가진 여성근로자는 1일 2회 각각 30분 이상의 유급 수유시간을 가질 수 있다. 육아시간이란, 유아를 양육하기 위한 수유시간으로, 여성근로자가 직장생활과 육아책임이 양립할 수 있도록 하기 위한 제도적 보호이다.

## 4) 보육시설 현황

### (1) 유형별 보육시설 현황

어린이집은 유형별로 가정어린이집과 민간어린이집의 수가 높고 국공립어린이집, 사회복지법인의 어린이집의 수는 낮게 나타났다. 전체적인 어린이집현황은 2013년을 기점으로 출산율이 감소되고 있는 상황에서 점점 줄어들어 2013년 어린이집 43,770개소에서 2021년 33,246개소로 줄어들었다.

❖ 표 8-1 연도별 어린이집 현황 (단위: 개소)

| 어린이집 유형 | 2013 | 2018 | 2019 | 2020 | 2021 |
|---|---|---|---|---|---|
| 총계 | 43,770 | 39,171 | 37,371 | 35,532 | 33,246 |
| 국 · 공립 | 2,332 | 3,602 | 4,324 | 4,598 | 5,437 |
| 사회복지법인 | 1,439 | 1,377 | 1,343 | 1,316 | 1,285 |
| 법인 · 단체 등 | 868 | 748 | 707 | 671 | 640 |
| 민간 | 14,751 | 13,518 | 12,568 | 11,510 | 10,603 |
| 가정 | 23,632 | 18,651 | 17,117 | 15,529 | 13,801 |
| 협동 | 129 | 164 | 159 | 152 | 142 |
| 직장 | 619 | 1,111 | 1,153 | 1,216 | 1,248 |

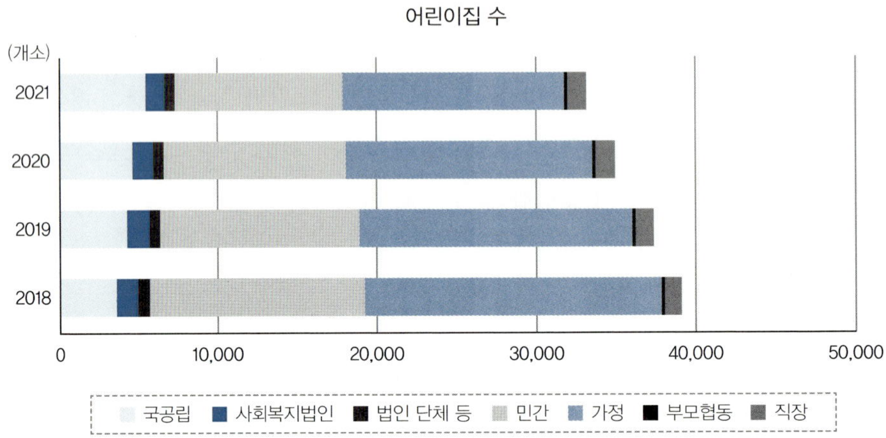


출처: 보건복지부(2022). 보육통계(국가승인통계 제15407호, 어린이집 및 이용자 통계).

### (2) 보육교사 자격 및 처우

보육교사 양성체계의 전면 개정 및 자격 취득 기준 강화(2014.3.1 시행)를 통해 보육교사 자격 이수 학점 확대 및 원장 자격 기준의 상향을 추진하였다. 또한 대체 교사제도를 도입하여 보육교사의 주중 연가 사용 보장하고, 보육교사 처우개선비 지원 확대를 통해 보육교사 서비스를 높이도록 하였다. 또한, 보육교사자격증 이수과목에 대면수업을 의무적으로 포함하여 보육교사 질을 높이도록 하였다.

### (3) 보육아동 수 및 영아수당, 아동수당, 보육수당

보육아동의 수는 출산율이 감소되고 있는 상황에서 해마다 그 수가 줄어들고 있다. 2018년 1,415,742명에서 2021년 1,184,716명으로 2018년 대비 약 16.32% 감소하였다.

❖ 표 8-2 보육아동 수 및 어린이집 이용 현황

| 구분 | | 2018 | 2019 | 2020 | 2021 |
|---|---|---|---|---|---|
| 보육아동수 | 총계 | 1,415,742 | 1,365,085 | 1,244,396 | 1,184,716 |
| | (전년대비,%) | -2.40 | -3.60 | -8.80 | -4.80 |
| | 국.공립 | 200,783 | 232,123 | 253,251 | 268,967 |
| | 사회복지법인 | 92,787 | 68,775 | 78,322 | 72,085 |
| | 법인.단체 등 | 41,298 | 38,538 | 34,066 | 30,998 |
| | 민간 | 711,209 | 664,106 | 578,196 | 535,428 |
| | 가정 | 302,674 | 273,399 | 230,444 | 208,842 |
| | 협동 | 4,360 | 4,121 | 3,716 | 3,465 |
| | 직장 | 62,631 | 66,023 | 66,401 | 64,931 |

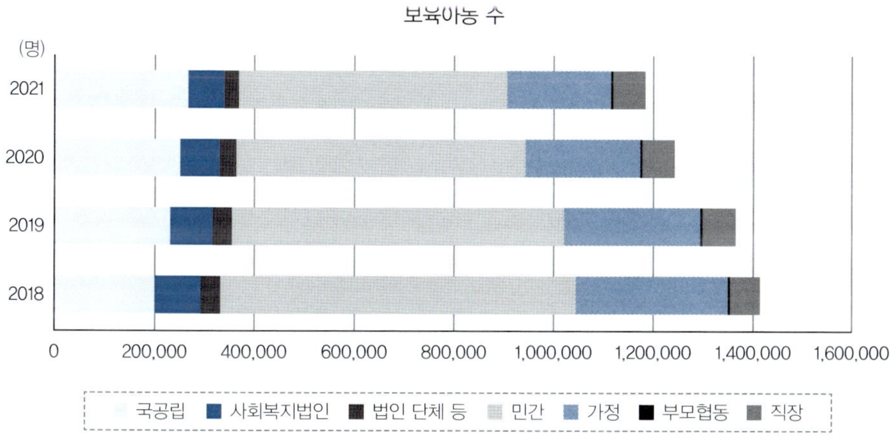


출처: 보건복지부(2022). 보육통계(국가승인통계 제15407호, 어린이집 및 이용자 통계).

'2021년도 보육실태조사 결과'(2022.04. 보건복지부)를 보면 한 달 평균 양육비는 97만6000원으로 가구 평균소득의 19.3%에 달하는 것으로 나타났다. 한 달에 100만 원 가까이를 양육비로 지출하는 셈이다. 직전 조사인 2018년 양육비(86만9000원)와 견주어 10만7000원 올랐다. 가정 내 영유아 수를 기준으로 보면, 1인 자녀는 86만 3000원, 2인은 130만4000원, 3인은 185만5000원을 지출했다. 양육비는 양육을 위해 가정이 직접 지출하는 보육·(사)교육비와 의류비·식비·보험료 등을 포함한다.

#### ① 영아수당

2022년부터 새로 신설된 아동 복지제도로서 영아가 있는 가정에 매달 30만 원을 보육 바우처 또는 현금을 지급하는 제도이다. 2022년엔 30만 원, 2023년엔 35만 원, 2024년엔 40만 원, 2025년엔 50만 원으로 해마다 단계적으로 영아수당을 인상할 계획이다. 영아수당은 아동수당과는 별개로 아동수당과 중복지급이 가능하며, 기존 양육수당과 통합이 되었다.

❖ **표 8-3** 영아수당

| 지원서비스 | 영아수당(현금) | 보육료 | 종제아이돌봄 |
|---|---|---|---|
| 지원방법 | 30만 원 | 이용권(바우처) | 이용권(바우처) |

※ 가정 양육 시 현금지원, 어린이집 이용 시 보육료지원, 종일제아이돌봄 이용 시 아이돌봄 정부지원금 중 한 가지 서비스 지원(동시 지원 불가)

출처: 보건복지부(2022). 보육사업기획.

#### ② 아동수당

0~8세 까지의 아동에게 지급되는 수당으로 매월 10만 원씩 지급이 된다. 2021년 7세까지 적용되던 것이 2022년부터 만 8세까지로 연장이 되었다.

❖ **표 8-4** 아동수당

<table>
<tr><th>나이</th><th>2021년</th><th>2022년</th></tr>
<tr><td>만 7세 미만(83개월)</td><td>10만 원</td><td rowspan="2">10만 원</td></tr>
<tr><td>만 8세 미만(95개월)</td><td>-</td></tr>
</table>

출처: 보건복지부(2022). 보육사업기획.

③ 양육수당

2022년 이전 출생 아동에게 출생 개월 수에 따라서 20~10만 원씩 지원하는 제도로서 유치원 또는 어린이집에 보내고 있다면 학비로 바로 나가게 된다. 하지만 2022년 영아수당이 신설되며, 2022년 출생, 생후 24개월 미만의 아이에게는 월 30만 원의 영아수당을 지급하며 24개월 이상의 아이에게는 월 10만 원의 양육수당이 지급된다.

❖ 표 8-5 양육수당

<table>
<tr><th>연도</th><th>나이</th><th>양육수당</th><th>영아수당</th></tr>
<tr><td rowspan="3">2021년</td><td>0~11개월</td><td>20만 원</td><td rowspan="3">-</td></tr>
<tr><td>12~23개월</td><td>15만 원</td></tr>
<tr><td>24~86개월</td><td>10만 원</td></tr>
<tr><td rowspan="3">2022년</td><td>0~11개월</td><td>-</td><td rowspan="2">30만 원</td></tr>
<tr><td>12~23개월</td><td>-</td></tr>
<tr><td>24~86개월</td><td>10만 원</td><td>-</td></tr>
</table>

출처: 보건복지부(2022). 보육사업기획.

## 5) 연도별 보육재정

연도별로 보육아동에 대한 재정적 지원이 매우 높아지는 것을 알 수 있다. 이것은 누리과정으로 전면 무상보육이 이루어지고 있기 때문에 해마다 더 확대될 것으로 예상된다. 보육 재정 중 49%가 지방비 부담에 의존하는 상황이나 최근 보육 예산의 급속한 증가, 보육서비스에 대한 국가-지자체 간의 책임 인식의 차이 등으로 불필요한 사회적 갈등이 야기되고 있는 상황이다. 2018년부터 전액 국고지원이 이루어졌다.

### 6) 육아종합지원센터

보육정보센터는 보육에 관한 정보의 수집 · 제공 및 상담 등을 제공하기 위하여 보건복지부장관과 지방자치단체의 장이 설치 · 운영하는 육아지원전문기관으로서 종전 보육정보센터가 영유아보육법 개정으로 2013년 12월 5일부터 육아종합지원센터로 명칭을 바꾸고 지역사회 내 어린이집 지원.관리 및 보호자의 가정양육지원을 위한 육아지원서비스를 제공하고 있다.

❖ 표 8-6 육아종합지원센터 지원내용

| 어린이집 대상 지원 | 부모 대상 지원 |
|---|---|
| • 보육컨설팅<br>• 보육교직원 상담 및 교육<br>• 아동학대 예방교육<br>• 대체교사 지원 및 관리<br>• 취약보육 지원 및 관리 | • 초기부모 양육상담<br>• 부모교육<br>• 영유아 놀이공간 및 프로그램 제공<br>• 장남감 및 도서 대여 서비스<br>• 시간제 보육서비스 제공 |

출처: 보건복지부(2022).

육아종합지원센터는 가족 공동체의 육아기능을 보완할 수 있는 지역사회 중심의 육아지원기관을 설치하여 가정양육을 체계적으로 지원하고 보완할 수 있는 전문적인 인프라로 마련하였다. 어린이집 보육 이외 양육지원 프로그램의 다양성을 보장하여 가정양육부모에 대한 보육서비스를 제공하고, 자체 놀이터를 갖추지 못한 소규모 어린이집들에 대한 놀이공간 제공 및 문화 공연 관람 등 어린이집 지원 기능을 동시에 수행하고 있다. 교재 교구 등 장난감 대여, 부모에 대한 육아교육 및 부모 간 공동 육아 나눔터, 아이들의 체험 및 놀이공간 제공, 시급한 상황 발생 등에 대비한 일시 보육, 기타 지역별 육아지원 특성화 프로그램을 제공하고 있다.

### 7) 전달체계

아이행복카드(보육전자바우처) 도입으로 수요자 중심의 보육서비스 전달체계 기반을 구축하였다. 부모에게 직접 보육료를 지원하여 부모–시설 간 소통 증진 및 어린이집의 보육료 수납 업무 부담을 경감하였다. 보육진흥원(2010)을 설립하여 보육교직원 자격 관리, 평가, 인증 등 보육 지원 및 관리 기능 통합 실시하였다.

어린이집 안전공제회를 설립(2009)하고, 안전사고 예방사업을 실시(2010)하였으며, 전체 보육시설에 대한 안전공제회 가입을 의무화(2012)하였다. 특히 보육통합정보시스템 구축 완료하고, 단계적 고도화를 실시하여, 보육료 지원 및 관리체계, 보육교직원 및 시설 설치인가 정보 등 보육 DB화를 통해 효율화를 추진하였다. 이후 보육통합정보시스템을 아이사랑(임신 · 육아종합포털)으로 각종 정보를 일원화하여, 평가인증 · 보육교직원 자격검정 시스템과 연계 및 통계 DB 구축하였다.

보육서비스 전달체계는 다음의 [그림 8–1]과 같다.

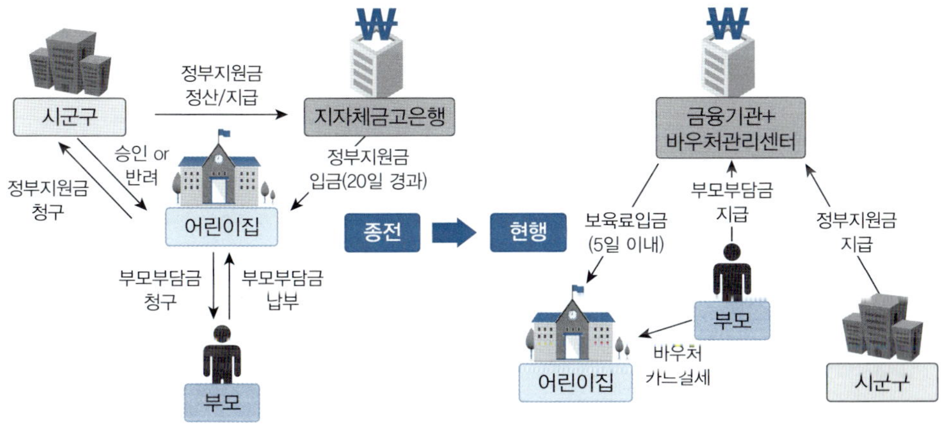


❖ 그림 8–1 보육서비스 전달체계도

출처: 보건복지부(2018). 제3차 중장기보육 기본계획.

### 8) 보육서비스의 전망과 과제

우리나라의 보육서비스의 질을 높이기 위해서는 포괄적인 보육서비스 기능 확대, 보육서비스의 평가 인증제 정착, 공적 보육서비스의 강화, 보육서비스 수준의 질적 향상, 보육사업 관리 및 지원체계의 강화, 가족지원체계로서의 보육서비스 역할 강화, 육아종합지원센터 등의 활성화 등이 필요하다. 하지만, 보육진흥원, 육아종합지원센터 등 보육사업을 관리 · 지원하는 인프라는 갖추어졌으나 부모가 체감할 수 있는 서비스 제공 기능 미흡하다는 지적에 따라 육아종합지원센터를 통해 지역사회 내 어린이집 지원 · 관리 및 보호자의 가정양육지원에 초점을 맞춘 육아지원 서비스를 강화하고 있다.

## 2 아동안전과 실종아동 보호체계

### 1) 아동안전

#### (1) 아동안전의 의미

국민에게 안전하고 행복한 삶을 보장하는 것은 당연한 국가의 의무, 책임이다. 아동안전문제는 다른 어떤 분야보다 국가의 우선적인 개입이 필요하다. 아동은 미래 국가경쟁력의 초석이고 국가의 지속적인 발전을 결정짓는 척도가 되기 때문이다. 출산율이 저하되고 있는 시점에서 아동을 안전하게 키우는 일은 더 이상 부모 및 가정의 책임이 아니라 사회와 국가가 함께 부담해야 할 책무가 되는 것이다.

### (2) 영아사망률 및 저체중아 발생

아동의 안전사고는 성인에 비해 사망 및 중상의 비율이 높고 인격발달과 정서에 심각한 영향을 끼치게 된다. 사고로 인한 가족의 위기와 해체를 막기 위한 사회적 비용의 증가는 결국 국가경쟁력을 현저히 떨어뜨리는 것이 된다. 영아사망은 우리나라의 건강 및 보건수준의 현주소를 파악하는 가장 중요한 지표라 할 수 있다.

영아사망률은 출생 후 1년 이내(365일 미만)에 사망한 영아 수를 해당 연도의 1년 동안의 총출생아 수로 나눈 비율로서 보통 1,000분비로 나타낸다. 건강수준이 향상되면 영아사망률이 줄어들므로 국민보건 상태의 측정지표로 널리 사용되고 있다. 우리나라의 영아사망률은 2%대이다.

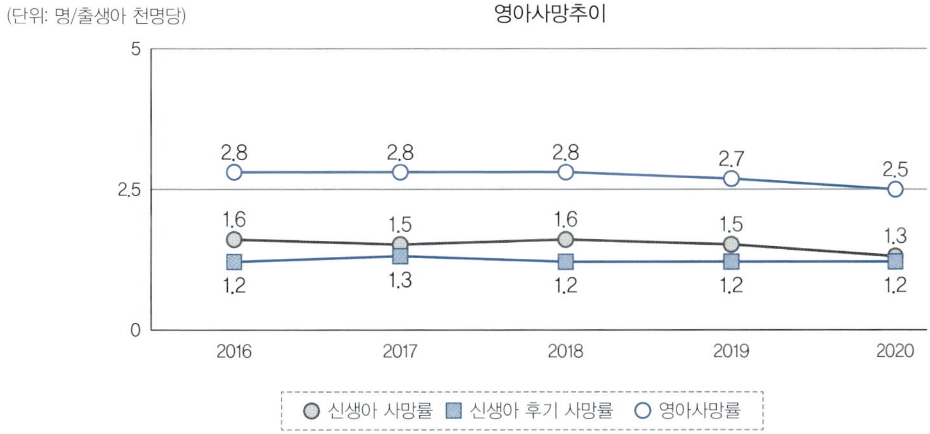


❖ 그림 8-2 영아사망추이

출처: 통계청(2022). 사망원인통계.

미숙아란 재태주령 37주 미만 또는 최종 월경일로부터 259일 미만에 태어난 아이를 말하며 저체중 출생아(이하 '저체중아'라 함)란 재태주령에 상관없이 출생체중 2,500g 미만을 말하고, 이 중 특히 1,500g 미만을 극소 저체중아, 1,000g 미만을 초

극소 저체중아라 한다.

여성의 사회활동이 활발해지고 결혼연령이 높아지면서 늦게 출산을 하는 경우가 많아 저체중아 출산도 늘어나고 있다. 자녀가 저체중아 또는 미숙아로 태어났다면 성장장애가 오지 않도록 각별히 신경 써야 하며 건강관리에 많은 노력을 기울여야 한다.

### (3) 아동 사망률과 안전사고

한국은 의도치 않은 사고로 어린이가 숨지는 사건이 발생할 가능성이 경제협력개발기구(OECD) 국가 중 12번째로 높은 것으로 조사됐다. '사고에 의한 어린이 사망: 1996~2016년'(2018.05.03.) 보고서를 보면 질병 · 자살 · 타살을 제외한 비의도적 사고로 인한 어린이 사망률이 10만 명당(이하 동일) 2.8명이었다. 이는 OECD 국가 중 12번째로 높은 수준이며 OECD 국가 평균(3.1명)보다는 낮다. 이 순위는 사망원인통계 및 인구통계 자료를 활용할 수 있는 32개 회원국을 대상으로 했으며 2015년도 또는 입수 가능한 최근 자료를 토대로 시점을 무시하고 비교한 결과다. 2005년 OECD의 비의도적 어린이 사망률 평균(26개국 기준)은 5.5명이었고 당시 한국은 8.1명으로 평균을 훨씬 웃돌며 OECD 5위였다. 비의도적 어린이 사고 사망률을 원인별로 나눠보면 운수사고 · 추락사 · 질식사는 한국이 OECD 평균보다 더 높았다. 반면 익사 · 화재사 · 중독사는 한국이 OECD 평균보다 사망률이 더 낮았다. 자살 · 타살까지 포함한 어린이 사고 사망률은 OECD 평균(2015년 또는 최근 연도 기준)이 3.7명이고 한국은 이보다 높은 3.9명으로 9번째로 높았다. 이 사망률은 2005년 OECD 평균이 6.3명이었고 당시 한국은 8.1명으로 5위였다.

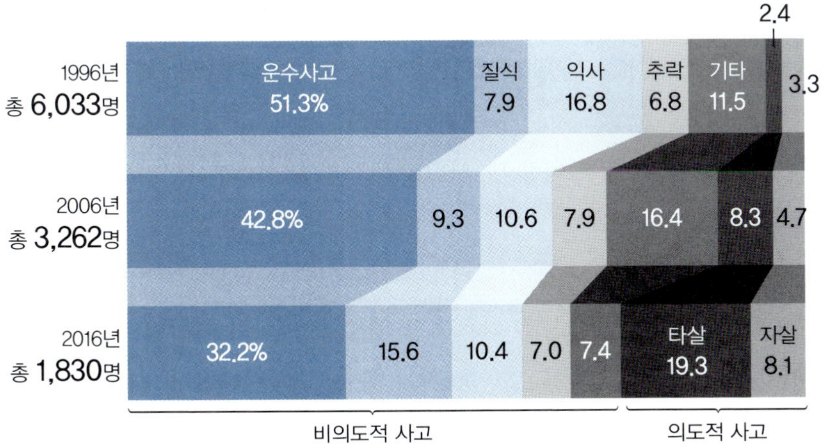


❖ **그림 8-3** 어린이사망자수 유형별 비중

출처: 조선일보(2018. 5. 3.). 유형별 어린이사망자.

❖ **표 8-7** 아동 안전사고 사망자수

(단위: 명)

| 구분 | 2015 | 2016 | 2017 | 2018 | 2019 |
|---|---|---|---|---|---|
| 14세이하 인구(천명) | 7,151 | 6,982 | 6,845 | 6,701 | 6,466 |
| 아동안전사고 사망자수 | 225 | 196 | 196 | 163 | 167 |
| 아동10만명당 안전사고 사망자수 | 3.2 | 2.8 | 2.9 | 2.4 | 2.6 |

출처: 통계청(2022). 사망원인통계.

❖ **표 8-8** 아동 안전사고 사망자 유형별 현황

(단위: 명)

| 구분 | 2015 | 2016 | 2017 | 2018 | 2019 |
|---|---|---|---|---|---|
| 계 | 225 | 196 | 196 | 163 | 167 |
| 교통사고 | 103 | 87 | 75 | 54 | 54 |
| 익사 | 28 | 19 | 24 | 18 | 27 |
| 추락 | 28 | 28 | 26 | 28 | 25 |
| 화재 | 10 | 5 | 7 | 8 | 2 |
| 중독 | 0 | 1 | 2 | 4 | 1 |
| 기타 | 56 | 56 | 62 | 51 | 58 |

출처: 통계청(2022). 사망원인통계.

학교안전사고를 예방하기 위한 목적으로 제정된 「학교안전사고 예방 및 보상에 관한 법률」은 2007년 1월 26일 제정되어 2007년 9월 1일부터 시행되었다. 이 법에 의거한 '학교안전교육 실시 기준 등에 관한 고시 개정'(2017. 4. 21.)에 의하면 생활안전교육, 교통안전교육, 폭력예방 및 신변보호교육, 약물 및 사이버 중독 예방 교육, 재난안전교육, 직업안전교육, 응급처치교육 등을 전국 유치원생, 초·중·고교생을 대상으로 연 51차시(시간) 이상 실시하도록 하고 있다. 생활안전 영역의 경우 등·하굣길 안전, 놀이활동 안전 등을 가르치고 약물 및 사이버중독 예방 영역에서는 스마트폰의 올바른 사용법, 약물 오남용 예방 등이 다뤄진다. 폭력예방 및 신변보호

❖ **표 8-9** 학년별 학생 안전교육의 시간 및 횟수 (단위: 단위활동, 차시)

| 구분 | | 생활안전 교육 | 교통안전 교육 | 약물 및 사이버 중독 예방 교육 | 재난안전 교육 | 직업안전 교육 | 응급처치 교육 |
|---|---|---|---|---|---|---|---|
| 교육시간 | 유치원 | 13 | 10 | 10 | 6 | 2 | 2 |
| | 초등학교 | 12 | 11 | 10 | 6 | 2 | 2 |
| | 중학교 | 10 | 10 | 10 | 6 | 3 | 2 |
| | 고등학교 | 10 | 10 | 10 | 6 | 3 | 2 |
| | 횟수 | 학기당 2회 이상 | 학기당 3회 이상 | 학기당 2회 이상 | 학기당 2회 이상 | 학기당 1회 이상 | 학기당 1회 이상 |

※ 참고

1. 학력이 인정되는 평생교육시설 및 「재외국민의 교육지원 등에 관한 법률」 제2조제3호에 따른 재외 한국학교와 「초·중등교육법」 제2조제4호에 따른 특수학교의 경우는 인정되는 학력에 해당하는 학교급에 맞추어 실시한다.
2. 학교안전교육 실시 시간의 단위는 유치원은 교육과정 고시에 따른 단위활동이며, 초·중등학교는 교육과정 고시에 따른 차시이다.
3. 학교급별 제시하는 안전교육 시간은 학년별(유치원은 연령별) 실시해야 할 시간을 말하며, 횟수는 영역별 안전교육 시간을 학기당 제시된 횟수 이상으로 분산·실시해야 함을 말한다.
4. 학교(유치원 포함) 운영 성격 및 지역적 특성에 따라 총 이수시간의 범위 내에서 안전영역별 이수 시간을 자율적으로 조정·운영(20% 범위 내, 소수점은 올림처리)할 수 있다.
5. 재난안전교육은 재난 대 훈련을 포함하여 실시하여야 하며, 각종 재난 유형별 대비 훈련을 달리하여 매 학년도 2종류 이상을 포함하여 운영하여야 한다.
6. 1단위활동 및 1시간(차시)의 수업 시간은 교육과정을 따르되, 기후 및 계절, 학생의 발달정도, 학습 내용의 성격, 학교 실정 등을 고려하여 탄력적으로 편성·운영할 수 있다.

출처: 교육부 고시 제2017-121호.

영역에서는 아동학대 및 가정폭력 발생 시 대처법 등을 가르치도록 했고, 아동학대 · 가정폭력이 발생했을 때 싫다는 거부 의사를 분명히 표현하고 이웃이나 친척 · 교사 등에게 도움을 요청하거나 경찰에 신고하도록 하는 내용도 포함됐으며 재난안전 영역에서는 화재 등 각종 사고는 물론 자연재해, 테러, 붕괴 등 여러 위험 상황에서 대처하는 법을 교육에 포함하도록 하였다.

이 외에 아동보호구역 개선, 아동용품 등 위해 요인에 대한 안전성 강화, 아동안전 통계시스템구축 등 분야별 과제를 지속적으로 추진해야 할 것이다. 앞으로 놀이공간의 축소와 인터넷 이용확대, 새로운 아동용품의 출현, 여성의 경제활동 증가로 혼자 있는 아동의 증가, 인스턴트식품 의존 등에 의한 아동건강 악화 등 아동안전을 위협하는 새로운 요인들은 계속 발생되고 있으므로 아동의 안전한 성장 여건을 마련하는 노력은 계속되어야 할 것이다.

### (4) 아동건강관리서비스

아동건강관리서비스는 비만 및 허약 아동을 대상으로 신체적 조건에 맞는 식습관을 포함한 영양관리, 생활습관 개선 및 운동지도와 함께 가족건강교육, 정보제공 등을 통해 아동이 건강하게 자랄 수 있도록 도와주는 보건복지부 주관 사회서비스이다. 아동비만이란 유전적, 환경적, 심리적 사회경제적 요인 등이 복합적으로 작용하여 건강을 악화시킬 정도로 몸에 체지방이 축적된 상태를 의미한다. 비만은 세계 각국에서 중요한 공중보건문제로 인식되고 있으며, 다양한 형태의 보건문제를 일으키고 있다.

우리나라 아동비만은 성인비만보다 더욱 급속히 증가하는 추세를 보이고 있다. 아동비만이 심각한 이유는 어린 시절에 증가된 지방세포수는 성인이 되어 체중조절을 하여도 지방 세포 수는 변함이 없고, 세포 크기만 변화하는 것이기 때문에 비만인 어린이는 비만 청소년으로 그리고 비만 성인으로 진행될 확률이 높기 때문에 더욱 관심이 필요하다.

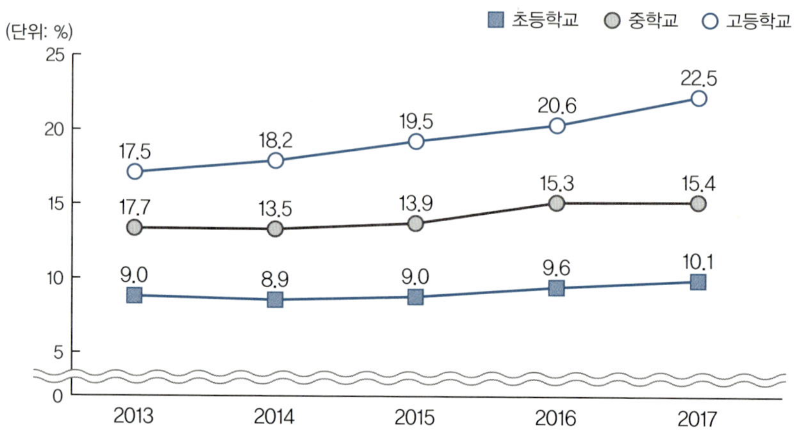


❖ **그림 8-4** 초 · 중 · 고 학생별 비만 추이 현황(학생건강검사 체질량지주[BMI] 기준)

출처: 한국건강증진개발원. 국민건강증진을 위한 비만통계자료집(2013-2017).

## 2) 실종아동의 보호

### (1) 아동실종 문제

실종은 안정된 가정생활과 아동의 생존 및 발달권을 위협하는 가장 심각한 사건 중 하나이다. 우리나라에서는 2005년 실종아동 등의 보호 및 지원에 관한 법률이 제정되기 이전까지 실종아동의 문제는 사회문제로 인식하기보다는 부모의 책임으로 전가하는 경향이었다. 실종아동의 문제가 단순히 가정 내의 문제로 끝나는 것이 아니라 자녀의 실종으로 인한 부부의 이혼, 경제적 어려움 등의 가정 및 사회적 문제로 연결되기도 하며, 실종아동 역시 부모와 단기간 또는 장기간 분리 경험으로 인해 극도의 불안감과 분노를 경험하여 외상 후 스트레스 장애 등의 정신적 문제를 경험하게 된다. 실종 후에 아동에게 있어 단기간 혹은 장기간 부모와 떨어져 격리되는 경험은 극도의 불안감, 분노, 스트레스를 야기할 뿐만 아니라 평생토록 지워지지 않는 심리적 충격으로 남게 된다.

### (2) 실종아동의 개념

실종아동 등의 보호 및 지원에 관한 법에서 아동 등이란, 실종 당시 18세 미만인 아동, 장애인복지법의 장애인 중 지적장애인, 자폐성장애인 또는 정신장애인, 치매관리법의 치매환자를 포함한다. 특히 실종아동 등이란 약취 · 유인 또는 유기되거나 사고를 당하거나 가출하거나 길을 잃는 등의 사유로 인하여 보호자로부터 이탈된 아동 등을 말한다.

### (3) 실종아동 보호업무 협력체계

실종아동에 대한 신속한 파악과 수색을 위하여 실종아동전문기관인 아동권리보장원 내부 연계 및 유관부처, 관련기관, 단체와 연계를 위한 기관 간 업무 협의 및 지원은 매우 중요하다. 경찰 프로파일링 포털 구축 등 다양한 보호업무의 기관들에 대한 협력체계는 다음과 같다.

❖ **표 8-10** 실종아동 보호업무기관들의 협력체계

| 보건복지부 (실종아동전문 기관: 아동권리보장원) | 경찰청 (실종아동찾기센터, 국번 없이 182) | 지방자치단체 | 보호시설 또는 정신의료기관 등 | 다중이용시설의 장 |
|---|---|---|---|---|
| • 정책 수립 및 시행<br>• 무연고아동 등 신상카드 DB 구축<br>• 실태조사 및 연구<br>• 실종예방 · 교육 및 홍보<br>• 실종아동 등의 가족지원<br>• 기타 필요 사항<br>• 실종아동 등 발생 예방 및 조기발견을 위한 지침고시 | • 실종신고 접수 · 수색 및 수사<br>• 유전자검사 대상물 채취<br>• 관계장소 출입 · 조사<br>• 위반사항 과태료 부과 · 징수<br>• 실종아동 등 조기발견 지침이 준수되도록 교육 · 훈련의 실시에 관한 사항을 지도 · 감독 | • 경찰관서에 실종아동 등 발견 신고<br>※ 경찰청 실종아동찾기센터(국번 없이 182)<br>• 신상카드 작성 · 제출여부 지도 · 감독<br>• 관계장소 출입 · 조사<br>• 위반사항 과태료 부과 · 징수 | • 경찰관서에 실종아동 등 발견 신고<br>※ 경찰청 실종아동찾기센터(국번 없이 182)<br>• 신상카드 작성 제출 | • 실종아동 등이 신고되는 경우 실종아동 등 조기발견 지침에 따라 즉시 경보발령, 수색, 출입구 감시 등의 조치<br>• 시설 · 장소의 종사자에게 실종아동 등 조기발견 지침에 관한 교육 · 훈련 연 1회 실시<br>• 경찰관서에 교육 실적 보고 |

출처: 보건복지부 · 아동권리보장원(2021). 아동보호서비스 업무매뉴얼.

❖ 표 8-11 실종아동 · 장애인 발생 및 가족복귀 현황(2020. 12말 기준) (단위: 명)

| 연도 | 총계 | | 18세 미만 아동 | | 장애인(지적 · 자폐 · 정신) | |
|---|---|---|---|---|---|---|
| | 접수 | 미발견 | 접수 | 미발견 | 접수 | 미발견 |
| 2016년 | 28,412 | 8 | 19,870 | 5 | 8,542 | 3 |
| 2017년 | 28,481 | 12 | 19,956 | 5 | 8,525 | 7 |
| 2018년 | 30,861 | 22 | 21,980 | 10 | 8,881 | 12 |
| 2019년 | 29,911 | 174 | 21,551 | 99 | 8,360 | 75 |
| 2020년 | 26,224 | 152 | 19,146 | 105 | 7,078 | 47 |

※ (접수)해당년도 기준, (미발견)2020년 12월말 기준/미발견은 시간이 지남에 따라 감소됨.

출처: 경찰청통계(2020). 실종아동 · 장애인 발생 및 가족복귀현황.

### (4) 실종아동 보호업무 진행절차

무연고 아동 및 실종아동 등이 발생한 경우 지정된 일시보호센터로 이송 조치되어 보호된다. 다만 발생장소와 일시보호센터 간 거리가 멀거나, 발견시간이 늦어 일시보호센터로 이동하기가 곤란한 경우 등 불가피한 상황이 발생하면 인근 보호시설로 보호조치가 가능하다(1일 보호기준). 실종아동 등 발생 시 아동복지시설, 부랑인시설 등 사회복지시설에 분산 · 보호함으로써 이들의 소재추적이 어려워 장기실종으로 연계될 가능성 높아지고, 특히 장애인이 경우 지리 변별력, 의사 전달력, 상황 판단력이 일반인보다 낮아 보호자로부터 이탈될 경우 장기실종으로 연계되어 수색 · 수사등 사회적 · 경제적 비용이 유발되는 상황이다. 이러한 문제를 해결하기 위해 일시보호센터를 설치하여, 우선 보호조치하고, 신상카드 작성을 통해 실종아동전문기관에서 운영 중인 실종아동찾기 연계시스템(www.missingchild.or.kr)을 활용할 수 있도록 하고 있다. 또한 보호시설 및 정신의료기관 무연고자 점검을 철저히 하여 입소 · 전원 · 퇴소현황을 정확히 파악하는 데 노력을 기울이고 있는데 신상카드뿐만 아니라 DNA채취, 출입 · 조사, 실종아동전문기관의 신상카드 DB구축, 발생예방 사업, 홍보 · 교육 업무, 가족지원 등의 업무도 추진하고 있다.

### (5) 실종아동 보호 흐름도

실종아동 등 발생 시 진행되는 보호 흐름도는 다음과 같다.

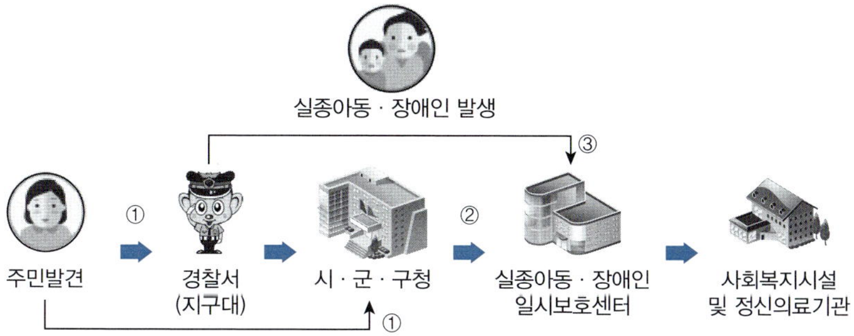


① 실종아동 · 장애인 발생 신고
② 주민신고 접수. 경찰관서(지구대)로부터 인계된 실종아동 · 장애인을 지자체의 장이 일시보호센터에 보호조치한 경우
③ 경찰관서(지구대)가 실종아동 · 장애인을 일시보호센터에 보호조치한 경우

❖ 그림 8-5 실종아동 · 장애인 보호 흐름도

출처: 보건복지부 · 아동권리보장원(2021). 아동보호서비스 업무매뉴얼.

### (6) 실종아동을 위한 서비스 및 정책

실종아동전문기관은 실종아동 및 장애인, 그 가족을 지원하는 국내 유일의 기관으로 2005년 12월 1일 제정된 '실종아동 등의 보호 및 지원에 관한 법률'에 의거 설립되었으며, 보건복지부에서 위탁한 유관기관으로써 그간 어린이재단에서 운영하였으나 2019년 7월 16일 '아동권리보장원'이 출범하면서 그 업무를 맡게 되었다. 아동권리보장원에서는 실종아동 및 장애인 가족을 지원하고, 가정 복귀 후 적응을 위한 상담 및 치료서비스를 제공하는 한편, 실종 발생 예방을 위한 연구, 교육 및 홍보활동을 펼치고 있다. 이외에도 실종아동 등 가족지원 사업 연구 및 조사, 실종아동 예방 콘텐츠 연구사업을 진행하고 협력체계구축으로 경찰청과 연계한 보호시설

일제점검 및 관계기관의 정기적인 간담회 등에 참여하며, 국외기관과의 협력·교류 사업을 추진하고 있다(미국 NCMEC 등 외국기관의 사업 벤치마킹). 또한 시설 보호아동 등의 신상카드 접수 및 열람제도를 두어 입소 경위, 발생사유, 신체 특성, 장애 여부, 인상착의 등을 기록한 신상카드(사진 부착) 접수와 나이별, 연도별, 시설별로 분류 가능한 데이터베이스를 구축하여 실종아동을 보다 효율적으로 찾을 수 있게 하고 있다.

경찰청에서는 지문 등 사전등록제도(실종아동 등의 보호 및 지원에 관한 법률 제7조의2)와 실종아동 등 유전자검사 제도(실종아동 등의 보호 및 지원에 관한 법률 제11조 제1항)를 진행하여 DB를 구축하여 정확하고 빠르게 실종자의 신원을 확인하여 가정으로 복귀가 가능하도록 하고 있다.

❖ 표 8-12 실종아동 찾기 주요사업

| 실종아동등 찾기 및 실종가족 지원 | |
|---|---|
| 실종 아동·장애인 찾기 지원 | • 실종아동등 찾기를 위한 유전자 코드화 및 DB 관리(경찰청-국립과학수사연구원 협력)<br>• 실종아동등 얼굴나이변환기술 활용 현재 추정 사진 제작(한국과학기술연구원 협력)<br>• 실종아동등 찾기를 위한 온·오프라인 홍보 (찾기 포스터 제작·배포, 외부 기관·기업 협력 찾기 홍보, 언론 연계 등)<br>• 경찰청 연계 일제수색 지원(경찰청 주관)<br>• 실종아동등과 관련한 실태조사 및 연구 |
| 실종가족 지원 | • 실종아동 등 찾기 물품(현수막, 전단지, 명함 등) 지원<br>• 실종가족들이 겪는 심리·정서적 문제 해결을 위한 심리상담 지원<br>• 실종아동등 찾기 활동 및 경제적 지원을 위한 활동비, 의료비 지원<br>• 상봉 서비스 지원<br>• 장애인 반복 실종 예방을 위한 위치추적단말기 지원 |
| **실종 예방 교육 및 홍보** | |
| 실종(미아·유괴) 예방 교육 | • 실종예방교육 강사 양성<br>• 아동·청소년, 교사, 부모 등 대상별 실종예방 교육 운영<br>• 실종예방을 위한 콘텐츠 등 제작·배포 |
| 실종(미아·유괴) 예방 홍보 | • 실종(미아·유괴) 예방을 위한 광고 및 캠페인 진행<br>• 온·오프라인 홍보매체 운영 |

| | |
|---|---|
| 실종아동의 날 및 실종아동 주간 행사 운영 | • 매년 5월 25일은 '세계 실종아동의 날'.<br>• 1979년 5월 25일 뉴욕에서 6세 아동이 등교 중 유괴 살해된 사건을 계기로, 실종아동에 대한 사회적 관심을 환기시키고자 미국에서 1983년에 '실종아동의 날'로 지정하였고, 이후 캐나다와 유럽 등 많은 국가에서 동참하고 있다. 우리나라에서도 2007년부터 기념하고 있으며, 2020년 법정기념일로 제정되있다. |

출처: 아동권리보장원(2022).

❖ 표 8-13 지문 등 대상자 별 사전등록 현황(22.4.30일 기준)

| 구분 | 계 | 18세 미만 아동 | 장애인 (지적 · 자폐성 · 정신) | 치매환자 |
|---|---|---|---|---|
| 대상자(명) | 8,691,523 | 7,710,946 | 351,435 | 629,142 |
| 등록실적(명) | 4,898,772 | 4,593,591 | 101,054 | 204,127 |
| 등록률(%) | 56.4% | 59.6% | 28.8% | 32.4% |

출처: 보건복지부, 경찰청, 아동권리보장원(2022). 제16회 실종아동의날 자료.

❖ 표 8-14 실종아동 등 유전정보 채취 현황(22. 4. 30일 기준)

(단위: 건)

| 총계 | 계 | 실종아동 등 | | | | 실종아동 등 보호자 |
|---|---|---|---|---|---|---|
| | | 소계 | 아동 | 장애인 (지적 · 자폐성 · 정신) | 치매환자 | |
| 총 누계 | 38,786 | 34,778 | 13,877 | 20,493 | 408 | 4,008 |
| 2021년 | 740 | 508 | 475 | 33 | 0 | 232 |
| 2022년 4월 | 288 | 217 | 174 | 35 | 8 | 71 |

출처: 보건복지부, 경찰청, 아동권리보장원(2022). 제16회 실종아동의날 자료.

❖ 표 8-15 지문 등 대상자별 사진등록 현황(22. 4. 30일 기준)

(단위: 건)

| 구분 | 계 | 아동 | 장애인 (지적 · 자폐성 · 정신) | 치매환자 |
|---|---|---|---|---|
| 총 누계 | 689 | 425 | 250 | 14 |
| 2021년 | 37 | 23 | 13 | 1 |
| 2022년 4월 | 9 | 4 | 5 | 0 |

출처: 보건복지부, 경찰청, 아동권리보장원(2022). 제16회 실종아동의날 자료.

### (7) 실종아동의 권리보호를 위한 향후 과제

실종아동의 권리보호를 위한 향후 과제를 살펴보면 먼저 실종체계를 통합적인 차원으로 관리하는 것이 바람직하다. 즉 아동이 실종된 후 보호체계를 일원화하고 실종아동전문기관과 경찰청 이외에 가장 중요한 당사자인 실종아동가족도 중요한 관계자로 포함되어야 하며, 미신고시설 및 종교시설에서의 불법양육이 이루어지지 않도록 보다 강력한 대책이 마련되어야 한다. 또한 실종아동 신고전화 '국번 없이 182'에 대해 일반시민을 대상으로 적극적인 홍보를 함으로써 신속한 신고를 유도하는 시민의식을 고취시켜야 한다.

CHAPTER 09

# 아동학대

1. 아동학대의 개념과 유형 | 2. 아동학대의 원인 | 3. 아동학대로 인한 문제 |
4. 학대아동을 위한 복지서비스 현황 | 5. 학대아동을 위한 복지대책

CHAPTER

# 09 아동학대

## 1 아동학대의 개념과 유형

### 1) 아동학대의 개념

#### (1) 어원 및 변천과정

아동학대의 어원은 1961년 미국에서 피학대증후군에서 비롯되었으며 부모나 양육자의 행위 또는 태만으로 인하여 초래되는 비우발적인 신체적 상처에 국한되어 아동학대라는 용어가 최초로 사용되었다. 아동학대의 개념은 시대와 사회에 따라 다양하게 정의되어 왔다. Gil(1970)은 아동학대를 아동의 평등한 권리와 자유를 박탈하거나 아동의 적절한 발달을 저해하는 행위나 방임상태, 그리고 제도, 사회의 행위나 태만을 모두 아동학대라고 정의하였고, Fontana(1970)은 아동의 건강한 발달에 필요한 정서적, 물질적 요구의 결손은 소극적 형태의 학대이며 언어적 학대나 구타는 적극적인 형태의 학대로 구분하여 정의하였다(한성심 · 송주미, 2014). 아동학대가 사회문제화가 되지 못한 원인은 부모가 훈육할 목적으로 하는 체벌을 당연시하는 사회적 분위기와 자녀양육은 개별 가족의 사적 영역으로 간주함으로써 체벌이 학대인지도 모르는 가정이 많았기 때문이었다.

아동학대의 개념은 학대의 범위를 어떻게 잡느냐에 따라 협의의 정의와 광의의 정의로 나눈다.

### (2) 협의의 개념

아동학대를 협의의 의미로 정의할 때는 주로 아동학대의 대표적 유형이라고 할 수 있는 신체적 학대로 제한하는 경우로, 아동에게 관찰 가능한 상해를 입힌 행위를 의미하거나, 우발적 사고에 의한 것이 아니라 부모나 아동보호자의 행위나 태만의 결과로 인해 아동에게 신체적 상해를 입힌 행위를 의미한다(이신영, 2016). 이는 신체에 관찰 가능한 상처를 초래한 행위로 판정하기가 확실하고, 의학적 검증이 용이한 장점이 있다. 그러나 우연으로 인한 상처와 가해로 인한 상처를 분별하지 못하는 경우도 있고, 학대를 하였어도 관찰 가능한 상처가 없는 경우 학대로 볼 수 없는 경우도 있다. 그러므로 협의의 의미의 아동학대는 보호자가 아동을 의도적으로 학대하는 행위로, 신체적 학대와 같이 그 행위의 결과가 명백히 나타나는 것을 의미한다.

### (3) 광의의 개념

아동학대에 관한 광의의 정의는 아동에게 가해진 실제적인 해 이외의 잠재적인 해까지 포함하는 것이다. 1999년 3월 제네바에서 열린 아동학대예방에 관한 회의에서 세계보건기구는 아동학대를 아동의 양육에 책임을 지고 있거나 신뢰관계에 있거나 권위를 가진 사람에 의한 모든 형태의 신체적, 정서적으로 가혹한 처사, 성학대, 방임 또는 보호의 태만 및 상업적이거나 다른 형태의 착취로 인하여 아동의 건강, 생존, 발달 및 존엄성에 해를 끼치거나 그러한 가능성을 초래하는 것으로 정의하였다. 즉, 적극적인 학대 행위와 부적절한 양육태도, 거부, 방임까지 구분하지 않고, 보호자를 포함한 주변의 모든 환경이 아동의 적절한 발달이나 복지의 보장을 현재 저해하고 있거나 앞으로 저해 가능성이 있는 것, 아동의 욕구충족에 실패한 환경까지 아동학대에 포함된다.

이러한 광의의 아동학대 개념의 적용은 학대의 예방에 도움이 되지만 너무 광범위해 실제 적용에는 한계가 있다. 그러나 좁은 의미의 아동학대는 심리적 학대와 같은 보이지 않거나 드러나지 않는 학대의 심각성이 간과될 위험성이 있기 때문에 보다 넓은 의미의 아동학대의 개념으로 아동의 권리보호 및 예방적 개입을 지지할 수 있도록 이해해야 한다. 실제 개입과 사후조치는 협의 개념을 근거로 이루어지고 있어 아동학대 서비스를 위해서는 상호보완적 적용을 필요로 한다.

#### (4) 법적 개념

아동학대의 법적개념은 아동복지법에서 '아동학대란 보호자를 포함한 성인이 아동의 건강 또는 복지를 해치거나 정상적 발달을 저해할 수 있는 신체적 · 정신적 · 성적 폭력이나, 가혹행위를 하는 것과 아동의 보호자가 아동을 유기하거나 방임하는 것을 말한다(아동복지법 제3조 제7호)'라고 규정함으로써 적극적 가해 행위뿐만 아니라 소극적 의미의 방임 행위까지 아동학대의 정의에 명확히 포함하고 있다. 방임에는 '의식주를 포함한 기본적 보호 · 양육 · 치료 및 교육을 소홀히 하는 행위를 포함하며, 유기는 보호자가 아동을 보호하지 않고 버리는 행위'를 의미한다고 규정하였다. 학대피해아동이란 성인에 의한 아동학대범죄로 인하여 직접적으로 피해를 입어 보호가 필요한 만18세 미만의 아동을 말하며, 성인은 만 19세 이상인 사람을 말하고(민법 제4조), 보호자는 친권자, 후견인, 아동을 보호 · 양육 · 교육하거나 그러한 의무가 있는 자 또는 업무 · 고용 등의 관계로 사실상 아동을 보호 · 감독하는 자를 말한다(아동복지법 제3조 제3호, 아동학대처벌법 제2조 제2호).

### 2) 아동학대의 유형[1)]

#### (1) 신체적 학대(physical abuse)

신체적 학대는 부모 또는 보호자를 포함한 성인이 아동에게 우발적인 사고가 아

1) 정미현(2014)를 참고하여 작성하였음.

닌, 의도적으로 아동에게 신체적 손상을 입히거나 또는 신체손상을 입도록 한 모든 행위를 말하며 생후 36개월 이하의 영아에게 가해진 체벌은 어떠한 상황에서도 심각한 신체학대라고 할 수 있다. 구체적인 신체적인 학대 행위는 떠밀고 움켜잡는 행위, 뺨을 때리는 행위, 벨트 등 도구를 사용하여 때리는 행위, 발로 차거나 물어뜯고 주먹으로 치는 행위, 팔, 다리 등을 심하게 비틀어 쥐어짜는 행위, 뜨거운 물이나 물체, 담뱃불 등으로 화상을 입히는 행위 등이다.

❖ 표 9-1 신체학대 행위 예

| | |
|---|---|
| 내 용 | 보호자를 포함한 성인이 아동에게 우발적인 사고가 아닌 상황에서 신체적 손상을 입히거나 또는 신체손상을 입도록 허용한 모든 행위를 말한다. |
| 구체적인 신체학대 행위 예 | • 직접적으로 신체에 가해지는 행위(손, 발 등으로 때림, 꼬집고 물어뜯는 행위, 조르고 비트는 행위, 할퀴는 행위 등)<br>• 도구를 사용하여 신체를 가해하는 행위(도구로 때림, 흉기 및 뾰족한 도구로 찌름 등)<br>• 완력을 사용하여 신체를 위협하는 행위(강하게 흔듦, 신체부위 묶음,벽에 밀어붙임, 떠밀고 잡음,아동 던짐,거꾸로 매담,물에 빠트림 등)<br>• 신체에 유해한 물질로 신체에 가해지는 행위(화학물질 혹은 약물 등으로 신체에 상해를 입히는 행위, 화상을 입힘 등) |
| 신체적 징후 | • 설명하기 어려운 신체적 상흔<br>• 발생 및 회복에 시간차가 있는 상처<br>• 비슷한 크기의 반복적으로 긁힌 상처<br>• 사용된 도구의 모양이 그대로 나타나는 상처<br>• 담배 불 자국, 뜨거운 물에 잠겨 생긴 화상자국,회음부에 있는 화상자국, 알고 있는 물체모양(다리미 등)의 화상자국,회복속도가 다양한 화상자국<br>• 입, 입술, 치은, 눈, 외음부 상처<br>• 긁히거나 물린 자국에 의한 상처<br>• 손목이나 발목에 긁힌 상처, 영유아에게 발견된 붉게 긁힌 상처<br>• 성인에 의해 물린 상처<br>• 겨드랑이, 팔뚝 안쪽, 허벅지 안쪽 등 다치기 어려운 부위의 상처<br>• 대뇌 출혈, 망막출혈, 양쪽 안구 손상, 머리카락이 뜯겨나간 두피 혈종 등을 동반한 복잡한 두부 손상<br>• 고막 천공이나 귓불이 찢겨진 상처와 같은 귀 손상<br>• 골격계 손상, 시간차가 있는 골절, 치유 단계가 다른 여러 부위의 골절, 복합 및 나선형 골절, 척추 손상(특히, 여러 군데의 골절), 영・유아의 긴 뼈에서 나타나는 간단 골절, 회전상 골절, 걷지 못하는 아이에게서 나타나는 대퇴골절, 골막하 출혈의 방사선 사진, 골단 분리, 골막 변형, 골막 석회화 |

| | |
|---|---|
| | • 간혈종, 간열상, 십이지장 천공, 궤양 등과 같은 복부손상<br>• 폐 좌상, 기흉, 흉막삼출과 같은 흉부손상 |
| 행동적 징후 | • 어른과의 접촉회피<br>• 다른 아동이 울 때 공포를 나타냄<br>• 공격적이거나 위축된 극단적 행동<br>• 부모에 대한 두려움<br>• 집에 가는 것을 두려워함<br>• 위험에 대한 지속적인 경계 |

출처: 아동권리보장원(2022).

### (2) 정서적 학대(emotional abuse)

정서적 학대는 언어적, 정신적, 심리적 학대라고도 하며, 보호자나 양육자가 아동에게 언어적, 정서적 위협, 감금이나 억제, 기타 가학적인 행위를 하는 것을 말한다. 정서적 학대는 눈에 두드러지게 보이는 것도 아니고 당장 그 결과가 심각하게 나타나지 않기 때문에 그냥 지나칠 수도 있다는 점에서 더욱 유의하여야 한다. 아동의 자아존중감과 정서를 손상시키는 정서적 학대의 구체적인 행위로는 비난, 위협, 인격 모욕, 인격 무시, 아동에게 욕설을 퍼붓는 행위, 감금 행위, 집 밖으로 내쫓겠다고 하거나 원망적, 거부적인 언어를 사용하는 행위, 아동발달 수준에 적절하지 않은 비현실적인 기대로 아동을 괴롭히는 행위, 강제로 삭발시키는 행위, 아동이 보는 앞에서 자주 부부싸움을 하거나 배우자를 폭행하는 행위, 다른 아동 및 형제들과 부정적으로 비교, 차별, 편애하는 행위, 가족 내에서 왕따시키는 행위, 아동을 시설 등에 버리겠다고 반복적으로 위협하거나 짐을 싸서 내보내는 행위, 미성년자 출입금지업소에 지속적으로 데리고 다니는 행위, 돈을 벌어오라고 위협하거나 아동의 나이에 적절하지 않는 과도한 일을 시키는 행위, 보호자의 종교행위 강요, 다른 아동을 학대하도록 강요하는 행위 등이다. 경우에 따라 훈육인지 학대인지 분간하기 어려울 경우도 있지만, 의도적이고 반복적이면 학대라고 볼 수 있다.

❖ 표 9-2 정서학대 행위 예

| 내 용 | 보호자를 포함한 성인이 아동에게 행하는 언어적 모욕, 정서적 위협, 감금이나 억제, 기타 가학적인 행위를 말하며 언어적, 정신적, 심리적 학대라고도 한다. |
|---|---|
| 구체적인 정서학대 행위 예 | • 원망적/거부적/적대적 또는 경멸적인 언어폭력 등<br>• 잠을 재우지 않는 것<br>• 벌거벗겨 내쫓는 행위<br>• 형제나 친구 등과 비교, 차별, 편애하는 행위<br>• 가족 내에서 왕따 시키는 행위<br>• 아동이 가정폭력을 목격하도록 하는 행위<br>• 아동을 시설 등에 버리겠다고 위협하거나 짐을 싸서 쫓아내는 행위<br>• 미성년자 출입금지 업소에 아동을 데리고 다니는 행위<br>• 아동의 정서 발달 및 연령상 감당하기 어려운 것을 강요하는 행위(감금, 약취 및 유인, 아동 노동 착취)<br>• 다른 아동을 학대하도록 강요하는 행위 |
| 신체적 징후 | • 발달지연 및 성장장애<br>• 신체발달저하 |
| 행동적 징후 | • 특정물건을 계속 빨고 있거나 물어뜯음<br>• 행동장애(반사회적, 파괴적 행동장애)<br>• 신경성 기질 장애(놀이장애)<br>• 정신신경성 반응(히스테리, 강박, 공포)<br>• 언어장애<br>• 극단행동, 과잉행동, 자살시도<br>• 실수에 대한 과잉 반응<br>• 부모와의 접촉에 대한 두려움 |

출처: 아동권리보장원(2022).

### (3) 성학대(sexual abuse)

성학대란 보호자를 포함한 성인이 자신의 성적 만족을 위해 아동의 신체에 접촉하는 행위를 말하며, 아동과 성인 사이의 부적절한 성적인 행동 및 아동에게 성적 수치심을 주는 성희롱, 성폭행, 아동에게 음행을 시키거나 음행을 매개하는 행위 등을 모두 포함한다. 가족 내 성학대는 가족 및 친인척 사이에서 발생하는 형태를 말하며, 가족 외부의 성학대는 아동과 안면이 있는 사람 혹은 낯선 사람에게서 발생되는 형태를 말한다. 일반적으로 강간은 두려움이나 강압적인 힘으로 성적 행위를 하는 것을 의미하는데 아동 성학대 역시 두려움이나 힘을 이용하지만 다른 방법도 사용한다. 즉, 놀이를 통해 착각하게 하거나 아동을 사랑하는 사람들로부터 심리적으로 고립되도록 조정하고, 성인의 권위로 강요하며, 움직일 수 없도록 물리적인 억압을 하고, 위협이나 공포를 조성하는 방법이 이에 속한다. 이러한 경우 아동학대의 조기발견은 어렵다.

성학대의 구체적인 행위는 접촉성 행위와 비접촉성 행위로 구분된다. 성인이 아동에게 자신의 성기나 신체를 접촉하게 하거나 아동의 성기를 만지는 행위, 아동 앞에서 옷을 벗으며 자신의 성기를 만지는 행위, 아동의 옷을 강제로 벗기거나 키스를 하는 행위, 성적유희, 성기 및 자위행위 장면의 노출, 관음증, 성기삽입, 성적 접촉, 강간 등과 같은 접촉 행위, 보호자의 부부관계 및 자위행위 목격 등으로 아동이 부적절하게 성에 노출되는 것, 성매매업소에 아동을 데리고 가는 행위, 포르노비디오를 아동에게 보여 주거나 포르노물을 판매하는 행위, 아동 매춘이나 매매를 하는 행위 등이다.

❖ **표 9-3** 성학대 행위 예

| 내 용 | 보호자를 포함한 성인이 자신의 성적 충족을 목적으로 18세 미만의 아동에게 행하는 모든 성적 행위를 말한다. |
|---|---|
| 구체적인 성학대 행위 예 | • 자신의 성적만족을 위해 아동을 관찰하거나 아동에게 성적인 노출을 하는 행위(옷을 벗기거나 벗겨서 관찰하는 등의 관음적 행위, 성관계 장면을 노출, 나체 및 성기 노출, 자위행위 노출 및 강요, 음란물을 노출하는 행위 등)<br>• 아동을 성적으로 추행하는 행위(구강추행, 성기추행, 항문추행, 기타 신체부위를 성적으로 추행하는 행위 등)<br>• 아동에게 유사성행위를 하는 행위(드라이성교 등)<br>• 성교를 하는 행위(성기삽입, 구강성교, 항문성교)<br>• 성매매를 시키거나 성매매를 매개하는 행위 |

| | |
|---|---|
| 신체적 징후 | • 신체적 지표<br>- 학령 전 아동의 성병감염<br>- 임신<br>• 생식기의 증거<br>- 아동의 질에 있는 정액<br>- 찢기거나 손실된 처녀막<br>- 질에 생긴 상처나 긁힌 자국<br>- 질의 홍진(紅疹)<br>- 배뇨곤란<br>- 요도염<br>- 생식기의 대상포진<br>• 항문증후<br>- 항문 괄약근의 손상<br>- 항문주변의 멍이나 찰과상<br>- 한문 내장이 짧아지거나 뒤집힘<br>- 항문 입구에 생긴 열창<br>- 항문이 좁아짐<br>- 회음부의 동통과 가려움<br>- 변비<br>- 대변에 혈액이 나옴<br>• 구강증후<br>- 입천장의 손상<br>- 인두(咽頭)임질(pharyngeal gonorrhea) |
| 행동적 징후 | • 성적 행동지표<br>- 나이에 맞지 않는 성적행동<br>- 해박하고 조숙한 성지식<br>- 명백하게 성적인 묘사를 한 그림들<br>- 타인과의 성적인 상호관계<br>- 동물이나 장난감을 대상으로 하는 성적인 상호관계<br>• 비(非)성적인 행동지표<br>- 위축, 환상, 유아적 행동(퇴행행동)<br>- 자기 파괴적 또는 위험을 무릅쓴 모험적인 행동<br>- 충동성, 산만함 및 주의집중장애<br>- 혼자 남아 있기를 거부 또는 외톨이<br>- 특정 유형의 사람들 또는 성에 대한 두려움<br>- 방화/동물에게 잔혹함(주로 남아의 특징)<br>- 비행, 가출 |

| | |
|---|---|
| | - 약물 및 알콜 남용<br>- 자기 파괴적 행동(자살시도)<br>- 범죄행위<br>- 우울, 불안, 사회관계의 단절<br>- 수면장애<br>- 유뇨증/유분증<br>- 섭식장애(폭식증/거식증)<br>- 야뇨증<br>- 외상 후 스트레스 장애<br>- 저조한 학업수행 |

출처: 아동권리보장원(2022).

### (4) 방임(neglect) 및 유기(abandonment)

방임이란 고의적, 반복적으로 보호자가 아동에게 위험한 환경에 처하게 하거나 아동에게 필요한 의식주, 의무교육, 의료적 조치 등을 제공하지 않아 정상적인 발달을 저해하는 모든 행위를 말한다(아동복지법 제3조 제7호). 방임은 아동이 위험한 환경에 처하거나 충분한 영양을 공급받지 못해 발육부진이 되는 경우가 많으며, 나이 어린 아동에게는 치명적인 결과(장애)를 가져오거나 사망에까지 이르게 한다. 유기는 보호자가 아동을 보호하지 않고 버리는 행위를 말한다.

이러한 방임이나 유기는 발달상황에 놓여있는 아동에게 다양한 측면에서 잠재되어 있는 파생적인 문제들이 발견될 수 있다. 방임은 물리적 방임, 교육적 방임, 의료적 방임으로 구분된다.

#### ① 물리적 방임

물리적 방임은 아동에게 의식주를 제공하지 않거나 아동을 장시간 위험하고 불결한 주거환경에 그대로 방치하는 것을 의미한다. 상해와 위험으로부터 아동을 보호하지 않는 행위, 아동의 출생신고를 하지 않는 행위, 보호자가 아동들을 가정 내 두고 가출하는 경우, 보호자가 아동을 병원에 입원시키고 사라진 경우, 보호자가 아동을 시설 근처에 두고 사라진 경우, 보호자가 친족에게 연락하지 않고 무작정 아동을 친족집 근처에 두고 사라진 경우 등이다.

#### ② 교육적 방임

교육적 방임은 학교에 무단결석을 하여도 고의적으로 방치하거나 취학연령이 되었어도 학교(의무교육)에 보내지 않는 행위, 숙제 및 준비물을 챙겨주지 않는 행위가 해당된다. 아동의 무단결석[2)]을 허용하는 행위, 특별한 교육적 욕구를 소홀히 하는 행위 등이 이에 속한다.

#### ③ 의료적 방임

의료적 방임은 예방접종을 제때에 하지 않거나 필요한 의료적 처치를 소홀히 하거나 하지 않는 행위, 장애아동에 대한 치료적 개입을 거부하는 경우를 의미한다.

❖ **표 9-4** 방임 행위 예

| | |
|---|---|
| **내 용** | 보호자가 아동에게 위험한 환경에 처하게 하거나 아동에게 필요한 의식주, 의무교육, 의료적 조치 등을 제공하지 않는 행위를 말하며, 유기란 보호자가 아동을 보호하지 않고 버리는 행위를 말한다. |
| **방임유형의 예** | • 물리적 방임<br>- 기본적인 의식주를 제공하지 않는 행위<br>- 불결한 환경이나 위험한 상태에 아동을 방치하는 행위<br>- 아동의 출생신고를 하지 않는 행위, 보호자가 아동들을 가정 내 두고 가출한 경우<br>- 보호자가 친족에게 연락하지 않고 무작정 아동을 친족 집 근처에 두고 사라진 경우 등<br>- 아동을 병원에 입원시키고 사라진 경우 |

2) 정당한 사유 없이 계속하여 7일 이상 결석을 하는 경우(초·중등교육법시행령).

| | |
|---|---|
| | • 교육적 방임<br>- 보호자가 아동을 특별한 사유 없이 학교(의무교육)에 보내지 않거나 아동의 무단결석을 방치하는 행위<br>※의무교육은 6년의 초등교육 및 3년의 중학교를 의미함(교육기본법 제8조 제1항)<br>- 초등학교 및 중학교의 장은 해당 학교에 취학할 예정인 아동이나 취학 중인 학생이<br>① 입학・재취학・전학 또는 편입학 기일 이후 2일 이내에 입학・재취학・전학 또는 편입학하지 아니한 경우,<br>② 정당한 사유 없이 계속하여 2일 이상 결석하는 경우,<br>③ 학생의 고용자에 의하여 의무교육을 받는 것이 방해당하는 때 지체 없이 그 보호자 또는 고용자에게 해당 아동이나 학생의 취학 또는 출석을 독촉하거나 의무교육을 받는 것을 방해하지 아니하도록 경고하여야 함(초・중등교육법 시행령 제25조)<br>• 의료적 방임<br>- 아동에게 필요한 의료적 처치 및 개입을 하지 않는 행위<br>• 유기<br>- 아동을 보호하지 않고 버리는 행위<br>- 시설근처에 버리고 가는 행위 |
| 신체적 징후 | • 발달지연 및 성장장애<br>• 비위생적인 신체상태<br>• 예방접종과 의학적 치료 불이행으로 인한 건강상태 불량<br>• 아동에게 악취가 지속적으로 나는 경우 |
| 행동적 징후 | • 계절에 맞지 않는 부적절한 옷차림<br>• 음식을 구걸하거나 훔침<br>• 비행 또는 도벽<br>• 학교에 일찍 등교하고 집에 늦게 귀가함<br>• 지속적인 피로 또는 불안정감 호소<br>• 수업 중 조는 태도<br>• -잦은 결석 |

출처: 아동권리보장원(2022).

# 2 아동학대의 원인[3)]

## 1) 요인별 분석

### (1) 아동과 부모의 개인적인 요인

#### ① 아동의 요인

아동의 특성인 기질, 건강상태, 장애 및 발달지체, 문제행동, 출생상황 등이 부모의 경제적, 심리적 부담을 유발하고, 부모자녀 간의 유대 형성을 방해하여 학대를 유발한다고 보는 입장이다. 미숙아, 기형아, 만성 혹은 급성질환아, 신체적 · 정신적 · 기질적으로 특이하거나 장애를 가진 아동, 운동 및 언어 등 발달이 늦은 아동, 심하게 보채거나 밤에 잘 자지 않는 아동, 문제행동을 보이는 아동, 음식을 먹거나 잠을 자는 데 어려움이 있는 아동, 사회적 반응의 결핍, 고집스런 울음과 외모, 수유의 어려움, 분리 불안의 결함, 자신감 결여, 지나친 경계, 무반응, 겁이 많음, 적대적 행위, 충동적 특성, 폭력적 행동, 고집이 셈, 대인 관계에 둔감하고 매력이 없음, 운동 조절 결함 등이 있는 아동이 많다.

#### ② 부모요인

부모의 특성에 의해 아동학대가 발생한다고 보는 입장으로 부모의 정신병리적 요인(정실질환)으로 학대가 이루어지기도 하며, 심리적 특성 및 성격구조의 문제(어린 시절 적대, 비난, 처벌, 무시, 복종, 과잉기대 등에 의해 발생), 아동의 심리를 잘 몰라 아동에 대한 비현실적 기대나 아동의 행동을 확대 또는 축소 해석하는 경우, 각 발달단계에서 아동의 특성에 대한 부모의 반응이 역기능적일 때 아동학대가 발생한다. 또한 부모의 미성숙, 아동양육에 대한 지식부족, 잦은 가정의 위기, 정서적 욕구

3) 이한우 외(2012)를 참고하여 작성하였음.

불만, 사회적 고립, 부모의 학대 경험, 알코올이나 약물 등에 중독된 부모, 부모의 그릇된 아동관 및 양육관, 그 외 낮은 자아존중감, 낮은 감성, 의기소침, 분노/좌절, 성적 욕구와 같은 충동과 감정조절의 무능력, 원치 않는 아동, 불안, 우울증, 기타 정신질환 등이 아동학대 가능성 높은 부모의 특성이다.

### (2) 가족요인

가족구조에 의한 아동학대의 경우는 양부모, 재혼가족, 결손가정, 확대가족, 미성년부부가족에 따라 특성을 가지며, 가족의 상호작용이 부정적일 때, 가정의 경제사정이 열악할 때 아동학대의 발생이 빈번하게 된다. 가족관계의 문제, 가족구조의 문제, 사회적 고립 및 사회적 지지체계의 결여, 학대의 대물림 등도 대표적인 가족요인에 의한 학대요인이다.

### (3) 사회문화적 요인

체벌, 폭력, 아동양육에 대한 사회적 태도 및 사회 전반의 분위기 등이 사회문화적 요인에 의한 학대 원인으로 포함된다. 가족의 영역이 점차 사적인 영역으로 고립화되면서 아동양육이 부모의 고유한 영역이라는 사회인식이 아동학대를 조장하며, 신체적인 체벌에 대해 허용적인 문화나 아동을 존중하지 않는 문화, 자식에 대한 소유 의식이 강한 문화 등도 아동학대를 허용하게 만든다.

### (4) 생태학적 요인

여러 요인이 상호작용하여 아동학대가 발생하게 된다고 본다. 미시체계로 가족이 처한 상황적 조건이나 외부체계인 취업상태, 자원의 분배, 사회적 혜택 등이, 거시체계인 사회의 가치관, 분위기 등이 복합적으로 원인이 된다고 보는 입장이다.

### 2) 아동학대 원인을 설명하는 이론

아동학대의 원인에 관한 이론은 정신병리학적 모델, 발달론적 모델, 사회적 모델, 사회적 상호작용 모델, 생태학적 관점 등이 있다. 먼저 정신병리학적 모델은 가해자의 정신병리에 초점을 두며, 발달론적 모델은 아동이 가지는 특성이 학대 및 방임을 유발한다는 관점이다. 사회적 모델은 아동과 가족을 둘러싼 사회적 요인이 가해자로 하여금 아동학대를 유발한다고 강조하고, 사회적 상호작용 모델은 잘못된 자녀양육 방법이 자녀에게 주는 영향에 초점을 두고 부모－자녀의 상호작용 과정 속에서 발생하는 학대를 이해하려고 한다. 위의 네 이론은 학대의 다양한 원인과 그 원인 간의 복합적 상호작용을 반영하지 못하고 있는 한계가 있어서, 최근 들어 아동학대의 원인으로 생태학적 관점이 중요시되고 있다. 생태학적 관점은 아동학대의 위험 요인과 보호 요인을 함께 설명할 수 있는 장점을 가지고 있는데, 이는 탄력성 이론(resiliency theory)을 기반으로 하여 아동학대의 위험 요인이 보호 요인을 능가할 때 아동학대가 발생할 가능성이 높음을 전제로 하고 있다. 특히 아동학대의 위험 요인이 동시에 여러 개 존재할 때에는 아동학대의 발생 가능성이 기하급수적으로 증가한다는 이론이다(노충래, 2012).

## 3 아동학대로 인한 문제

### 1) 신체적 학대아동의 문제

신체학대를 받은 아동은 자아발달, 인지발달, 사회·정서발달에 문제를 가진다. 어른과의 접촉을 회피하며 공격적이거나 위축적인 극단적 행동을 보이고, 부모에 대한 두려움, 집에 가는 것을 두려워한다. 위험에 대한 지속적인 경계를 보이며, 부모가 손상을 알려오기도 한다. 표현과 자아개념 형성에서 문제를 나타내는데 감동하지 않고, 울거나 웃지 않으며, 호기심이 없고, 놀지 못한다. 혼자 있는 것을 싫어하며, 복잡하고 성가신 활동을 하기 싫어한다. 그리고 어휘가 부족하고 언어발달이 늦으며, 주의 집중 시간이 짧다. 특히 또래와의 관계를 기피하거나 공격적이고, 다른 사람의 물건을 무조건 빼앗는다. 부모와의 관계에도 문제성을 보이는 데 부모와 떨어져도 슬퍼하지 않으며, 부모의 반응을 끊임없이 살피고, 부모의 명령에 반항하기도 한다. 다른 성인과의 관계에서 보는 사람마다 사랑을 구하지만, 신체적 접촉은 피한다. 칭찬에 부정적으로 반응하며, 항상 관심과 물건들을 더 원하는 것처럼 보인다.

### 2) 정서적 학대아동의 문제

정서적으로 학대받은 아동 역시 자아발달, 인지발달, 사회발달에 있어 문제를 가진다. 성장장애, 신체발달 저하, 언어장애가 있으며, 특정 물건을 계속 빨고 있거나 물어뜯고, 몸을 흔들거나 빨아 스스로를 위로한다. 놀지 않고, 깊이 잠들지 못하며, 수동적이고 순종적이거나 공격적이고 도전적이다. 그리고 행동장애(반사회적, 파괴적 행동장애)를 보인다. 신경성 기질(수면장애, 놀이장애)과 정신신경성 반응(히스테리, 강박), 극단행동, 발달지연, 정신지체, 공격적 행동, 자해 및 자살행동, 낮은 자존감, 불안감, 또래관계의 어려움 등의 증세를 보인다. 어순을 혼동하거나 언어발달이 늦으며 또래관계에서 사회적 기술이 매우 부족하다. 무감각하게 부모와 떨어져 앉거나 부모의 환심을 사려고 애쓴다. 산만하고, 무반응적이고 까다롭고, 부모를 살피지만 눈이 마주치는 것은 피한다. 다른 성인과의 관계에서 관심을 끌려고 하며, 항상 뭔가 더 필요하고 부족해 보인다.

특히 특성상 가해자가 친부모인 아동학대는 대부분 심리적 상처가 크기 때문에 적절한 심리치료가 필요하며, 적절한 심리치료를 받지 않으면 성인이 되어 사회생활을 하는 데 부정적 영향을 미치기도 하고, 학대와 관련한 경험으로 인해 또 다른 학대를 유발하기도 한다. 주로 학대로 인해 아동에게 가장 보편적으로 나타나는 심리·정서적 후유증은 자아개념의 왜곡을 가져온다.

### 3) 성적 학대아동의 문제

유아기에 성적 학대를 받은 경우 죄의식, 두려움, 우울, 부정적 자아개념을 갖고 있으며 사회적 기술이 미숙하다. 근친이나 가까운 사람에게 성적 학대를 당한 경우에 억압된 분노와 적대감을 갖는다. 그리고 신뢰감이 부족하고, 역할에 대한 상능 및 혼란을 경험하며, 발달과업 수행이 비성숙하고, 자기통제력이 부족하다. 수면장애, 신경질, 가해자에 대한 공포심과 불안증세가 두드러지거나 시간이 경과하면서 나이에 부적합한 행동, 관심을 끌고자 하는 행동, 지나치게 의존하는 행동들을 한다. 청소년시기에 이르면 성적 방종·고독·우울·슬픔 등의 자아개념 손상과 관련된 행동변화 및 비행, 가출, 성적 모독에 대한 호소 등이 있다. 복부통증, 구토, 요도관 감염, 인두감염, 성병, 성도착 등의 증세, 갑작스런 체중감소나 증가, 수면장애, 강박적인 자위행위, 조숙한 성적놀이, 퇴행행동, 배변훈련의 실패, 잦은 목욕, 이유 없는 울음, 자폐적 행동 이외에도 우울증, 무단결석, 가출, 자기파괴적 행동 및 약물남용증세를 보인다.

### 4) 방임아동의 문제

방임에 의한 신체적 문제는 지속적인 배고픔, 불결한 위생상태, 부적절한 옷차림, 신체허약, 의학적 치료와 치과적 치료의 부족, 지속적인 피로, 불안정감, 수업 중 과도하게 조는 태도 등이며, 행동적 문제는 음식을 구걸하거나 훔침, 비행 또는 도둑질, 학교에 일찍 등교하거나 집에 늦게 귀가하는 것, 무단결석 등이다.

# 4 학대아동을 위한 복지서비스 현황

## 1) 아동학대 현황

### (1) 학대아동 증가현황

보건복지부의 '2020 아동학대 연차보고서(2021. 8. 31.)'에 의하면 2020년 국내 아동학대는 30,905건이 발생하여 2019년(30,045건)에 비해 2.9% 증가하였다. 국내 아동학대 사례는 2016년 전년 대비 59.6% 늘어난 이후 2017년 19.6%, 2018년 10.0%, 2019년 22.1% 등 최근 크게 증가해 왔다. 2020년 아동학대로 사망한 어린이는 43명이며, 사망한 아동 중 1세 이하(24개월 미만) 영아가 27명(62.8%)으로 가장 많았다. 사망사례 학대행위자의 직업 유형을 보면 무직이 22명(43.1%)으로 가장 많은 것으로 나타났다. 다음으로는 서비스 및 판매종사자의 비율(15.7%)이 높았다.

2020년 피해아동의 발견율은 4.2%로 2019년 3.81% 대비 0.21% 증가하였고, 아동학대에 대한 사회적 관심이 높아지면서 매년 피해아동 발견율은 꾸준히 늘어나고 있으나 미국의 아동학대 발견율 8.9%(2019년 기준)에 비해 상당히 낮은 수준이다.

❖ 표 9-5 아동학대 신고 및 판단건수 (단위: 건)

| 구분 | 2015년 | 2016년 | 2017년 | 2018년 | 2019년 | 2020년 |
|---|---|---|---|---|---|---|
| 전체 신고건수 | 19,214 | 29,674 | 34,169 | 36,417 | 41,389 | 42,251 |
| 국내 신고건수 | 19,203 | 29,671 | 34,166 | 36,416 | 41,389 | 42,247 |
| 해외 사례 | 11 | 3 | 3 | 1 | 0 | 4 |
| 아동학대 의심사례건수 | 16,651 | 25,878 | 30,923 | 33,532 | 38,380 | 38,929 |
| 학대 판단건수 | 11,715 | 18,700 | 22,367 | 24,604 | 30,045 | 30,905 |

출처: 보건복지부(2021). 2020년 아동학대 연차보고서.

❖ 표 9-6 아동학대 사망사고 발생 현황 (단위: 건)

| 구분 | 2015년 | 2016년 | 2017년 | 2018년 | 2019년 | 2020년 |
|---|---|---|---|---|---|---|
| 사망자 수 | 16 | 36 | 38 | 28 | 42 | 43 |

출처: 보건복지부(2021). 2020년 아동학대 연차보고서.

❖ 표 9-7 사망사례 학대행위자 직업 유형 (단위: 명, %)

| 구분 | | 사망사례 학대행위자 | |
|---|---|---|---|
| | | 인원 | 비율 |
| 학대행위자 직업 유형 | 기능원 및 관련 기능 종사자 | 1 | (2.0) |
| | 기술공 및 준전문가 | 2 | (3.9) |
| | 단순노무종사자 | 2 | (3.9) |
| | 서비스 및 판매종사자 | 8 | (15.7) |
| | 자영업 | 1 | (2.0) |
| | 전문직 | 3 | (5.9) |
| | 무직 | 22 | (43.1) |
| | 기타(자료 없음 등) | 12 | (23.5) |
| 총계 | | 51 | (100.0) |

출처: 보건복지부(2021). 2020년 아동학대 연차보고서.

❖ 표 9-8 아동학대 발견율 (단위: %)

| 구분 | 2015년 | 2016년 | 2017년 | 2018년 | 2019년 | 2020년 |
|---|---|---|---|---|---|---|
| 아동학대 발견율 | 1.32 | 2.15 | 2.64 | 2.98 | 3.81 | 4.02 |

출처: 보건복지부(2021). 2020년 아동학대 연차보고서.

### (2) 아동학대 유형별 현황

아동학대의 유형을 보면 2020년 기준 30,905건 중 중복학대가 14,934건(48.32%)으로 가장 높은 비율을 차지하고 있으며, 정서학대 8,732건(28.25%), 신체학대 3,807

건(12.32%), 방임 2,737건(8.86%), 성학대 695건(2.25%)의 순으로 나타났다(보건복지부, 2021).

❖ 표 9-9 아동학대 유형별 발생 현황 (단위: 건)

| 구분 | 2015년 | 2016년 | 2017년 | 2018년 | 2019년 | 2020년 |
|---|---|---|---|---|---|---|
| 합계 | 11,715 | 18,700 | 22,367 | 24,604 | 30,045 | 30,905 |
| 중복 | 5,347 | 8,980 | 10,875 | 11,792 | 14,476 | 14,934 |
| 신체 | 1,884 | 2,715 | 3,285 | 3,436 | 4,179 | 3,807 |
| 정서 | 2,046 | 3,588 | 4,728 | 5,862 | 7,622 | 8,732 |
| 성 | 428 | 493 | 692 | 910 | 883 | 695 |
| 방임 | 2,010 | 2,924 | 2,787 | 2,604 | 2,885 | 2,737 |

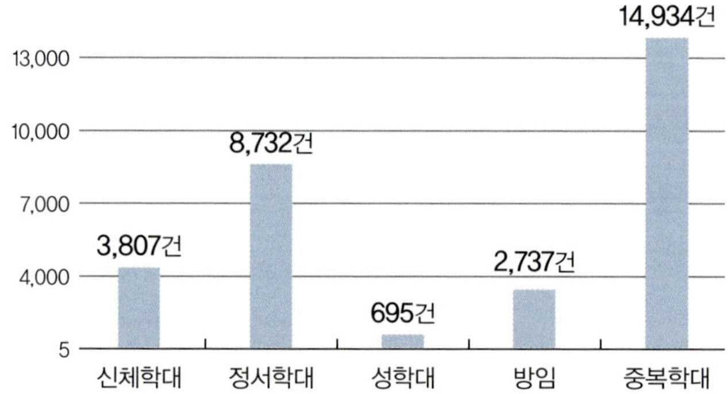


❖ 그림 9-1 아동학대 유형별 발생 현황

출처: 보건복지부(2021). 2020년 아동학대 연차보고서.

### (3) 학대유형별 가해자와의 관계

2020년 기준 학대행위자는 부모가 25,830건으로 전체의 82.1%를 차지하여, 2019년 22,700건에 비해 11.8% 증가하였다. 대리양육자 2,930건(98.5%), 친인척은 1,661건(5.4%) 순으로 확인되었다.

❖ 표 9-10 아동학대 행위자 유형 (단위: 건, %)

| 구분 | | 2015년 | 2016년 | 2017년 | 2018년 | 2019년 | 2020년 |
|---|---|---|---|---|---|---|---|
| 계 | | 11,715(100) | 18,700(100) | 22,367(100) | 24,604(100) | 30,045(100) | 30,905(100) |
| 부모 | | 9,348(79.8) | 15,048(80.5) | 17,177(76.8) | 18,920(76.9) | 22,700(75.6) | 25,380(82.1) |
| 친인척 | | 562(4.8) | 795(4.3) | 1,067(4.8) | 1,114(4.5) | 1,332(4.4) | 1,661(5.4) |
| 대리양육자 | | 1,431(12.2) | 2,173(11.6) | 3,343(14.9) | 3,906(15.9) | 4,986(16.6) | 2,930(9.5) |
| | 부모의 동거인 | 158(1.3) | 311(1.7) | 247(1.1) | 270(1.1) | 363(1.2) | 444(1.4) |
| | 유치원 교직원 | 203(1.7) | 240(1.3) | 281(1.3) | 189(0.8) | 155(0.5) | 118(0.4) |
| | 초중고교 직원 | 234(2.0) | 576(3.1) | 1,345(6) | 2,060(8.4) | 2,154(7.2) | 882(2.9) |
| | 학원 및 교습소 | 64(0.5) | 167(0.9) | 217(1) | 176(0.7) | 320(1.1) | 208(0.7) |
| | 보육교직원 | 427(3.6) | 587(3.1) | 840(3.8) | 818(3.3) | 1,384(4.6) | 634(2.1) |
| | 아동복지시설 종사자 | 296(2.5) | 253(1.4) | 285(1.3) | 313(1.3) | 408(1.4) | 556(1.8) |
| | 기타시설 종사자 | 22(0.2) | 28(0.1) | 60(0.3) | 27(0.1) | 63(0.2) | 12(0.0) |
| | 청소년 관련 시설 종사자 | 7(0.1) | 2(0.0) | 32(0.1) | 33(0.1) | 87(0.3) | 14(0.0) |
| | 위탁부 | 8(0.1) | 0(0.0) | 4(0.0) | 7(0.0) | 3(0.0) | 4(0.0) |
| | 위탁모 | 5(0.0) | 5(0.0) | 17(0.1) | 2(0.0) | 8(0.0) | 16(0.1) |
| | 베이비시터 | 7(0.1) | 4(0.0) | 15(0.1) | 11(0.0) | 41(0.1) | 42(0.1) |
| 타인 | | 187(1.6) | 201(1.1) | 294(1.3) | 360(1.5) | 663(2.2) | 565(1.8) |
| 기타 | | 166(1.4) | 454(2.4) | 441(2) | 304(1.2) | 364(1.2) | 369(1.2) |
| 파악안됨 | | 21(0.2) | 29(0.2) | 45(0.2) | - | - | - |

출처: 보건복지부(2021). 2020년 아동학대 연차보고서.

### (4) 가해자의 특성

학대사례의 학대행위자 성별 분포를 살펴보면 2020년 기준 남성이 17,145건(55.5%)으로 여성 13,730건(44.5%) 보다 11% 가량 높은 수치를 보이고 있다. 학대행위자 연령의 경우 40대가 14,286건(46.2%)으로 가장 많았으며, 다음으로는 30대가

8,133건(26.3%), 50대 4,446건(14.4%), 20대 2,517건(8.1%), 60대 911건(2.9%), 70세 이상 369건(1.2%), 19세 이하 133건(0.4%)의 순으로 나타났다. 학대행위자는 30~40대의 학령기 자녀를 둔 학부모가 주를 이루고 있는 것을 알 수 있다.

❖ 표 9-11 학대행위자 성별 (단위: 건, 명, %)

| 구분 | 남성 | | 여성 | | 계 | |
|---|---|---|---|---|---|---|
| 건수(비율) | 17,145 | (55.5) | 13,760 | (44.5) | 30,905 | (100.0) |
| 명수(비율) | 10,601 | (55.5) | 8,512 | (44.5) | 19,113 | (100.0) |

출처: 보건복지부(2021). 2020 아동학대 연차보고서.

❖ 표 9-12 학대행위자 연령 (단위: 건, 명, %)

| 연령(만) | 건수(비율) | | 명수(비율) | |
|---|---|---|---|---|
| 19세 이하 | 133 | (0.4) | 116 | (0.6) |
| 20대(20~29세) | 2,517 | (8.1) | 1,514 | (7.9) |
| 30대(30~39세) | 8,133 | (26.3) | 4,633 | (24.2) |
| 40대(40~49세) | 14,286 | (46.2) | 8,946 | (46.8) |
| 50대(50 ~59세) | 4,446 | (14.4) | 2,966 | (15.5) |
| 60대(60~69세) | 911 | (2.9) | 599 | (3.1) |
| 70세 이상 | 369 | (1.2) | 260 | (1.4) |
| 파악불가 | 110 | (0.4) | 79 | (0.4) |
| 계 | 30,905 | (100.0) | 19,113 | (100.0) |

※ 학대행위자 수감 및 조사거부, 정보부족 등의 경우 학대조사를 통한 정보 취득에 제한사항 발생하여 파악불가 값이 발생할 수 있음.

출처: 보건복지부(2021). 2020 아동학대 연차보고서.

### (5) 피해아동 조치결과 현황

피해아동의 상황은 초기조치와 최종조치를 포함한 전체상황을 의미한다. 피해아동의 상황은 원가정보호, 분리조치, 가정복귀, 기타로 나누어 볼 수 있는데 2020년 아동학대사례 30,905건 중 당해에 종결된 사례 수는 9,870건(31.9%)를 차지하였으며, 서비스지원 등의 개입을 진행하고 있는 사례는 21,035건(68.1%)이었다. 피해아동 상황 중 원가정보호는 25,916건(83.9%)로 가장 높았는데 그 이유는 아동학대예방사업의 궁극적인 목적인 가족보존의 가치에 기반을 두었기 때문으로 보인다. 비록 가정 내에서 학대가 발생했다고 하더라도 학대의 위험도가 심각한 수준이 아니며, 보호자의 의지가 있어 학대재발위험이 낮다고 판단되는 경우 학대피해를 최소화시켜 가족기능을 회복시키고자 하기 때문이다.

❖ **표 9-13** 피해아동 전체 사례종결 현황 (단위: 건, %)

| 사례종결 | | 진행중 | | 계 | |
|---|---|---|---|---|---|
| 9,870 | (31.9) | 21,035 | (68.1) | 30,905 | (100.0) |

출처: 보건복지부(2021). 2020 아동학대 연차보고서.

❖ **표 9-14** 피해아동 상황 (단위: 건, %)

| 피해아동상황 | 상세조치 | | 2020 | |
|---|---|---|---|---|
| 원가정보호 | 최초 | 최종 | | |
| | 원가정보호 유지 | | 25,916 | (83.9) |
| 가정복귀 | 최초 | 최종 | | |
| | 원가정보호 | 가정복귀 | 82 | (0.3) |
| | 분리조치 | 가정복귀 | 680 | (2.2) |
| | 기타 | 가정복귀 | 36 | (0.1) |
| | 소계 | | 798 | (2.6) |
| 분리조치 | 최초 | 최종 | | |
| | 분리조치 유지 | | 2,381 | (7.7) |
| | 원가정보호 | 분리조치 | 445 | (1.4) |
| | 분리조치 | 분리조치 | 1,085 | (3.5) |
| | 기타 | 분리조치 | 15 | (0.0) |
| | 소계 | | 3,926 | (12.7) |
| 기타 | | | 175 | (0.6) |

| | | |
|---|---|---|
| 사망* | 90 | (0.3) |
| 계 | 30,905 | (100.0) |

※ 원가정보호: 피해아동을 실제적으로 양육하고 있는 주양육자에 의해 계속적으로 보호 받고 있는 경우
분리조치: 아동을 실제적으로 양육하고 있는 주양육자로부터 분리하여 보호하는 경우, 종래 양육되던 환경을 떠나 다른 누군가(예: 친권자, 친족, 시설 등)에게 보호되는 경우 모두 해당
가정복귀: 아동학대로 원가정에서 분리보호 된 아동이 원래 가정으로 복귀된 경우
기타: 소년원 입소, 행방불명(예: 가출 등) 등으로 인해 아동으 신원확인이 불가한 경우

출처: 보건복지부(2021). 2020 아동학대 연차보고서.

### (6) 재신고 아동학대 현황

최근 5년간 아동학대로 판단된 사례 중 2020년에 신고접수 되어 아동학대사례로 판단된 재학대 사례는 총 3,671건(2020년의 재학대 사례란 2016년 이후로 아동보호전문기관 및 경찰에 신고접수 된 사례 중 아동학대사례로 판단된 사례가 2020년에 다시 신고접수되어 아동학대로 판단된 사례를 말함)이며 재학대 아동 명수는 2,876명이다. 2020년 전체 아동학대사례 30,905건 대비 재학대사례 비율은 11.9%이다.

❖ **표 9-15** 재학대 사례 발생 건수(3개년) (단위: 건, 명, %)

| 연도 | 재학대 사례 건수 | 재학대 아동수 | 아동학대사례 중 재학대 사례 비율 |
|---|---|---|---|
| 2018 | 2,543 | 2,195 | 10.3 |
| 2019 | 3,431 | 2,776 | 11.4 |
| 2020 | 3,671 | 2,876 | 11.9 |

출처: 보건복지부(2021). 2020년 아동학대 연차보고서.

## 2) 아동학대 관련 기관의 현황

### (1) 행정기관

#### ① 보건복지부

보건복지부는 아동학대 예방을 위한 정책 수립, 관련 법 · 제도 마련 및 개선, 관

계 중앙행정기관과의 협력체계 구축 및 연계 · 지원, 아동보호전문기관의 인력 및 자격 관리, 중앙아동보호전문기관과 지역아동보호전문기관 및 학대피해아동쉼터 설치 및 운영 지원, 신고의무자 · 아동 · 부모 등을 대상으로 한 아동학대 예방 및 아동인권 교육을 위한 교육과 자료 제작, 아동학대 예방 홍보영상 제작과 배포 및 송출, 아동학대예방의 날(11월 19일) 및 아동학대예방주간 행사 및 홍보 실시, 아동보호전문기관의 업무 실적에 대하여 3년마다 성과평가 실시 등을 담당한다.

#### ② 법무부

법무부는 아동학대범죄의 처벌 및 피해아동 보호에 관련한 법 · 제도 · 정책 마련 및 개선, 아동보호전문기관 상담원대상 법교육, 아동학대 피해자 지원체계 구축 및 행위자 교정 · 교화 지원체계 마련, 관계 중앙행정기관과의 협력체계 구축 및 연계 지원 등의 업무를 담당한다.

#### ③ 여성가족부

여성가족부는 가정폭력예방과 아동학대예방 교육 및 홍보, 가정폭력예방과 아동학대예방을 위한 협력체계 구축, 가정폭력피해자보호시설 내 피해아동 보호지원, 가정폭력상담소 및 보호시설 종사자, 건강가정지원센터 종사자, 다문화가족지원센터 종사자, 성매매피해시설상담소 종사자, 성폭력피해자보호시설 종사자, 청소년시설 및 단체 종사자, 청소년보호센터 및 재활센터 종사자, 한부모가족복지시설 종사자에 대한 신고의무자 교육 등을 담당한다.

#### ④ 교육부

교육부는 아동학대 예방을 위한 교과과정 포함, 교육프로그램 개발 등 교육지원(초 · 중 · 고 교과과정 포함 및 아동학대예방 교육 프로그램 개발), 신고의무자 교육, 학대행위자의 피해아동에 대한 접근 및 위협에 대한 예방 협조, 피해아동의 입학, 전학 등의 신속한 조치와 편의도모, 학대행위자로부터 아동을 보호하기 위한 아동관련 정보 비밀유지, 보육 · 교육시설에서 발생하는 아동학대에 대한 신고, 학대발생 보육 · 교육시설 및 학대행위자에 대한 행정징계 등의 업무를 담당한다.

⑤ 광역 시 · 도

광역 시 · 도에서는 기초 시 · 군 · 구의 피해아동 보호조치 및 아동학대 예방사업에 대한 관리 · 감독, 적절한 보호조치 및 긴급생계지원 실시, 유엔아동권리협약에 따라 보호조치가 필요한 무국적 및 외국국적, 불법체류 상태인 피해아동에 대한 적절한 보호조치를 할 수 있도록 적극 노력하고 있다. 또한, 장애가 있거나 의심되는 피해아동의 경우 아동의 특성에 맞는 보호조치가 이루어질 수 있도록 적극 협조, 보호위탁 집행 위임에 따른 아동 입소시설 결정, 피해아동 보호를 위한 보호시설 설치 및 확충, 장애아동 및 성학대피해아동 등 다양한 유형으로 피해아동 보호를 위한 보호시설을 지역별로 균형 있게 설치, 사회복지시설 등에서의 아동학대예방을 위한 지도 · 감독, 분기 1회 이상 지역신문, 유선방송 및 시정홍보 전광판, 리플렛, 홍보물품 배포 등을 활용하여 아동학대예방 홍보를 실시하고, 지역주민 인식개선을 위한 교육 등을 담당한다.

⑥ 기초 시 · 군 · 구

기초 시 · 군 · 구에서는 친권 행사 제한 또는 정지된 피해아동의 임시후견인 역할을 수행한다. 지역아동보호전문기관 및 학대피해아동쉼터 설치 및 운영 지원, 업무지도와 감독, 입소시설결정, 위탁가정 또는 아동복지시설의 보호대상아동 귀가조치 판단 및 시행, 보호유형 변경 여부 판단 및 피해아동 보호를 위한 보호시설 설치 및 확충하는 역할을 담당한다. 아동학대가 발생한 시설에 대한 행정처분(아동학대가 발생한 아동복지시설, 교육훈련시설에 대한 개선, 사업의 정지, 위탁취소, 시설장 교체 및 시설폐쇄 등)과 원장이나 보육교사가 어린이집에서 발생한 아동학대 사건인 경우는 행정조치(자격취소 등)를 담당한다. 특히 2020년부터 시 · 군 · 구 내에 아동학대 전담공무원을 배치함에 따라 시군구의 역할이 강화되었으며 이에따라 2022년 기준 전국 229개 시 · 군 · 구에 765명 배치되었다. 아동학대전담공무원의 관련 업무는 아동학대 신고 접수, 현장 조사 및 응급보호, 피해아동보호를 위해 피해아동 · 아동학대 행위자 등 상담 · 조사, 피해아동보호계획 수립 및 통보, 피해아동 사례관리 지도 · 감독 등 업무 수행의 업무이다.

#### ⑦ 읍 · 면 · 동주민센터

읍 · 면 · 동에서는 관할 지역 내 학대가 의심되는 아동을 112에 신고하고, 학대피해아동 조기발견을 위해 지역 내 복지서비스 제공기관, 보건소, 통 · 반장 등을 통한 아동학대 신고 협조체계를 구축해야 한다. 피해 아동 및 학대행위자의 신분조회를 요청할 경우 적극 협조하고, 각종 행정정보 등의 열람 발급을 지원해야 한다.

#### ⑧ 경찰

경찰은 피해아동 보호조치 등 원활한 사례개입을 위해 아동보호전문기관과 긴밀한 협력체계를 구축해야 한다. 아동보호전문기관 개입사례 중 고소고발이 진행되고 있는 경우 진행과정 정보공유에 대한 지역아동보호전문기관 요청에 적극적으로 협조해야 하고, 경찰에서 피해아동 대상 진술녹화 진행 시, 아동보호전문기관 담당 상담원 동석하도록 하여, 정보공유에 적극 협조해야 한다. 수사 과정에서 학대행위자의 위협으로부터 피해아동 및 아동보호전문기관 상담원 신변안전 확보, 응급조치를 요하는 아동학대 사례를 일시보호시설 또는 의료기관에 조치 의뢰, 아동학대범죄행위 제지 및 아동학대행위자 격리, 피해아동을 보호시설 및 의료기관으로 인도하는 등 응급조치 등을 해야 한다. 그리고 신고접수 후 24시간 이내 아동보호전문기관에 확인사실 통보 등을 담당한다.

#### ⑨ 검찰

검찰은 아동학대행위자에 대한 임시조치 청구 및 수사 · 처분방향 결정, 아동학대사건 수사 시 수사기관에 필요한 자료 요청 및 의견청취, 아동학대행위자인 친권자 또는 후견인에 대한 친권상실의 선고 또는 후견인의 변경, 아동학대행위자에 대한 조건부 기소유예 결정 시 아동보호전문기관 등에 상담 · 치료 · 교육 명령, 피해아동을 증인으로 신문하는 경우 피해아동과 신뢰관계에 있는 자의 동석을 법원에 신청하고, 성폭력 · 아동학대에 대해 전담검사제도와 진술조력인제도 및 피해자 국선변호사제도를 적극 활용하여 피해아동 보호, 수사 시 아동학대행위자의 위협으로부터 피해아동 및 아동보호전문기관 상담원 등의 신변안전 확보 등을 담당한다.

⑩ 의료기관

의료기관은 의료행위 시 학대가 의심되는 아동에 대해 경찰 또는 아동보호전문기관에 신고해야 한다. 의료인은 아동학대 신고의무자로 그 직무상 아동학대범죄를 알게 된 경우나 그 의심이 있는 경우에는 즉시 아동보호전문기관 또는 수사기관에 신고해야 한다. 응급조치 및 피해아동보호명령에 따라 의료기관으로 인도 및 치료위탁된 아동에 대한 치료, 임시조치 및 보호처분에 따라 의료기관으로 치료 위탁된 행위자에 대한 치료, 신고의무자 교육 등을 담당한다.

⑪ 보육 및 교육기관

보육 및 교육기관은 아동학대 의심사례 조기 발견 및 경찰 또는 아동보호전문기관에 신고해야 한다. 초 · 중등학교 교직원, 유치원 교직원 및 강사, 학원강사, 보육교직원은 아동학대 신고의무자로 그 직무상 아동학대범죄를 알게 된 경우나 그 의심이 있는 경우에는 즉시 아동보호전문기관 또는 수사기관에 신고해야 한다. 학대행위자로부터 아동보호를 위한 아동관련 정보에 대한 비밀유지를 해야 한다.

⑫ 법원

법원은 아동의 최선의 이익 우선 원칙에 따른 사법적 소송을 진행해야 한다. 피해아동에 대한 임시보호명령 및 피해아동보호명령 결정에 따라 시설로 아동보호할 경우 아동이 실제 거주하는 주소 및 시설명이 공개되지 않도록 주의할 필요가 있다. 아동학대행위자에 대한 임시조치 결정, 아동보호전문기관으로의 상담 · 교육 위탁시 이행사항 확인 및 수행기관의 의견 청취를 통한 교정 상황 모니터링, 아동학대행위자에 대한 보호처분 결정 및 그 이행상황 모니터링, 피해아동의 법률적 보호 및 학대행위자에 대한 보호처분 등에 대해 아동보호전문기관과의 긴밀한 협조, 아동학대행위자에 대한 형사판결, 보호처분 결정, 친권의 상실 선고 · 후견인 변경 심판, 후견인의 지정 등 재판 시 증인으로 출석한 피해아동과 아동보호전문기관 상담원 등의 신변 안전을 확보하고 피해자 지원제도 활용 등의 역할을 담당한다.

### (2) 아동학대 서비스기관

#### ① 아동권리보장원

아동권리보장원은 아동복지법(제10조의2, 제22조 제6항)에 따라 2020년부터 중앙아동보호전문기관에서 담당하던 업무를 이관하여 아동학대 관련 업무를 담당하고 있다.

즉, 아동보호전문기관에 대한 지원, 아동학대예방사업과 관련된 연구 및 자료 발간, 효율적인 아동학대예방사업을 위한 연계체계 구축, 아동학대예방사업을 위한 프로그램 개발 및 평가, 아동보호전문기관 및 학대피해아동쉼터 직원, 아동학대전담공무원 직무교육, 아동학대예방 관련 교육 및 홍보, 국가아동학대정보시스템 운영 지원의 업무를 담당하고 있다.

#### ② 아동보호전문기관

아동복지법 제46조에 따라 지방자치단체는 학대받은 아동의 치료, 아동학대의 재발방지 등 사례관리 및 아동학대 예방을 담당하는 아동보호전문기관을 시 · 도 및 시 · 군 · 구에 설치하여야 한다. 이에 따라 아동보호전문기관에서 아동학대 관련 피해아동, 피해아동의 가족 및 아동학대행위자를 위한 상담 · 치료 및 교육, 아동학대 예방 교육 및 홍보, 피해아동 가정의 사후관리, 그 밖에 대통령령으로 정하는 아동학대예방사업과 관련된 업무를 담당하고 있다.

아동보호전문기관의 설치현황은 2022년 기준 84개소로 서울 10개소, 부산 4개소, 대구 3개소, 인천 4개소, 광주 2개소, 대전 2개소, 울산 2개소, 세종시 1개소, 경기 21개소, 강원 5개소, 충북 4개소, 충남 4개소, 전북 6개소, 전남 4개소, 경북 4개소, 경남 6개소, 제주 2개소로 전국에 분포되어 있다.

③ 학대피해아동쉼터

학대피해아동쉼터는 아동보호전문기관 또는 경찰이 분리보호 조치한 학대피해아동에 한하여 민간(비영리법인)이 설치한 공동생활가정 또는 지방자치단체가 설치한 공동생활가정 중에서 학대피해아동만 입소하도록 시 · 군 · 구청장이 특별히 지정하는 특수공동생활가정을 의미한다. 피해아동 보호 및 숙식 제공, 피해아동 생활지원(의복 등 생필품 지원, 일상생활 훈련 및 생활 지원), 상담 및 치료(심리검사, 개별심리치료, 집단심리치료, 건강검진 지원 및 병원 치료), 교육 및 정서지원( 학업지도, 안전교육, 문화체험, 체육활동) 등의 서비스가 지원된다. 절차는 학대피해아동 학대피해아동쉼터 입소 협조요청 → 피해아동 발생지 관할 시 · 군 · 구가 쉼터 소재지 시 · 군 · 구에 학대피해아동 학대피해아동쉼터 입소 협조요청 → 쉼터 소재지 시 · 군 · 구가 피해아동 입소 결정의 절차를 거쳐 피해아동을 보호하게 된다.

학대피해아동쉼터는 일반공동생활가정과 달리 일시보호 성격의 시설이기 때문에 학대피해아동은 쉼터에서 3~9개월 간 집중심리치료 및 생활지도를 받고 원가정 복귀 · 가정위탁 · 일반공동생활가정 등으로 전원조치를 하도록 해야 한다. 피해아동의 보호를 위하여 학대피해아동쉼터는 시설 비공개를 원칙으로 한다.

학대피해아동쉼터의 설치기준은 전용면적 100㎡ 이상의 주택형 숙사로서 방 4개 이상으로 방 하나를 심리치료실로 활용하여야 한다(2015. 1. 1. 이전에 이미 운영 중인 학대피해아동쉼터는 예외적으로 동 설치기준을 적용하지 않아도 되나 향후 주택 이전 시에는 동 설치기준을 적용함, 보건복지부(2015). 아동피해쉼터 설치 및 운영지침).

**보건복지부**

- 정책결정 및 사업총괄
- 예산지원 및 실적 총괄관리
- 사업평가

**아동권리보장원**

- 아동보호전문기관에 대한 지원
- 아동학대예방사업과 관련된 연구 및 자료 발간
- 효율적인 아동학대예방사업을 위한 연계체제 구축
- 아동학대예방사업을 위한 프로그램 개발 및 평가
- 상담원 직무교육, 아동학대예방 관련 교육 및 홍보
- 국가아동학대정보시스템의 운영 지원

**시 · 도**

- 시 · 도별 사업 및 예산총괄
- 사업 지도점검
- 사업평가 및 사후관리
- 아동보호전문기관 관리감독

**아동보호전문기관**

- 아동학대 신고접수, 현장조사 및 응급보호 지원
- 피해아동, 피해아동의 가족 및 아동학대행위자를 위한 상담 · 치료 및 교육
- 아동학대예방 교육 및 홍보
- 피해아동 가정의 사후관리
- 아동학대 신고접수, 현장조사 및 응급보호 지원

**시 · 군 · 구**

- 사업 운영 · 관리 및 점검
- 아동보호전문기관 종사자 기초교육, 노무 및 DB 관리
- 예산집행 및 정산
- 아동학대 전담공무원 배치
- 아동학대 신고접수, 현장조사 및 응급보호
- 아동학대 긴급전화 설치 · 운영
- 아동학대 사건 진행사항 모니터링
- 아동보호전문기관 관리감독

❖ 그림 9-2 아동학대추진체계

출처: 보건복지부(2022). 2022 아동분야사업안내 2권.

## 3) 아동학대기관의 종사자 현황

### (1) 아동보호전문기관의 종사자

아동보호전문기관의 장은 아동보호전문기관에서 3년 이상 상담원으로 근무한 경력이 있는 사람, 사회복지사업법에 따른 사회복지사 1급 이상의 자격 취득 후 아

동과 관련된 사회복지 업무에 5년 이상 또는 사회복지사업에 7년 이상 종사한 경력이 있는 사람, 국가나 지방자치단체에서 아동복지사업에 관한 행정업무에 7급 이상 공무원으로 5년 이상 종사한 경력이 있는 사람의 자격이 필요하다.

아동보호전문기관의 상담원은 사회복지사 1급 자격이 있는 사람, 대학 등에서 심리학과(복지심리학과 포함)를 졸업한 사람 또는 보건복지부령으로 정하는 아동복지 또는 사회복지 관련 교과목을 이수하고 졸업한 사람, 아동학대전문상담원 교육과정 이수자에 한한다. 아동보호전문기관의 임상심리치료 전문인력은 임상심리사 자격이 있거나 놀이치료, 미술치료, 음악치료, 심리상담 등 전문적인 치료를 할 수 있는 등 피해아동의 심리치료를 할 수 있는 사람으로 하고 있다. 이력서 및 범죄경력, 성범죄자 전력, 아동학대관련범죄전력조회 사항 등을 첨부하여 보고해야 한다.

#### (2) 학대피해아동쉼터 종사자

사회복지시설의 공동생활가정 운영사항에 따라 채용되며, 종사자는 보육사 3명 이상, 심리치료전문인력 1명 이상이 배치되어야 하고, 보육사 3명 중 1명이 원장 직무를 수행하게 된다. 아동학대관련 범죄자는 형집행 종료 날로부터 10년까지의 기간 동안 아동관련기관에 취업을 제한하고 있다.

### 4) 학대아동을 위한 복지서비스 현황

#### (1) 학대아동을 위한 복지서비스

아동보호서비스의 기본원칙은 첫째, 아동의 이익을 최우선적으로 고려하고, 둘째, 원가정 보호를 위해 최대한 노력하며, 셋째, 아동과 보호자의 참여를 활성화하며, 넷째, 예방적접근(통합적 서비스 제공)을 하여야 하며, 다섯째, 수요자의 편의를 최대한 고려하여야 한다.

학대아동을 위한 복지서비스로는 먼저 피해아동의 신체적 · 심리적 손상 정도를 판단하기 위해, MRI, CT 등의 정밀진단과 지능검사, 성격검사 등을 실시한다. 지능검사는 KEDI-WISC(아동지능검사)가 있고, 성격검사는 HTP(집 · 나무 · 사람검사), KFD(동적 가족화), SCT(문장완성검사), MBTI · MMTIC(아동성격유형검사) 등이 있고, 그 외에 CAT(아동주제통각검사), CBCL(아동문제행동검사), Rorschach Test(로르샤흐검사: 아동인성검사), 발달평가(사회성숙도 검사, 덴버발달검사) 등이 있다.

두 번째로 피해아동의 신체적 손상의 치료를 위해서는 의료적 서비스가 제공되며, 심리적 손상을 치료하기 위해서는 개별상담, 집단상담, 놀이치료, 미술치료, 심리검사, 가족치료, 기타 예술치료 등의 심리치료가 제공되고 있다.

아동에 대한 건강검진, 심리검사 등은 지자체의 상황에 따라 관내 보건소, 의료기관, 일시보호시설 등과 연계 시행이 가능하다(아동복지법 제15조 제3항에 따라 가정위탁, 시설입소, 전문치료기관 등 입소 전 건강검진, 심리검사 의무화). 보호대상아동에 대한 심리검사 방법은 아동복지법 시행령 제18조의2 제1항에 의한다.

❖ 표 9-16 보호대상아동에 대한 심리검사 방법

| 보호대상아동에 대한 심리검사 방법 |
|---|
| 가. 심리검사는 상담 결과와 아동의 가정환경 및 심리상태를 고려하여 아동의 지능 · 인지 · 정서 · 행동 및 발달상태를 평가할 수 있는 종류의 검사를 선별하여 실시한다.<br>나. 심리검사는 관련 전문기관에 의뢰하거나, 다음의 어느 하나에 해당하는 사람 중에서 시 · 도지사 또는 시장 · 군수 · 구청장이 전문성이 있다고 인정하는 사람이 실시한다.<br>1) 「정신건강증진 및 정신질환자 복지서비스 지원에 관한 법률」에 따른 정신건강전문요원<br>2) 「청소년기본법」에 따른 청소년상담사 2급 이상 또는 「국가기술자격법」에 따른 임상심리사 2급 이상의 자격을 갖춘 후 심리검사 관련 업무에 1년 이상 종사한 사람<br>3) 「사회복지사업법」에 따른 사회복지사 2급 이상의 자격을 갖춘 후 심리검사 관련 업무에 2년 이상 종사한 사람다. 심리검사 결과 의학적 조치가 필요한 때에는 관련 전문병원에 의뢰하여 추가 검사를 할 수 있다.<br>다. 심리검사 결과를 바탕으로 보호기관을 선정하고, 그 결과를 보호기관에 알려 아동보호의 기초자료로 활용할 수 있도록 하여야 한다.<br>라. 심리검사 진행 시 다른 기관에서 받은 상담이나 심리검사 등이 있는 경우에는 이를 참고할 수 있다. |

출처: 보건복지부 · 아동권리보장원(2021). 2021 아동보호서비스 업무매뉴얼.

### (2) 학대행위자에 대한 복지서비스

학대행위자에게는 상담서비스(개별상담, 집단상담, 기관상담, 주변인 상당)가 압도적으로 높게 제공되고 있으며, 심리치료서비스(심리검사, 심리치료), 의료서비스(검진 및 검사, 입원치료, 통원치료), 가족강화서비스(가정지원서비스, 사회복지서비스기관 연결, 공적자원 연결) 등의 서비스가 제공되고 있다.

### (3) 아동학대 신고 의무자

누구든지 아동학대를 알게 된 때에는 아동보호전문기관 또는 수사기관에 신고할 수 있으며, 아동학대 신고의무자는 직무를 수행하면서 아동학대를 알게 된 경우나 그 의심이 있는 경우에는 시 · 도, 시 · 군 · 구, 아동보호 전문기관, 수사기관에 신고해야 한다(아동학대처벌법, 제10조 제2항). 신고의무자가 아동학대를 신고하지 않을 경우 1천만 원 이하의 과태료가 부과된다(아동학대처벌법 제63조 제1항제2호, 제10조 제2항).

❖ 표 9-17 아동학대 신고의무자

| 아동학대 신고의무자(25개 직군) |
|---|
| 1. 「아동복지법」 제10조의2에 따른 아동권리보장원(이하 "아동권리보장원"이라 한다) 및 가정위탁지원센터의 장과 그 종사자 |
| 2. 아동복지시설의 장과 그 종사자(아동보호전문기관의 장과 그 종사자는 제외한다) |
| 3. 「아동복지법」 제13조에 따른 아동복지전담공무원 |
| 4. 「가정폭력방지 및 피해자보호 등에 관한 법률」 제5조에 따른 가정폭력 관련 상담소 및 같은 법 제7조의2에 따른 가정폭력피해자 보호시설의 장과 그 종사자 |
| 5. 「건강가정기본법」 제35조에 따른 건강가정지원센터의 장과 그 종사자 |
| 6. 「다문화가족지원법」 제12조에 따른 다문화가족지원센터의 장과 그 종사자 |
| 7. 「사회보장급여의 이용 · 제공 및 수급권자 발굴에 관한 법률」 제43조에 따른 사회복지전담공무원 및 「사회복지사업법」 제34조에 따른 사회복지시설의 장과 그 종사자 |
| 8. 「성매매방지 및 피해자보호 등에 관한 법률」 제9조에 따른 지원시설 및 같은 법 제17조에 따른 성매매피해상담소의 장과 그 종사자 |

9. 「성폭력방지 및 피해자보호 등에 관한 법률」 제10조에 따른 성폭력피해상담소, 같은 법 제12조에 따른 성폭력피해자보호시설의 장과 그 종사자 및 같은 법 제18조에 따른 성폭력피해자통합지원센터의 장과 그 종사자
10. 「119구조 · 구급에 관한 법률」 제2조제4호에 따른 119구급대의 대원
11. 「응급의료에 관한 법률」 제2조제7호에 따른 응급의료기관등에 종사하는 응급구조사
12. 「영유아보육법」 제7조에 따른 육아종합지원센터의 장과 그 종사자 및 제10조에 따른 어린이집의 원장 등 보육교직원
13. 「유아교육법」 제2조제2호에 따른 유치원의 장과 그 종사자
14. 아동보호전문기관의 장과 그 종사자
15. 「의료법」 제3조제1항에 따른 의료기관의 장과 그 의료기관에 종사하는 의료인 및 의료기사
16. 「장애인복지법」 제58조에 따른 장애인복지시설의 장과 그 종사자로서 시설에서 장애아동에 대한 상담 · 치료 · 훈련 또는 요양 업무를 수행하는 사람
17. 「정신건강증진 및 정신질환자 복지서비스 지원에 관한 법률」 제3조제3호에 따른 정신건강복지센터, 같은 조 제5호에 따른 정신의료기관, 같은 조 제6호에 따른 정신요양시설 및 같은 조 제7호에 따른 정신재활시설의 장과 그 종사자
18. 「청소년기본법」 제3조제6호에 따른 청소년시설 및 같은 조 제8호에 따른 청소년단체의 장과 그 종사자
19. 「청소년 보호법」 제35조에 따른 청소년 보호 · 재활센터의 장과 그 종사자
20. 「초 · 중등교육법」 제2조에 따른 학교의 장과 그 종사자
21. 「한부모가족지원법」 제19조에 따른 한부모가족복지시설의 장과 그 종사자
22. 「학원의 설립 · 운영 및 과외교습에 관한 법률」 제6조에 따른 학원의 운영자 · 강사 · 직원 및 같은 법 제14조에 따른 교습소의 교습자 · 직원
23. 「아이돌봄 지원법」 제2조제4호에 따른 아이돌보미
24. 「아동복지법」 제37조에 따른 취약계층 아동에 대한 통합서비스지원 수행인력
25. 「입양특례법」 제20조에 따른 입양기관의 장과 그 종사자

출처: 서울시 아동복지센터(2022).

### (4) 아동학대 신고전화 설치 운영

아동복지법에 따르면 국가와 지방자치단체는 아동학대를 예방하고 수시로 신고를 받을 수 있도록 긴급전화를 설치하여야 한다고 규정되어 있다. 이에 따라 아동학대 발견 시 24시간 아동학대 신고전화 112로 신고하면 된다.

아동학대 신고전화 112는 정부가 아동학대의 대응 체계를 일원화하고 아동학대가 범죄라는 인식을 심어주기 위한 조치로 2014년 9월 아동학대 신고 연락처인 중

앙아동보호전문기관(현 아동권리보장원) 대표번호(1577-1391)를 전면 폐지하고 아동학대 신고를 112로 통합했다. 그러나, 2019년 접수된 전체 아동학대 신고건수 4만1,389건(상담 포함) 중 경찰청 112 신고는 1만7,540건으로 42%에 불과하였고, 지역아동보호전문기관으로 들어온 신고가 2만3,514건으로 절반 이상을 차지했고, 119 또는 1366(여성긴급전화), e아동행복지원(지방자치단체) 등으로 335건의 신고가 접수됐다. 아동학대 신고를 112로 통합한 지 7년이 지났지만 신고 루트가 뒤죽박죽이어서 혼선이 발생하고 있다. 2020년 10월부터는 아동학대 전담공무원 제도가 도입되어서 각 지방자치단체에서도 별도로 신고 접수를 받고 있어 신고 경로가 실질적으로 통합될 수 있도록 하는 노력이 필요하다. 특히 아동학대 신고 시 112에 신고하면 경찰 수사가 진행되지만 지자체에서 아동학대를 신고 받을 경우 경찰 수사 없이 자체 조사를 통해 사례 관리만 진행되는 경우도 적지 않아 문제점으로 지적되고 있다.

아동학대 상담전화는 129번(보건복지부상담센터 아동학대 '6번')이다.

❖ 표 9-18 아동학대 신고 접수현황 (단위: 건)

| 연도 | 경찰(112) | 129 | 아동보호 전문기관 | 기타 | 계 |
|---|---|---|---|---|---|
| 2019 | 17,540 | 0 | 23,514 | 335 | 41,389 |
| 2018 | 17,597 | 24 | 18,554 | 242 | 36,417 |
| 2017 | 16,676 | 47 | 17,296 | 150 | 34,169 |
| 2016 | 13,991 | 51 | 15,454 | 178 | 29,674 |
| 2016 | 7,781 | 11 | 11,208 | 214 | 19,214 |

※기타: 119, 1366, e아동행복지원 등으로 신고접수된 경우를 합산함.

출처: 보건복지부(2015~2019).

### (5) 아동학대 대응업무의 단계

학동학대의 대처과정은 아동학대의 대응 업무는 공공과 민간으로 나누어 공공에서는 업무를 진행하고 민간에서는 사례관리의 업무를 진행한다.

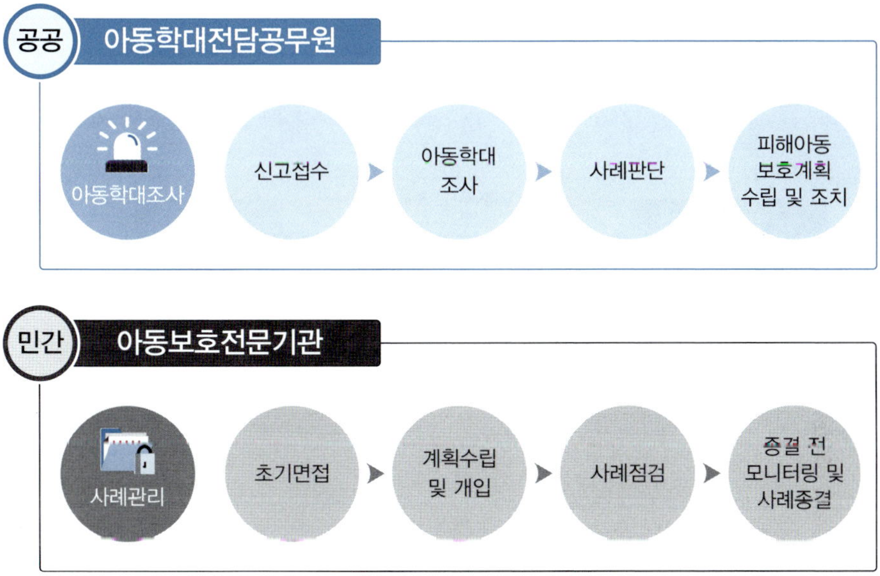


❖ 그림 9-3 아동학대 업무대응 체계

출처: 서울특별시(2021). 아동학대 예방 및 대처 안내서.

### (6) 아동학대 사례관리 흐름도

아동보호전문기관에 아동학대 사례가 신고되면, 응급아동학대, 아동학대, 일반 사례로 분류하여 현장조사 및 초기 사정을 진행하고, 이후에 잠재 위험 사례, 학대 사례, 일반 사례 등으로 사례 판정 후 사례 유형에 따라 서비스를 제공하게 된다.

구체적으로 아동학대 사례관리 절차를 살펴보면 아동학대신고를 접수한 아동보호전문기관 직원이나 사법경찰관은 지체 없이 아동학대의 현장에 출동하여야 하며, 아동학대행위자로부터의 격리 또는 치료가 필요한 때에는 아동보호전문기관 또는 치료기관의 인도에 필요한 조치를 하도록 하고 있다.

법원의 심리과정에서 변호사, 법정대리인, 직계친족, 형제자매, 아동보호전문기관의 상담원은 학대아동사건의 심리에서 보조인이 될 수 있도록 하고 변호사가 아닌 경우에는 법원의 허가를 받아야 한다.

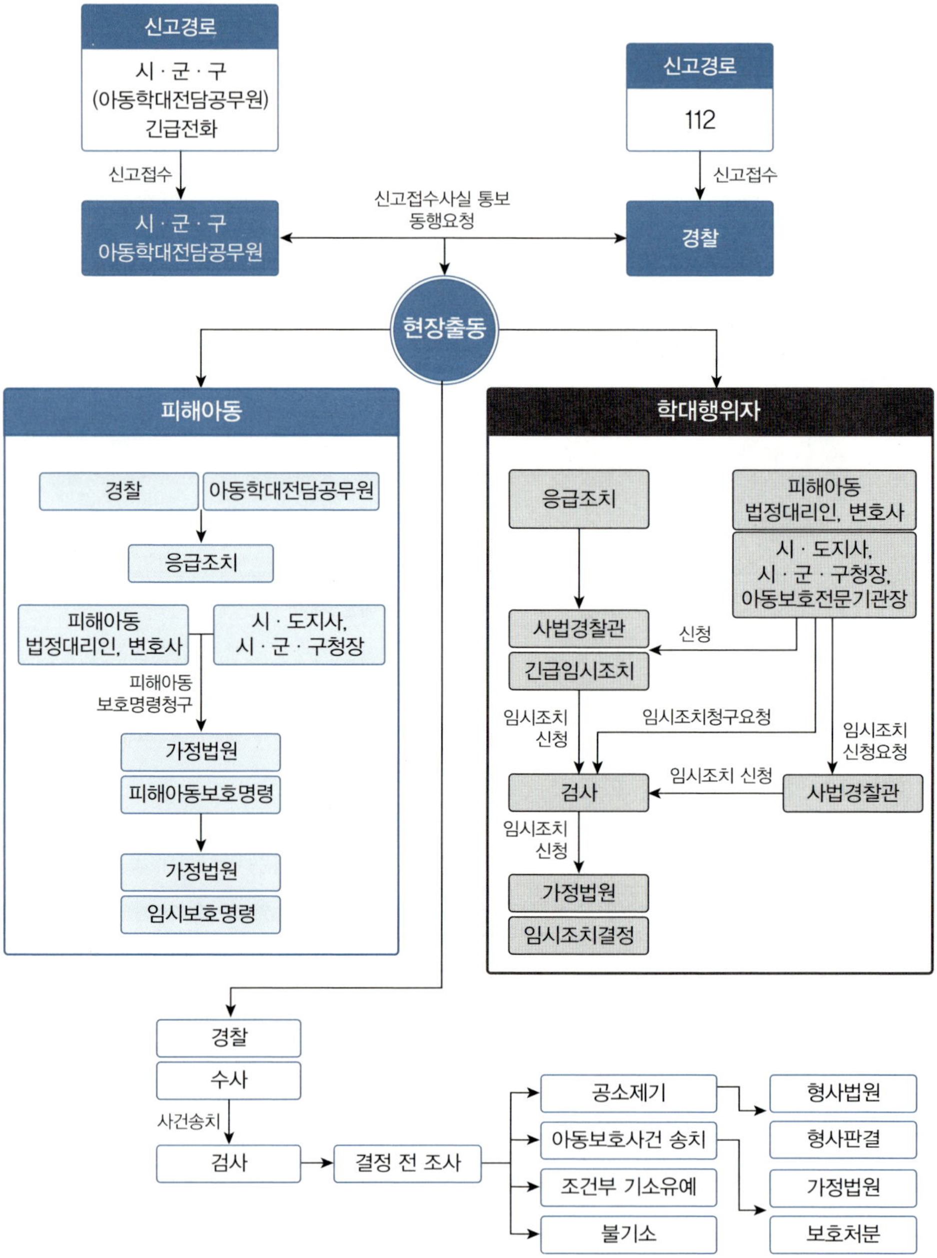


❖ 그림 9-4 아동학대 사법처리 절차

출처: 아동권리보장원(2022).

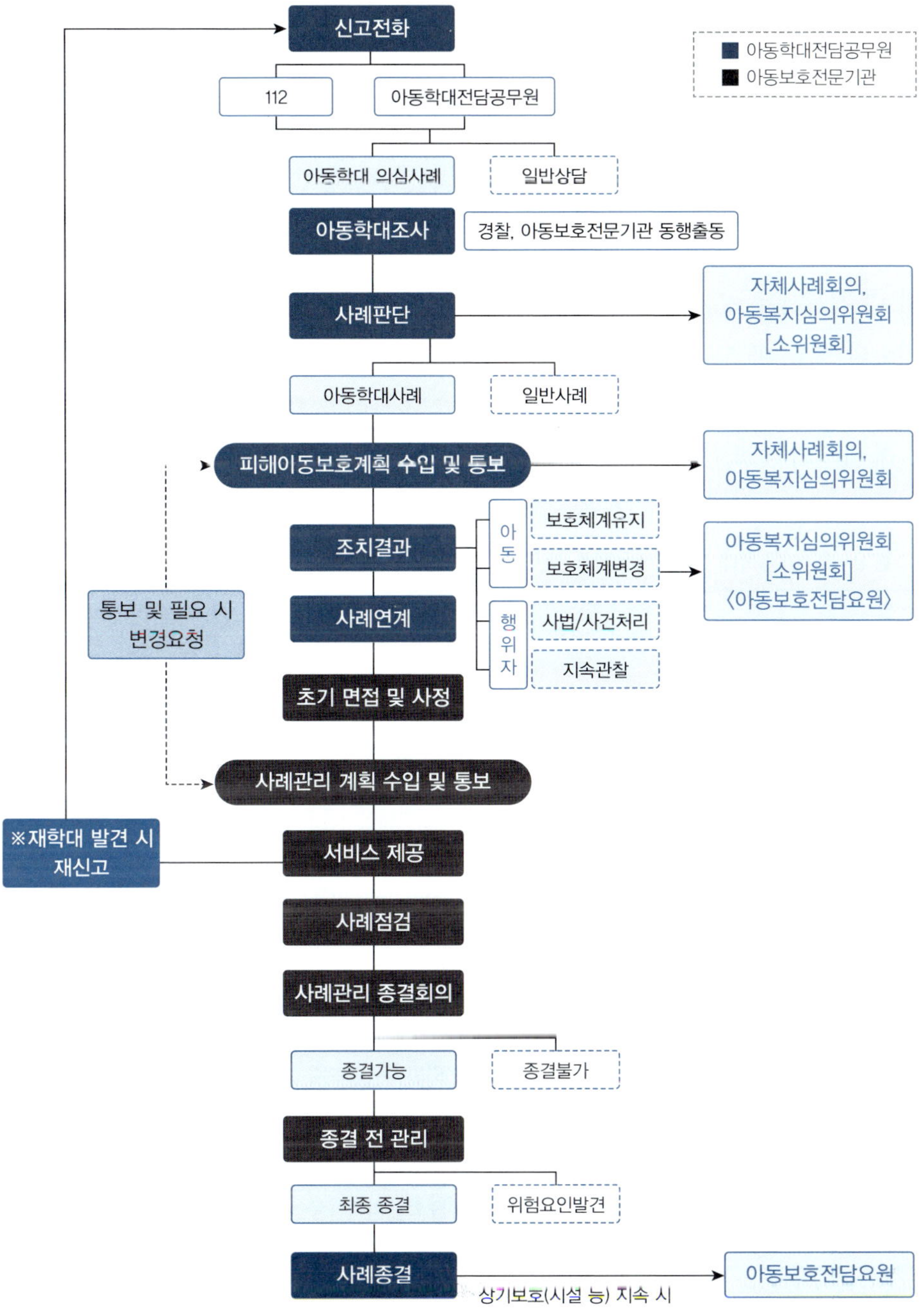


❖ **그림 9-5** 아동학대 업무흐름도

출처: 서울시 아동복지센터(2022).

### (7) 아동학대 보호조치 전후 조치사항

아동학대로 신고되어 분리가 필요한 아동의 단계적 조치사항을 살펴보면 신고, 현장출동 및 조사, 응급조치, 피해아동계획, 사례관리계획 수립, 양육상황점검 및 원가정 점검, 보호 종결 또는 변경의 과정을 거치게 된다.

유의사항은 피해아동의 안정적 보호를 위해서 보호조치 결정은 가급적 빠른 시일 내 실시하는 것이 원칙이며, 부득이하게 즉각 분리(일시보호) 조치가 3개월 이상 지속된 경우, 반드시 사례결정위원회 안건상정 · 보호조치를 점검하여 일시보호 연장 또는 장기보호 전환, 가정복귀 등 조치 결정하여야 한다. 일시보호시설은 6개월 이내 반드시 전원조치가 필요하다.

❖ 표 9-19 아동학대 보호조치 전후 조치 사례

<table>
<tr><th>보호절차</th><th>사례예시</th></tr>
<tr><td rowspan="2">신고 · 접수</td><td>112접수</td></tr>
<tr><td>• 아동 부가 가정 내에서 아동을 폭행하고 있다는 신고가 112로 접수<br>• 신고를 접수받은 경찰은 시 · 군 · 구 아동학대전담공무원에게 학대신고를 통보하며 동행을 요청</td></tr>
<tr><td rowspan="2">아동학대 조사</td><td>경찰/아동학대전담공무원</td></tr>
<tr><td>• 경찰과 아동학대전담공무원은 아동학대 조사를 위해 학대발생의심 장소(아동가정)로 출동<br>• 아동 가정은 부모와 아동으로 구성된 3인 가정이었음. 경찰과 아동학대전담공무원은 학대피해 아동(중2/여)과 학대행위의심자인 아동 부에 대한 분리조사를 실시하였고, 추가적으로 아동 모와의 조사도 실시<br>• 아동 부의 사업실패로 인한 경제적 어려움과 알콜문제, 아동의 비행문제(술, 담배)로 인한 스트레스가 가정 내 존재하고 있었고, 신고 당일 아동 부가 아동의 비행문제에 대한 훈육을 하던 중 분노를 참지 못하고야구방망이로 아동의 온몸을 폭행을 하게 되었음을 진술함. 평소에도 아동 부가 아동에게 욕을 하거나 손바닥을 이용해 아동의 머리를 때리는 행위가 지속되었다는 사실 또한 확인<br>• 아동학대전담공무원은 아동을 원가정보호 할 경우 재학대 발생 가능성이 높다고 판단, 경찰과 합의하여 응급조치를 통해 아동을 학대피해아동쉼터로 인도<br>※ 아동보호전담요원은 학대조사 관련 교육을 받지 않았으므로 학대조사 수행 불가</td></tr>
</table>

| | |
|---|---|
| 피해아동 및 학대행위자 조치 | **경찰/아동학대전담공무원** |
| | • 아동 부는 비행문제가 해결되지 않으면 다시 아동을 폭행할 수 있을 것 같다는 진술을 하였고, 아동 또한 화내고 때리기만 하는 아동 부와 함께 살고 싶지 않다는 욕구를 밝힘.<br>• 경찰은 아동 부의 아동에 대한 접근금지를 위해 임시조치를 청구하였고, 더불어 입건하여 수사 개시<br>• 아동학대전담공무원은 응급조치 효력이 종료되는 시설입소 시점으로부터 72시간 이후의 추가 보호를 위해 아동에 대한 일시보호를 실시 |
| | **아동보호팀** |
| | • 아동학대조사 결과를 기초로 아동학대전담공무원은 학대여부 판정, 아동 및 학대행위자에대한 조치를 팀 내 사례회의(아동학대전담공무원, 아동보호전담요원, 아동보호전문기관 등)를 통해 논의<br>• 아동학대전담공무원은 학대조사결과 및 피해아동보호 계획서를 작성하여 사례결정위원회에 상정 |
| | **사례결정위원회** |
| | • 아동학대전담공무원 및 아동보호전담요원은 사례결정위원회에 참석하여 아동에 대한 보호조치를 최종적으로 결정<br>• 아동학대전담공무원은 사례결정위원회 결과를 아동보호전문기관에 통보 |
| 학대 예방 및 가정복귀를 위한 사례관리 | **아동보호전문기관** |
| | • 아동보호전문기관은 통보받은 보호계획에 따른 사례관리계획을 수립하여 아동학대전담공무원, 아동보호전담요원과 공유<br>• 아동보호전문기관은 아동이 가정으로 복귀할 수 있는 환경을 만들기 위한 다양한 서비스를 계획하고 제공함. 아동의 원활한 시설적응 및 아동 부와의 관계개선을 위한 상담지원, 아동 부의 분노 조절을 위한 심리검사 및 치료, 가정 내 보호자 역할을 수행할 수 있는 아동 모에 대한 아동권리 교육, 부모교육을 전달<br>• 학대사건이 경찰-검찰-법원을 거치며 임시조치 및 보호처분 결정으로 아동 부에 대한 아동보호전문기관에의 상담위탁명령 6개월 떨어짐.동보호전문기관은 아동 부에 대한 상담위탁 수행하였고 아동 부는 성실히 참여<br>• 10개월 후, 아동 부는 지자체에 가정복귀를 신청하였으나 아동이 가정복귀를 거부하여 시설에서 지속적으로 보호<br>• 아동보호전문기관은 아동과 아동 부 및 가족구성원과의 관계개선을 위해 지속 설득 |
| 학대 예방 사례관리 종결 | **아동보호전담요원/아동보호전문기관** |
| | • 15개월 후, 아동, 아동 부는 주기적인 면회를 실시하는 것으로 결정<br>• 이에 아동보호전문기관은 아동학대전담공무원과 협의하여 서비스 제공 종결<br>• 아동보호전담요원은 아동의 양육상황점검을 계속 실시 |

<table>
<tr><td rowspan="2">양육상황 점검</td><td>아동보호전담요원</td></tr>
<tr><td>• 아동보호전담요원은 방문 및 유선상담 등을 통해 아동과 아동 부의 주기적 면회 여부 및 관계개선, 보호계획에 따른 서비스 제공여부 등 모니터링을 실시함<br>• 36개월 후, 아동과 아동 부의 관계가 원만해져 가정복귀하기로 함</td></tr>
<tr><td rowspan="6">사례종결 및 원가정 복귀 후 사후관리</td><td>아동보호전담요원</td></tr>
<tr><td>• 아동보호전담요원은 가정복귀 의사를 아동학대전담공무원에게 공유하였고, 아동학대전담공무원은 아동보호전문기관에 가정복귀 프로그램을 실시 및 결과 제공을 요청함<br>• 아동보호전담요원은 가정복귀 이후 3개월 간 아동보호전문기관과 공동으로 사후관리 진행하고 이후 단독으로 사후관리를 진행함(사후관리 총 1년)</td></tr>
<tr><td>아동보호전문기관</td></tr>
<tr><td>• 아동보호전문기관은 2개월 간의 가정복귀 프로그램을 실시하였고 아동과 아동 부의 관계가 충분히 개선되었음을 확인함<br>• 아동보호전문기관은 사례결정위원회 결정이후 아동이 가정복귀 후 3개월 간(월 1회 이상) 사후관리를 수행하며 가정 내 생활에 아동이 잘 적응 하고 있는지 확인함</td></tr>
<tr><td>사례결정위원회</td></tr>
<tr><td>• 아동보호전담요원은 관계기관의 의견 및 내부 사례회의 등을 통해 아동의 가정복귀가 문제없음을 확인하고 아동보호전문기관이 제출한 서류를 구비하여 사례결정위원회 안건 상정 및 가정으로 복귀를 결정함</td></tr>
</table>

출처: 보건복지부 · 아동권리보장원(2021). 2021 아동보호서비스 업무 매뉴얼.

## 5 학대아동을 위한 복지대책

### 1) 학대아동을 위한 복지정책 방향

#### (1) 아동학대 관련 법규의 개정

피해아동을 격리보호조치할 수 있는 법적 강제 조항이 보완되어야 한다. 아동보호전문기관에서는 아동복지법 시행령에 근거하여 아동의 긴급격리보호 및 일시보호업무를 수행하고 있는데, 이는 법원의 아동보호명령이 아닌 지방자치단체의 행정명령에 의한 보호조치이다. 즉, 부모인 학대행위자의 의사에 반한 격리보호 또는 격리보호 이후 부모의 아동귀가 요구 등이 발생할 때, 이를 법적으로 전혀 대응할 수 없다. 이는 현행 아동복지법상 '원가정 보호 원칙' 때문이다. 아동복지법 제4조 3항은 '국가와 지방자치단체는 아동을 신속히 가정으로 복귀할 수 있도록 지원해야 한다'고 규정하고 있다. 법원이 친권 제한이나 격리 조치를 내린 경우는 예외이나 아동학대를 이유로 친권을 제한하는 경우는 드물며, 2015년 기준 보호명령에 따라 친권이 제한된 수는 25건에 불과하다. 따라서 피해아동을 격리보호조치할 수 있는 법적 강제조항이 보완되어야 하며, 특례법의 처벌 대상의 범위를 넓혀 경미한 아동학대라도 부모 상담 및 교육 등을 강제하도록 관련 법을 개정하여야 한다.

두 번째로 학대행위자인 부모의 친권을 상실시킬 수 있도록 아동복지법에 법적 근거(아동복지법 제18조)를 제시하고 있음에도 불구하고 그 실효성이 거의 없어 아동을 안전하게 보호하는 데 제약이 따른다. 따라서 학대 행위자인 부모의 친권 일시정지 및 제한에 대한 보다 구체적인 법적 근거가 마련되어야 한다.

마지막으로 아동학대의 재발을 방지하기 위해서는 학대행위자인 부모의 양육 태도 변화나 치료가 우선되어야 함에도 불구하고 학대행위자의 상담 수강 또는 교육의 참여를 강제로 할 수 없어 학대행위자에게 개입하는데 어려움을 겪고 있다. 보건복지부는 '아동복지법 시행령 일부개정령안'을 2021년 6월 22일 국무회의에서 의결하고 2021년 6월 30일 시행하였다. 이에 따르면 아동보호전문기관 등이 제공하는 상담 · 교육 등에 정당한 사유없이 참여하지 않는 아동학대행위자에 대한 과태료 부과기준(1차 위반시 150만 원, 2차 이상 위반시 300만 원)을 마련하였다. 아동학대행위자 상담 및 교육프로그램은 법원이 '조건부 기소유예', '임시조치', '보호처분'한 경우에 따라 진행되는데 조건부 기소유예의 경우 20시간 내외의 학대 개념교육, 임시조치는 20시간 내외의 교육, 보호처분엔 학대행위자별 맞춤 프로그램을 1년 이내 60~80시간 진행한다. 그러나 아동학대 전체 사례 중 '고소'가 진행되어 처벌까지 이루어지는 경우는 2019년 기준 신고건수 41,389건 중 일부인 10,334건이며(통계청 자료) 이중 아동학대 협의로 법원에 기소된 건은 1,337건이며 이중 156건만이 형사처벌로 이어졌을 정도로 미미한 실정이다. 따라서 학대행위자가 치료 및 상담에 강제적으로 참여할 수 있도록 상담 명령, 수강 명령, 치료 명령 등의 법 조항 및 이를 위반할 경우 보다 강력하게 제재할 수 있는 법률 보강이 필요하다.

#### (2) 아동학대에 대한 지속적 홍보 및 교육

과거에 비해 아동학대에 대한 국민의 인식이 많이 개선되었지만, 아직도 다른 가정의 자녀양육문제 개입에 대한 부담감, 신고자의 비밀 보장이나, 신고 후 발생할 수 있는 책임감 등으로 인해 학대 현장을 발견하고도 신고를 하지 않는 경우가 많다. 현행 아동복지법에 국가와 지방자치단체는 아동학대의 예방과 방지를 위한 연구 · 교육 · 홍보를 실시하도록 규정하고 있으므로 향후 보다 적극적이고 지속적인 교육 · 홍보를 통해 아동학대에 대한 대국민 인식 전환이 필요하다.

### 2) 학대아동을 위한 복지실천 방향

#### (1) 공공 아동보호체계

2019년 5월에 발표된 '포용국가 아동정책' 발표를 통해 아동에 대한 공공의 책임을 강화하겠다는 국가의 의지를 표현하며 아동보호체계 변화를 시도했고, 2020년 10월 아동보호체계를 전면 개편하였다. 새로운 아동보호체계는 아동학대 및 방임 등 아동보호와 관련한 정책 집행에 있어 민간중심의 아동보호체계를 전면 개편함으로써 민간 의존이 아닌 공적체계를 통해 운영함으로써 공공성 확보, 아동학대 조사와 개입의 분리 및 다체계 간 협력을 통한 전문성 강화를 도모한다는 점에서 의미가 있다.

### (2) 아동학대 대응체계 전면개편 추진방향

아동학대 개편작업은 공공과 민간으로 나누어 역할을 수행하는데 공공에서는 시 · 군 · 구에 아동학대전담공무원을 배치하여 피해아동의 발견 및 보호 등을 위한 전반적 업무를 수행하게 하고, 민간 아동보호전문기관에서는 아동학대전담공무원의 업무를 지원하며, 재학대 위험 소멸 시까지 심층적 · 전문적 사례관리 업무를 진행하도록 함으로써 아동학대에 대한 국가의 책임과 아동학대 조사 공공성을 강화하고 있다.

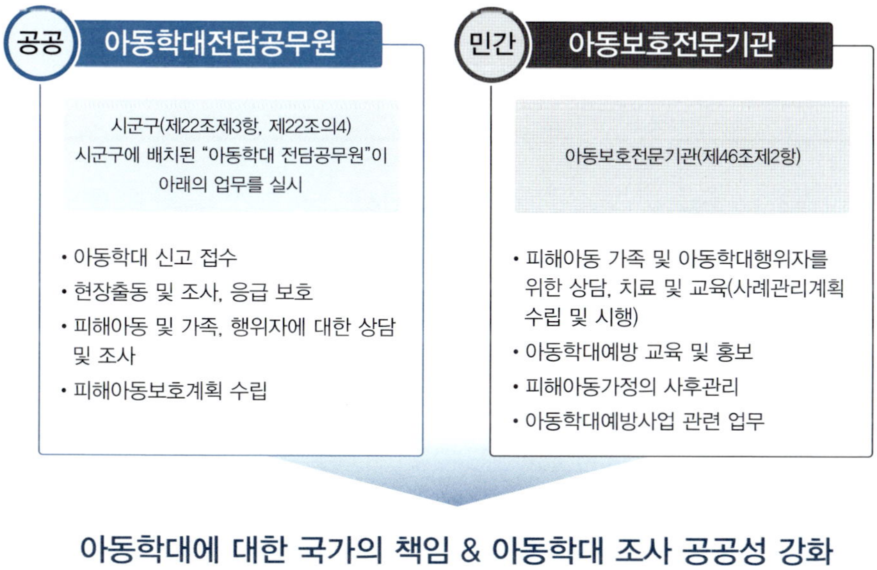


❖ 그림 9-6 공공과 민간의 아동학대 업무대응

출처: 아동권리보장원(2021). 2021년 아동학대 신고의무자 교육 및 공공부문 아동학대 예방 교육.

### (3) 아동학대 예방 및 대응을 위한 지역사회 기관과 역할

지역사회를 기반으로 아동복지서비스를 제공하는 종사자는 아동, 아동을 둘러싸고 있는 보호자와 가족, 지역사회를 지원하고 협력하며 아동학대 예방을 실천하여야 한다.

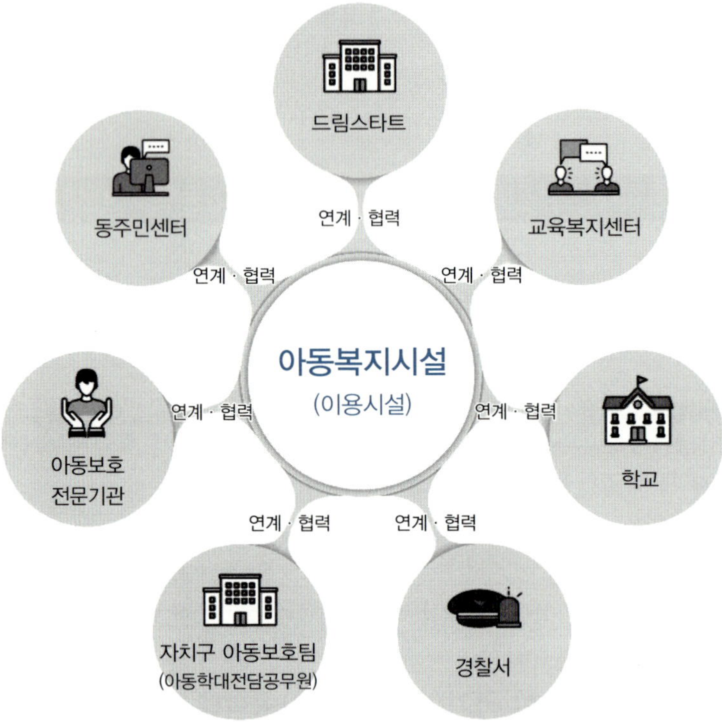


❖ **그림 9-7** 지역사회 내 연계 및 협력도

출처: 서울특별시(2021). 아동학대 예방 및 대처 안내서.

❖ 표 9-20 지역사회 기관 및 역할

| 구분 | 역할 |
|---|---|
| 자치구아동보호팀<br>(아동학대전담공무원) | • 아동학대 신고접수, 현장조사 및 응급보호<br>• 피해아동, 피해아동의 가족 및 아동학대행위자에 대한 상담 · 조사<br>• 아동학대 사례판단(신체적 · 정서적 등)<br>• 피해아동보호계획 수립 및 아동보호전문기관 연계<br>• 피해아동, 그 가족 및 아동학대행위자에 대한 사례관리의 종결<br>• 아동보호전문기관의 피해아동 등에 대한 사례관리의 지도 · 감독<br>• 국가아동학대정보시스템을 통한 아동학대예방사업에 관한 정보의 처리<br>• 아동학대 예방을 위한 아동학대전담공무원 등에 대한 직무교육 · 역량강화 |
| 자치구 드림스타트 | • 취약계층 아동과 가족 중 사업대상 아동 발굴 및 문제 · 욕구 파악, 지역자원 연계를 통해 건강, 영양, 교육, 문화, 복지 등의 맞춤형 통합서비스 제공<br>• 만 12세 이하(초등학생 이하) 취약계층 아동 및 가족이 대상임<br>• 추가 가능한 사업 대상<br>① 만 12세 이상의 초등학교 재학 아동<br>② 연령도래 종결시점(만 12세 이후)의 위기개입, 집중사례관리 아동 중 지속 사례관리 필요아동<br>③ 요보호아동은 원칙적으로 제외하나, 해당 지역 내 적절한 전달체계가 없는 경우 지원 |
| 찾아가는 동주민센터<br>(돌봄위기전담<br>복지플래너) | • 아동학대가구의 체계적인 방문관리 강화<br>• 재발방지를 위한 모니터링<br>• 위기 상황에 따른 맞춤형 복지서비스 제공<br>• 아동학대 관련 지역사회기관과의 유기적인 협력 |
| 지역 경찰서<br>(APO) | • 아동보호전문기관과 피해아동 보호를 위한 협력체계 구축<br>• 아동학대 신고접수(112) 및 아동학대전담공무원에 관련사실 통보<br>• 아동학대전담공무원의 현장출동 요청 시 동행출동<br>• 응급조치 및 긴급임시조치 판단<br>• 보호시설 · 의료기관 인도 시 보호사실 통보<br>• 아동학대 범죄 행위 제지 및 아동학대행위자 격리, 피해아동을 보호시설 및 의료기관으로 인도하는 등 응급조치<br>• 아동학대행위자에 대한 긴급임시조치 결정 및 집행<br>• 아동학대행위자에 대한 임시조치 신청<br>• 아동학대전담공무원으로부터 아동학대행위자에 대한 응급조치결과보고서 접수<br>• 피해아동 등으로부터 아동학대행위자에 대한 긴급임시조치 신청 접수<br>• 아동학대사건 송치 시 아동보호사건 처리에 대한 의견 개진<br>• 피해아동에게 필요한 절차 및 지원서비스(피해자국선변호사, 진술조력인) 안내<br>• 신고의무자의 신고의무 준수여부 조사, 지방자치단체에 과태료 부과 요청<br>• 아동학대 신고자에 대한 신분비밀 보장 및 보복을 당할 우려가 있는 경우 신변 안전 조치<br>• 아동학대 인식전환을 위한 대내외 교육 · 홍보 |

| | |
|---|---|
| 아동보호<br>전문기관 | • 피해아동, 피해아동의 가족 및 아동학대행위자 위한 상담 · 치료 교육<br>• 아동학대예방 교육 및 홍보<br>• 국가아동학대정보시스템 정보입력에 필요한 자료의 제공<br>• 아동학대예방 · 피해아동보호와 관련된 기관 간의 연계<br>• 피해아동 및 피해아동 가정의 기능 회복서비스 제공<br>• 사후관리 |
| 교육복지센터 | • 가정의 경제적 · 문화적 어려움으로 인해 복합적 위기에 처한 학생을 지역에 산재한 지역기관과 교육복지협력망을 구축하여 학교 적응력, 정서 · 행동, 가족지원 등의 영역에서 학교와 협력하여 통합 교육복지 서비스를 제공하기 위해 서울특별시 교육감이 지자체와 협력하여 지정한 지역기관<br>• 정기적인 학교 방문을 통해 교육취약학생 발굴 및 학생의 개인성장 지원<br>• 학교에서 필요로 하는 프로그램 개발을 통한 지원 대상 학생 연계 강화 |
| 아동복지시설 | • 아동학대의심사례에 대한 조기 발견 및 신고<br>• 신고의무자군에 대한 신고의무자 교육<br>• 아동학대전담공무원 및 경찰이 교육 및 보육기관에 방문하여 현장조사(아동상담)를 실시할 경우 적극 협조<br>• 피해아동과 부모에 대한 치료적 개입 및 협조<br>• 피해아동의 아동복지시설 내 생활, 가족력 등 관련자료 제공<br>• 부모로부터 분리보호 된 피해아동의 보호를 위한 협력<br>• 통합사례관리회의 협조 및 장기분리보호 아동에 대한 사후관리 서비스 제공<br>• 시설 내 보호 또는 이용 아동, 학부모, 아동복지시설 종사자에 대한 아동학대 예방 홍보 및 아동의 권리와 학대 예방 등에 관한 교육 실시 |

출처: 서울특별시(2021). 아동학대 예방 및 대처 안내서.

10

CHAPTER

# 장애아동과 비행아동

1. 장애아동 | 2. 비행아동 | 3. 중독아동

CHAPTER

# 10 장애아동과 비행아동

## 1 장애아동

### 1) 장애의 정의와 법

#### (1) 장애의 개념

장애의 개념은 일반적으로 신체적, 심리적, 정신적 구조 및 기능의 상실로 인해 개인적 차원에서 일상생활의 활동에 지장을 가져오고, 사회적 차원에서 사회생활에 참여하는 데 불이익과 제한을 받는 상태를 장애로 정의한다. 장애인에 대한 규정은 손상과 제약에 근거한다. 손상은 신체적·정신적 기능제약으로서의 장애이고, 제약은 사회활동 및 생활에서의 제약으로서의 장애이다. 신체적 조건과 환경적 조건을 동시에 내포하고 있는 장애규정은 사회적 환경이 어떻게 구성되느냐에 따라 한 개인의 신체적 손상이 생활에서 제약이 될 수도 있고 그렇지 않을 수도 있는 것을 의미한다(백은령 외, 2010). 특히 신체 또는 정신의 기능 저하, 상실 등을 지칭하는 의학적 수준에서의 개념은 협의의 개념이고, 세계보건기구(WHO)에서 정의한 바와 같이 의학적 수준뿐만 아니라 이로 인해 발생되는 능력의 저하(disability)와 사회적 불리(handicap)를 포함하면 광의의 개념이다.

1980년 세계보건기구의 국제장애분류(International Classification of Imparments, Disabilities, and Handicaps: ICIDH)에 의하면, 장애의 개념을 심신의 손상(impairments), 능력장애(disability), 사회적 불리(handicap)의 세 가지 차원으로 보았다. 첫째, 손상이란 신체구조학적 · 해부학적 기능 및 심리적 구조나 기능의 일부가 상실된 상태를 말하는 것으로, 증후나 증상, 검사 소견 또는 심리적 검사에 입각해서 전문가적 평가에 의한다. 즉 시각, 청각, 언어, 지체, 지적장애, 정신장애 등 능력장애가 외부로 현저하게 나타나는 비정상적 특성을 가진다. 둘째, 능력장애는 정신적 · 신체적 손상의 결과만이 아닌 그 상태에 대한 그 개인의 적응의 결과로 개인적 차원에서 일상적 활동 영역에 나타나는 이차적 장애를 의미한다. 능력장애에는 행동상의 장애, 의사소통장애, 개인생활보호장애, 운동장애, 숙련장애, 신체자세장애, 상황적 장애 등이 포함된다. 셋째, 사회적 불리는 사회적 차원에서의 장애 개념으로, 개인의 손상이나 기능 제약으로 인해 사회생활에 대한 참여에 제한을 받거나 지장을 초래하는 것을 의미한다. 장애인과 그를 둘러싼 주변 환경과의 관계에서 장애인이 경험하는 불이익, 편견, 차별 등의 문제를 말한다. 사회적 불리에는 신체적 자립불리, 이동성 불리, 직업상 불리, 사회통합 불리 등이 포함된다.

### (2) 장애아동의 개념

장애의 정의와 마찬가지로 장애아동을 정의하는 것도 쉽지 않다. 우리나라의 장애아동 관련 규정은 장애인복지법, 장애인 등에 대한 특수교육법, 아동복지법, 장애아동복지지원법에서 확인할 수 있는데 아동복지법의 규정은 만 18세 미만인 자를 아동으로 정의하고 있으며(아동복지법 제3조), 장애아동복지지원법에서는 18세 미만의 사람 중 장애인복지법에 따라 등록한 장애인을 말하며, 다만, 6세 미만의 아동으로서 장애가 있다고 보건복지부장관이 별도로 인정하는 사람을 장애아동으로 포함한다고 규정함으로써 장애인복지법에 따라 규정됨을 알 수 있다. 따라서 장애아동이란 18세 미만으로 장애인복지법에서 규정한 장애를 가진 사람이라고 정의할 수 있다(도미향 외, 2013).

### (3) 장애아동의 유형

장애아동의 유형은 법적 정의에서 언급한바 장애인복지법, 장애관련 특수교육법에 따라 나눌 수 있다.

#### ① 장애인복지법에 따른 유형

먼저 장애인복지법상 장애유형은 크게 신체적 장애와 정신적 장애로 구분하고(장애인복지법 제2조) 신체적 장애는 다시 외부기관의 장애(지체장애, 뇌병변장애, 시각장애, 청각장애, 언어장애, 안면장애)와 내부 신체기능의 장애(신장장애, 심장장애, 간장애, 호흡기장애, 장루, 요루장애, 뇌전증장애)로 구분된다. 또한 정신적 장애는 발달장애, 지적장애, 자폐성장애와 정신장애로 구분되고 선정 기준은 다음과 같다.

❖ **표 10-1** 장애의 종류[1]

| 대분류 | 중분류 | 소분류 |
|---|---|---|
| 신체적 장애 | 외부 신체기능의 장애 | 지체장애 |
| | | 뇌병변장애 |
| | | 시각장애 |
| | | 청각장애 |
| | | 언어장애 |
| | | 안면장애 |
| | 내부기관의 장애 | 신장장애 |
| | | 심장장애 |
| | | 간장애 |
| | | 호흡기장애 |
| | | 장루 · 요루장애 |
| | | 간질장애 |

1) ① 지체장애인
- 한 팔, 한 다리 또는 몸통의 기능에 영속적인 장애가 있는 사람
- 한 손의 엄지손가락을 지골(손가락 뼈) 관절 이상의 부위에서 잃은 사람 또는 한 손의 둘째손가락을 포함한 두 개 이상의 손가락을 모두 제1지골 관절 이상의 부위에서 잃은 사람

| | |
|---|---|
| 정신적 장애 | 지적 장애 |
| | 정신장애 |
| | 자폐성장애 |

- 한 다리를 리스프랑(발등뼈와 발목을 이어주는) 관절 이상의 부위에서 잃은 사람
- 두 발의 발가락을 모두 잃은 사람
- 한 손의 엄지손가락 기능을 잃은 사람 또는 한 손의 둘째손가락을 포함한 손가락 두 개 이상의 기능을 잃은 사람
- 왜소증으로 키가 심하게 작거나 척추에 현저한 변형 또는 기형이 있는 사람
- 지체에 위 각 목의 어느 하나에 해당하는 장애정도 이상의 장애가 있다고 인정되는 사람

② 뇌병변장애인: 뇌성마비, 외상성 뇌손상, 뇌졸중 등 뇌의 기질적 병변으로 인하여 발생한 신체적 장애로 보행이나 일상생활의 동작 등에 상당한 제약을 받는 사람

③ 시각장애인
- 나쁜 눈의 시력(만국식시력표에 따라 측정된 교정시력을 말한다. 이하 같다)이 0.02 이하인 사람
- 좋은 눈의 시력이 0.2 이하인 사람
- 두 눈의 시야가 각각 주시점에서 10도 이하로 남은 사람
- 두 눈의 시야 2분의 1 이상을 잃은 사람

④ 청각장애인
- 두 귀의 청력 손실이 각각 60데시벨(dB) 이상인 사람
- 한 귀의 청력 손실이 80데시벨 이상, 다른 귀의 청력 손실이 40데시벨 이상인 사람
- 두 귀에 들리는 보통 말소리의 명료도가 50퍼센트 이하인 사람
- 평형 기능에 상당한 장애가 있는 사람

⑤ 언어장애인: 음성 기능이나 언어 기능에 영속적으로 상당한 장애가 있는 사람

⑥ 지적장애인: 정신 발육이 항구적으로 지체되어 지적 능력의 발달이 불충분하거나 불완전하고 자신의 일을 처리하는 것과 사회생활에 적응하는 것이 상당히 곤란한 사람

⑦ 자폐성장애인: 소아기 자폐증, 비전형적 자폐증에 따른 언어 · 신체표현 · 자기조절 · 사회적응 기능 및 능력의 장애로 인하여 일상생활이나 사회생활에 상당한 제약을 받아 다른 사람의 도움이 필요한 사람

⑧ 정신장애인: 지속적인 정신분열병, 분열형 정동장애(여러 현실 상황에서 부적절한 정서 반응을 보이는 장애), 양극성 정동장애 및 반복성 우울장애에 따른 감정조절 · 행동 · 사고 기능 및 능력의 장애로 인하여 일상생활이나 사회생활에 상당한 제약을 받아 다른 사람의 도움이 필요한 사람

⑨ 신장장애인: 신장의 기능부전으로 인하여 혈액투석이나 복막투석을 지속적으로 받아야 하거나 신장기능의 영속적인 장애로 인하여 일상생활에 상당한 제약을 받는 사람

⑩ 심장장애인: 심장의 기능부전으로 인한 호흡곤란 등의 장애로 일상생활에 상당한 제약을 받는 사람

⑪ 호흡기장애인: 폐나 기관지 등 호흡기관의 만성적 기능부전으로 인한 호흡기능의 장애로 일상생활에 상당한 제약을 받는 사람

⑫ 간장애인: 간의 만성적 기능부전과 그에 따른 합병증 등으로 인한 간 기능의 장애로 일상생활에 상당한 제약을 받는 사람

⑬ 안면장애인: 안면 부위의 변형이나 기형으로 사회생활에 상당한 제약을 받는 사람

⑭ 장루 · 요루장애인: 배변기능이나 배뇨기능의 장애로 인하여 장루 또는 요루를 시술하여 일상생활에 상당한 제약을 받는 사람

⑮ 뇌전증장애인: 뇌전증에 의한 뇌신경세포의 장애로 인하여 일상생활이나 사회생활에 상당한 제약을 받아 다른 사람의 도움이 필요한 사람

② 장애인 등에 대한 특수교육법에 따른 유형

장애인 등에 대한 특수교육법에서는 시각장애, 청각장애, 지적장애, 정서·행동장애, 자폐성장애(이와 관련된 장애 포함), 의사소통장애, 학습장애, 건강장애, 발달지체 그밖에 대통령이 정하는 장애를 가진 사람을 특수교육대상자(장애인 등에 대한 특수교육법 제15조)로 정의하고 선정 기준(장애인 등에 대한 특수교육법 시행령 제10조 및 별표)은 다음과 같다.

- 시각장애를 지닌 특수교육대상자

시각계의 손상이 심하여 시각기능을 전혀 이용하지 못하거나 보조공학기기의 지원을 받아야 시각적 과제를 수행할 수 있는 사람으로서 시각에 의한 학습이 곤란하여 특정의 광학기구·학습매체 등을 통하여 학습하거나 촉각 또는 청각을 학습의 주요 수단으로 사용하는 사람

- 청각장애를 지닌 특수교육대상자

청력 손실이 심하여 보청기를 착용해도 청각을 통한 의사소통이 불가능 또는 곤란한 상태이거나, 청력이 남아 있어도 보청기를 착용해야 청각을 통한 의사소통이 가능하여 청각에 의한 교육적 성취가 어려운 사람

- 지적장애를 지닌 특수교육대상자

지적 기능과 적응행동상의 어려움이 함께 존재하여 교육적 성취에 어려움이 있는 사람

- 지체장애를 지닌 특수교육대상자

기능·형태상 장애를 가지고 있거나 몸통을 지탱하거나 팔다리의 움직임 등에 어려움을 겪는 신체적 조건이나 상태로 인해 교육적 성취에 어려움이 있는 사람

● 정서・행동장애를 지닌 특수교육대상자

장기간에 걸쳐 다음 각목의 어느 하나에 해당하여, 특별한 교육적 조치가 필요한 사람

가. 지적・감각적・건강상의 이유로 설명할 수 없는 학습상의 어려움을 지닌 사람
나. 또래나 교사와의 대인관계에 어려움이 있어 학습에 어려움을 겪는 사람
다. 일반적인 상황에서 부적절한 행동이나 감정을 나타내어 학습에 어려움이 있는 사람
라. 전반적인 불행감이나 우울증을 나타내어 학습에 어려움이 있는 사람
마. 학교나 개인 문제에 관련된 신체적인 통증이나 공포를 나타내어 학습에 어려움이 있는 사람

● 자폐성장애를 지닌 특수교육대상자

사회적 상호작용과 의사소통에 결함이 있고, 제한적이고 반복적인 관심과 활동을 보임으로써 교육적 성취 및 일상생활 적응에 도움이 필요한 사람

● 의사소통장애를 지닌 특수교육대상자

다음 각 목의 어느 하나에 해당하여 특별한 교육적 조치가 필요한 사람
가. 언어의 수용 및 표현 능력이 인지능력에 비하여 현저하게 부족한 사람
나. 조음능력이 현저히 부족하여 의사소통이 어려운 사람
다. 말 유창성이 현저히 부족하여 의사소통이 어려운 사람
라. 기능적 음성장애가 있어 의사소통이 어려운 사람

● 학습장애를 지닌 특수교육대상자

개인의 내적 요인으로 인하여 듣기, 말하기, 주의집중, 지각(知覺), 기억, 문제 해

결 등의 학습기능이나 읽기, 쓰기, 수학 등 학업 성취 영역에서 현저하게 어려움이 있는 사람

● 건강장애를 지닌 특수교육대상자

만성질환으로 인하여 3개월 이상의 장기입원 또는 통원치료 등 계속적인 의료적 지원이 필요하여 학교생활 및 학업 수행에 어려움이 있는 사람

● 발달지체를 보이는 특수교육대상자

신체, 인지, 의사소통, 사회 · 정서, 적응행동 중 하나 이상의 발달이 또래에 비하여 현저하게 지체되어 특별한 교육적 조치가 필요한 영아 및 9세 미만의 아동

### (4) 장애아동서비스 관련법[2)]

#### ① 장애인복지법

심신장애자복지법에서 시작된 장애인복지법은 1981년 제정되어 개정을 거듭한 바 명시된 장애아동과 관련된 내용을 살펴보면 다음과 같다. 누구든지 장애를 이유로 정치 · 경제 · 사회 · 문화생활의 모든 영역에서 차별을 받지 아니하도록 하며, 장애인의 장애를 이해하기 위하여 노력해야 한다. 그리고 장애의 발생 원인과 예방에 관한 조사 연구를 촉진하여야 하며, 모자보건사업의 강화, 장애의 원인이 되는 질병의 조기 발견과 조기 치료, 그 밖에 필요한 정책을 강구하여야 한다. 또한 교통사고 · 산업재해 · 약물중독 및 환경오염 등에 의한 장애발생을 예방하기 위하여 필요한 조치를 강구하여야 한다.

사회통합의 이념에 따라 장애인이 연령 · 능력 · 장애의 종류 및 정도에 따라 충

2) 박정란 · 서홍란(2010)의 내용을 참고하여 작성함.

분히 교육받을 수 있도록 교육 내용과 방법을 개선하는 등 필요한 정책을 강구하여야 하며, 장애인에게 전문 진로교육을 실시하는 제도를 강구하여야 한다. 각급 학교의 장은 교육을 필요로 하는 장애인이 그 학교에 입학하려는 경우 장애를 이유로 입학 지원을 거부하거나 입학시험 합격자의 입학을 거부하는 등의 불리한 조치를 하여서는 아니 된다. 모든 교육기관은 교육 대상인 장애인의 입학과 수학 등에 편리하도록 장애의 종류와 정도에 맞추어 시설을 정비하거나 그 밖에 필요한 조치를 강구하여야 한다. 추락사고 등 장애로 인하여 일어날 수 있는 안전사고와 비상재해 등에 대비하여 시각 · 청각 장애인과 이동이 불편한 장애인을 위하여 피난용 통로를 확보하고, 점자 · 음성 · 문자 안내판을 설치하며, 긴급 통보체계를 마련하는 등 장애인의 특성을 배려한 안전대책 등 필요한 조치를 강구하여야 한다.

장애인복지 실시기관은 경제적 부담능력 등을 고려하여 장애인이 부양하는 자녀 또는 장애인인 자녀의 교육비를 지급할 수 있다. 국가와 지방자치단체, 그 밖의 공공단체는 장애인이 이동수단인 자동차 등을 편리하게 사용할 수 있도록 하고 경제적 부담을 줄여 주기 위하여 조치를 하여야 한다. 장애인복지실시기관의 운영은 장애인의 인권침해 등 불법행위와 부당행위가 있어서는 안 되며, 업무수행 인력도 성범죄 및 학대 등의 위반이 없는 자여야 한다.

#### ② 장애아동복지지원법

장애아동복지지원법은 2011년 제정, 2012년 9월 1일부터 시행되고 있다. 장애아동복지서비스의 대상은 장애아동이며 장애아동복지서비스란 장애아동을 대상으로 하여 치료, 교육, 중복장애예방, 사회복귀 등의 문제를 해결하도록 국가와 지방자치단체, 지역사회가 지원하는 서비스라고 할 수 있다. 장애아동 복지시설은 장애아동의 성, 연령, 및 장애의 유형과 정도를 고려하여 보호, 의료, 생활지도, 재활훈련과 자립생활지원 등의 서비스를 제공함으로써 장애인의 기능회복과 사회성 향상을 도모하고자 설립된 시설을 의미한다. 아동복지법 제52조에 따른 아동복지시설의 종류는 아동양육시설, 아동일시보호시설, 아동보호치료시설, 공동생활가정(그룹홈),

자립지원시설, 아동상담소, 아동전용시설(어린이공원, 어린이놀이터, 아동회관, 아동휴게숙박시설 등), 지역아동센터, 아동보호전문기관, 가정위탁지원센터, 아동권리보장원, 자립지원전담기관이 있다. 장애아동복지지원서비스에는 장애아동수당, 장애아동발달서비스, 장애아동가족양육지원서비스 등이 있다

보건복지부는 장애아동지원센터 운영의 효율과 안정성을 도모하고, 장애아동 복지지원서비스의 질을 제고하기 위해, 장애아동복지지원법 시행령을 개정하여 중앙장애아동지원센터와 지역장애아동지원센터의 운영을 한국장애인개발원에 위탁하도록 규정하였다(2021. 06). '중앙장애아동지원센터'의 주요사업은 장애아동의 복지지원에 관한 조사 · 연구, 법 제9조에 따른 지역장애아동지원센터에 대한 평가 및 운영지원, 장애아동의 복지지원 정책에 관한 정보 및 자료 제공, 장애아동의 장애유형별 지원 프로그램 개발, 법 제23조 제2항에 따른 가족지원업무 수행기관에 대한 운영지원 및 평가, 지역장애아동지원센터, 복지지원을 제공하는 기관 등의 복지지원 관련기관에 대한 정보의 수집 및 제공 등이다.

③ 장애인 등에 대한 특수교육법

장애인 등에 대한 특수교육법은 2007년 5월 25일 제정되어 2008년 5월 26일부터 시행되고 있다. 장애인 등에 대한 이 법은 교육기본법에 근거한 법으로 장애인 및 특별한 교육적 요구가 있는 사람에게 통합교육의 환경을 제공하고 생애주기, 장애유형, 장애정도를 고려한 교육을 실시함으로써, 그들이 자아를 실현하고 사회가 통합되는 데 기여할 수 있도록 하는 것이 이 법의 목적이다. 특수교육은 특수교육을 필요로 하는 장애아동에게 일반적인 교과과정의 내용과 직업교육, 치료교육을 통해 지역사회에 통합하여 사는 것을 전제로 한다. 이 법으로 장애아동에 대한 의무교육과 무상교육이 가능하게 되었으며 생애주기에 따른 교육지원 대책이 구체적으로 실시되었다.

2012년 이후 개정된 내용은 장애를 가진 영유아, 장애를 가진 학령기의 초 · 중 · 고, 대학생, 장애성인의 평생교육에 이르기까지 다양한 특수교육을 지원하는 내용

을 담고 있다. 8개 장애유형 이외에도 발달지체가 신설되어 장애가 명확하게 드러나지 않은 아동에게도 교육지원의 기회가 제공되도록 하고 있다. 특수교육기관을 설치할 경우에는 지역별 · 학교급별로 균형있게 특수교육기관을 설치하도록 규정하고 있다. 특수학교 내에 영아반을 설치하고, 장애영유아에게 순회교육의 기회를 제공하며, 전공과의 교육내용을 확대하여 발달장애, 정신지체, 최중도 장애학생들도 고교 졸업 후, 학교에서 사회로의 전환에 필요한 직업전교육을 제공받을 수 있는 기회를 제공하도록 했다.

학급당 학생 수를 감축하도록 하여, 보다 질 높은 교육지원과 현장의 특수교육교사들이 장애학생들을 위한 개별화(IEP)된 교육지원 및 통합학급 지원 등의 업무도 수행하도록 하여, 장애학생 개개인에게 필요로 하는 교육지원이 학교 현장에서 원활하게 이루어지도록 하였다. 또한 가족지원, 치료지원, 보조인력 지원, 학습보조기기지원, 보조공학기기 지원, 통학지원, 정보접근 지원 등 관련 서비스 규정을 신설하여, 장애학생을 위한 질 높은 교육이 이루어질 수 있도록 유도하였다.

대부분의 경우 학령기 장애인은 특수교육대상자로 지정된다. 다만, 몇몇 예외가 있다. 특수교육대상자는 '학습의 어려움'을 중점에 두고 교육부에서 지정하는 것이고 장애인은 '삶의 어려움'을 중점에 두고 보건복지부에서 등록하는 것으로 아주 엄밀히 말하면 다른 영역이다. 이 때문에 특수교육을 근거하는 법령은 '장애인 특수교육법'이 아닌 '장애인 등에 대한 특수교육법'이다. 장애인으로 등록되었다고 하여 자동으로 특수교육대상자로 등록되지 않는다.

❖ 표 10-2 장애인과 특수교육대상자의 차이

| 장애인이면서 특수교육대상자가 아닌 경우 |
|---|
| • 안면장애: 학업에는 거의 지장을 미치지 않기 때문에 다른 중복장애가 없을 시 특수교육대상자로 지정되지 않는다.<br>• 정신장애: 조현병, 양극성 장애, 만성 우울장애 등의 정신질환자. '장애인복지법' 상에 정신장애로 분류되어 있기는 하나, '장애인 등에 대한 특수교육법'에는 해당 장애 영역이 포함되지 않는다. 하지만 지역 교육지원청에 따라, 특수교육대상자로 선정될 수도 있고, 되지 못할 수도 있다. |

- IQ 50~70의 지적장애(구 3급): IQ 50~70은 IQ 49이하와 달리 일반 학교의 일반 학급 수업을 어느 정도 따라갈 수 있다. 현재 특수교육은 반복 숙달에만 맞춰져 있지만 이 정도의 지능이면 상위 학습이 가능하기 때문에 특수교육이 부적합 하다.
- IQ 71 이상의 자폐성장애(구 3급) : 고기능 자폐증 및 아스퍼거증후군으로 지능은 정상이기에 학업에 영향은 없다.

| 장애인이 아니면서 특수교육대상자인 경우 |
|---|
| • 학습장애: 학습장애는 장애인 등에 대한 특수교육법에 의해 지정되는 영역으로 '장애인 복지법' 상의 장애인이 아니다.<br>• 건강장애: 소아암, 백혈병 등 장애는 아니지만 질병으로 인해 3개월 이상 장기입원이나 치료가 필요하다고 인정될 경우 교육의 어려움을 해소 하기 위하여 장애인이 아니지만 특수교육대상자로 지정될 수 있다. |

| 특수교육대상의 장애인 목록 |
|---|
| • IQ 49이하의 지적장애(구 1~2급): 특수교육의 상징과도 같은 존재 IQ 49이하의 지적장애인은 일반적으로 학습을 어려워하기 때문에, 현장에서 특수교육을 받는 경우가 많다.<br>• IQ 70이하의 자폐성장애(구 1~2급): IQ 49이하의 자폐성장애인은 학습을 어려워하기 때문에 특수교육을 받는 것이 옳다. IQ 50~70일 경우는 일반학급 수업을 어느 정도는 따라갈 지능이 되기때문에 일반학급에서 교육을 받는 것도 괜찮다고 할 수 있지만, 자폐성장애는 사회성, 공감능력이 매우 떨어지기 때문에 특수교육을 받는 것이 더 좋다. |

※ 현재 장애등급제는 폐지되었고, 경증, 중증으로 나누고 있다.

출처: 나무위키(2022). 특수교육대상자.

#### ④ 발달장애인 권리보장 및 지원에 관한 법률

이 법은 발달장애인의 의사를 최대한 존중하여 그들의 생애주기에 따른 특성 및 복지욕구에 적합한 지원과 권리옹호 등이 체계적이고 효과적으로 제공될 수 있도록 필요한 사항을 규정함으로써 발달장애인의 사회참여를 촉진하고, 권리를 보호하며, 인간다운 삶을 영위하는 데 목적을 두고 있다. 지적장애인, 자폐성장애인 등 사회생활이나 일상생활에 지장이 있는 아동이 대상이다.

### 2) 장애아동의 실태

장애출현율은 2018년 기준으로 5.39%이고, 전체 장애인 인구 중 18세 미만의 장애아동의 인구는 2021년 기준 약 3.48%로 91,988명으로 집계되었다. 장애아동 중 장애출현율이 높은 순서는 지적장애, 자폐성장애, 뇌병변장애, 언어장애, 청각장애, 지체장애 등의 순이었다(보건복지부, 2022). 장애발생유형을 아동연령별로 살펴보면 0~9세는 지적장애, 자폐성장애, 뇌병변장애, 언어장애, 청각장애, 지체장애, 시각장애의 순이었고, 10~19세는 지적장애, 자폐성장애, 뇌병변장애, 지체장애, 청각장애, 시각장애, 언어장애의 순이었다. 성인장애인의 경우 지체장애, 청각장애, 시각장애, 뇌병변장애, 지적장애, 정신장애, 신장장애의 순으로 후천적 장애 발생이 높아 후천적인 사고나 환경적 요인에 의한 장애발생률은 연령이 높아질수록 증가된다. 다른 장애유형에 비하여 지적장애와 자폐성장애의 경우 학령기에 상대적으로 집중되어 증가하는데, 이것은 학령기에 접어들어서야 이들 장애아동의 대다수가 장애등록을 받게 되기 때문이다. 연령대의 장애아동의 성별 분포에서는 남자아동(68.55%)이 여자아동(31.45%)에 비해 좀 더 높은 비중을 차지하고 있다.

2020년 특수교육통계(교육부, 2020b)에 따르면, 전체 특수교육대상자 95,420명 중 장애영아 및 유치원 특수교육대상자는 6,975명이며, 이는 7.3%에 해당한다. 장애영아의 경우 총 439명 중 특수교육지원센터에서 72%(316명)이 특수학교에서, 28%(123명)가 특수교육을 받고 있다고 집계되었으며, 특수교육지원센터에서는 장애영아만 교육을 받고 있는 것으로 나타났다. 유치원의 경우 특수교육대상자는 총 6,536명으로 일반학교의 특수학급에서 3,866명, 일반학교의 일반학급(전일제통합학급)에서 1,752명, 특수학교에서 918명으로 나타나 특수학교보다는 일반학교의 특수학급 또는 일반학급(전일제통합학급)에서 특수교육을 받고 있었다. 초등학교에서도 동일한 양상을 보이나 학생 수가 장애영아와 유치원 학생의 수에 비하여 월등히 많았다. 아울러 일반학교에서 특수교육을 받는 유치원, 초등학교 학생의 경우 일반학급보다는 특수학급에 속한 학생의 수가 많은 것으로 나타났다.

❖ 표 10-3 교육환경별 특수교육대상자 현황 (단위: 명)

| 구분 | | 특수학교 | 일반학교 | | 특수교육 지원센터 | 계 |
|---|---|---|---|---|---|---|
| | | | 특수학급 | 일반학급 (전일제통합학급) | | |
| 전체 특수교육대상자 수 | | 26,299 | 52,744 | 16,061 | 316 | 95,420 |
| 학교 과정 | 장애영아 | 123 | - | - | 316 | 439 |
| | 유치원 | 918 | 3,866 | 1,752 | - | 6,536 |
| | 초등학교 | 8,143 | 27,713 | 7,349 | - | 43,205 |
| | 계 | 9,184 | 31,579 | 9,101 | 316 | 50,180 |

출처: 교육부(2020b). 특수교육통계.

한국보건사회연구원이 발표한 '2020년 장애인 실태조사'에 따르면 장애아동 보육 · 교육시 가장 필요한 지원으로 27%가 발달재활서비스 확대를 꼽았다. 그다음으로 특수교육 보조인력 증원(19.7%)이 높게 나타났다. 학령기 전 장애아동은 특수교육 보조 인력 증원, 초등학교 연령대 장애아동은 발달재활서비스 확대, 중학교 이상 장애아동은 특수교육 보조 인력 증원 요구가 높았다.

❖ 표 10-4 향후 보육 · 교육 시 가장 필요한 것 (단위: %)

| 구분 | 2017년도 | 2020년도 | 연령별 | | |
|---|---|---|---|---|---|
| | | | 만 6세 이하 | 만 7~13세 | 만 14~25세 |
| 장애아 전문 어린이집 확대 | 20.8 | 5.3 | 13.1 | 5.6 | 2.6 |
| 장애아동 발달재활서비스 확대 | 19.9 | 27.0 | 19.8 | 34.0 | 18.4 |
| 교육도구나 기자재 사용시 편리성 확보 | 3.4 | 4.5 | 9.4 | 5.3 | 1.9 |
| 교사의 전문성 확보 | 9.4 | 8.7 | 11.3 | 7.5 | 9.7 |
| 특수교육 보조인력 증원 | 12.4 | 19.7 | 29.8 | 18.4 | 18.6 |
| 교사 및 교육기관의 확대 | 7.4 | 4.7 | 8.3 | 5.4 | 2.6 |
| 학교 내 편의시설 확대 | 2.5 | 3.9 | 0.0 | 2.4 | 7.1 |
| 등하교 편리성 지원 | 3.8 | 4.1 | 6.6 | 4.0 | 3.6 |

| | | | | | |
|---|---|---|---|---|---|
| 교육에 대한 충분한 정보 제공 | 8.0 | 5.0 | 0.0 | 5.6 | 5.7 |
| 고등교육 지원 강화 | 3.0 | 4.1 | 0.0 | 0.9 | 10.2 |
| 부모교육 상담 지원 확대 | 1.1 | 1.5 | 0.0 | 1.3 | 2.2 |
| 교육비 부담 감소 | 8.4 | 7.6 | 1.7 | 7.9 | 9.0 |
| 기타 | - | 3.9 | 0.0 | 1.6 | 8.4 |
| 계 | 100.0 | 100.0 | 100.0 | 100.0 | 100.0 |
| | | | (0.9만) | (4.7만) | (3.1만) |

출처: 한국보건사회연구원(2020). 장애인실태조사.

## 3) 장애아동을 위한 복지현황 및 대책

### (1) 장애아동을 위한 복지서비스 현황

#### ① 소득보장서비스

장애아동을 위한 대표적인 소득보장서비스로는 장애아동을 보호·양육하는 보호자를 경제적으로 지원하기 위한 장애아동부양수당이 있다. 장애아동부양수당은 장애인의 경제적 생활수준을 고려하고 장애로 인한 추가 비용 보전에 대한 부분으로, 지급 대상으로는 국민기초생활보장법에 의한 수급자와 차상위 계층의 18세 미만 아동들의 보호자이다. 만 20세 이하로서 초·중등교육법에 따른 학교에 재학(휴학 및 의무교육대상자 중 유예자도 포함됨) 중인 자도 포함된다.

❖ 표 10-5 장애아동수당(2021년 대비 2022년 지원 단가) (단위: 만 원/월)

| 구분 | | 생계·의료급여 수급자(재가) | 생계·의료급여 수급자(시설) | 주거·교육급여 수급자 및 차상위 |
|---|---|---|---|---|
| 장애아동수당 | 중증 | 20 → 22 | 7 → 9 | 15 → 17 |
| | 경증 | 10 → 11 | 2 → 3 | 10 → 11 |

출처: 보건복지부(2022). 2022년 장애인보건복지정책 이렇게 달라집니다.

② 의료서비스

의료서비스는 장애인의 잔존 능력을 최대한 증진시켜 사회에 복귀시키는 목적을 달성하기 위한 의료재활에 목표를 두고 있다. 의료재활의 방법에는 약물 투여 및 수술 등의 치료와 물리치료, 작업치료, 언어치료 등이 있다. 의료비는 본인 부담 진료비를 지원하고, 정형외과용 구두나 욕창 방지용 매트 등 장애인 재활보조기구는 무료로 제공하고 있다. 보장구와 관련해서는 건강보험급여를 실시하여 건강보험 대상자는 적용 대상 품목의 기준액 범위 내에서 구입비용을 지원하고 있다.

이화의대 재활의학교실이 건강보험심사평가원 의뢰로 수행한 '장애인 건강 주치의 서비스 확대 모형 개발 및 2차년 시범사업 평가 연구(2021)' 보고서에 의하면 장애인의 의료 충족도에 대해 장애아동의 69.4%, 장애성인의 41.7%는 '장애인이 필요한 의료서비스를 부족하게 이용하고 있다'고 응답했다. 특히 이 같은 비율은 장애아동을 담당하는 의사에서는 85.8%, 장애성인 담당의사에서는 90.9%로 나타났다. '장애인이 필요한 의료서비스를 부족하게 이용하고 있다'고 답한 비율이 장애인들보다 의사들에서 훨씬 높게 나온 것이다. 장애아동과 아동 담당 의사는 '의료기관을 통한 특정 의료서비스 공급의 부족'을 각각 61.9%, 62.9%의 비율로 지목해 장애인 미충족 의료서비스가 발생하는 가장 큰 원인으로 생각했다. 또한, '의료기관을 통한 장애인 의료서비스 공급이 부족한 원인'에 대해서 장애아동을 담당하는 의사들은 '해당 의료서비스 항목에 대한 너무 낮은 건강보험수가(79.4%)'를 가장 큰 원인으로 지적했다. 향후 이러한 점을 고려하여 건강보험 수가가 너무 낮아 의료기관이 장애아동에 대한 의료서비스를 꺼리는 일이 발생하지 않도록 개선해 나가야 한다.

③ 시설서비스

장애인복지법에 규정된 장애인복지시설은 장애인 생활시설, 장애인 지역사회 재활시설, 장애인 직업재활시설, 장애인 유료복지시설로 구분된다. 이를 구체적으로 살펴보면, 장애인 생활시설은 장애유형별 생활시설, 중증장애인 요양시설, 장애 영유아 생활시설을 포함한다. 장애인 지역사회 재활시설에는 장애인복지관, 장애인

의료재활시설, 장애인 주간보호시설, 장애인 단기보호시설, 장애인 공동생활가정, 장애인 체육시설, 장애인 수련시설, 장애인 심부름센터, 수화통역센터, 점자도서관, 점서 및 녹음서 출판시설 등이 포함된다. 장애인 직업재활시설에는 장애인 작업활동시설, 장애인 보호작업시설, 장애인 근로작업시설, 장애인 직업훈련시설, 장애인 생산품 판매시설 등이 속한다. 장애아동의 사회적응 및 자립을 위하여 장애아동 재가복지봉사센터, 장애인 주간 및 단기보호시설, 장애인 공동생활가정 등의 이용시설들이 증가하고 있는 추세이다.

#### ④ 교육서비스

정상화 이론에 의하면 장애인만 별도로 격리되어 있는 곳에서는 집단성원 상호간에 부정적이고, 부석설하며, 사회적으로 가치 이하의 행동 모델을 제공함에 따라 격리된 사람들은 일탈로 이어질 가능성이 증가한다고 보아 장애아동과 일반 아동을 통합시켜 교육하는 것을 기본철학으로 삼는다(백은령, 2010). 이러한 통합교육의 철학을 담은 장애인 등에 대한 특수교육법은 일반학교에 '특수학급' 설치의 의무화와 '특수교육보조원'의 배치, '특수교사'의 배치 기준을 명확히 하였고, 장애인 교육에 있어서 조기교육과 평생교육 등 생애주기별 교육지원을 명시하였다. 뿐만 아니라 장애학생이 대학교에 입학하였을 때 학교가 편의시설 등을 정비하여 교육 환경적인 차별을 하지 않도록 장애학생의 권리를 의무화하였다. 특수교육 대상자 아동은 보육시설 및 유치원, 초등학교 및 중학교과정의 교육은 의무교육(무상교육)이며, 고등학교 과정의 교육도 무상교육으로 제공되고 있다.

#### ⑤ 장애아동 가족지원서비스

정부는 재가 장애아동을 양육하는 가정의 '돌봄'부담 경감을 위하여 주간보호서비스, 단기보호서비스를 제공하고 있으며, 아동의 양육부담에 따른 가족갈등 등을 해소하기 위해 새사회복지서비스 형태인 장애인활동보조인 파견사업과 장애아가족 양육지원사업을 시행하고 있다. 장애인활동보조인 파견사업은 양육자의 질병, 사회활동 등 일시적 돌봄서비스를 필요로 할 때 일정한 교육과정을 수료한 활동보조인이 파견되어 장애아동 보호 및 양육자의 휴식을 지원하며 장애아가족양육지원사업은 연 480시간 이내 장애아돌보미를 파견하여 돌봄서비스 제공함으로써 가족의 휴식을 지원한다.

장애아동 가족프로그램은 과거에는 장애아동에 대한 직접 교수형태 프로그램이 주류를 이루었으나, 최근에는 부모와 아동 간 관계 상호작용의 중요성이 부각되어 아동중심 중재에서 가족중심 중재로 변화되고 있다. 구체적으로 가족들 간의 집단지도프로그램과 부모교육 프로그램, 형제프로그램 등과 같은 개별화 가족지원을 위한 프로그램은 장애아동을 가족 구성원으로 받아들이고 인정하도록 하는 것에 초점을 두고 있으며, 부모와 아동의 관계지원을 위한 부모 참여의 중요성을 담고 있다. 부모의 참여로 부모가 가진 잠재력을 현실화하고 가족을 위해 그 잠재력을 사용할 수 있도록 도움을 주도록 하고 있다.

⑥ 장애아동 발달지원서비스

장애아동 발달지원서비스는 크게 발달재활서비스와 언어발달지원서비스가 있다. 먼저 발달재활서비스는 성장기의 정신적·감각적 장애아동의 기능 향상과 행동발달을 위한 서비스이며, 만 18세 미만의 뇌병변, 지적, 자폐성, 청각, 언어, 시각장애 등의 장애아동을 대상으로 읍면동의 신청을 통해 매월 언어, 청각, 미술, 음악, 행동, 심리, 감각, 운동 등의 발달재활서비스 바우처를 선택하여 이용할 수 있도록 하고 있다. 또한 언어발달지원서비스는 감각적 장애 부모의 자녀에게 필요한 언어발달지원서비스를 제공하여 아동의 건강한 성장지원 및 장애가족의 자체 역량을 강화하는 서비스이며, 시각, 청각, 언어, 지적, 자폐성, 뇌병변 등록장애 부모 및 등록장애 조손가족의 만 12세 미만 자녀에게 필요한 언어발달진단서비스, 언어발달 및 청력발달 등 언어재활서비스와 독서지도, 수어지도, 논술지도, 학습지도 등 교과목 수업불가, 학습지를 이용한 지도 불가, 1회당 서비스 제공시간은 50분(부모상담 포함) 등을 서비스하며 매월 언어발달바우처로 지원한다.

❖ 표 10-6 발달재활서비스 대상자의 소득기준에 따른 바우처 및 본인부담금

| 소득수준 | 바우처 지원액 | 본인부담금 |
|---|---|---|
| 기초생활수급자(다형) | 월 20만 원 | 면제 |
| 차상위 계층(가형) | 월 22만 원 | 2만 원 |
| 차상위 계층 초과~기준중위소득 65% 이하(나형) | 월 18만 원 | 4만 원 |
| 기준중위소득 65% 초과~120% 이하(라형) | 월 16만 원 | 6만 원 |
| 기준중위소득 120% 초과~180% 이하(마형) | 월 14만 원 | 8만 원 |

출처: 사회서비스 전자바우처(https://www.socialservice.or.kr:444).

한국장애인개발원에서 서울대학교에 의뢰한 '장애아동 발달재활서비스 효과성 및 개선방안 연구(추출일 2021. 11)'에 의하면 보고된 연령별 서비스 이용자 수는 전체 40,088명으로, 6세 미만(12,555명)에서 서비스를 가장 많이 이용하고 있었다. 그 다음으로 6세 이상~8세 미만(7,761명), 10세 이상~13세 미만(7,157명) 순으로 나타났다. 전반적으로 낮은 연령대에서 서비스 이용자가 많이 분포되어 있었는데 이는 6세 미만의 장애에 등록되지 않은 이용자들에게도 서비스를 조기에 제공할 수 있는 발달재활서비스의 특성을 반영하고 있다고 볼 수 있다.

사회서비스 제공기관 및 제공인력 현황을 살펴보면 전체 10,777개의 제공기관 중 2,237개의 기관이 발달재활 서비스를 제공하는 것으로 나타났으며, 제공인력의 경우 전체 161,500명 중 13,000명이 발달재활서비스를 제공하는 것으로 제시되었다.

❖ 표 10-7 언어발달재활서비스 대상자의 소득기준에 따른 바우처 및 본인부담금

| 소득수준 | 바우처 지원액 | 본인부담금 |
|---|---|---|
| 기초생활수급자(다형) | 월 22만 원 | 면제 |
| 차상위 계층(가형) | 월 20만 원 | 2만 원 |
| 차상위 계층 초과~기준중위소득 65% 이하(나형) | 월 18만 원 | 4만 원 |
| 기준중위소득 65% 초과~120% 이하(라형) | 월 16만 원 | 6만 원 |

출처: 사회서비스 전자바우처(https://www.socialservice.or.kr:444).

발달재활서비스의 대상은 「장애인복지법」 제32조에 따라 등록된 18세 미만의 장애인이지만, 「장애아동복지지원법」 제2조에 의해 6세 미만의 아동으로 보건복지부 장관이 별도로 인정하는 아동 또한 서비스의 대상이 될 수 있다(국가법령정보센터, 2021).

### (2) 장애아동을 위한 복지정책 및 복지실천 방향[3)]

장애아동을 위한 복지정책 및 실천의 방향은, 장애예방사업의 강화, 장애아동 가족을 위한 경제적 소득보장, 의료 보장 및 의료서비스의 확대, 장애아동 교육보장, 장애아동 가족지원서비스 강화, 장애에 대한 인식개선, 재활서비스 개선과 새로운 제도 도입 등을 들 수 있다.

#### ① 장애예방대책

일반적으로 장애는 발생하기 전에 예방하는 것이 사후 대책보다 사회적 비용을 줄일 수 있다. 그러나 현재 우리나라의 장애인복지정책은 장애가 발생한 이후 치료 중심의 정책에 중점을 두고 있어 장애예방사업을 강화하고 활성화하기 위한 노력이 요구된다. 이를 위해 첫째, 선천적 장애나 출생 시 장애예방을 위한 모자보건사업을 강화해 나가야 할 것이며, 둘째, 출산 후의 장애예방사업으로써 신생아에 대한 선천성 대사 이상 검사를 무상으로 실시하여 이상 유무를 조기에 발견하여 치료해야 할 것이다. 셋째, 장애 출현 원인의 상당부분이 후천적 원인임을 볼 때, 이를 예방하기 위한 각종 지원 체계를 구축해 나가야 한다.

보건복지부의 '장애인실태조사(2020)'에 따르면 등록 장애인의 80%가 사고 등 후천적 원인으로 장애를 가졌고, 국립재활원에 입원한 환자를 대상으로 입원 이유를 10년간 추적 조사한 결과 사고로 인한 뇌손상 및 척수손상의 95%는 교육을 통해 예

3) 김성경 외(2013)를 참고하여 작성함.

방 가능한 것으로 나타났다.

현재 장애예방사업은 정부 여러 부처에서 상호 연계 없이 중복 추진되고 있으므로 보건복지부 내 장애예방전담기구를 설립해 부처 간 업무를 조정하고 통합하여 장애발생 예방 종합 대책을 마련해야 할 것이다.

### ② 소득보장

장애아동이 있는 가정은 직업 활동의 제약과 함께 지속적 추가 비용 지출로 경제적 어려움을 겪고 있다. 보건복지부의 2020년 장애인실태조사를 통해 빈곤층이라고 할 수 있는 국민기초생활보장제도 수급자 비율을 살펴보면 장애인 수급자 비율은 19.0%를 나타내고 있는 반면, 동일년도의 전체 국민 중 수급자 비율은 3.2%(e-나라지표)으로 확인되어 장애인의 수급자 비율이 약 5배 높은 것으로 나타나고 있다. 이러한 결과는 장애인 소득보장제도의 운용에도 불구하고 장애인의 생활수준이 열악한 상황임을 알 수 있다. 그러나 현행의 장애아동 가정에 대한 소득보장사업은 매우 제한적이다. 장애아동이 의료적 서비스를 받지 못하는 가장 큰 이유도 경제적 문제에서 기인된 것임을 볼 때, 소득보장을 강화해 나가야 할 것이다. 따라서 장애아동수당을 장애로 인한 추가 비용을 감당할 수 있는 정도로 상향 조정하고 보편적 서비스로서 모든 장애아동에게 확대해야 할 것이며 또한 장애아동이 특수학교를 졸업한 후 사회에 통합되고 스스로 자립생활을 유지할 수 있도록 고용서비스에 대한 질적인 변화가 요구된다.

### ③ 의료보장

의료적 대책은 모자보건 등의 예방대책과 산업재해나 일반 사고 예방뿐만 아니라 조기 치료를 포함하여 의료비 지원에 이르는 대책까지 포함하고 있다. 장애아동의 의료재활은 주로 병원을 중심으로 초기 재활에 맞추어져 있지만 전국적인 분포가 불균등하여 시설 및 전문 인력의 지역적 편중이 심한 상태이며 전문화된 장애아동 의료재활기관이 부재하여 아동의 성장 발달을 감안한 의료재활서비스가 거의 이루어지지 못하고 있는 실정이다. 따라서 장애아동을 치료할 수 있는 의료시설을 전국적으로 확대 설치하고, 지역사회 내에서 다양한 재활프로그램을 마련하여 연속적인 보건의료재활이 이루어질 수 있도록 관련 지원 체계를 구축, 강화해 나가야 할 것이다. 특히 각 시 · 도에 국립재활원과 같은 수준의 권역별 재활병원 및 센터가 건립되어야 하며 과도한 의료비 부담 경감을 위한 요양 및 간병 비용의 보전과 의료기관 접근성 확보를 위한 이동 및 교통 지원에 대한 방안이 마련되어야 한다.

④ 교육보장

장애아동은 장애로 인한 교육기회의 제한으로 낮은 교육수준을 갖게 되며 이는 성장 후 취업을 더욱 어렵게 만드는 요인이 되므로 장애로 인해 교육기회가 제한되지 않도록 장애 특성에 따라 적합한 교육을 확대시켜 나가야 한다. 즉, 개별화 교육의 질적 향상과 특수학교의 확대를 통해 취학률을 높여 나가야 한다. 경증 장애아동에게는 비장애아동과 동일한 교육환경에서 학교교육을 받을 수 있는 통합교육의 기회를 확대하고 통합교육을 받고 있는 장애아동이 장애로 인해 불편하지 않는 교육환경을 제공하여 양질의 교육을 실시함은 물론 그들의 사회참여를 적극적으로 유도해 나가야 할 것이다.

또한 유 · 초 · 중등학교 특수교육 대상 학생의 학습권을 보장하기 위해 모든 교원들이 특수교육에 대한 소양과 책무성을 제고토록 특수교육 관련 과목 개설 및 통합교육에 대한 연수교육제도를 실시해야 할 것이다. 이를 위해 모든 교사 양성 과정에 특수교육개론을 필수 과목으로 개설하도록 제도적 지원이 이루어져야 하며, 특수교육지원이 학교급 간, 지역 간 공평하게 균형적으로 제공될 수 있도록 지역마다 특수교육지원센터의 운영이 활성화되어야 할 것이다.

⑤ 가족지원 대책

우리나라는 장애아동 부모의 양육에 따른 어려움을 가족의 책임으로 여겨 오고 있다. 그러나 장애아동의 양육에서부터 치료, 교육 등 장기간 부과되는 압박은 특히 장애아동 어머니에게 정신적, 신체적, 경제적으로 큰 부담으로 작용한다. 이로 인해 장애아동가족은 부부갈등, 부모–자녀 갈등, 형제자매 갈등 등으로 어려움을 겪을 뿐 아니라 장애아동 부모는 자신들의 사후에 장애자녀의 거취에 대한 큰 부담을 갖게 된다. 따라서 장애아동을 위한 복지서비스 제공 시 가족기능 강화서비스에 중점을 두고 장애아동 양육의 부담을 경감시킬 수 있는 장애아동 가족지원서비스를 개발해 나가야 할 것이다.

#### ⑥ 사회적 인식 개선

장애인에 대한 사회적 편견으로 대부분의 장애아동들은 어려움을 겪는데 특히 취학과 학교생활, 결혼, 취업, 직장생활 등에서 많은 사회적 차별을 경험하게 된다. 따라서 장애아동에 대한 사회적 인식 개선과 변화를 위한 노력들이 절실히 필요한데 이를 위해 사회교육과 인식 개선을 위한 다양한 프로그램들이 개발되고 실천되어야 하며, 아울러 비장애아동과 장애아동이 함께 활동할 수 있는 프로그램을 활성화시켜야 한다. 그리고 장애인의 사회적 인식개선을 효율적으로 추진하기 위해서는 하나의 부처가 아닌 보건복지부, 교육부, 문화체육관광부, 고용노동부, 여성가족부 등 관련 부처 간의 긴밀한 협조를 바탕으로 이루어져야 할 것이다.

#### ⑦ 재활서비스 개선과 제도 도입

장애아동의 재활서비스는 장애를 제거 혹은 경감시킴으로써 잔존 기능을 회복시키고 사회통합을 위한 의료적 · 직업적 · 교육적 · 사회적 · 심리적 서비스의 종합적 접근이다. 따라서 재활서비스 제공은 여러 분야의 전문가들이 참여하고 상호 보완적으로 서비스에 개입할 수 있도록 하여 장애인 재활 분야의 실석 향상을 위한 전문가 양성에 대한 국가적 지원이 있어야 할 것이다. 또한 최근 장애인 당사자주의[4]에

---

4) 당사자주의란 이해관계의 당사자가 누군가(전문가)의 대리를 거치지 않고 직접 자신의 의견을 표현하여 스스로 권익을 지켜내는 것이라 해석된다. 같은 한자문화권 내에서 장애인운동이 일찍부터 발선했던 일본에서는 이러한 당사자주의라는 용어가 사용되어 왔지만, 사실 서구의 장애인운동이나 장애학 내에

입각한 자립생활지원서비스의 확대로 장애인복지서비스의 변화가 요구되고 있는데, 특히 장애아동이 부모 사후에 독립적 삶을 영위할 수 있는 자립생활지원서비스가 도입되어야 할 것이다.

## 2 비행아동

### 1) 비행아동의 정의와 특성

#### (1) 비행아동의 개념

비행(Delinquent)이란 말은 라틴어의 '과오를 범하다', '의무를 태만히 하다'라는 뜻에서 유래된 것으로 소위 바람직하지 않는 행위를 말하며 법률적인 용어로서 일정한 행위규범에 반(反)하는 행위 내지 인격적 태도를 지칭하는 것이다. 비행의 개념에 대하여 Young은 개인적 · 사회적 붕괴의 위험성을 내포하고 있는 행위이며, Glueck는 특정한 시간과 장소에 있어서 법규범 및 법률관계로부터 벗어나는 소년의 행동이라 하였고, Tappan은 장래 비사회적인 행위를 할 위험을 표시하는 것이라고 정의하였다.

이러한 비행 행위는 사회학적 면에서 사회규범으로부터의 이탈행위, 즉 제도화된 기대를 깨는 행위라 볼 수 있으며, 심리학적 면에서는 사회 혹은 소속집단에 대한 부적응 행동으로 정의되고 법률적으로는 과거의 객관적 행위뿐만 아니라 장래에

---

서 당사자주의에 정확히 대응하는 개념어는 존재하지 않는다. 그러나 미국의 자립생활운동가인 James I. Charlton의 저서 제목이기도 한 'Nothing about Us without Us(우리를 제외하고는 우리에 관해 어떤 것도 하지 말라)'라는 슬로건에 당사자주의와 유사한 함의가 표현되고 있다고 볼 수 있다. 그리고 역시 정확히 일치하지는 않지만, 당사자주의는 자기대표권(right to self-representation)의 한국적 표현, 또는 자기결정권(right to self-determination)의 확장된 적용이라고 이해할 수 있을 것이다.

죄를 범할 가능성 및 환경의 영향까지를 포함한다. 종합하면 비행아동이란 범법행위는 물론 법으로는 저촉되지 않지만 아동집단이 지켜야 할 제도화된 규범으로부터 이탈행위를 저지른 아동이라 정의할 수 있다(구혜영, 2013).

### (2) 비행의 용어들

- 범죄소년: 14세 이상 19세 미만인 소년으로서 형벌법령에 저촉되는 행위를 한 자를 말한다. (형사책임을 진다.)
- 촉법소년: 10세 이상 14세 미만의 소년으로 소년법에 저촉되는 행위를 한 자를 말한다. (형사책임은 없으나 보호처분의 대상이 된다.)
- 우범소년: 10세 이상 19세 미만의 소년으로서 보호자의 정당한 감독에 복종치 않는 성벽이 있거나 정당한 사유 없이 가정에서 이탈하거나 또는 범죄성이 있거나 부덕한 자와 교제하는 등 장래 형벌 법규에 저촉되는 행위를 할 우려가 있는 자를 말한다.
- 불량행위소년: 비행소년은 아니나 음주, 흡연, 싸움, 기타 자기 또는 타인의 덕성에 해하는 행위를 하는 19세 미만인 자를 말한다.
- 요보호소년: 비행소년은 아니나 학대, 혹사, 방임된 소년, 또는 보호자로부터 유기 또는 이탈되었거나 그 보호자가 양육할 수 없는 경우, 기타 경찰관 직무집행법 또는 아동복지법에 의하여 보호를 요하는 자(미아, 기아, 가출아 등)를 말한다.
- 소년범: 협의의 범죄소년뿐만 아니라 광의로 요보호소년을 제외한 모든 비행소년을 포함한다.

### (3) 아동비행의 특성

아동의 문제행동은 사회적으로 나쁜 영향을 주거나 사회관계를 불편케 하는 일탈 비행범죄 행위 등을 포함하여 지칭되는 개념으로 이는 사회나 문화의 병리적 현상을 반영시키는 척도가 되기 때문에 중요한 사안이다. 문제행동에는 부적응행동과 일탈행동이 있다. 부적응행동이란, 욕구가 충족되지 못할 때 아동이 가족, 학교 및 사회적 환경과의 부조화, 불균형 상태에 빠짐으로써 정상적인 사회적 성장을 방해하는 부적절한 행동을 의미한다. 즉, 환경에 따라 욕구를 적절히 조절하거나 융통성 있게 처리하지 못하고 이상반응이 나타나는데 이를 해결하려는 행동이 부적응행동이 되는 것이다. 일탈행동이란, 일반적으로 사회적 규범에서 벗어난 행동을 의미하는 것으로 사회규범을 위반하는 행위로 규정한다. 즉, 인간에게 어떻게 행동할 것인가를 제시해 주는 규범에 위반되는 행동을 시도했을 때 그 아동의 행동은 측정 규범의 한계선을 넘은 일탈행동이라는 말을 듣게 되는 것이다. 비행아동은 심리적으로 공격성, 충동성, 자기중심적 사고, 불안정성 등의 특성을 갖는다(김성경 외, 2013).

### 2) 아동비행의 유형

아동의 비행 행위의 범주화 기준은 다양하지만 다음의 4가지 유형으로 범주화할 수 있다.

첫째, 대인비행으로 이는 패싸움, 흉기 소지, 폭행, 공갈 협박, 금품탈취, 강도, 강간 등이 이에 포함된다. 둘째, 대물비행은 방화, 절도, 공공기물 파괴, 등록금 유용 등이 포함된다. 셋째, 약물사용은 대마초 흡연, 환각제 또는 본드 사용, 마약 사용 등이 포함된다. 넷째, 지위비행으로는 무단결석, 가출, 음주, 유흥장 출입, 흡연, 음란물 경험, 성 경험 등을 포함하고 있다.

이러한 행위 중에는 단 한 번의 경험으로 법적 제재는 당할 수 있는 것도 있으며, 특별히 잘못이라고 생각하지 않으면서 쉽게 행하는 행위들도 포함된다.

## 3) 아동비행의 원인[5)]

### (1) 가정환경

현대사회 가족은 가족해체로 인한 가족구조의 변화, 핵가족화 및 맞벌이 부부증가로 소원해진 가족관계, 부적절한 부모의 양육태도의 증가 등으로 발생한 다양한 가정문제가 아동비행을 가중시키는 중요한 원인이 되고 있다.

### (2) 학교환경

학교환경에 문제가 있으면 학생의 사회적 태도, 가치관, 노력의 의지 등의 발달에 지장을 주어 반항적 또는 도피적 태도, 권위의 경시, 비행집단에의 동일화 등 위험한 상태가 일어난다. 학교에의 적응장애로는 성적불량, 학업태만, 무단결석 등이 있고 이것이 소년 범죄 내지 비행의 원인이 된다.

### (3) 사회환경

경제성장과 함께 성인들의 부도덕하고 퇴폐적인 행위가 증가하여 아동비행의 직접적인 요인이 되었다. 이와 더불어 과학기술 발달로 생산성의 확대와 생활수준이 향상되었지만 지역사회의 기능이 붕괴됨으로써 아동비행에 대한 통제기능과 사회적 보호기능을 상실하게 되었다. 또한 아동 사회환경의 중요한 요소인 TV, 라디오, 신문, 잡지의 대중매체와 급격한 인터넷의 확산 등 각종 미디어의 발달은 폭력 및 범죄, 선정적 방송, 자극적 광고, 물질주의 및 퇴폐풍조 조성 등으로 아동에게 부정적 영향을 미쳐 아동의 건전한 발달을 저해하고 비행의 원인을 제공하기도 한다.

---

5) 도미향(2014)을 참고하여 작성하였음.

### 4) 비행아동 실태 및 처리과정

#### (1) 아동비행 현상의 특성

아동비행은 사회나 문화의 병리적 현상을 반영하는 척도라 할 수 있다. 비행의 개념이나 발생현상은 각 나라마다 다소 차이가 있겠으나 교통기관 내지 매스컴의 발달에 의하여 변화하는 국제정세나 사회적 변화에 따라 다음과 같은 공통점을 발견할 수 있다(구혜영, 2013).

① 조폭화 경향

아동범죄의 급격한 증가는 세계적 공통현상이며 그 질이 조직화 또는 악질화되고 있다. 우리나라 아동 범죄의 경우, 주로 폭행, 상해, 협박, 공갈 등을 행하는 조폭범들이 매년 급증하는 추세를 보이고 있기 때문에 아동범죄의 조폭화 경향을 쉽게 발견할 수 있다.

② 집단화 경향

아동비행 내지 범죄의 집단화 추세는 아동들이 정신적으로나 신체적으로나 미성숙된 상태로서 사회적 약자이기 때문에 집단화함으로써 자신들의 능력을 발휘하여 목적을 달성할 수 있다는 인식에서 기인하는 것으로 이해된다. 비행집단의 형성과정은 처음에는 욕구불만 내지 사회에 대한 저항감에서 시작, 이탈감을 느끼다가 비슷한 생각을 갖는 사람들끼리 우연히 만나 대화를 나누게 되면 일정기간에 걸쳐 공동체적으로 그 문제에 대한 해결방법에 동의하게 된다.

③ 저연령화 경향

아동비행이 증가하면서 그 연령이 점차 낮아지는 Low-teen화 현상을 보이고 있다. 학생범죄 비율의 증가추세는 청소년비행의 저연령화 경향을 말해 주고 있다.

④ 도시화 경향

범죄가 도시에 집중되는 경향은 도시에 인구가 집중됨으로써 발생하는 필연적인 결과이기도 하지만, 범죄유혹과 비행의 기회 및 대상이 많고 은신, 도피, 장물처분이 용이하며, 소년의 비행에 대한 주변의 무관심과 부모의 감독소홀, 불량아동과의 교우 용이성 때문으로 볼 수 있다.

⑤ 재범 증가 경향

아동범죄에서 재범 내지 주범의 발생빈도가 높은 것은 소년기의 단순심리 내지 판단력 부족, 범죄적 요소 극복의 미숙 등에 연유한다고 볼 수 있다. 즉, 후회 내지 반성의 도덕적인 생활방향을 재설정하기도 전에 재범이나 지속적인 우범의 늪에 빠지게 되는 것이다.

⑥ 성범죄의 증가경향

현대사회의 윤리관 타락과 정조관념의 희박성, 성개방 풍조는 그대로 아동의 의식에도 영향을 미쳐 성범죄의 증가현상으로 나타나고 있다. 즉, 아동범죄 중 강간범죄는 계속 증가세를 보이고 있는데 성교육의 부재현상과 유해환경의 범람, 방송매체와 활자매체의 영향, 불건전한 유흥장 등 유해한 사회환경의 영향은 성범죄 증가의 원인이 되는 것이다.

⑦ 재산범죄의 증가

2018년 기준 소년범죄자의 비율은 3.8%이며, 소년 재산범 인원(26,497명) 및 소년 재산범죄율(40.06%)은 지난 10년간 소년범죄유형에서 가장 비율이 높다(대검찰청, 2019). 재산범죄에 포함되는 죄명은 크게 절도, 사기, 횡령, 장물, 기타 등이다.

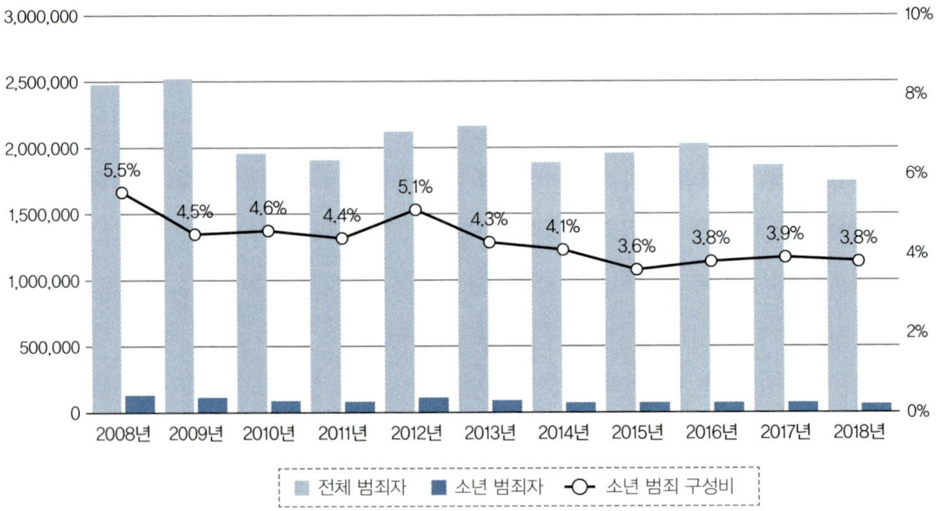


❖ 그림 10-1 연도별 전체 범죄자 규모 대비 소년범죄자 비율

※ 조사대상: '17년까지는 10~18세 피의자, '18년부터는 14~18세 피의자

출처: 대검찰청(2019). 범죄분석통계.

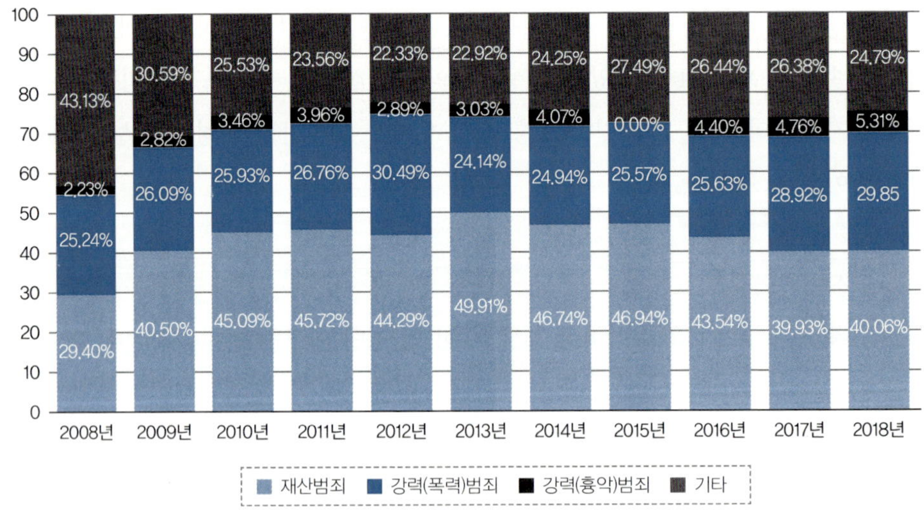


❖ 그림 10-2 연도별 범죄유형별 구성비

※ 조사대상: '17년까지는 10~18세 피의자, '18년부터는 14~18세 피의자

출처: 대검찰청(2019). 범죄분석통계.

⑧ 가출의 증가

가출이 증가하고 있으며 특징적으로 초등학생의 가출 비율이 증가하는 등 가출 연령대가 낮아지는 현상을 보인다. 가출의 원인은 2019년 기준 부모님과의 문제(61.7%), 학업문제(15.9%), 친구들과 함께하기 위해(9.6%), 기타(9.5%), 가성의 경제적 어려움(2.3%), 학교 문제(1.1%)의 순으로 조사되었다. 가족관련 문제로 학대와 방임, 가족구성원 간 갈등, 가족구조의 결손과 경제상황이 있으며, 학교관련 문제로 성적에 대한 압박감, 교사와의 갈등, 학교공부에 대한 권태감, 학교규율이나 통제에 대한 거부감 등이 있다(한국청소년정책연구원, 2020). 그 외에도 친구나 개인요인이 가출의 원인이 된다.

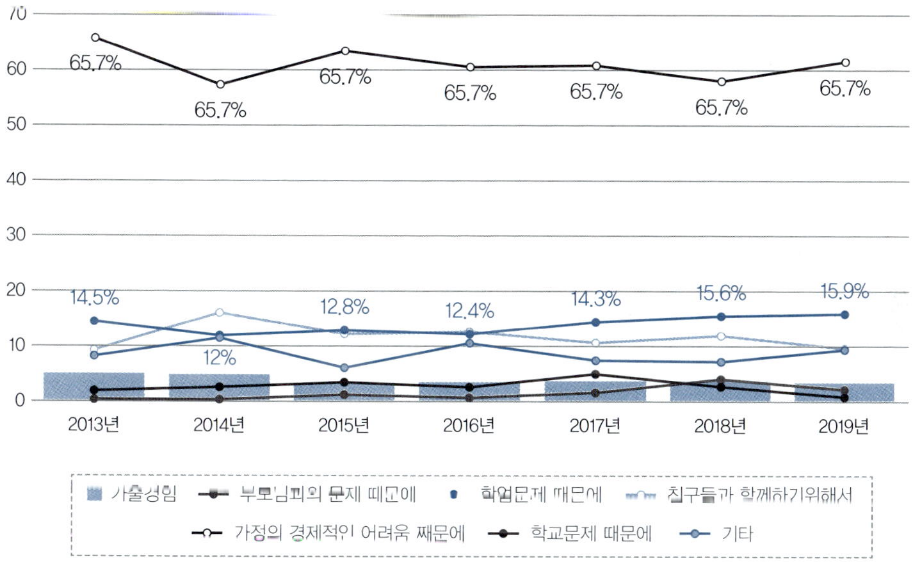


❖ 그림 10-3 가출 경험 및 이유(초 4~6 · 중 · 고등학생)

출처: 한국청소년정책연구원(2020). 아동청소년인권실태조사.

### (2) 비행아동의 사건처리 절차

비행아동은 크게 보호사건과 형사사건으로 구분하여 처리한다. 이것은 아동이 아직 인격적인 성장단계에 있고 성인범죄자보다 개선의 가능성이 높기 때문에 사법적 · 형벌적 처리보다 교육 복지적 보호측면에서 처리하고자 하기 때문이다. 소년보호사건은 가정법원 소년부, 지방법원 소년부에서 집행하며 그 절차는 국친사상(국가는 모든 국민의 보호자이며, 따라서 부모가 없거나 있어도 자녀를 보호해 줄 수 없는 경우에는 국가가 부모를 대신해서 보호를 해주어야 한다는 사상)에 의거하여 비공개성 · 비형식성 · 비대립성에 따라 일반 형사소송법상의 적법절차가 적용되지 않는다. 그러나 소년형사사건은 일반형사사건의 예에 의하여 일반형사절차와 거의 동일한 절차에 따라 처리하며 소년분류심사원, 소년원, 소년교도소, 보호관찰소 등에서 집행한다(모경환 외, 2014).

1989년 7월 1일부터 소년범죄자에 대하여 시행된 보호관찰제도는 시행 이후 소년보호관찰대상자를 지도, 교육하여 재범률이 낮추는 역할을 하고 있고, 특히 사회봉사명령 및 수강명령을 병행 실시함으로써, 소년대상자들이 범죄로부터 벗어나 건전한 사회인으로 복귀하도록 하고 있다. 또한 퇴소 이후에는 지역사회와 국가가 공동으로 참여할 수 있는 갱생보호제도와 경찰 디버전(Diversion)제도를 통해 관리하고 있다. 갱생보호제도는 범죄자에 대한 비강제적인 사후보호로서 형사처분 또는 보호처분을 받고 교도소나 소년원 등에서 출소한 소년에 대하여 경제적 · 정신적인 원조를 제공함으로써, 재비행을 방지하고 사회적응을 지원하는 제도를 말한다. 경찰 디버전 제도는 경찰, 검사, 판사, 아동 전문가 및 시민단체 교사, 피해자 등으로 구성된 선도위원회가 참여하여 사법처리 대신 지역사회의 보호 및 선도로 아동 범죄자의 사회복귀를 돕고 재범을 방지하자는 취지로 마련되었다.

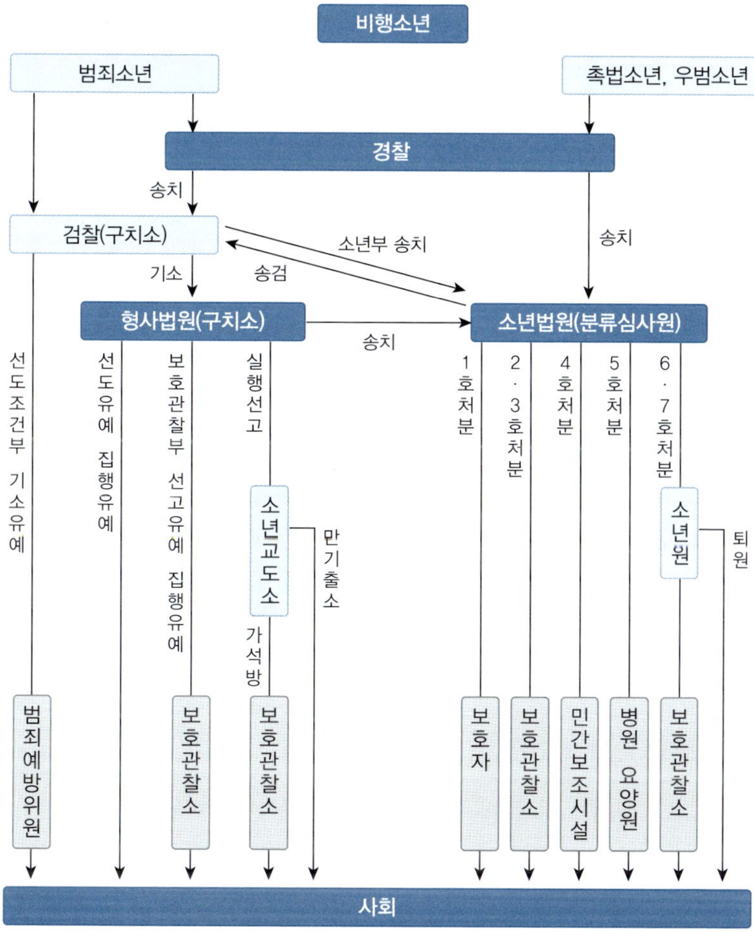


❖ **그림 10-4** 소년보호 사건처리절차

출처: 청소년백서(2015).

❖ **표 10-8** 소년보호처분의 10가지 종류

| 구분 | 보호처분의 종류 | 기간 또는 시간 제한 | 대상연령 |
|---|---|---|---|
| 1 | 보호자 또는 보호자를 대신하여 소년을 보호할 수 있는 사람에게 감호 위탁 | 6개월(6개월 연장 가능) | 10세 이상 |
| 2 | 수강명령 | 100시간 이내 | 12세 이상 |

| 3 | 사회봉사명령 | 200시간 이내 | 14세 이상 |
|---|---|---|---|
| 4 | 보호관찰의 단기 보호관찰 | 1년 | 10세 이상 |
| 5 | 보호관찰의 장기 보호관찰 | 2년(1년 연장가능) | 10세 이상 |
| 6 | [아동복지법]에 따른 복지시설이나 그 밖의 소년보호시설에 감호 위탁 | 6개월(6개월 연장 가능) | 10세 이상 |
| 7 | 병원,요양소 또는 [보호소년 등의 처우에 관한 법률]에 따른 소년의료보호시설에 위탁 | 6개월(6개월 연장 가능) | 10세 이상 |
| 8 | 1개월 이내의 소년원 송치 | 1개월 이내 | 10세 이상 |
| 9 | 단기 소년원 송치 | 6개월 이내 | 10세 이상 |
| 10 | 장기 소년원 송치 | 2년 이내 | 12세 이상 |

※ 1~5호는 아이를 다른 곳에 수용하지 않고, 가정에서 돌보며 교정할 수 있는 기회가 되고, 6~10호는 사회기관에 수용시켜야 하는 무거운 처분이 된다.

출처: 법무무 범죄예방정책국.

### (3) 우범소년, 범죄소년, 촉법소년

형법 제9조에 따르넌 형사미성년자(책임무능력자)인 14세 미만인 자의 행위는 처벌하지 아니하고, 소년법 제2조에 따르면 소년이란 19세 미만인 자를 말한다. 따라서 14세 이상 19세 미만인 자는 소년이면서 형사책임능력자이다. 10세 미만인 자는 범죄행위를 하여도 형사처벌을 받지 않고, 형사책임능력이 없는 10세 이상 14세 미만인 죄를 범한 자를 촉법소년이라 하고, 형사책임 능력이 있는 14세 이상 19세 미만인 죄를 범한 자를 범죄소년이라고 한다.

소년법 제4조 제2항에 따르면 우범소년은 집단적으로 몰려다니며 주위 사람들에게 불안감을 조성하는 성벽(性癖)이 있는 것, 정당한 이유 없이 가출하는 것, 술을 마시고 소란을 피우거나 유해환경에 접하는 성벽이 있는 것에 해당하는 사유가 있고 그의 성격이나 환경에 비추어 앞으로 형벌 법령에 저촉되는 행위를 할 우려가 있는 10세 이상인 소년으로 규정하고, 우범소년으로 지목되면 사회복지시설의 장이나 학교장 등이 경찰이나 검찰 등 수사기관을 거치지 않고 관할 소년부에 직접 통고할 수 있고, 소년부로 통고 또는 송치된 우범소년은 소년분류심사원 송치와 소년원 처분까지 받을 수 있다. 인권위는 '우범소년 규정은 성인과 달리 명백한 범죄이지 않더라도 비행의 가능성을 이유로 소년에게 보호처분을 부과하고 있어 비차별 원칙에 어긋날 뿐만 아니라 그 사유도 불명확해 법률유보원칙과 적법절차원칙에 위배될 수 있다.'고 지적하고, 21년 7월 법무부에 소년사법 제도에서 '우범소년' 규정을 삭제할 것을 권고했으나 이후 법무부는 '우범소년 규정을 삭제할 경우 소년비행을 방치하는 결과를 초래할 수 있다.'면서 '우범소년 규정 연혁, 소년부 송치현황, 소년보호주의 이념 등을 종합적으로 고려해 사회적 논의를 통해 충분한 검토를 거친 뒤 보완할 필요가 있다.'고 인권위에 회신했다. 우범소년 규정은 유엔 아동권리위원회에서도 폐지를 권고한 사안이다.

촉법소년의 연령을 낮추는 문제는 사회적 이슈이다. 청소년이 과거에 비해 성숙해지기도 했고 사회적 인식 수준도 올라온 만큼 적정 연령을 결정해야 한다는 게 주요 논리이다. 게다가 일부 청소년들이 촉법소년임을 악용해서 범죄를 저지르는 사건들이 생기면서 촉법소년 연령을 낮춰야 한다는 여론도 있다. 촉법소년과 관련된 내용은 윤석열 대통령 후보의 대선공약으로 윤석열 정부의 국정과제에 포함되어 있다. 지금 정부에서 진행하려고 하는 건 이 촉법소년의 연령 상한인 14세를 낮추겠다는 것이다. 형사미성년자를 12세 미만으로 바꾸게 되면 촉법소년이 10세에서 12세 미만으로 줄어들게 됨으로써 지금은 12세와 13세가 범죄를 저지르더라도 형사처벌 대신 소년보호처분을 받았지만 형법을 개정할 경우엔 12, 13세가 더 이상 촉법소년에 속하질 않게 되면서 형사처벌도 받을 수 있게 된다.

일본의 경우 소년범의 형사처벌 연령을 12세로 하향하고 형량도 강화했으나 오히려 범죄가 증가했으며, 미국의 경우도 소년범에 대한 처벌을 강화하는 형사이송제도를 확대하였지만 이후 형사처벌을 받은 소년들의 재범률이 높아지고 재범까지 걸리는 시간이 짧았다는 연구결과가 나왔다. 2019년 UN 아동권리위원회에서는 형사책임을 질 수 있는 연령의 하한선을 최소 만14세 이상으로 유지할 것을 권고하였다. UN의 권고사항의 요지는 아동의 회복과 사회복귀를 위해선 처벌보다는 교정과 교화 프로그램이 필요하다는 것이다. 법무부에서 추진하는 촉법소년 연령 하향의 정책과는 다른 방향이다.

❖ 표 10-9 우범소년(범죄소년, 촉법소년)

| 관련법 | 호칭 | 연령 |
|---|---|---|
| 형법 | 책임무능력자 | 14세 미만 |
| 소년법 | 범죄소년 | 14세 이상 19세 미만 |
| | 촉법소년 | 10세 이상 14세 미만 |
| | 우범소년 | 10세 이상 19세 미만 |

출처: 법무부 범죄예방정책국(2022).

## 5) 비행아동 서비스와 대책[6)]

### (1) 가정의 대책

부모-자녀관계의 개선을 위해 아동이 건전하게 성장 · 발전할 수 있게 해주는 대화의 분위기를 만드는 것이 중요하다. 대화부재는 문제행동이나 비행의 원인이 되고 있으므로 부모에게서 받은 스트레스는 부모를 통해서 해소시키는 것이 가장 바람직한 일이며, 이 일은 대화를 통해서만 가능하다. 또한 부모의 감독 및 훈육방식은 가부장주의에서 벗어나 가족중심의 민주적 방식으로 개선해야 한다. 즉, 부모들은 자녀들에 대한 지나친 기대나 방임을 버리고 따뜻한 관심과 배려의 모습으로 애정을 보이되 자녀의 욕구변화에 민감하고 이성과 설득을 통해 자녀를 복종하게 하며, 토론과 대화를 통해 문제를 해결하고 독립적 사고를 고무시키도록 노력해야 한다. 비행아동에 대한 가정의 대책은 건강한 가정을 유지하도록 관련 기관과 지역사회단체의 노력을 필요로 하는데, 구체적으로 가족 생활주기별로 부모 대상 자녀양

6) 송정애(2016)의 내용을 참고하였음.

육프로그램이 활성화되어야 하고, 부모의 이혼에 의한 이별, 고질적인 가정불화, 가정교육 부족, 아동학대 등으로 아동이 비행에 빠지지 않도록 사회복지적 대책이 강구되어야 할 것이다.

### (2) 학교의 예방대책

비행아동 관련 학교의 예방대책은 첫째, 교육환경의 조성이다. 따라서 학교를 통해 아동들이 잠재력을 최대한으로 발휘하고 자율성을 보장하여 균형 있는 성장과 발달을 가져오도록 지덕체의 조화로운 교육을 받을 수 있는 분위기를 조성해야 한다. 전인교육, 인간화 교육을 위해 확고하고 뚜렷한 목표와 실천, 계획지도 아래 아동들에게 긍정적인 영향을 미칠 수 있는 교육환경이 조성되어 가정, 학교, 사회가 아동의 비행예방에 최선을 다해야 할 것이다. 둘째, 아동들이 바람직한 가치관 정립을 위한 방안을 강구해야 한다. 아동들이 공동체의식과 긍지를 갖도록 하며 집단활동을 통해 나 아닌 남의 존재를 인정하고, 그 의견이나 주장을 존중하여 상호이해와 신뢰를 바탕으로 합의점을 찾는 습성을 기르며, 자기를 성찰하고 스스로를 통제하는 자율능력을 키워주어야 한다. 셋째, 생활지도 및 상담활동의 강화를 강화하여 통합된 성장을 돕고, 학생들의 비행을 막기 위한 예방적 조치에 심혈을 기울여야 할 것이다. 즉, 생활지도 및 상담활동을 통해 학생의 잠재능력을 향상시키고 자아실현을 이룰 수 있는 진로교육은 물론, 교사-학생의 유대감강화로 학교적응을 잘 하도록 해 비행예방에 심혈을 기울어야 한다.

### (3) 범죄예방 전담기구 설치

아동비행예방을 위해 범죄예방을 전담하는 국가기구가 신설되어야 한다. 예를 들면 미국은 아동비행 예방프로그램의 개발과 활성화를 위해 PATHE(Positive Action Through Holistic Education) 프로젝트를 통하여 학교의 운영에 교사, 교장, 학부모, 학생 등을 참여시켜 교육의 중요성을 인식시킴과 함께 비행예방 효과를 보고 있다. 네덜란드는 무단결석 방지(Truancy) 프로젝트를 통해 무단결석을 막음과 동시에 비행을 방지하고 있다. 무단결석은 아동이 비행행동 노출될 가능성을 증가시키고 비행과 밀접한 관계가 있기 때문에 무단결석을 막는 것은 중요하다고 할 수 있다. 우리나라도 아동 비행 및 범죄를 예방할 수 있는 적극적인 프로그램 및 프로젝트를 개발, 실시하며 더 나아가 이를 체계적으로 관리하는 기구의 설립도 고려해야 할 것이다(도미향 외, 2014).

### (4) 교정제도의 개선과 학교 재적응 프로그램 개발

아동비행은 처벌적 개념보다 교정 및 교화, 교육 및 훈련적 개념을 강화하여 교정시설(소년원, 소년교도소)에서 수용은 가급적 제한하고 사회 내 처우를 강화하여 학교교육이 단절되지 않도록 사회와 학교가 공동의 노력을 하여야 한다. 따라서 전문인력인 교정사회복지사의 역할을 강화하여 비행아동들의 재범율 감소와 사회적 복귀를 잘 할 수 있도록 지도해야 한다.

또한 비행아동의 연령과 성별, 학력, 비행 유형, 처분 종류, 재범 여부에 따른 적절한 교정교육과 효율적으로 선도하기 위한 다양한 프로그램이 개발되어야 한다. 체계적으로 교정시설부터 일반학교로 교육과 관련된 자료와 기록들을 이전시켜야 하고, 일반학교의 교육계획과 연계되어야 한다. 또한 시설에서 퇴원하거나 가퇴원한 아동들이 방치되어서는 안 되며, 이들에 대한 보호관찰과 사후지도가 필요하다. 그러나 무엇보다도 소년범의 상당수가 사소한 비행에서 시작하여 만성 범죄로 발전하는 소년범죄의 특성에 맞추어 초기에 적극적으로 선도하는 것이 바람직한 대책이 될 수 있을 것이다.

### (5) 사회의 예방대책

비행아동을 위한 사회의 예방대책을 살펴보면 첫째, 유해환경의 정화이다. 아동들이 좋은 환경에서 건전하게 자랄 수 있도록 모든 기관과 단체가 긴밀한 협조 관계를 맺어 환경 정화에 힘써야 한다. 둘째, 대중매체는 사회교육적 기능을 제고하고 그 역기능을 최소화해야 한다. 아동을 위해 좋은 내용의 구성, 바람직한 편성, 인터넷 사용가이드 홍보 등 대중매체를 활용하여 비행을 예방하는 사회교육적 기능을 활성화시켜야 할 것이다. 셋째, 아동친화적 사회문화를 조성해야 한다. 아동친화적 사회문화란 국가와 지역사회가 아동의 권리를 증진시키고 건전하게 성장할 수 있는 생활환경을 조성하는 것을 말하며 이를 위해 다양한 아동문화시설을 제공하고 유해환경을 격리시키며 다양한 교육프로그램의 실시와 제도 정비가 필요하다. 넷째, 기성세대는 아동들에게 행동의 모범을 보임과 동시에 아동을 이해하고 소통하기 위한 노력을 해야 하며 아동들의 비행성 행동을 방관하지 말고 지도할 수 있는 적극적인 자세가 필요하다.

### (6) 정책적 접근

비행아동을 예방하기 위해서는 비행아동의 요구와 눈높이에 맞는 새로운 서비스를 개발하는 등 아동 트렌드에 맞춘 복지시스템의 지원이 있어야 하며 이를 통해 이들이 실질적인 서비스의 혜택을 받을 수 있도록 해야 한다. 그리고 쉼터 및 상담센터 등 지역 현장과의 주기적이고 지속적인 의사소통을 통해 다양한 의견과 제안사항 등을 신속히 검토하여 해결방안을 강구함으로써 지역특성과 실정에 맞는 복지시스템을 지원해야 한다. 특히 지역사회 비행아동 복지지원 강화를 위한 지역사회 공공기관과 민간분야의 활용자원을 적극 발굴, 활용함으로써 부족한 자원의 한계를 극복해야 한다.

# 3 중독아동

## 1) 중독아동의 개념

중독이란 습관적으로 몰두하는 것으로 의존증과 집착이 생기고 충동을 조절하는데 문제가 있는 경우를 뜻한다. 단순히 과도한 술과 약물 소비 등 행동 이상이 아니라 보상과 동기부여, 기억 등에 관련한 뇌의 회로 이상을 수반하는 만성적인 뇌 질환이라고 볼 수 있다. 그러므로 중독아동이란, 알코올(술), 약물, 음식, 음란물, 쇼핑, 컴퓨터, 도박 등 그 대상이 다양하나 공통적으로 특정행위에 대한 행동 통제장애, 갈망, 일관된 금욕장애 등의 양상이 나타나는 18세 미만의 아동이라고 볼 수 있다(오주 · 이덕희, 2012).

## 2) 중독아동의 특성

중독아동의 가장 큰 특징은 집착, 기분변화, 내성, 금단, 갈등, 재발 문제를 가지고 있다. 즉 자기 통제의 가능 여부에 따라 중독과 습관을 구분할 수 있다. 중독아동은 품행장애, 대인관계와 의사소통의 곤란 및 정신적으로 어려움을 겪는다. 말을 하지 않음으로써 갈등을 회피하는 방법이 학습되었기 때문에 대화를 활성화시키는 것이 필요하다. 또한 중독의 특징 중에 빼놓을 수 없는 것은 중독의 계기나 과정, 치료에 있어 가정이 깊게 관여되어 있다는 점이다. 중독의 배경에는 무시할 수 없는 가정문제가 있고 중독은 가족력과 연계성이 있으며 가정환경에 따라 행복과 만족을 얻는 도구와 쾌감 정도가 달라지기 때문이다.

## 3) 중독아동의 유형

### (1) 약물중독

약물이란 기본적으로 정신적, 신체적 질병을 치료하기 위한 목적으로 제조한 것을 말한다. 그러나 약물이 올바른 치료와 목적이 아닌 다른 목적으로 사용될 경우 오히려 건강을 해칠 수 있는데 아동, 청소년의 경우 건강에 악영향을 미칠 뿐 아니라 비행으로 연결되기 때문에 약물중독은 중요하게 다루어져야 한다. 우리나라 현행법규가 규정하고 있는 약물은 마약, 대마, 향정신성의약품, 술과 담배 등이 있다.

약물은 오남용의 경우 치명적인 부작용을 초래한다. 약물에 대한 내성이 생겨서 약물을 계속 사용하지 않으면 금단현상이 나타나는데, 약물에 대한 내성이란 동일한 효과를 얻기 위해 약물사용의 횟수나 용량이 늘어나는 것을 말한다(노경환 외, 2014). 약물이 아동에게 끼치는 영향은 어른에게 끼치는 영향보다 더 크다고 할 수 있다. 정서적으로 매우 불안한 상태에서 약물을 접하게 되고 중독이 되면 불행한 성인으로 성장할 가능성이 높다.

약물중독 아동은 충혈된 눈, 잦은 눈물, 손발의 경미한 떨림, 혀가 말린 소리, 흐릿해 보이는 눈, 눈곱이 낀 눈, 졸음, 건망증, 콧물이 흐른 코, 팔의 주사자국, 체중감소, 경련, 영양부족(실조), 술 냄새가 나지 않는데 술 취한 사람처럼 비틀거리거나 폭력적인 언행 증가, 옷에 물질이 묻어 있는 등의 모습을 나타낸다. 또한 정신 및 행동 증상으로는 환각, 피해망상, 헛소리, 과도한 흥분, 취한 행동, 초조, 불안, 공격적 행위, 사고력의 혼란 등을 보인다. 정서적 증상으로는 무책임한 행동, 논쟁적인 행동, 동기의 결여, 건망증, 태만, 거짓말, 하루 종일 방에만 있는 등 혼자만의 행동, 새로운 다른 친구들이나 가족활동에의 불참석 등의 모습을 보인다.

청소년기는 아동에서 성인으로 가는 변화기로서 생물학적 심리사회적 매우 급격한 변화와 함께 성숙하는 시기다. 정체성에 대한 혼란과 감정적 어려움, 반항과 방황을 겪을 수 있고 비행이나 약물남용에 빠지기도 쉽다. 청소년들은 주변 친구나 동료들의 영향을 잘 받기 때문에 스릴을 즐기거나 겁 없는 행동을 쉽게 하게 되고 더 위험하다. 사회와 학교에서 약물남용 관련 교육을 소홀히 해서는 안되며, 청소년들의 약물남용에 긍정적인 영향을 미치기 위해서는 무엇보다 사회적 요인으로서의 위험요인의 제거가 되도록 법적, 제도적 윤리적 차원의 다각적인 검토가 필요하다.

❖ 표 10-10 마약 연령별 단속내역 (단위: 명, ( )구성비)

| 마약류 \ 연령별 | | 15미만 | 15-19 | | 20-29 | 30-39 | 40-49 | 50-59 | 60이상 | 미상 | 합계 |
|---|---|---|---|---|---|---|---|---|---|---|---|
| | | | 15-18 | 19 | | | | | | | |
| 사범수 | | 2 (0.0) | 68 (1.6) | 51 (1.2) | 1,296 (30.1) | 1,192 (27.7) | 774 (18.0) | 598 (13.9) | 237 (5.5) | 89 (2.1) | 4,307 (100) |
| 마약류 | 대마 | 0 (0.0) | 10 (1.1) | 7 (0.7) | 375 (39.6) | 304 (32.1) | 124 (13.1) | 71 (7.5) | 37 (3.9) | 20 (2.1) | 948 (100) |
| | 마약 | 0 (0.0) | 34 (10.9) | 29 (9.3) | 77 (24.8) | 31 (10.0) | 42 (13.5) | 28 (9.0) | 57 (18.3) | 13 (4.2) | 311 (100) |
| | 향정 | 2 (0.1) | 24 (0.8) | 15 (0.5) | 844 (27.7) | 857 (28.1) | 608 (19.9) | 499 (16.4) | 143 (4.7) | 56 (1.8) | 3,048 (100) |

※ 마약(헤로인, 생아편, 코카인, 양귀비, 기타), 향정(필로폰, MDMA, LSD, YABA, JWH 및 그 유사체, 기타), 대마(댐초, 해시시, 대마, 대마종자, 기타)

출처: 대검찰청(2022). 마약관련 통계자료.

### (2) 인터넷중독

인터넷중독이란 인터넷을 과다 사용하여 인터넷 사용에 대한 금단과 내성을 지니고 있으며 이로 인해 일상생활에 장애가 되는 상태를 말한다(한국정보화진흥원, 2014). 즉, 게임, 채팅, 서핑, 음란물 등의 인터넷을 하다가 그만두어야 할 시간인데도 스스로 그만두지 못하고, 점점 사용 시간이 길어지며, 인터넷을 하지 않으면 우울하거나 짜증이 나고, 인터넷 때문에 생활 속에서 문제가 생기는 상태를 의미한다. 인터넷에 중독된 아동들은 전반적으로 학습능력이 떨어진 상태로 시험이나 과제를 하고, 학교생활에 과도한 부담을 느끼며, 공부시간을 효율적으로 사용하지 못하고, 자신의 성적에 만족하지 못한다. 그리고 비중독자에 비하여 친밀한 대인관계를 형성하지 못하고 스트레스에 취약하여 신체적인 증상을 호소하며, 자신의 기분을 잘 조절하지 못한다.

여성가족부와 통계청의 '2021 청소년 통계'에 의하면 10대 청소년은 인터넷을 일주일에 27.6시간 이용하며, 이용목적은 교육 · 학습, 여가활동, 커뮤니케이션의 순이었다. 이 중 초등학생이 이용하는 인터넷 서비스는 인스턴트 메신저(83.8%), SNS(36.0%), 인터넷 쇼핑(28.6%), 이메일(21.1%), 인터넷 뱅킹(11.6%) 순이었고, 중학생이 이용하는 인터넷 서비스는 인스턴트 메신저(98.7%), SNS(74.2%), 이메일(52.0%), 인터넷 쇼핑(45.7%), 인터넷 뱅킹(18.2%) 순이었으며, 고등학생이 이용하는 인터넷 서비스는 인스턴트 메신저(99.2%), SNS(81.4%), 이메일(65.1%), 인터넷 쇼핑(63.1%), 인터넷 뱅킹(39.6%) 순이었다.

스마트폰 과의존 위험군은 청소년 10명 중 4명(35.8%)이었는데, 여자(36.5%)가 남자(35.0%)보다 스마트폰 과의존 위험군 비중이 높았으며, 학교급별로는 중학생 39.6%로 스마트폰 과의존 위험에 가장 취약하며, 고등학생 35.0%, 초등학생 30.5% 순이었다.

❖ 표 10-11 인터넷 주평균 이용시간 (단위: 시간)

| | 2014 | 2015 | 2016 | 2017 | 2018 | 2019 | 2020 |
|---|---|---|---|---|---|---|---|
| 10대 | 14.4 | 14.5 | 15.4 | 16.9 | 17.8 | 17.6 | 27.6 |
| 20대 | 20.5 | 21.0 | 22.8 | 23.6 | 24.2 | 24.3 | 29.2 |

※ 이동전화 스마트폰 스마트패드 IPTV, 인터넷전화 등을 이용한 인터넷 접속을 모두 포함.

출처: 통계청 · 여성가족부(2022). 2021 청소년 통계.

❖ 표 10-12 인터넷 서비스 이용율 (단위: %)

| | 인스턴트 메신저 | 주이용 서비스 | | | SNS | 주이용 서비스 | | | | 인터넷 쇼핑 | 이메일 | 인터넷 뱅킹 |
|---|---|---|---|---|---|---|---|---|---|---|---|---|
| | | 카카오톡 | 페이스북 메신저 | 라인 | | 페이스북 | 카카오스토리 | 인스타그램 | 블로그 | | | |
| 초등학생 | 83.8 | 99.0 | 14.8 | 3.3 | 36.0 | 63.0 | 23.2 | 45.4 | 10.8 | 28.6 | 21.1 | 11.6 |
| 중학생 | 98.7 | 99.2 | 35.3 | 5.1 | 74.2 | 71.9 | 22.8 | 63.2 | 14.9 | 45.7 | 52.0 | 18.2 |
| 고등학생 | 99.2 | 98.9 | 38.1 | 6.9 | 81.4 | 72.4 | 21.1 | 70.0 | 14.7 | 63.1 | 65.1 | 39.6 |
| 대학생 | 99.8 | 97.8 | 45.2 | 9.0 | 90.8 | 78.4 | 17.1 | 75.4 | 17.3 | 92.8 | 94.3 | 88.5 |

※ 최근 1년 이용자, 컴퓨터, 스마트폰 등으로 온라인상에서 개인 간 실시간으로 메시지, 사진 등의 데이터를 받을 수 있는 서비스로 카카오톡, 라인, 네이트온, 페이스북 메신저, 텔레그램 등이 포함. 인터넷 쇼핑과 인터넷 뱅킹은 12세 이상.

출처: 통계청 · 여성가족부(2022). 2021 청소년 통계.

❖ 표 10-13 스마트폰 과위험군 (단위: %)

| | 과의존 위험군 (10~19세) | | |
|---|---|---|---|
| | | 고위험군 | 잠재적 위험군 |
| 2016 | 30.6 | 3.5 | 27.1 |
| 2017 | 30.3 | 3.6 | 26.7 |
| 2018 | 29.3 | 3.6 | 25.7 |
| 2019 | 30.2 | 3.8 | 26.4 |
| 2022 | 35.8 | 5.0 | 30.8 |
| 남자 | 35.0 | 5.0 | 30.0 |
| 여자 | 36.5 | 4.9 | 31.6 |
| 초 | 30.5 | 4.3 | 26.2 |
| 중 | 39.6 | 5.8 | 33.8 |
| 고 | 35.0 | 5.3 | 29.7 |

※ 스마트폰 과의존: 과도한 스마트폰 이용으로 스마트폰에 대한 현저성이 증가하고, 이용 조절력이 감소하여 문제적 결과를 경험하는 상태

출처: 통계청 · 여성가족부(2022). 2021 청소년 통계.

### (3) 게임중독

게임중독은 약물중독처럼 병적 집착, 내성, 금단증상, 일상생활의 장애를 초래한다. 중독 된 아동은 게임시간을 조절하지 못하고 점차 사용시간이 늘어나고, 게임을 하지 못하면 불안, 초조한 증상을 보인다. 학교성적이 떨어지거나 친구들과의 관계가 소원해지면서 심한 경우는 등교거부가 일어나기도 한다. 게임중독으로 정서장애에 시달리거나 정상적인 학교생활을 하지 못한다. 게임중독에 빠지는 이유는 현실 속에서 경험할 수 없는 사고와 행동을 가상세계에서 실행할 수 있고 억눌러야만 했던 욕구와 불만들을 거침없이 발산시킬 수 있기 때문이다(홍봉선, 2010).

한국콘텐츠진흥원이 한국교육개발원에 의뢰한 '2020 게임 과몰입 종합 실태조사'에 의하면 한 초등학교 4~6학년 및 중·고등학교 학생(이하 청소년)의 게임 이용 여부를 살펴본 결과, 게임을 이용하는 학생은 전체의 79.9%, 게임을 이용하지 않는 학생은 20.1%로 나타났다. 게임행동유형별 빈도 및 비사용자의 비율은 과몰입군이 0.3%, 과몰입위험군이 1.6%, 게임선용군이 20.6%, 일반사용자군이 57.4%, 비사용자군이 20.1%로 나타났다. 청소년의 학교급별 게임행동유형은 과몰입군의 비율은 초등학교(0.4%), 중학교(0.3%), 고등학교(0.2%)로 학교급이 높아질수록 낮아지는 경향이 나타났고, 과몰입위험군의 비율도 초등학교(2.1%), 중학교(1.4%), 고등학교(1.1%)로 갈수록 낮아지는 경향을 보였다.

2018년 5월 세계보건기구 WHO에서는 제72차 총회 위원회에서 국제 질병분류의 개정판인 ICD-11에 '게임이용 장애(gaming disorder)'를 등재했다고 발표하고, 2019년 5월 20일 게임 의존증이 정식 질병으로 채택되었다. 게임이용 장애의 질병코드 등록은 우리 사회에 긍정적인 변화와 함께 부정적인 변화도 유도할 것으로 보인다.

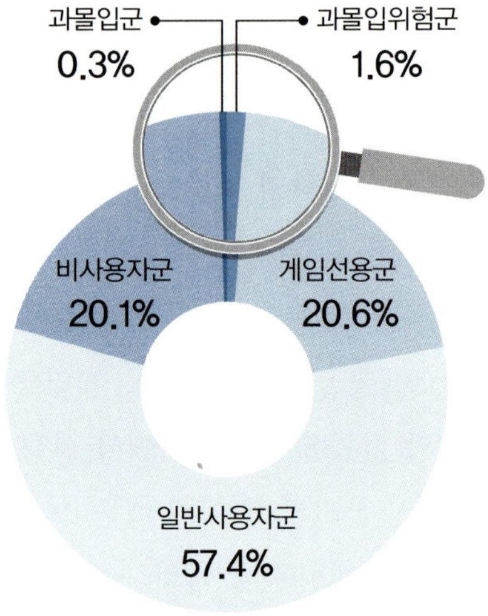


❖ **그림 10-5** 청소년의 게임행동 유형

출처: 한국콘텐츠진흥원(2021). 2020 게임 과몰입 종합 실태조사.

## 4) 중독아동을 위한 서비스 현황

### (1) 인터넷 · 스마트폰 중독아동 치료서비스

「국가정보화기본법」 제30조에서 과학기술정보통신부장관과 관계 부처는 인터넷 중독을 예방하고 해소하기 위한 종합계획을 3년마다 수립하고 시행하도록 규정하고 있음에 따라 인터넷 중독 예방 및 해소정책은 범정부 정책으로 2010년부터 3개년 주기로 시행되고 있다. 아동 · 청소년 인터넷 중독 예방 · 해소정책은 과학기술정보통신부 · 방송통신위원회 · 여성가족부 · 보건복지부 · 문화체육관광부 · 교육부 · 사행산업통합감독위원회가 개별 사업을 통해 추진하고 있으며, 개별 기관에서는 인터넷 중독 예방 차원에서 교육 및 시범 · 중점 학교 운영 등을 추진하고 있고, 인터넷 중독 해소 차원에서 인터넷 중독 진단 · 상담 · 정신건강 통합관리 및 치료연계서비스 등을 추진하고 있으나 부처간의 사업이 유사 · 중복성이 있다는 문제 지적에 따라 부처간 업무조정이 필요하다.

### (2) 알콜중독 및 도박중독 외래치료 지원사업

중독관리통합지원센터는 관할 부처는 보건복지부로서 관할 지자체 산하에 설립되었으며(2022년 기준 49개소) 보건소, 정신보건사업지원단, 중독전문 의료기관과 협약을 통해 알콜중독 및 도박중독뿐 아니라 마약, 인터넷게임중독 등의 회복을 위해 다양한 서비스를 제공하고 있다. 서비스 내용으로는 중독문제 조기발견 및 개입서비스, 중독질환 관리사업, 중독질환 가족지원사업, 중독예방 및 교육사업, 지역사회 사회안전망 조성사업, 지역진단 및 기획 사업이 있다(보건복지부, 2022).

❖ 표 10-14 중독관리통합지원센터 서비스 내용

| 영 역 | 필수사업 | 선택사업 |
|---|---|---|
| 중독문제 조기발견 및 개입서비스 | • 알코올문제 신규발견 및 이용체계 구축<br>• 고위험음주군 조기발견 및 단기 개입 서비스 | • 기타중독(도박, 인터넷, 마약) 신규 발견 및 이용체계 구축<br>• 기타중독(도박, 인터넷, 마약) 고위험군 조기발견 및 단기 개입 서비스 |
| 중독질환 관리사업 | • 알코올중독자 관리체계 구축<br>- 사례관리 서비스<br>- 재활 프로그램 | • 알코올중독자 위기관리 서비스<br>• 알코올중독자 직업재활 서비스<br>• 기타중독 관리체계구축<br>- 사례관리 서비스<br>- 재활프로그램 |
| 중독질환 가족지원사업 | • 알코올중독자 가족 신규발견 및 이용체계 구축<br>- 사례관리 서비스<br>- 가족모임 지원 서비스 | • 알코올중독자 및 기타중독자 가족 신규발견 및 이용체계 구축<br>- 가족교육 및 프로그램 |
| 중독예방 및 교육사업 | • 취약계층 알코올문제 교육사업<br>- 인식개선 및 홍보사업 | • 취약계층 알코올문제 교육사업<br>- 인식개선 및 홍보사업 |
| 지역사회 사회안전망 조성사업 | • 보건복지 네트워크 구축<br>• 지역 인프라 구축 | • 지역 법무 연계 · 협력체계 구축<br>• 자원봉사 관리 · 운영체계 구축<br>• 경찰 및 응급지원 네크워크 구축 |
| 지역진단 및 기획 | | • 지역사회 진단 및 연구<br>• 지역 특성을 고려한 특화 서비스 기획<br>• 자원조정 및 중재 |

출처: 보건복지부(2022).

#### (3) 가족치료

중독아동의 치료에는 아동 본인의 의지도 중요하지만, 가족의 의지와 치료 참여가 중요하다. 알코올과 약물 사용장애는 유전, 환경, 인격과 다른 요인들의 복잡한 연관관계에 의해 다원적으로 결정된다. 가족 중 한 명 이상이 물질의존이라면 이런 요인들이 작용해 가족환경, 양육, 대인관계 등에 영향을 미쳐 알코올중독이 발현하게 된다고 볼 수 있다. 핵가족화, 맞벌이 부부와 바쁜 자녀들로 대화시간이 줄어든 부모와 자식 관계, 이혼율 증가 등은 과거보다 가족의 결속력이 약화시켜 중독을 가중시키게 된다. 따라서 가족개입은 가족들이 가진 부정적인 정서를 개선하고, 자신의 문제에 대한 탐색과 알코올 및 약물 의존에 대한 대처능력을 향상시킴으로써 문제를 최소화하여 본인 및 가족의 삶의 질을 향상시키게 될 것이다.

### 5) 향후과제 및 발전방향[7)]

#### (1) 예방

예방은 중독을 발생 또는 확산을 줄이거나 안정시키는 활동으로 1차 예방은 교육 및 정보를 제공하는 것이고 2차 예방은 조기 개입으로 약물 차단, 스트레스 감소, 대처 능력 향상, 가족관계의 복원을 유도하는 것이며, 3차 예방은 치료, 재활 및 재발을 막는 것이다.

#### (2) 개인적 차원

치료는 환자 스스로 중독증에 걸렸음을 인정하고 벗어나겠다는 의지를 갖는 것에서부터 출발한다. 중독 대상에 대한 의존성이 높은 상태에서 바로 끊는 것은 어렵

7) 최은영(2005)의 내용을 참고하여 작성하였음.

기 때문에 대신할 수 있는 흥밋거리를 개발하고 우울증이나 스트레스성 성격을 개선하는 것이 선행되어야 한다. 보다 전문적인 치료로는 게임의 실체에 대해 냉철하게 이해하고 행동을 교정하는 인지행동, 치료와 입원 · 격리치료 또는 환자 모임에서의 토론 치료 등이 있다. 이밖에 충동성을 줄여주고 우울증을 개선하는 선택적 세로토닌 흡수억제제를 투여하는 약물치료와 상담치료 등이 있다. 또한 여럿이 함께 하는 스포츠나 놀이로 유도하는 등 주위의 적극적인 노력이 필요하다.

### (3) 가정적 차원

부모 자녀 간의 신뢰관계가 중독을 막는 가장 확실한 예방책이다. 부모의 통제가 증가할수록 아동들이 중독에 빠질 가능성이 높은 것으로 나타났다. 평소 부모들의 자녀에 대한 관심, 믿음, 지지, 대화 등을 통하여 형성된 적절한 통제와 신뢰는 중독에 빠지는 것을 막을 수 있음을 의미한다.

### (4) 학교적 차원

교육부는 초중고교의 교과 교육과정과 연계한 7대 안전교육 표준모델(약물 및 사이버 중독예방, 생활안전, 교통안전, 폭력예방 및 신변보호, 재난안전, 직업안전, 응급처치 분야별 학기당 1~3회 이상 실시)을 제시하고 학교실정과 여건을 반영하여 자율적으로 수정 운영하도록 하고 있다(교육부, 2017). 하지만 학교별 자율적으로 실시하는 과정에서 프로그램의 실행 여부는 한계를 가지고 있으므로 약물오남용 예방교육 프로그램의 실행 및 활성화가 제도되어야 한다.

또한 약물중독 아동을 발견하게 되면 적절한 치료가 이루어지도록 치료를 의뢰할 기관과 연결되어 있어야 한다. 즉, 약물중독은 조기 발견하는 것이 가장 중요한데 일단 발견이 되면 적절한 치료센터에서 치료받도록 해야 하고 심한 경우에는 격리하여 입원치료를 받는 것이 가장 좋은 방법이며, 이때 약물과 연관된 발달상의 문제, 약물교육, 개인 및 집단정신치료, 사회훈련 등이 포함된 광범위의 재활치료를 받게 해야 한다.

### (5) 사회적 차원

중독을 막기 위해서는 취학 전 아동시기부터 중독증세를 예방하고 치료해 주기 위한 구체적인 프로그램을 구성하여 실행해야 한다. 중독과 몰입에 대한 정확한 이해를 바탕으로 중독이 발생했을 때 어떻게 해야 하며 몰입이 중독으로 전이되지 않기 위해서는 어떻게 해야 하는가 등에 대한 자생적 대처 능력의 배양이 중요하다. 이를 위한 전문화되고 체계화된 프로그램이 필요하다(임선영 · 김선우, 2010). 또한 부모와 교사, 아동 지도자들을 대상의 교육으로 중독에 대한 올바른 이해와 정확한 지식을 습득해야만 아동을 올바른 길로 이끌 수 있으므로 부모 및 교사 대상 교육프로그램 및 매뉴얼이 개발되고 활성화되어야 한다.

### (6) 게임시간 선택제

여성가족부는 아동의 과도한 인터넷게임으로 인한 피해를 최소화하여 건강한 성장을 도모하고자 청소년보호법 제26조 강제적 셧다운제(0~6시의 심야시간대에 16세 미만 청소년을 대상으로 한 인터넷게임 제공 제한, 청소년보호법 제26조)를 실시해 왔으나(2011년 11월 20일부터 2021년 12월 31일까지 시행), 셧다운제는 실효성이 크지 않고 개인의 자유를 지나치게 제약한다는 비판과 게임 이용환경의 변화에 따라 여성가족부와 문화체육관광부가 합의하여 청소년보호법을 일부 개정(2021. 11. 11. 국회 본회의 통과)하여 2022년 1월 1일부로 '셧다운제'를 폐지하고 '게임시간 선택제(만 18세 미만 청소년 본인 또는 법정대리인의 요청 시, 원하는 시간대로 게임 이용시간 설정 가능, 게임산업진흥에 관한 법률 제12조의 3)'로 일원화함으로써 청소년의 자기결정권과 가정 내 자율적 선택권을 보장하였다. 개정안에는 10세 미만 청소년에게 심야시간대 온

라인 게임 제공 시간제한 및 위반 시 벌칙규정 삭제, 부정적 낙인효과를 감안한 용어개선(중독, 과몰입 병기), 인터넷게임 중독 · 과몰입 청소년뿐만 아니라 가족에 대해서도 상담, 교육, 치료 등 서비스를 지원할 수 있는 근거를 마련하였다. 문화체육관광부에서는 셧다운세와 관련한 청소년보호법의 개정 시행에 따라 게임법 시행령 개정을 진행하고 있다. 여성가족부는 교육부, 문화체육관광부 등과 협조해 학교 내 건전한 게임 이용 교육 확대, 게임시간 선택제 편의성 제고, 보호자 대상 게임 정보 제공 확대 등 과몰입 예방조치와 캠프 확대 등 게임 과몰입으로부터 일상회복지원을 강화할 계획이다.

# 위기가정의 아동

1. 빈곤가정 아동 | 2. 한부모가족 아동 | 3. 재혼가족 아동 | 4. 다문화가족 아동 |

5. 조손가족 아동 | 6. 소년소녀가장 아동

CHAPTER

# 11 위기가정의 아동

## 1 빈곤가정 아동

### 1) 빈곤의 개념

일반적으로 빈곤이란 기본적 욕구 충족을 위해 재화와 물적 자원 및 서비스를 사용할 수 있는 능력이나 소득이 부족하고 결핍·결여되어 있는 상태를 의미한다. 따라서 빈곤은 경제적 측면에서의 결핍이나 부족뿐만 아니라 사회문화적 차원에서의 결핍이나 부족, 박탈이나 불평등까지 매우 다양한 영역에서 나타날 수 있다. 가치분배과정에서 발생하는 빈곤으로는 교육기회, 의료기회, 사회적 이동 기회의 결핍 등이 있으며, 심리적 빈곤에는 성취동기, 자아실현의 결핍, 문화적 소외 등도 포함될 수 있다.

#### (1) 절대적 빈곤

절대적 빈곤은 살아가는 데 절대적으로 필요한 최소한의 자원을 충족시키지 못하는 상태로, 개인 및 가족이 생존에 필요한 의식주를 해결하지 못하는 상태를 말한다. 최저한도의 생활수준을 정하고 그 수준에 소요되는 금액(생계비: 기본적 욕구 방법과 음식비 비율 방법)을 기준으로 빈곤선(poverty line)을 산출한 후 그 수준에 미달하는 수준으로 규정하는 것이다.

기본적 욕구 방법은 음식, 주거, 의복 등의 욕구를 해결하는 데 드는 비용에 따른 수준을 결정하는 방법으로 객관적으로 빈곤을 측정하려는 시도이다. 우리나라는 국민기초생활보장을 위한 대상자 선정과 급여의 수준결정에 이 빈곤선을 선택하고 있다.

음식비 비율 방법은 음식비가 소득에서 차지하는 일정한 비율이 빈곤선이 되고, 높은 비율의 음식비를 사용하는 가구는 빈곤가구가 된다. 이 방식은 최저 식료품비에 엥겔(Engel)계수의 역수를 곱한 금액을 최저생계비로 간주하는 방식으로, 각 생필품에 대한 최저 지출비를 모두 더하는 방법보다 간편한 것이 장점이다.

### (2) 상대적 빈곤

최근 들어 빈곤의 개념은 절대적 빈곤보다는 상대적 빈곤의 개념이 주로 사용되고 있다. 기본적 욕구가 충족되더라도 일부 집단이 다른 집단에 비해 자원, 기회, 그리고 현물을 부족하게 소유한 경우를 강조하기 때문이다. 상대적 빈곤이란 특정 사회의 전반적인 생활수준을 고려한 상대적 박탈감과 불평등의 개념으로 개인의 상황을 사회의 평균소득소준 또는 표준생활수준과 비교하여 평균소득(mean income)이나 중위소득(median income)의 일정 수준 이하를 빈곤으로 정의하거나 전체 소득분포 상에서 일정 수준 이하를 빈곤으로 정의하는 것이다.

OECD에서는 중위소득의 40% 이하를, 세계은행은 선진국의 경우 평균가구소득의 50% 이하, 개발도상국의 경우 평균가구소득의 1/3 이하를 빈곤의 기준으로 삼는다. 우리나라는 2015년부터 국민기초생활보장제도의 대상자의 급여 선정기준을 상대적빈곤인 중위소득기준으로 개정하였는데 중위소득이란 우리나라 전체 가구 소득 중 중간에 위치한 가구의 소득이며 2017년 기준 생계급여 대상자는 기준중위소득의 29%이며 의료급여는 40%이다. 상대적 빈곤의 관점에서 보면 빈곤은 불평등이 지속되는 한 계속 존재한다. 이 방법은 인구의 고정된 비율이 항상 가난하다고 간주하는 통계학적 의미에서 빈곤을 영속화한다는 비판을 제기한다.

### (3) 주관적 빈곤

주관적 빈곤은 객관적 기준 없이 주관적 판단에 의해 정의되는 빈곤으로, 설문조사에 의한 여론조사방법(리커트척도)로 측정된다. 주관적 빈곤을 측정하는 방법에는 사회조사에 의한 방법과 라이덴(Leyden) 방식이 있다. 사회조사에 의한 방법은 한 세대가 지역사회에서 살아가는 데 필요한 최소한의 비용이 얼마인지를 사람들에게 설문조사를 실시하여 응답한 금액을 평균하여 산출한 금액을 빈곤선으로 결정한다. 따라서 그와 같은 빈곤선 이하의 사람들은 빈민이 된다. 이 방법은 사회구성원들이 일반적으로 간주하는 빈곤선이 무엇인지를 알아낼 수 있다는 장점이 있다. 라이덴 방식은 네덜란드 라이덴 대학의 학자들이 개발한 방법으로, 사람들에게 자신들의 사회 · 경제적 상황을 고려하여 살아가는 데 필요한 최소 소득이 얼마인지를 묻고 이를 바탕으로 응답한 최소 소득과 그들의 실제 소득을 비교하여 최소 소득과 실제 소득이 일치하는 점을 빈곤선으로 결정한다. 이것은 일반적으로 개인들의 실제 소득이 높아지면 그들이 주관적으로 판단한 최소 소득도 높아진다는 점을 바탕으로 한다.

## 2) 빈곤아동의 개념

빈곤아동의 개념은 나라마다 차이가 있다, 우리나라의 경우 빈곤아동이란 빈곤가정에서 생활하는 18세 미만의 아동으로 아동의 빈곤예방 및 지원에 관한 법률 제3조에서는 아동빈곤을 '아동이 일상적인 생활여건과 자원이 결핍하여 사회적 · 경제적 · 문화적 불이익을 받는 빈곤상태'로 규정하고 있다. 빈곤아동의 범위로서 아동복지법 제3조제4호 및 제5호에 따른 보호대상아동 및 지원대상아동, 국민기초생활 보장법 제2조제2호에 따른 수급자인 아동, 한부모가족지원법 제4조제2호에 따른 한부모가족 및 다문화가족지원법 제2조제1호에 따른 다문화가족의 아동 등 복지 · 교육 · 문화 등의 격차를 해소하기 위하여 사회적 · 경제적 · 문화적 지원이 필요하다고 보건복지부장관이 인정하는 아동을 말한다.

❖ 표 11-1 빈곤아동의 유형

| 관련법 | 정의 |
|---|---|
| 아동복지법 | - 보호대상 아동: 보호자가 없거나 보호자로부터 이탈된 아동 또는 보호자가 아동을 학대하는 경우 등 그 보호자가 아동을 양육하기에 적당하지 아니하거나 양육할 능력이 없는 경우의 아동<br>- 지원대상 아동: 아동이 조화롭고 건강하게 성장하는데에 필요한 기초적인 조건이 갖추어지지 아니하여 사회적 경제적, 정서적, 지원이 필요한 아동 |
| 국민기초 생활보장법 | 수급자: 이 법에 따른 급여를 받는 사람 |
| 한부모가족 지원법 | 한부모가족의 아동: 모자가족, 부자가족의 아동 |
| 다문화가족 지원법 | 다문화가족의 아동: 가, 나항에 속하는 아동<br>가. 재한외국인 처우 기본법 제2조제3호의 결혼이민자와 국적법 제2조부터 제4조까지의 규정에 따라 대한민국 국적을 취득한 자로 이루어진 가족<br>나. 국적법 제3조 및 제4조에 따라 대한민국 국적을 취득한 자와 같은 법 제2조부터 제4조까지의 규정에 따라 대한민국 국적을 취득한 자로 이루어진 가족 |

출처: 법제처(2022).

### 3) 빈곤아동의 발생원인[1)]

빈곤의 원인을 설명하는 이론으로는 인적자본론(낮은 생산성의 결과는 낮은 투자에 기인), 선발이론(임금과 교육 간의 정적인 관계에 근거)을 들 수 있다. 또한 기능주의적 관점에서는 개인적 결함이 그 원인으로 가구주의 사망, 불구, 노령, 저교육 수준에 의한다고 본다. 또한 갈등주의적 관점에서는 한 집단이 다른 집단에 비해 더 적은 경제적 자원을 갖게 되어 재산, 지식, 자원, 기회 등을 소유하지 못하고 이에 따른 사회적 불평등 때문이라고 보며, 낙인주의적 관점에서는 개인적인 요인인 동기

1) 도미향 외(2014)의 내용을 참고하였음.

의 결여, 낮은 열망수준, 무절제, 게으름, 의타심, 과다출산, 부적응과 같은 개인의 결함과 책임과 관련지어 이해한다.

### (1) 개인적 원인

① 가난의 대물림

저소득층 아동의 가정환경은 경제적 빈곤, 주거환경, 공부공간 부재, 자녀 학습지도 미흡 등 모든 면에서 열악하다. 여기에서 아동들은 학습 결손과 정서발달에 장애를 겪게 되며 곧바로 학업성취 저하를 가져온다. 학교 부적응과 일탈 · 비행 현상도 발생한다. 학력이나 실력 등 경쟁력을 갖추지 못하다 보니 비정규직 취업이나 낮은 임금의 직종을 택하게 되어 결국 빈곤을 이어받게 되는 것이다.

② 한부모가족의 증가

가족해체 이후 자녀의 양육문제가 여성의 빈곤화를 촉진한다는 연구 결과에 의하면, 가족해체로 인하여 빈곤해진 여성은 양육비 부담으로 인하여 더욱 심각한 경제적 어려움을 겪게 된다. 즉, 가족해체에 따른 많은 가구가 최종적으로는 경제적인 빈곤에 직면하게 되며, 경제적 빈곤은 여성가구주들에게 자녀양육에 따른 추가경비의 지출을 어렵게 만들고, 또한 자녀 양육비용은 해체가정을 더욱 경제적으로 어렵게 하는 요인이 되는 것이다.

③ 미혼모의 증가

미혼모의 아동이 좋은 양부모에게 입양되는 경우를 제외하고는 아동에게 미치는 영향은 크다. 시설 입소 후 고아로 자라는 경우 고아라는 이유로 인한 정서적 불만과 사회의 불이익이 따른다. 이로 인해 미혼모의 아이 또한 사회적응이 원만하지 못해 비행청소년 등 또 다른 사회문제를 일으킬 소지를 내포하고 있다. 미혼모 혼자 아이를 양육하는 경우에도 사생아라는 사회적 냉대와 법의 차별대우, 아버지 없는 가정에 대한 불만 및 경제적 빈곤을 겪기 쉽다.

#### (2) 사회적 원인

사회적 측면에서 빈곤을 발생시키는 사회적 요인에는 자원의 부족, 국가의 취업 구조, 경제제도, 자본과 기술의 부족, 노동시장의 구조적 불평등과 고용불안정성, 임금차별, 가장의 실직으로 인한 가정의 경제적 붕괴, 조손가정의 증가, 이혼율의 증가, 여성 가구주 가구 등 결손가정의 증가 등을 들 수 있다. 여기에 소득재분배 기능을 수행하는 사회보장제도를 포함한 사회복지정책이 부실할 경우 빈곤아동은 양산된다.

### 4) 빈곤가정 아동의 문제[2)]

#### (1) 신체발달문제

빈곤아동은 출생 시부터 신체적 건강에서 부정적 상태를 보이고 있으며, 발달과정에서도 낮은 성취를 보이고 있다. 우리나라 초등학교 4~6학년의 빈곤아동과 비빈곤아동의 신체발달을 비교한 결과, 빈곤아동의 평균 키가 비빈곤아동의 평균 키보다 적으며, 체중도 차이가 있어 전체적으로 빈곤아동이 비빈곤아동에 비해 아동 발육 상태가 좋지 않다.

#### (2) 정서 및 행동문제

빈곤은 아동의 자신감과 절망감, 우울, 행동문제, 또래 갈등, 아동학대와 방임 등

2) 김성중 외(2013)를 참고하였음.

에 영향을 주며, 약물 사용, 비행, 폭력, 범죄 등과 같은 부정적 발달과도 높은 상관관계를 가지고 있다. 충동성과 우울감에서 빈곤아동이 비빈곤아동보다 높으며, 비행에 있어서도 모두 유의미하게 빈곤아동의 비행 경험률이 높다. 특히 가출을 하거나 무단 조퇴를 하는 도피비행에 있어 빈곤아동은 비빈곤아동에 비해 3배 정도 높은 발생률을 보이고 있다. 이처럼 빈곤은 아동들의 정서 및 행동에 많은 영향을 미치게 되며, 이러한 환경에 장기간 노출된 아동은 학교생활 부적응 등으로 인해 성인이 되어서도 사회생활의 어려움 등의 부정적인 결과를 낳게 된다.

### (3) 학업수행문제

빈곤아동은 학교환경에서 상대적으로 더 높은 디스트레스를 경험하고 학교로부터의 지지가 낮다고 인식하고 있다. 빈곤은 청소년의 학력 성취에 부정적 영향을 미치는 중요한 요인이며, 빈곤아동의 학업 성적은 일반 가정의 아동에 비해 낮은 것으로 나타났다. 이처럼 빈곤아동은 비빈곤아동에 비해 학업수행에서 보다 많은 어려움에 처해 있음을 알 수 있다.

### (4) 가족문제

빈곤아동은 비빈곤아동에 비해 상대적으로 가족문제를 더 많이 경험하고 있다. 즉, 가정에서 아동학대와 방임을 더 많이 경험하고 있고, 폭력피해도 더 높은 것으로 나타났다. 부모-자녀 관계를 주 부양자와의 신뢰관계, 의사소통, 훈육 및 감독, 양육활동 등으로 나누어 볼 때 모든 영역에서 빈곤아동은 비빈곤아동에 비해 낮으며, 특히 빈곤아동의 경우 부모의 양육환경이 부족하기 때문이다.

## 5) 빈곤아동을 위한 복지서비스 현황

### (1) 빈곤아동의 현황

빈곤가정에서 생활하는 아동의 수는 IMF 경제 위기 이후 급격히 높아졌으며, 경제 위기가 진정된 이후에도 절대빈곤 및 상대빈곤 상태에 있는 아동의 수가 여전히 많은 편이다.

### (2) 빈곤가정아동복지정책

빈곤가정아동지원정책은 아동복지법, 국민기초생활보장법, 한부모가족지원법, 건강가정지원법, 다문화가족지원법, 영유아보육법 등을 근거로 추진되고 있다. 국민기초생활보장법에서는 만 18세 미만의 아동이 수급대상에 포함될 경우 교육급여, 의료급여를 지급하며 한부모가족지원법에서 학자금 및 교육비지원, 교복 및 학용품비지원이 있다. 건강가정지원법에서는 국민기초생활수급권자, 한부모가족, 다문화가족, 조손가족 등을 취약가족으로 보고 필요한 지원서비스를 우선적으로 제공하도록 하고 있다.

### (3) 빈곤가정아동복지서비스

#### ① 드림스타트

공평한 양육여건 출발기회 보장, 빈곤의 대물림 차단, 건강한 사회구성원으로 성장할 수 있게 하기 위해 드림스타트센터를 시군구에 설치하였다. 보건, 복지, 보육(교육) 분야의 전담공무원 3인과 민간인 전문인력 3인으로 구성되어, 가정방문을 통한 사례관리, 아동발달에 필요한 서비스를 제공하고 있다.

② 위스타트

We Start(Welfare Education Start)은 빈곤가정 아동에게 삶의 출발선을 마련하여 가난의 대물림을 끊어주자는 취지에서 만들어진 민간단체(중앙일보, 사회복지공동모금회, 한국복지재단 등 50개 단체)의 프로그램이다. 미국의 Head Start, 영국의 Sure Start, 캐나다의 Fair Start와 같은 프로그램이다. 위스타트 마을조성, 건강 지킴이, 희망의 집 꾸미기, 교육출발선 만들기 등의 사업이 포함된다.

③ 아동발달지원계좌(CDA) 사업(디딤씨앗통장)

아동 스스로 저축하는 습관을 길러 경제적 정신적 자립능력을 배양하고자 하는 의도로 시작된 프로그램으로 아동이 사회진출시 소요되는 초기비용 마련(학자금, 취업, 창업, 주거마련 등)을 위한 자산형성지원사업이다. 아동발달지원계좌 지원 대상 아동이 월 5만 원 내에서 적립하면 국가(지자체)가 월 최대 10만 원 내에서 1:2 매칭을 지원한다.

④ 아동수당

저출산해소 및 아동의 건강하고 문화적 양육을 보장하고, 사회적인 성장을 위해 아동들에게 보편적 아동서비스인 아동수당은 10만 원씩 지급되며 지급 방식은 현금 계좌이체가 원칙으로 매달 25일에 지급된다. 아동수당은 가정의 정상적인 생활수준을 확보한다는 사회보장의 관점에서 출발하여, 아동양육에 드는 비용을 모두 부모(가족)가 부담하는 것이 아니라 많은 부분을 공적 비용으로 부담하여 사회적 양육의 합의를 형성해 가는 것이다. 외국의 경우 많은 국가에서 아동수당제도를 실시하고 있으며, 사회보험비를 포함하여 복지재정의 삭감 경향을 띠는 최근 각국의 복지제도 개혁 속에서도 아동수당제도가 그 대상 범위를 확대하고 있다는 점은 국가는 모든 아동을 지원할 의무가 있으며 보편적 아동수당제도야말로 도움이 필요한 가정에 혜택을 주는 데 가장 효과적이라는 측면이 있다.

⑤ 지역아동센터

지역사회 아동의 보호 · 교육, 건전한 놀이와 오락의 제공, 보호자와 지역사회의 연계 등 아동의 건전육성을 위하여 종합적인 복지서비스를 제공하고 있다. 운영 프로그램으로는 정규프로그램으로 생활지원(보호)프로그램, 학습지원프로그램, 놀이 및 특별활동지원, 지역사회 연계프로그램이 있으며, 특별프로그램도 있다.

⑥ 복지관의 프로그램

복지관에서 제공되는 아동을 위한 재가복지서비스로는 가사서비스, 정서서비스, 교육서비스, 후원 및 결연 서비스, 주거환경 개선서비스 등이 있으며, 아동보호사업으로는 방과후 교실, 특별활동, 생활지도, 야외활동, 집단 프로그램, 개별아동 상담 사업 등이 실시되고 있다.

### 6) 빈곤아동의 지원서비스의 개선과제

#### (1) 교육급여의 현실화와 서비스 전문성 확보

빈곤아동의 교육급여를 현실적 수준으로 지원해야 할 것이며, 빈곤의 대물림이 되지 않도록 방과후 프로그램의 질적 수준 향상이 이루어져야 할 것이다. 뿐만 아니라 지역아동센터에서 제공되는 서비스가 효과적인 서비스로 제공되기 위해서는 교육, 복지, 보건이 연계된 통합 서비스로 변화되어야 할 것이며, 이를 제공하는 종사자의 전문성 확보가 이루어져야 할 것이다.

#### (2) 신체적 · 정서적 건강관리 강화

빈곤아동은 일반 아동에 비해 건강 상태가 좋지 않고 발달 정도가 부진하며 정서 및 행동문제에서 일반 아동에 비해 우울 및 충동성, 행동문제 등을 더 많이 경험하고 있어 건강한 성장을 보장하기 위한 지원이 보다 더 필요하다. 따라서 빈곤아동에 대한 체계적 건강관리를 강화하여 빈곤아동의 성장 및 발달 수준을 일반 아동의 수준으로 끌어올려야 할 것이다. 이를 위해서는 지역사회 연계를 통한 서비스가 제공되어야 하며, 특히 빈곤아동의 정서적 발달을 위한 상담 및 치료 서비스가 제공되어야 할 것이다.

#### (3) 아동가구 부양자를 위한 적극적 취업 지원

취업능력이 취약하고 직업기술 보유력이 미약한 빈곤아동의 부양자들에게 보다 나은 일자리마련 기회 및 훈련의 장을 제공해야 한다. 훈련기간 중 생계비 등의 지원으로 직업훈련에 전념하도록 함은 물론 취업과 연계해 빈곤탈피 및 삶의 질 향상에 초점을 두어야 한다. 취업을 통해 자립 · 자활이 가능하도록 하여 실질적 빈곤탈출이 가능해야 할 것이다.

## 2 한부모가족 아동

### 1) 한부모가족 아동의 개념 및 정의

한부모가족[3)]은 그동안 편부모가족, 모자가정 · 부자가정, 편친가족, 모자세대 · 부자세대, 결손가족이라는 용어로 사용해 왔으나 한부모가족지원법(2007년 개정)에 따라 한부모라는 용어로 사용되고 있다. 한부모가족은 모자가족 또는 부자가족으로

3) 우리말의 '한'(한가위할 때의 한과 같은 의미, 즉 하나로도 충분하고 가득)'을 의미하며, 1999년 한국여성민우회가 처음 사용하였다.

사별 또는 이혼, 배우자로부터의 유기된 자가 아동인 자녀를 양육하는 가족을 의미한다. 또한, 한부모가족은 사실혼 관계가 아닌 미혼자나 정신이나 신체의 장애로 장기간 노동능력을 상실한 배우자를 가진 자를 포함하며, 조손가족, 미혼모 · 미혼부 가족 등이 포함된다. 한부모가족 아동의 개념은 부모 중 어느 한쪽이 사망, 이혼, 미혼모, 별거 등으로 인해 한부 내지 한모로 이루어진 가구로 18세 미만의 자녀와 함께 사는 부 또는 모와 자녀의 가족이며, 자녀가 취학 중일 경우는 22세 미만까지 포함한다.

## 2) 한부모가족의 유형 및 원인

### (1) 한부모가족 유형

#### ① 부자가족

부자가족이란 부가 세대주인 가족(세대주가 아니더라도 세대원을 사실상 부양하는 자를 포함)을 의미한다. 즉, 배우자와 사별 또는 이혼하거나 배우자로부터 유기된 남성, 정신 또는 신체장애로 인하여 장기간 근로능력을 상실한 배우자를 가진 남성, 결혼을 하지 않은 상태에서 상대방 배우자가 출산을 하고 아동의 양육을 포기하여 아동의 양육을 대신 맡고 있는 미혼부(사실혼 관계에 있는 자는 제외), 배우자의 생사가 분명하지 아니한 남성, 배우자 가출 · 해외거주 · 장기복역 등으로 사실상 가계운영을 혼자 담당하는 남성인 부와 부에 의하여 양육되는 18세 미만(다만, 취학시에는 22세 미만)의 자녀로 이루어진 가정으로 저소득 부자가정 선정기준에 적합한 자를 의미한다.

한부모가족의 유형인 부자가족은 1990년 모자가족지원법에는 모자가족만 지원하였지만, 1995년 모부자복지법에 의해 부자가족도 지원하게 되었으며, 2007년 한부모가족지원법이 개정되면서 부자가족, 모자가족 동법으로 적용되고, 부자보호시설 설치근거, 부자자립시설 설치 근거를 마련하게 되었다.

② 모자가족

모자가족이란 모가 세대주인 가족으로, 일반적으로 배우자와 사별 또는 이혼, 배우자로부터 유기, 별거 및 결혼제도를 통하지 않고 성관계를 갖고 임신하여 비합법적으로 아동을 출산한 미혼모, 배우자가 정신 또는 신체장애로 인하여 장기간 노동능력을 상실하여 사실상 남편이 결손된 상태인 여성가구주 및 기타 보건복지부령이 정하는 여성이 18세 미만(취학시 22세 미만)의 아동을 부양하고 있는 가구를 말하며, 저소득모자가정 선정기준에 적합한 가족을 의미한다. 모자가족은 과거부터 한부모가족 유형 중 가장 큰 비율을 차지하였고, 현재에도 부자가정이 급증하고 있지만 여전히 한부모가족 중 가장 높은 비율(2016년 기준 모자가구 1,395가구, 부자가구 421가구)을 나타내고 있다.

### (2) 한부모가족의 원인

한부모가족이 되는 원인은 배우자의 사별, 이혼, 사망, 별거, 유기, 미혼모 등에 의한 것에서부터 개인주의 가치관으로의 변화(공동체주의 희박, 가족해체), 이혼율 증가, 경제적 위기(가출가장 증가, 비정규직 취업과 저임금의 가장 증가), 문화적인 요인(성문화의 개방화, 불륜으로 인한 이혼율 증가) 등이 제시되고 있다.

한부모가족은 이혼이나 사별 등과 같은 가족관계의 변화뿐만 아니라 이로 인한 경제·사회적 지위는 물론 정서적인 변화를 동시에 경험하게 되는 주요한 생애사건이다. 특히, 여성 한부모들의 경우에는 남성중심의 노동시장구조에서 독립된 가구를 유지할 만큼의 소득획득이 용이하지 않고, 자녀양육 및 가사노동을 전담해야 하는 이중적 어려움에 봉착할 가능성이 높다. 따라서 이들에 대한 사회적 지원체계가 미비할 경우, 이들 가족이 빈곤층으로 유입될 가능성은 매우 높은 것이 사실이다. 한부모들은 배우자의 지원 없이 혼자서 가족부양과 자녀양육을 전담하고 있을 뿐만 아니라 날로 비용이 증가하는 주택마련과 자녀 사교육 등의 어려움을 경험함에도 불구하고 이들에 대한 사회적 편견과 지원체계가 크게 개선되지 않고 있다(황은숙, 2013).

## 3) 한부모가족 아동의 특성

### (1) 빈곤

아동빈곤율은 양부모 가구(두 부모와 아동이 같이 있는 가구)에 비해 한부모 가구나 조손가구(조부모와 아동이 같이 있는 가구)에서 크게 높다. 그 이유는 소득원이 한 명이고 노동시장 참여 가능성이 낮고 임금 또한 높지 않아 소득이 낮을 가능성이 높기 때문이다. 이들 대부분의 한부모가족은 경제적으로 빈곤한 상태에 있을 뿐만 아니라 자녀양육, 자녀관계, 자녀교육 등 다양하고 복잡한 문제를 안고 있다.

### (2) 심리 · 정서적 특성[4)]

#### ① 아동의 발달 수준에 따른 영향

한부모가족이 되는 당시 아주 어린 아동은 이혼 당시의 고통스러운 기억을 적게 가지기 때문에 고통을 덜 받는 편이다. 하지만, 어머니, 아버지 관계에 높은 관심을 보이는 4~6세의 아동이 가장 치명적인 타격을 받는다. 초등학교 시기의 부모의 이혼이나, 가출은 파괴행동을 보여 주는 반면, 청소년들은 우울증상이 더 많다. 아동은 학교에서 부, 모의 부재를 숨기는 경향이 있어 지역사회의 도움받기가 어렵고 위축된 태도로 교우관계에도 부정적인 영향을 보인다.

#### ② 자아존중감

한부모가족의 청소년들이 사춘기나 사춘기 이후의 자아존중감 변화에 큰 변화가 없는 것은, 부모의 이혼 전 불화로 인한 양육태도의 불일치, 이혼으로 인한 주위 사람들의 태도 변화, 부정적 시각과 평가에 영향을 받아 부모의 이혼을 내면화하고 있기 때문이다. 즉, 아동의 문제는 한부모가족이 된 이후에 가정생활의 성공여부에 따

4) 주정열 · 이소희(2012)을 참고하여 작성함.

라 달라진다는 것을 의미한다.

#### ③ 회복기간

한부모가족이 된 후 안정을 찾는 데 대개의 가족에게 필요한 과도기는 적어도 2년 정도이다. 아동의 긴장을 다루는 능력은 부모가 그들의 관계 문제를 해결할 수 있는 방법에 달려 있는 것이다. 그러나 과도기를 잘 조절하는 부모의 아동일지라도 불균형의 신호를 보이는 아동들이 많기 때문에 한부모가족이 된다는 것은 아동기 우울증의 가장 큰 원인이 되고 있다.

#### ④ 학교생활 적응

한부모가족 자녀는 학교생활에서도 어려움을 겪는다. 교사가 한부모가족 자녀에 대해 부정적인 인식을 갖고 있으면, 그들을 잠재적인 문제아나 비행아로 보는 경우가 많기 때문이다. 교사가 갖고 있는 한부모가족에 대한 편견은 양부모가족 아동에게 전달되어 양부모가족 아동들이 이혼을 잘못된 것으로 인식하여 한부모가족 아동과 교류하는 것을 막을 수 있다. 이로 인해 한부모가족 아동은 학급에서 동료들과 잘 교류하지 못하고 심한 경우 왕따를 당하는 등 학교생활에 어려움을 겪는다.

### (3) 사회적응 문제

사회적응은 한부모가족의 자녀들이 겪는 어려움 중의 하나이다. 이혼, 별거, 부 또는 모의 사망 등으로 인한 부 또는 모의 부재 상황에 대한 사회의 부정적 시각 및 편견 때문에 한부모가족 자녀들은 부 또는 모의 부재를 숨기기를 원하므로, 다른 전문가나 지역사회의 도움을 받기가 어려운 실정이다. 또한 위축된 태도를 가져 교우관계 및 이웃과의 관계에도 영향을 미치게 된다.

### (4) 신체 · 건강의 특성

한부모가족의 아동뿐만 아니라 모든 아동들은 건강하고 정상적인 성장을 위해 부모의 따뜻한 보살핌과 돌봄을 절대적으로 필요로 한다. 한국에서는 가족의 건강과 영양섭취를 거의 모가 신경을 쓰고 있는 상황에서 부자가족의 아동일 경우에는 최소한의 보건 및 영양섭취 조차 제공받지 못하는 경우가 많으며, 모자가족의 경우에도 생계유지를 위한 취업으로 아동을 제대로 돌보지 못하는 경우가 많아 아동들의 위생, 신체적 발달 및 건강, 보건 등의 취약성을 드러내고 있다.

### (5) 양육주체에 따른 특성

모자가족의 경우 대부분이 경제적으로 낮은 계층에 분포하고 있어 경제적, 정서적, 정신적으로 불안정하고 결핍된 환경과 가족관계에서 아동이 성장하게 될 가능성이 높다. 부자가족은 아동의 건전한 성장에 필요한 모성과의 상호작용, 정서적 긴장을 완화시키는 애정적 역할, 여아의 동일시 대상이 결핍되기 때문에 자녀의 건전한 성격형성을 저해하기 쉽다.

## 4) 한부모가족 지원서비스[5)]

IMF 이후 이혼율이 급증하면서 한부모가족이 많이 증가하였다. 한부모가족을 위한 법과 제도를 살펴보면 크게 사회보험, 공공부조 및 사회복지서비스 부문으로 나누어지며, 민간 차원의 서비스는 대체로 사회복지관을 비롯한 여러 민간기관을 통해 이루어지고 있다.

5) 오정수와 정익중(2013)의 내용을 참고하였음.

### (1) 사회보험

사회보험의 경우, 배우자의 사망으로 인한 한부모가족일 경우, 국민연금법, 공무원연금법, 사립학교연금법, 산업재해보상법 등을 통해 경제적 지원을 받을 수 있으나, 이혼으로 인한 한부모가족일 경우, 한부모가 보험의 직접적 당사자가 아닌 경우에는 해당 사항이 없다. 따라서 배우자의 사망에 의한 한부모가 아닌 경우 사회보험으로부터 소득보장을 위한 지원은 매우 제한적이라 할 수 있다.

### (2) 공공부조

한부모가족을 위한 국가의 공공부조는 저소득층일 경우 국민기초생활보장법에 의해 생계지원과 자활 및 고용지원이 해당된다. 자활 및 고용지원사업은 IMF 이후 대량 양산된 저소득층을 대상으로 취업과 창업을 통해 생활기반을 마련할 수 있도록 지원하는 사업으로 근로능력이 있는 저소득 빈곤계층에게 자활사업에 참여하는 조건으로 생계급여를 지급하고, 근로능력정도에 따라 취업대상자와 비취업대상자로 분류하여 자활사업에 참여하도록 되어 있다.

### (3) 한부모가족지원법

저소득 한부모가족 아동을 위한 지원서비스는 한부모가족지원법(2007년 12월)에 근거하여 지원하고 있다. 저소득 한부모가족 복지자금 대여, 권역별 미혼모부자 거점기관 운영 지원, 법원연계 이혼위기가족 회복지원 사업이 있다. 복지급여의 경우, 생계비, 아동교육지원비, 직업훈련비 및 훈련기간 중 생계비, 아동양육비, 그 밖에 대통령령으로 정하는 비용 등이 있다. 복지자금의 대여의 경우, 정부는 저소득 한부모가족의 생업기반을 조성하고 조기자립과 생활안정을 도모하기 위해 복지자금을 대출해 주고 있으나 대출대상자의 선정기준이 까다로워 복지자금을 대출받은 경우가 많지 않다(황은숙, 2013). 한부모가족을 의한 복지시설의 유형 및 지원서비스 내용은 다음과 같다.

❖ 표 11-2 한부모가족지원시설

| 복지시설 유형 | 지원서비스 |
|---|---|
| 모자가족복지시설 | 기본생활지원, 공동생활지원, 자립생활지원 |
| 부자가족복지시설 | 기본생활지원, 공동생활지원, 자립생활지원 |
| 미혼모자가족복지시설 | 기본생활지원, 공동생활지원 |
| 일시지원복지시설 | 숙식 무료제공, 생활보조금지원, 의료혜택, 법률상담, 심리상담 등 |
| 한부모가족복지상담소 | 한부모가족지원, 한부모가족의 자립, 아동양육지원 |

출처: 여성가족부(2022). 2022년 한부모가족지원사업 안내.

❖ 표 11-3 한부모가족 지원서비스 내용

| 사업명 및 개요 | 사업대상 |
|---|---|
| 〈한부모가족자녀 양육비 지원〉<br>• 아동양육비: 만 18세 미만 자녀, 월 20만 원<br>• 추가아동양육비<br>- 조손 및 만 35세 이상 미혼 한부모가족 5세 이하 자녀, 월 5만 원<br>- 만 25~34세 한부모가족 자녀, 월 5~10만 원 지원<br>• 학용품비: 중학생 · 고등학 자녀, 연 8.3만 원<br>• 생활보조금: 시설 입소가구, 월 5만원 | 소득인정액 기준 중위소득 52% 이하 한부모 및 조손가족 |
| 〈청소년한부모 자립지원〉<br>• 아동양육비: 월 35만 원<br>• 검정고시 등 학습지원(연 154만 원 이내), 고교생교육비(연 500만 원 이내), 자립촉진수당(월 10만 원) 등 | 소득인정액 기준 중위소득 60% 이하 만 24세 이하 한부모 가족 |
| • 권역별 미혼모 · 부자 지원기관 운영<br>- 미혼모 · 부의 임신 · 출산 · 자녀양육을 위한 초기 지원, 교육 · 문화프로그램, 자조모임, 상담 및 정보제공 | 미혼모 · 부자 가족 |
| 〈한부모가족복지시설 지원〉<br>• 시설 기능보강: 신축, 개보수, 기자재구입 등<br>• 시설 입소자 상담 · 의료 지원<br>• 시설 아이돌봄서비스 지원<br>• 공동생활가정형(매입임대주택)주거 지원 | 저소득 한부모가족 등 |

| | |
|---|---|
| • 한부모가족복지단체 지원<br>• 시설배치 사회복무요원 인력경비 지원 | |
| 〈한부모가족 무료법률구조〉<br>• 한부모가족 대상 법률상담, 소송대리, 기타 법률사무 등 무료법률구조 지원 | 「한부모가족지원법」 제5조, 제5조의2제2항 한부모가족 |

출처: 여성가족부(2022). 2022년 한부모가족지원사업 안내.

### (4) 아동복지법

IMF 이후 가족해체 및 기능의 약화로 정상적 아동보육이 행해지지 않는 실직가정 및 저소득가정, 한부모가족 아동들을 위한 방과후 아동보육서비스의 한 형태로 공부방 사업이 진행되었다. 이후 2003년 12월 아동복지법 재개정 이후 공부방은 아동복지법에 의거 지역아동센터가 아동복지시설로 확정되었으며 2004년 1월 이후 국고 지원이 시작된 이래 지속적으로 늘어나고 있다.

### (5) 건강가정기본법

건강가정기본법에는 가족기능이 현저하게 저하된 경우 원활한 가족기능을 수행하는 위하여 위기가족긴급지원(아이돌봄지원, 가사돌봄지원 등 가족돌봄, 가족상담, 집단프로그램, 자조모임 운영 등 가족의 심리 · 정서지원, 법률구조, 의료지원, 복지서비스 등 연계, 그 밖에 여성가족부장관이 필요하다고 인정하는 지원 등)이 가능하도록 되어 있다. 그리고 자녀양육으로 인한 부담을 완화하고 아동의 행복추구권을 보장하기 위하여 보육, 방과후 서비스, 양성이 평등한 육아휴직제, 다양한 가족형태를 고려하여 아동양육지원사업 시책(아이돌보미 서비스) 등의 정책을 적극적으로 확대 · 시행하여야 한다고 강조하고 있다.

# 3 재혼가족 아동

## 1) 재혼가족의 개념과 하위체계

재혼은 혼인 배우자의 사별 또는 이혼으로 혼인관계가 해소되거나 취소된 뒤 다시 혼인하는 것을 말한다. 재혼가족은 배우자 한쪽이나 양쪽 모두가 재혼 이상의 결혼으로 자녀가 있거나 없으면서 하나의 가구를 유지하는 남편과 아내로 구성된 가정으로 정의된다. 따라서 재혼가족은 초혼가족에 비해 복잡한 하위체계를 가지고 있다.

### (1) 부부관계

초혼가족의 경우 부부관계는 부모-자녀 관계에 선행한다. 그러나 재혼가족에서 자녀가 있을 경우 부모-자녀 관계가 부부관계를 선행한다. 따라서 초혼가족에 비해 재혼가족의 부부관계는 자녀로부터 많은 영향을 받는다. 계자녀를 두고 계부모의 역할이 모호할 경우 재혼부부의 부부관계는 자녀로부터 부정적인 영향을 받는 경향이 있다. 재혼부부가 계자녀와의 관계에서 부정적 영향을 피하기 위해서는 부부의 의견일치가 필요하며, 특히 자녀와 계부모가 갖는 관계의 질은 재혼부부의 부부관계에 중요하다. 재혼가족의 부부관계는 이처럼 계자녀와의 관계에서 영향을 받는 것 외에 부부 각각의 초혼의 경험으로부터도 영향을 받는다. 초혼의 실패의 경험으로 인해 재혼생활에서 갈등이나 불일치에 대해 공포를 갖는 경향이 많고 자존감이 낮은 경우도 있어 초혼에 비해 깊은 헌신이 수반되기 어려울 수 있다. 또 초혼의 실패로 인해 부정적인 감정이 부정적으로 표출되기도 하며 부부간의 문제해결의 기술이 뒤떨어질 수 있다. 그러나 기능적인 재혼가족은 초혼가족보다 더 민주적이며 의견일치도 더 잘 이루어지고 있다는 보고도 있다(정현숙, 2011).

### (2) 부모–자녀 관계

계부모–계자녀 관계는 재혼생활의 적응에 영향을 주는 핵심적 조건이며 가족문제와 스트레스를 가장 많이 유발하는 요소이다. 재혼가족에서 부모–자녀 관계가 가족문제를 파생시키는 데 중요한 역할을 하는 것은 여러 가지 원인이 작용한 결과이다. 먼저, 재혼가족의 부모–자녀 관계는 초혼가족에 비해 복잡하다는 사실을 인지할 필요가 있다. 계부모–계자녀 관계는 양육권을 누가 가지고 있는가에 따라 그리고 동거유무에 따라 8종류[6)]로 나뉘어진다. 부모자녀 관계의 유형이 복잡하기 때문에 재혼가족의 부모–자녀 관계에서 파생되는 문제도 복잡하다.

재혼가족의 부모–자녀 관계에서의 문제는 자녀의 사회화 과정과 부모–자녀 과정의 단절, 친부모와 계부모 가족의 서로 다른 생활양식, 힘과 권위의 문제, 가족의 물질과 정서적 자원의 분배 문제, 가족원의 생활주기 단계의 차이, 자녀의 가족 내 위계의 변화 등에서 연유한다. 계부모–계자녀는 그들이 재혼가족에서 만났을 때는 이미 얼마의 시간을 각자의 가정에서 보낸 후이다. 부모는 자녀의 사회화 과정에 참여하지 않았고 각기 다른 생활 태도와 주기를 가진 채로 만나며, 상대방의 지위와 역할에 대한 인식도 상이할 수 있다. 그런데도 부모와 자녀와의 관계에서 친밀한 관계 형성하면서 살아야 하기 때문에 다양하고 높은 스트레스가 관계 자체에 내재되어 있다.

### (3) 형제자매 관계

재혼가족에는 아버지가 다른 형제, 자매 또는 어머니가 다른 형제, 자매가 존재한다. 이들 이복형제들은 자원의 분배를 놓고 서로 경쟁하거나 갈등한다. 친형제들의 관계는 출생순위에 의해 자연스럽게 형성되는 것에 비해 이복, 의붓형제들의 경우

6) 무자녀 계부모가족, 비동거 계부가족, 비동거 계모가족, 동거 계부가족, 동거 계모가족, 비동거 계부모가족, 동거 계부모가족, 혼합계부형 계부모가족.

에는 그렇지 못하는 경우가 많아 형제들 간의 갈등과 마찰의 여지가 있다.

## 2) 재혼가족 아동의 특성 및 문제점

### (1) 경계의 모호성

재혼가족은 초혼가족에 비해 구조가 복잡하고 가족경계가 모호하다. 누가 가족 안에 또는 밖에 있으며 가족 체계 내에서 누가 어떤 역할과 일을 하는가에 대한 가족원들의 지각이 불확실하기 때문이다. 가족이 안정된 체계로서 기능하기 위해서는 가족과 외부세계와의 경계 그리고 가족 내 세대 간의 일정한 경계가 유지되어야 하는데, 재혼가족은 자녀가 전혼가족과 재혼가족의 양 가족 모두에게 속해 혼란이 일어나기 쉽다. 특히 아동이 계부모를 가족으로 인정하지 않게 되면 가족 정의에 대해 가족 간의 일치가 이루어지지 않아 경계의 혼란이 가중된다. 가족 경계가 불명확하면 계부모와 자녀 간에 그리고 부부간에 유대 형성이 방해받게 되어 가족의 응집력 및 가족 간 의미의 공유가 낮아지게 된다.

### (2) 역할 수행의 문제

역할 긴장 내지는 역할에 대한 자아 불일치는 남편보다 아내에게서 더 많이 나타난다. 아내의 역할 적응의 어려움은 계모로서의 역할에서 비롯된다. 계모가 역할 적응에 어려움을 겪는 데에는 여러 이유가 작용한다. 일반적으로 부모역할에서 여성의 역할이 남성의 역할보다 더 기대되는데, 정작 계모 역할에 대한 규범은 모호하거나 부재하다. 자녀에게 계모는 생모에 대한 애착을 위협하는 존재이며 이러한 이유에서 아이들은 가족 재결합에 대한 상처, 실망, 분노 등을 계모의 탓으로 돌려 계모의 부모 역할을 어렵게 한다.

### (3) 충성심 갈등

충성심 갈등은 한 사람에 대해 애정을 갖고 있으면서 또 다른 사람에게도 애정을 가질 때 겪게 되는 심리적 갈등으로 흔히 분노심, 배반감, 질투, 죄책감 등의 정서적 문제를 수반한다. 재혼가족은 초혼가족에 비해 충성심 갈등이 높다. 부모편에서 보면 자신의 자녀와 동거하는 경우 친자녀와 새배우자 사이에서 충성심의 갈등을 느낀다. 계자녀와 동거하는 계부모는 자신의 친자녀와 계자녀와의 사이에서 갈등을 느낀다. 한편 자녀 입장에서는 동거하는 계부모와 동거하지 않은 친부모와의 사이에서 감정의 균열을 느껴 계부모와의 관계 적응에 어려움을 느낀다. 특히 자녀들은 모에 대한 애착이 크므로 친모와 계모 사이에서 충성심 갈등을 느끼는 경우가 많다.

### (4) 자원분배 갈등

재혼가족은 구조가 복잡하고 안정적 발달에 초혼보다 시간이 걸리기 때문에 재혼 초기에는 전면적 헌신이 제한될 수 있다. 또한 자녀를 동반할 경우 가족 내의 질서와 위계가 다시 재구조화되어야 한다. 가족의 시간, 금전, 애정, 에너지 등의 자원의 소유 문제나 재분배의 문제는 가족 갈등을 동반할 수 있다. 따라서 재혼가족은 재혼 전이나 재혼생활 초기에 자원의 분배 문제, 특히 경제적 문제에 관해서 논의를 하고 합의를 도출하는 것은 재혼가족의 적응에 많은 도움을 준다.

### (5) 사회적 편견과 부정적 인식

재혼가족에 대한 과거의 부정적 인식은 많이 약화되고 있지만, 아직 재혼가족에 대한 부정적 인식이나 대우로 재혼가족의 자녀들은 위축되거나 자신감을 잃게 된다. 혈연중심의 가족에 대한 사회적 편견이나 고정관념으로 재혼가족을 비정상적 가족으로 보는 것은 사회적 차별을 낳을 수 있다.

### 3) 재혼가족 아동을 위한 가족복지대책

#### (1) 가족생활교육서비스

재혼을 시작하는 사람들을 대상으로 하는 재혼교육이 필요하다. 재혼가족 대상의 가족관계증진을 위한 전문화된 프로그램, 부부관계 역할 강화와 계부모 관련된 내용의 교육프로그램, 안내책자, 지침서 등의 개발과 대중매체를 통한 건강한 재혼가족이 모델을 제시하는 정보지원활동이 필요하다. 가족생활을 다룬 교과과정 내용이 다양한 가족유형의 장단점과 갈등 양상, 슬기로운 대처방안, 건강한 가족생활을 위해 노력해야 하는 내용이 포함되어야 한다.

#### (2) 가족상담서비스

초혼가족과는 다른 가족유대 평가분석틀로 가족을 진단해야 하며, 재혼가족의 가장 중요한 치료적 중재가 되는 정당성 교육, 무력감의 감소, 부부관계 강화 등이 필요하다. 자녀와 관련된 문제를 치료하는 과정에서 새로운 부부와 더불어 전 배우자, 조부모, 형제자매 혹은 다른 중요한 사람들을 포함시키는 것이 중요하다. 공동상담을 위한 다양한 영역의 전문가나 공동치료자의 이용은 매우 유용하다.

#### (3) 재혼에 대한 사회적 관심과 인식의 전환

재혼가족도 다양한 가족의 하나라는 인식과 더불어 계보부에 대한 나쁜 선입견을 갖는 대중매체의 편파적 보도와 언론내용을 지양하고 긍정적 이미지를 부각시키는 방향으로 관심을 보여야 한다. 재혼가족의 좋은 사례를 발견하여 방송사례로 확산하는 등 사회적 관심이 필요하다.

# 4 다문화가족 아동

## 1) 다문화가족 아동의 개념과 현황

### (1) 다문화가족의 개념

다문화가족이란 우리와 다른 민족 또는 다른 문화적 배경을 가진 사람들이 포함된 가정을 통칭하는 용어로 한 가정 내의 인종과 문화의 차이는 물론 가치, 종교, 젠더, 생활양식 등 문화적 다양성의 중요성을 강조하는 개념이다(김선경 외, 2013). 다문화가족에 대한 정의는 학자마다 의견이 다르지만 협의의 개념과 광의의 개념으로 구분해 볼 수 있다. 광의의 개념은 자국 내에 거주하는 모든 외국인 가정을 포함하는 반면, 협의의 개념은 단순히 거주하는 것이 아니라, 가족 중 한명이 국적을 취득해 구성된 가정을 의미한다.

우리나라의 다문화가족지원법(2008년 제정)에 따른 다문화가족이란 ① 재한외국인으로 결혼이민자(대한민국 국민과 혼인한 적이 있거나 혼인관계에 있는 재한외국인)와 출생에 의한 국적취득한 자로 이루어진 가족, ② 인지, 귀화에 의해 국적 취득한 자와 출생, 인지, 귀화에 의해 국적 취득한 자로 이루어진 가족을 포함한다. 즉, 다문화가족지원법에 의한 다문화가족이란 부부 중 한 사람이 외국 출신으로서 국제결혼에 의하여 가족관계가 형성된 가족 형태와 출생, 인지, 귀화에 의해 대한민국의 국적을 취득한 가족으로 가족 내에 다양한 문화가 공존하고 있는 가족을 의미한다고 볼 수 있다. 재한외국인처우기본법에서도 결혼이민자를 대한민국 국민과 혼인한 적이 있거나 혼인관계에 있는 재한 외국인을 규정하고 있어 다문화가족지원법의 내용과 일치된다.

한편 위와 같은 현행 다문화가족지원법의 기준은 국내거주하고 있는 외국인가족 모두를 포괄할 수 없는 단점이 있어 학자에 따라 다문화가족을 한국인이 외국인과 결혼한 국제결혼가정, 외국인근로자가 한국에서 결혼하거나 본국에서 결혼하여 형성된 가족이 국내에 이주한 외국인근로자 가족, 북한에서 태어나서 한국에 귀화하거나 한국에서 한국인 또는 외국인을 만나 결혼한 북한이탈주민가정이 포함하기도 한다.

### (2) 다문화가족 현황

우리나라에 체류하는 외국인 주민은 2020년 기준 약 215만 명으로 총 인구대비 4.1%에 이른다. 유형별로 살펴보면 〈표 11-1〉과 같이 한국국적을 가지지 아니한 자(외국인근로자, 외국국적동포, 결혼이민자 등) 169만 5,643명(79.0%), 한국국적을 취득한 자 19만 9,128명(9.3%), 외국인주민 자녀(출생)가 25만 1,977명(11.7%)으로 나타났다.

이는 2019년 221만 6,612명에 비해 6만 9,864명(3.2%) 감소한 수치로, 2006년 통계 발표 이래 지속적으로 증가하던 외국인주민 수가 처음으로 감소했다(행전안전부, 2021. 11. 17.).

❖ 표 11-4 외국인주민 유형별 현황

(단위: 명)

| 구분 | 외국인주민 합계 | | | 한국국적을 가지지 않은 자 | | | | | | 한국 국적 취득자 | 외국인 주민자녀 (출생) |
|---|---|---|---|---|---|---|---|---|---|---|---|
| | 계 | 남 | 여 | 계 | 외국인 근로자 | 결혼 이민자 | 유학생 | 외국국적 동포 | 기타 외국인 | | |
| '20년 | 2,146,748 | 1,112,552 | 1,034,196 | 1,695,643 | 455,287 | 173,756 | 142,569 | 345,110 | 578,921 | 199,128 | 251,977 |
| | 구성비 | (51.8%) | (48.2%) | (79.0%) | | | | | | (9.3%) | (11.7%) |
| '19년 | 2,216,612 | 1,184,176 | 1,032,436 | 1,778,918 | 515,051 | 173,882 | 160,610 | 303,245 | 626,130 | 185,728 | 251,966 |
| | 구성비 | (53.4%) | (46.6%) | (80.3%) | | | | | | (8.4%) | (11.4%) |
| 증감 | △69,864 | △71,624 | 1,760 | △83,275 | △59,764 | △126 | △18,041 | 41,865 | △47,209 | 13,400 | 11 |
| | (△3.2%) | (△6.0%) | (0.2%) | (△4.7%) | | | | | | (7.2%) | |

출처: 행전안전부(2021. 11. 17.). 보도자료.

한편, 다문화가족지원법에 따른 다문화가족범위는 ① 한국인(출생 · 인지 · 귀화 등 불문)과 결혼이민자(외국인)로 이루어진 가족, ② 한국인과 귀화자로 이루어진 가족으로 이루어진다. 2021년 전국다문화가족 실태조사에 따른 다문화가구는 전체 346,017가구이며 결혼이민자 가구가 82.4%(285,005가구), 기타귀화자 가구가 17.6%(61,012가구)이며 다문화가구의 가구원수는 평균 2.82명으로 나타났다. 거주지역으로 수도권(서울 · 경기 · 인천) 거주는 56.1%로 가장 높고 가족 형태는 부부+자녀 가구 35.5%, 부부 가구 30.0%, 한부모 가구 10.9%, 1인 가구 8.3% 등이며, 부부가구의 비중이 '18년(17.0%)대비 13.0%p 증가했다(여성가족부, 2021).

❖ 표 11-5 유형별 다문화가구 분포 (단위: %, 가구)

| 총계 | 결혼이민자 | 기타귀화자 | 전체 |
|---|---|---|---|
| 2018년 | 85.7 | 14.3 | 100.0 |
| 2021년 | 82.4<br>(285,006) | 17.6<br>(61,012) | 100.0<br>(346,017) |

출처: 여성가족부(2022). 2021 전국다문화가족 실태조사.

## 2) 다문화가족 아동의 개념과 유형

### (1) 다문화가족 아동의 개념

다문화가족 아동의 개념은 관련법에 따른 다문화가족개념을 적용하여 국제결혼에 의하여 가족관계가 형성된 가족과 출생, 인지, 귀화에 의해 대한민국의 국적을 취득한 가족의 자녀로 말할 수 있다.

### (2) 다문화가족 아동의 유형

다문화가족 아동의 개념에 따라 다문화가족 아동의 유형은 국제결혼가정으로 국내출생자녀와 중도입국자녀로 구분되고, 외국인가정으로 구분된다.

❖ 표 11-6 다문화가족 아동의 유형

| 다문화가족 유형 | | 다문화가족 아동 |
|---|---|---|
| 국제결혼가정 | 국내출생자녀 | 한국인과 결혼이민자(외국인) 사이에서 국내 출생한 자녀 |
| | 중도입국자녀 | 결혼이민자가 한국인과 재혼한 후 본국에서 데려온 자녀<br>외국인 부모의 본국에서 성장하다가 중도입국한 자녀 |
| 외국인가정 | | 외국인 사이에서 출생한 자녀 |

출처: 교육부(2012). 2012년 다문화가정 학부모교육지원사업 결과보고서; 도미향, 남연희, 이무영, 변미희(2021)

## 3) 다문화가족 아동의 현황 및 문제

### (1) 다문화가족 아동의 현황

#### ① 다문화가족 아동의 취학 현황

다문화학생 수는 지속적으로 상승하여 2021년 현재 약 16만 명을 초과하여 우리나라 전체 학생 대비 3%에 해당한다. 학급유형별로 초등학교 111,430명, 중학교 34,078명, 고등학교는 160,058명으로 나타났으며, 이 중 국내출생이 122,093명, 중도입국이 9,427명, 외국인가정 28,536명으로 나타났다(교육부, 2022).

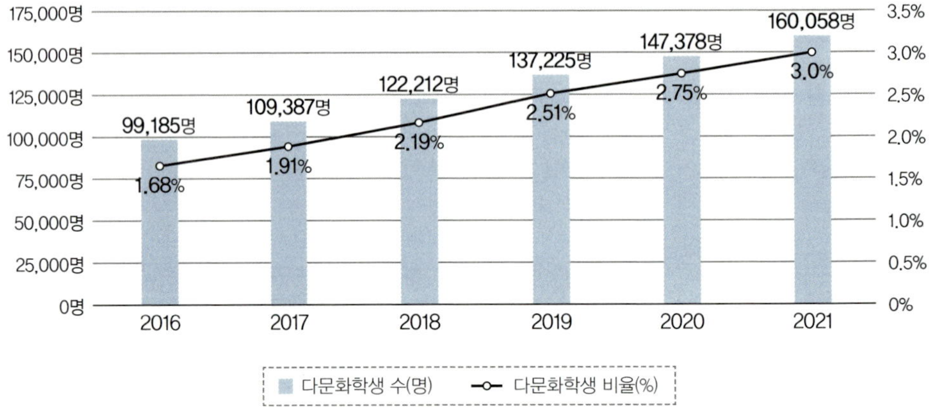


❖ **그림 11-1** 2022년 다문화학생 현황

출처: 교육부(2022). 2022년 다문화교육 지원계획.

② 시도별 다문화가족 아동 학생수 현황

시도별 다문화가족 학생의 수는 지역별로 경기도(40,667명), 서울(19,368명)에 가장 많이 재학하고 있으며 전체학생 대비 다문화학생 비율은 전남, 충남이 가장 높게 나타났다(교육부, 2022). 한편 미취학 자녀(만 5세 이하)의 돌봄유형을 보면 어린이집 · 유치원에 보내는 비율이 71.9%, 어린이집 · 유치원에 보내지 않고 양육수당을 받음이 23.3%, 어린이집 · 유치원에 보내지 않고 양육수당도 받지 않음 2.6%, 2.2%의 응답자는 아동양육수당 등을 잘 모르는 것으로 나타났다(여성가족부, 2022).

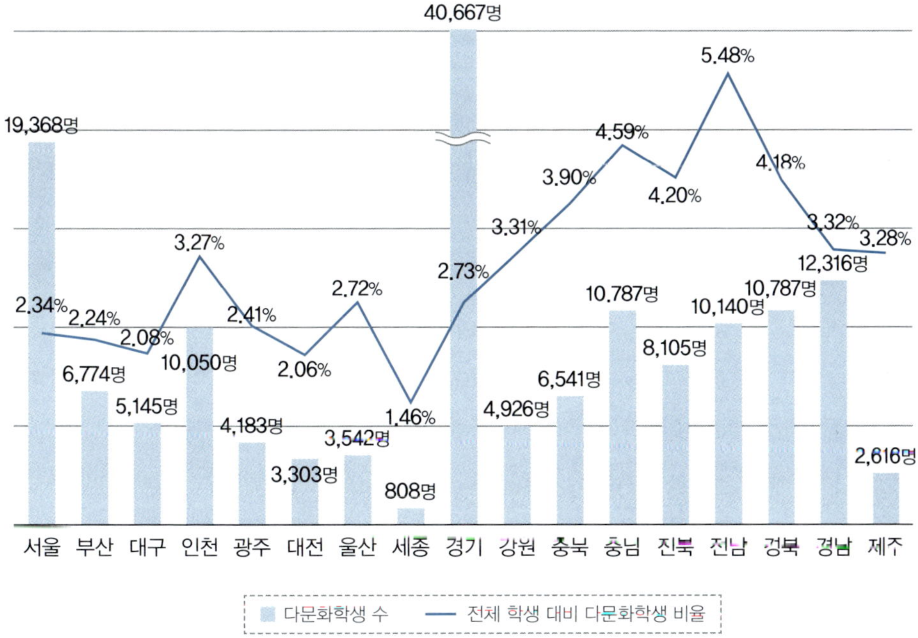


❖ 그림 11-2 지역별 다문화학생수의 현황

출처: 교육부(2022). 2022년 다문화교육 지원계획.

### (2) 다문화가족 아동의 문제

다문화가족 아동은 부분적으로 언어소통의 문제, 문화적 갈등, 경제적 어려움, 가족관계 문제, 지원체계 부족 등을 경험하고 있으며 이는 아동의 복지에도 영향을 미치고 있다.

#### ① 가족관계

다문화가족의 대다수가 외국인 어머니와 자녀로 이루어진 경우가 많다. 아동기의 발달특성 상 부모와의 활발한 의사소통과 상호작용이 필요한 시기이지만, 그러나 한국어에 미숙한 모와 부모 간 서로 다른 풍습과 문화의 차이 등으로 아동에게 혼란을 경험케 할 수 있다. 또한 전통적으로 자녀 양육에 있어서 아버지의 참여가 거의 이루어지지 않는 우리사회에서 아동에 대한 교육은 주로 어머니에 의해 이루어지게 되는데, 자녀들에게 자신의 정체성과 가치관 정립을 위한 도움을 제공하기는 힘든 현실이다. 따라서 가족 내 이중문화의 존재로 인해 갈등이 빚어지게 되며, 이러한 고통과 긴장, 경제적 어려움으로 인해 발생하는 스트레스는 가정 자체를 불안정하게 만드는 복합적인 상황을 초래하게 된다(정하성, 2010). 그러나 부부갈등 충격이나 폐해가 아동들에게 직접 영향을 미치기보다는 조부모를 비롯한 확대가족과의 관계, 교사, 이웃들의 지지 등의 개입 여하에 따라 완충될 수 있다는 연구결과를 고려해 볼 때 다문화가족의 부부들이 가족관계 상의 어려움이 높을 가능성이 있더라도 아동에게 그 폐해가 전가되지 않도록 사회적으로 개입할 수 있는 방안 모색이 필요하다고 볼 수 있다.

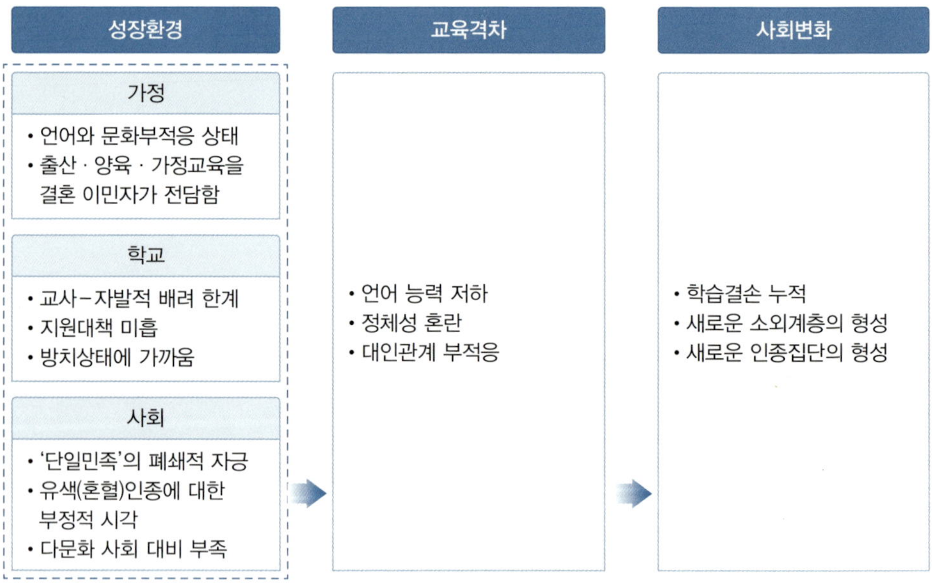


❖ **그림 11-3** 다문화가족 아동의 문제

출처: 오성배 외(2015).

한편, 다문화가족의 형성에 있어서 대부분이 중개업자를 통한 형식적인 맞선 이후 결혼이거나 경제적으로 차이가 있는 국가출신 간의 결합이 많기 때문에 가정폭력과 불화 등의 문제가 발생하기도 한다. 특히 농촌지역은 외국인 아내와의 이혼이 70% 이상을 차지할 정도로 다문화가족의 가족관계 문제는 매우 심각하다. 뿐만 아니라 한국인 배우자가 재혼일 경우, 그 이전의 결혼에서 태어난 자녀와 외국인 모와의 관계, 외국인 모가 이전 결혼에서 출산한 자녀와 동거하지 못하는데서 오는 어려움 등을 경험하기도 한다.

### ② 학교생활

다문화가족 아동의 상당수가 경제적 · 사회적 · 문화적 기반이 취약하여 한국어 능력이 부족하고 한국문화 부적응으로 인한 학습부진과 학교생활 부적응과 교육지원 문제를 겪고 있다(오성배 외, 2015). 다문화가족 초등학교 저학년 아동은 일상적인 의사소통에는 큰 무리가 없으나 다른 일반학생들에 비해 언어학습 능력(독해 · 어휘력 · 쓰기 · 작문 능력)이 현저히 낮고, 이로 인한 정체성 형성, 대인관계 형성, 다른 학습능력에 부정적 영향을 미치고 있는 것으로 나타났다. 이것은 학습능력의 저하로 학교 중도탈락의 발생 원인이 되고 있다.

### ③ 사회적 편견

폐쇄적 순수혈통을 강조하는 한국 사회는 외국인 여성에 대해 한국의 가부장적인 가치관, 자녀양육관 등을 따르도록 강요하며, 피부나 생김새가 다른 다문화가족 아동에 대해 비하, 멸시 등 배타적인 태도를 보이기도 한다. 하지만, 다문화가족 아동의 부모가 사회 · 경제적 하층에 속한 경우 한국인으로 수용하지 않을 가능성이 높고, 반면에 선진국 출신이나 백인인 경우 한국인으로 수용하려는 경향이 높다.

### ④ 심리사회적 적응

다문화가족 아동은 부모의 불안한 신분상태, 잦은 직장이동, 고국문화에의 낮은 접근성, 전문상담 기회의 부재 등으로 자기 정체성 확립에 어려움을 경험한다. 언어발달 지체 및 문화 부적응으로 인해 지나치게 소극적이거나 반대로 폭력성 또는 과잉행동장애와 같은 정서장애를 보이기도 한다. 아동기의 부적응문제는 성인기의 적응문제에까지 영향을 미칠 수 있기 때문에 다문화가족 아동의 심리사회적 적응에는 교사, 또래친구, 종교인, 지역주민들의 도움이 필요하며, 다문화가족에 대한 이해와 전문가 양성이 무엇보다 시급하다.

### 4) 다문화가족 아동의 복지정책 및 서비스현황

#### (1) 다문화가족 관련 지원법

##### ① 다문화가족지원법

다문화가족 아동에 대한 지원은 다문화가족지원법을 중심으로 진행되고 있다. 이 법에서 국가와 지방자치단체는 아동 · 청소년 보육 · 교육을 실시함에 있어 다문화가족 구성원인 아동 · 청소년을 차별없이 학교생활에 신속히 적응할 수 있는 교육지원대책과 학교 외 또는 방과후 교육 프로그램 등을 지원하도록 규정하고 있다(윤혜미 · 김혜래, 2013). 또한 다문화가족 아동의 초등학교 취학 전 보육 및 교육 지원과 한국어 및 결혼이민자 등인 부 또는 모의 모국어 교육을 위한 교재지원 및 학습지원 등 언어능력 제고를 위하여 필요한 지원을 할 수 있도록 하고 있다.

##### ② 재한외국인처우기본법

재한외국인처우기본법에서는 결혼이민자 및 그 자녀, 대한민국 국민과 혼인 혹은 사실혼 관계에서 출생한 자녀를 양육하고 있는 재한외국인 및 그 자녀의 처우에 관하여, 국가 및 지방자치단체는 국어교육, 대한민국의 제도 · 문화에 대한 교육, 보육 및 의료 지원 등 결혼이민자 및 그 자녀가 대한민국 사회에 빨리 적응하도록 지원할 수 있다고 규정하였다. 이것은 한국에 빨리 동화시키려는 접근으로 자녀양육을 위해 결혼이민자가 한국어교육과 한국문화교육이 필요하다는 인식을 강조하는 것이라 할 수 있다.

③ 영유아보육법

영유아보육법에서 다문화가족 아동에 관한 보육을 명시하고 있다. 영유아는 자신이나 보호자의 성, 연령, 종교, 사회적 신분, 재산, 장애, 인종 및 출생지역 등에 따른 어떠한 종류의 차별도 받지 아니하고 보육되어야 한다는 규정과 보육시설의 장은 영아, 장애아, 다문화가족 아동 등에 대한 보육을 우선적으로 실시하여야 한다는 규정에 의해서 보육해야 한다.

④ 아동복지법

아동복지법에서 아동은 자신 또는 부모의 성별, 연령, 종교, 사회적 신분, 재산, 장애유무, 출생지역, 인종 등에 따른 어떠한 종류의 차별도 받지 아니하고 자라나야 한다는 규정과 국가와 지방자치단체는 아동이 자신 또는 부모의 성별, 연령, 종교, 사회적 신분, 재산, 장애유무, 출생지역 또는 인종 등에 따른 어떠한 종류의 차별도 받지 아니하도록 필요한 시책을 강구하여야 한다는 규정으로 다문화가족 아동들을 보호하고 있다.

### (2) 다문화가족 아동을 위한 정책

① 외국인정책

외국인정책에 관한 기본계획은 각 부처에서 개별적으로 추진해오던 외국인정책을 중·장기적 관점에서 체계적으로 추진할 수 있는 기틀을 마련한 5년 단위의 국가기본 계획으로, 제3차 기본계획은 2018년부터 2022년까지 총 5개의 정책목표(국민이 공감하는 질서 있는 개방, 이민자의 자립과 참여로 통합되는 사회, 국민과 이민자가 함께 만들어 가는 안전한 사회, 인권과 다양성이 존중되는 정의로운 사회,

협력에 바탕한 미래지향적 거버넌스와 18개의 중심과제를 추진한다. 이 중 다문화가족 아동에 대한 정책은 〈표 11-7〉과 같으며 추진 구조는 [그림 11-4]와 같다.

❖ **표 11-7** 외국인정책기본계획 중 다문화가족 아동대상 정책

| 정책목표 | 중점과제 |
|---|---|
| 인권과 다양성이 존중되는 정의로운 사회 | • 이민자 인권보호 체계 강화<br>• 여성 · 아동 등 취약 이민자 인권 증진<br>• 문화다양성 증진 및 수용성 제고<br>• 동포와 함께 공존 · 발전하는 환경 조성<br>• 국제사회가 공감하는 선진 난민정책 추진 |

출처: 법무부(2018). 제3차 외국인정책 시행계획(2018-2022).

❖ **그림 11-4** 제3차 외국인정책 기본계획 추진구조

### ② 다문화가족지원정책

다문화가족의 증가추세 및 수요변화를 적절하게 반영하기 위한 중장기적 지원방안이 요구되면서 다문화가족지원정책 기본계획을 수립하였다. 제3차 다문화가족정책 기본계획은 2018년부터 2022년까지 5년에 걸쳐 시행되는데 '참여와 공존의 열린 다문화사회'의 비전을 가지고 '모두가 존중받는 차별 없는 다문화사회 구현', '다문화가족의 사회 · 경제적 참여 확대', '다문화가족 자녀의 건강한 성장 도모'의 3대 목표아래 5개 대과제, 17개중 과제 및 70개 소과제로 구성되어 법무부 교육부 등 17개

중앙행정기관 및 기관이 참여하고 있다.

정책과제 중 아동과 관련된 '다문화가족 자녀의 안정적 성장지원과 역량강화'의 내용은 다음과 같다.

❖ 표 11-8 다문화가족지원정책 중 다문화가족 아동정책

| 정책목표 | 중점과제 | 단위과제 |
|---|---|---|
| 다문화가족 자녀의 안정적 성장 지원과 역량 강화 | 안정적 성장을 위한 환경조성 | • 다문화가족 자녀성장지원 프로그램(다재다능)확산(여성가족부)<br>• 청소년기 자녀 및 부모 상담지원 강화(여성가족부,교육부)<br>• 지역사회 청소년 통합지원체계(CYS-Net)를 통해 위기 다문화 청소년에 대한 맞춤형 서비스 지원(여성가족부)<br>- 외국어, 예체능 등 다양한 양질의 특기적성 교육 프로그램 지원<br>- 자녀 발달주기별 부모교육 및 정보제공 강화 |
| | 학업 및 글로벌 역량 강화지원 | • 기초학습능력 강화 프로그램 운영 확대(교육부 · 여성가족부)<br>• 언어, 수 · 과학 등 특화된 분야의 다문화학생의 재능을 개발하기 위한 글로벌브릿지 사업 추진(교육부)<br>• 국제교류 프로그램(청소년국가간교류 및 해외자원봉사단 등) 참여 활성화(여성가족부, 외교부)<br>- 이중언어인재 양성사업 내실화 |
| | 진로준비 및 사회진출 지원 | • 다문화청소년의 진로의식 고취 및 진로직업 체험기회 확대(교육부 · 여성가족부)<br>• 학교에 진로지도 및 상담 등을 위한 진로활동실 확충 유도(교육부)<br>• 직업교육훈련기관(다문화 청소년 특화 폴리텍 다솜학교) 운영 지원 및 우수 사례 발굴(고용노동부)<br>- 차세대 전문인력 양성 및 청년인턴 활성 |
| | 중도입국자녀 맞춤형 지원 확대 | • 중도입국자녀 대상 한국어교육 운영의 내실화 및 질적수준 제고(교육부, 여성가족부)<br>• 중도입국자녀의 조기적응을 돕는 레인보우스쿨 확대 및 운영방식 다양화(여성가족부, 법무부)<br>• 중도입국자녀의 심리 · 정서적 안정 지원을 위한 프로그램 운영(여성가족부)<br>• 중도입국자녀의 공교육 진입지원을 위한 학력심의위원회 운영 활성화(교육부)<br>• 학교생활 조기적응을 위한 다문화 예비학교 확대 및 내실화(교육부)<br>• 학교 밖 중도입국청소년 등 교육기회 사각지대에 놓이기 쉬운 다문화 청소년을 위한 내일이룸학교 운영 및 훈련과정 확대(여성가족부)<br>- 다문화청소년 취업사관학교 운영 및 훈련과정 확대 |

출처: 여성가족부(2018). 제3차 다문화가족정책 기본계획(2018-2022).

③ 학교에서의 지원

시 · 도교육청에서 제공되는 다문화가족 아동지원사업으로는 외국인부모를 대상으로한 한국문화교육, 한국어교육, 결혼이민자가정 자녀를 위한 상담, 한글교실 및 보충학습지도, 일반학생을 대상으로 외국문화 이해교육, 외국어 가정안내문 발송, 학생용 글로벌에티켓 교재 개발 및 지도, 영어 및 중국어 한글교재 발간, 학부모와 교사나 자원봉사자 간 상담의 기회 제공, 홈페이지 개설 운영 등을 들 수 있다.

### (3) 다문화가족 아동을 위한 복지서비스 현황

① 방문교육서비스

방문교육서비스는 다문화가족지원센터를 방문하기 어려운 다문화가족에 대한 한국어교육, 부모교육, 자녀생활 서비스 등을 제공하기 위해 방문교육지도사가 대상가정을 직접 방문하여 개별수업을 진행하거나 마을회관 등에서 그룹수업을 지원하는 사업이다.

② 다양한 서비스

다문화가족 아동을 지원하기 위한 중앙관리기관으로는 다문화가족사업지원단이 있으며, 육아정보나눔터, 거점센터를 통해, 다문화가족 아동 언어발달지원사업(다문화 언어지도사), 다문화 언어교실, 결혼이민자 통번역 서비스(통번역 전문인력), 이중언어교육이 제공된다. 또한 다문화가족 이해교육을 위해 사회적 다양성의 수용과 사회적 통합에 목적을 두고 시행되고 있으며, 소수인이 가진 문화 존중, 획일적 역사관 · 국수주의 탈피, 다문화가족에 대한 편견차별 없애기, 다문화가족과 일반가정 결연 맺기 등의 사업을 진행하고 있다. 특히 다문화가족 아동의 적응을 위해 출신문화에 대한 자긍심과 새로운 문화에 대한 대응력 형성, 다수자 문화 간 이해 교육과 소수자 문화 간 이해교육, 북한이탈주민 아동에 대한 적응교육 등이 실시되고 있다. 다문화가족을 위해서는 한국어교육, 가족통합 및 다문화사회 이해교육, 다문화가족

취업 및 창업지원 프로그램, 다문화가족 자조 모임, 개인 및 가족상담, 육아정보나눔터 운영, 멘토링, 다문화가족 자원봉사단 운영, 다문화가족 자녀 언어발달지원 등의 서비스가 제공되고 있다.

뿐만 아니라 탈법적인 국제결혼방지 및 국제결혼 당사자 보호, 가정폭력피해자 등에 대한 안정적인 체류지원 강화, 한국사회 조기적응 및 정착지원, 아동의 학교생활 적응지원, 여성결혼이민자 가족의 안정적인 생활환경 조성, 여성결혼이민자에 대한 사회적 인식 개선 및 업무책임자 교육, 추진체계 구축 등의 서비스도 제공하고 있다.

## 5) 다문화가족 아동을 위한 정책 및 복지실천 방향

### (1) 다문화가족 아동을 위한 정책 방향

다문화가족의 경제적, 사회심리적 안정과 학교의 다문화 이해교육과 통합교육을 위한 시·도관련 전문인력 배치, 지역사회 인식개선을 위한 정부와 민간기관 간의 협력적 대응이 요청된다. 통합적 관점의 지원대책, 다문화가족 자녀양육지원의 강화, 다문화가족 아동의 체계적인 이중언어교육 지원 등이 필요하다.

#### ① 다문화가족 아동에 대한 법률적 적용범위 확대

현재 다문화가족지원법에 따르면, 다문화가족지원법의 적용대상은 한국인과 결혼한 가정이 구성원에 한정되어 이를 제외한 다른 유형의 자녀들은 해당되지 않음을 의미하기 때문에 다문화가족지원법에 의해 지원받기 어려운 상황이다. 다문화가족의 유형이 다양해지고 있는 현상을 감안할 때, 적용대상을 보다 포괄적으로 제시하는 것이 필요할 것으로 생각된다. 또한 아동의 성장과 발달단계를 고려한 사업이 마련되어야 한다.

② 다문화가족 아동사업에 대한 전달체계 확립

현재 다문화가족 아동을 위한 사업은 여러 부처에서 실시하고 있으나 부처 간의 사업조정이 필요하며, 사업을 총괄하고 조정할 수 있는 기구가 필요하다. 또한 각 시청, 도청, 교육청 등 프로그램들의 대다수가 유사하거나 정보가 접근 가능한 대상 중심으로 중복되고 있는 실정이다. 따라서 사업의 일관성 및 효율성을 제고할 수 있도록 사업의 중심축이 필요하며, 일원화된 전달체계를 통해 체계화된 지원이 이루어져야 한다.

### (2) 다문화가족 아동을 위한 복지실천 방향

① 대상자의 특성 및 욕구별 프로그램의 다원화

대상자의 특성과 요구를 무시한 채 제공되는 현재의 모든 프로그램에 대한 재검토와 욕구조사를 통하여 실제 다문화가족 청소년의 역량을 개발할 수 있는 프로그램들이 개발되어야 한다.

② 분리가 아닌 사회통합

실질적으로 다문화가족 아동의 발달에 영향을 미치는 것은 결국 가정의 사회경제적 수준임을 감안할 때 다문화가족 아동이 비주류 소수집단으로 인식되는 것을 방지할 수 있는 사회통합 차원의 지원방향을 검토할 필요가 있다.

③ 다문화사회에 대한 이해 교육과 포용력 신장 교육

우리나라 다문화가족 아동에 대한 교육지원은 자문화 중심주의적 시각에서 탈피하여 타문화, 특히 비주류인 다문화가족 자녀에 대한 문화를 인정하고 조화로운 관계를 형성하게 하는 정책이 되어야 한다.

④ 학교에서의 지원 방안 확대

다문화가족 아동을 위한 중도탈락 및 소외를 예방하기 위한 심리적 지원서비스, 개별화된 학습 지원, 학부모를 위한 서비스, 아동복지 전문가의 배치와 문화적 역량 개발 등이 요구된다.

## 5 조손가족 아동

### 1) 조손가족 아동의 개념

부모와 동거하지 않고 조부모가 손자녀와 함께 살면서 손자녀의 발달적 욕구충족과 양육에 1차적 책임을 가진 가족형태를 조손가족이라고 하며, 조부모와 함께 생활하고 있는 18세 미만의 손자녀를 조손가족 아동이라고 한다. 조손가족은 이미 신체적·경제적으로 소진되어 부양을 받아야 할 조부모와 부모로부터 양육을 받지 못하는 손자녀로 이루어진 가족형태에서 오는 부양의 문제와 위기가정 아동양육문제가 복합적으로 나타나기 때문에 다른 가족아동보다 성장발달의 어려움이 더 크다고 볼 수 있다.

### 2) 조손가족 아동의 현황

#### (1) 조손가족의 현황

2018년 통계청 '인구총조사'에 따르면 전국의 조손가족은 113,297가구로 이 중 25,137가구가 경기도에 거주하고 있으며, 서울이 20,211가구로 경기도에 이어 2순위를 차지하고 있다. 조손가족 가구 비중은 전체 가구의 0.57%이고, 비중이 가장 높은 곳은 전라남도로 전체 가구의 0.84%였으며, 전라북도(0.74%), 강원도(0.72%)의 순으로 나타났다. 한편 조손가족 가구 비중이 가장 적은 곳은 울산광역시였는데, 전체 가구의 0.41%로 나타나 전라도 비중의 절반 수준이었으며, 세종특별시(0.44%), 인천광역시(0.50%)의 순으로 나타났다.

조손가족은 빈곤위험이 높으며, 가족 내 돌봄과 보호기능이 취약한 문제를 가지고 있다. 조손가족 가구당 평균소득은 2175만 원으로 전체가구 평균소득 4883만 원의 45%에 불과하고, 다문화가구(4328만 원), 장애인가구(3515만 원) 보다 낮은 수준이다(보건복지부, 2017).

### (2) 조손가족 아동의 특성 및 문제

일반적으로 조손가족 아동은 성장발달에 필요한 발달적 욕구를 충족시켜 줄 수 없는 환경 속에서 부모의 부재, 빈곤, 낮은 가족응집력, 가족의 해체 등을 경험하고 있다. 조손가족 아동들은 결손이라는 감정적 가치를 부여하기 때문에 부모 없이 살아가는 것을 수치스럽게 여기며, 심한 정서적 어려움을 경험하게 된다. 또한 상위학교 진학률이 낮은 이유도 기회평등면에서 열악한 상황과 학업지도 등 교육지원에 제한적이기 때문이라고 볼 수 있다. 조손가족 아동은 우울, 불안, 공격성, 충동성, 부주의 정도가 높은 것으로 나타나고 있다. 아동에 대한 방임정도가 조손가족에서 가장 높은 것으로 나타났다. 그러나 조부모들이 부모들로부터 가족해체나 학대 및 방임을 경험한 손자녀들에게 개입함으로써 손자녀의 심리정서적 안정과 사회적응에 긍정적 영향을 미치는 것으로 나타나고 있다(김혜영 외, 2011).

조손가족의 아동들은 심각한 육체적, 정신적, 경제적 문제들을 겪고 있는데, 조손세대는 일단 경제활동의 중단으로 수입이 거의 없기 때문에 손자녀의 양육비와 교육비 부담이 크고, 일을 한다고 해도 고령의 나이로 인해 건강의 악순환이 지속된다고 볼 수 있다. 손자녀의 경우 부모와 떨어져 양육되는 자체만으로도 심리적 결여감을 느껴 자신감 부족과 외로움을 느끼고 소극적이고 위축된 행동, 공격적 행동, 불안 행동을 일반 가정의 아동들에 비해 더 쉽게 보이게 된다. 학습기회 또한 원천적으로 부족하기 때문에 또래와의 상호작용 학습 면에서 낙오되기 쉽다.

## 3) 조손가족 아동을 위한 지원정책 및 서비스

### (1) 조손가족 지원정책

#### ① 국민기초생활보장제도

국민기초생활보장제도는 생활이 어려운 사람에게 필요한 급여를 실시하여 이들의 최저생활을 보장하고 자활을 돕는 것을 목적으로 1961년 시행된 생활보호제도를 대신하여 2000년 10월부터 국민기초생활보장법을 근거로 시행된 공공부조제도이다.

#### ② 한부모가족지원제도

조손가족은 한부모가족에 포함되어 지원받을 수 있는 법적근거가 마련되었다. 조손가족은 한부모가족자녀 양육비지원, 저소득한부모가족 건강보험료지원, 가족역량강화지원서비스(취약 한부모 역량강화서비스, 위기가족지원서비스, 가족보듬서비스, 조손가족통합지원서비스)를 받을 수 있다.

### (2) 조손가족 아동대상 정책

#### ① 가정위탁 대리양육

아동복지법 제2조에 의하면 요보호아동을 보호·양육하기를 희망하는 가정에 위탁양육함으로써 아동이 가정적인 분위기에서 건전한 사회인으로 성장할 수 있도록 가정위탁보호제도를 실시하고 있다.

② 아이돌보미지원사업

2006년부터 아이돌보미지원사업이 실시되고 있다. 아이돌보미지원사업은 생후 3개월부터 12세 이하 아동을 대상으로 직접 아이돌보미를 가정으로 파견하여 서비스를 제공하고 있으며 조손가족은 한부모가족과 맞벌이가족과 함께 지원대상자 우선순위로 지원받을 수 있다.

③ 드림스타트사업

드림스타트사업은 기초생활수급자 및 차상위계층 가정 중 위기도사정조사를 통하여 0세(임산부)~12세의 저소득아동 및 가족을 대상으로 시・군・구별 저소득가구 밀집지역에 맞춤형 통합사례관리 서비스를 제공하는 사업이다.

### (3) 조손가족통합지원서비스(조손가족희망사다리사업)

정부에서 운영 중인 복지 사각지대 발굴시스템은 2016년부터 시작되어 단전, 단수, 사회 보험료 체납 등 13개 기관 23종의 사회보장정보를 빅데이터로 분석해 어려움에 처한 빈곤 계층을 찾아내는 목적으로 운영되고 있다. 실제로 27만 명을 이 시스템으로 발굴해 5만 명이 복지 서비스를 제공받았다. 여기에 다수의 조손가족을 대상으로 사각지대 발굴시스템을 개편하고, 공공・민간 간의 협의체를 구성해 정보를 공유하고 있다.

또한 아동보호전문기관과 노인복지관 지원 대상자의 정보를 지방자치단체로부터 제공받아 조손가족 현황을 파악하고 안정적인 생활을 할 수 있도록 지원하고 있다. 조손가족은 차상위계층 지원사업에서도 이전보다 완화된 기준을 적용받는다. 차상위계층 선정기준에 못 미치더라도 조손가족이라면 조부모 또는 손자녀만 개별가구로 인정해 기본적인 혜택을 제공받을 수 있도록 하고 있다.

### 4) 조손가족 아동지원을 위한 향후과제 및 방안

조손가족을 비정상가족으로 규정하여 지원방안을 고려하는 것은 이들의 생활주권을 부징하고 정서적 안정을 깨뜨리게 되어 생활적응에 부정적 영향을 미치게 된다. 이러한 측면에서 조손가족 아동의 성장발달을 지원하기 위한 보다 체계적이고 통합적인 정책과 서비스가 마련되어야 할 것이다. 도움이 필요한 조손가족을 촘촘히 찾고 보다 두텁게 지원하기 위해 제도 개선이 필요하다. 이러한 제도개선을 통해 사각지대 발굴시스템을 개편하고, 공공·민간 간 정보를 공유하여 생활이 어려운 조손가족을 조기발견하는 체계를 마련하는 것이 필요하다. 조손가족에 대한 사회적 인식전환 및 종합적인 가족지원서비스 제공, 조손가족의 특성을 고려한 개별화된 맞춤형 지원서비스 강화가 요구된다.

## 6 소년소녀가장 아동

### 1) 소년소녀가장의 개념

부모가 사망했거나 생존해 있어도 질병, 심신장애, 가출, 이혼, 재혼, 복역 등으로 인해 부모의 보호 및 부양을 받을 수 없거나 노동능력이 없는 직계혈족은 있으나 생활 능력이 없는 방계가족과 더불어 생계가 곤란한 세대로서 만 18세 이하의 소년소녀가 실질적으로 가계를 책임진 세대를 말한다. 즉, 국민기초생활보장법이나 기타 관련 규정에 의거해 정부나 사회단체가 지원하여 정상적인 가정으로 육성될 수 있도록 보호 및 후원해야 하는 요보호 소년소녀가정을 말하는 것이다.

부모사망은 48.9%, 부모의 이혼, 가출, 행방불명이 41.7%, 질병이나 심신장애 등으로 인한 부모의 부양능력 상실이 9.4%로 나뉜다. 가정파탄이나 미혼모문제로 발생한 보호아동이 순수고아를 앞질러, 부모의 무책임한 행위로 소년소녀가정이 되는 경우가 증가하고 있다. 또한 교통사고로 인한 소년소녀가정의 증가도 주목되는 점이다.

### 2) 소년소녀가장 아동의 문제

소년소녀가장 아동의 가장 큰 문제는 생계유지의 문제, 즉 경제적 빈곤이다. 빈곤의 원인은 가정 내 근로 능력자가 없기 때문이다. 따라서 이들이 성장하기 위해서는 공공부조나 민간의 지원에 의존할 수밖에 없다. 부모로부터 보호를 받아야 할 나이에 가정을 책임져야 하는 경제적 어려움뿐만 아니라 자신의 일을 스스로 결정해야 한다는 점에서 심리 · 정서적 어려움, 스스로 집안일을 병행해야 하는 학업수행의 어려움, 주거문제, 관계망 축소, 취업 및 자립문제 등에서도 어려움을 겪고 있다. 이렇듯 이들이 겪는 문제는 경제적 빈곤을 넘어서 생활 전반에 발생되고 있으며, 이러한 문제들은 성격 형성과 태도 형성 등에도 부정적 영향을 미치고 있다.

한 집안의 가장이라는 역할의 부여는 심리적 불안감과 부담감을 준다. 가족해체의 경험과 부모나 보호자의 부재로 인해 열등감 형성, 사회적 편견 및 고립감이 많지만, 주변의 어른들로부터의 정서적 지원은 부족한 상황이다. 부모의 결손은 가족을 둘러싼 사회적 관계망의 축소를 의미하기 때문에 사회적응의 문제가 있거나 지원의 한정으로 대인관계가 좋지 못하다. 특히 소년소녀가정 아동들은 대학진학률이 높지 못하고, 학업과 생업을 병행하는 재학생의 비율이 높은 것으로 나타나고 있다.

가정생활의 문제점은 식사준비, 청소, 세탁 등의 가사일, 동생 돌보기, 돈 관리, 중요한 집안일의 결정 등 가정 관리의 어려움을 호소하고 있다. 주거환경의 문제점으로는 친지의 집에 사는 경우가 48%, 영구임대주택의 경우가 15%, 자가가 18%, 전세가 10%, 월세가 7%로 주거문제가 경제적 문제를 가중시키며 특히 영구임대아파트 지역은 슬럼화로 인한 비행청소년들의 근거지가 되고 있는 실정이다. 만 18세가 되면 소년소녀가정 대상자에서 제외되지만, 우리나라 현실적인 여건상 이 시기의 자립 · 자활은 어렵기 때문에 취업 및 자립과 관련된 서비스가 필요하다.

### 3) 복지서비스 현황

#### (1) 지원대상

국민기초생활보장법에 의한 수급자(가구) 중 18세 이하(출생일 기준)의 아동이 실질적으로 가정을 이끌어 가고 있는 세대를 지원하는데, 18세 이하의 아동으로만 구성된 세대, 18세 이하의 아동이 부양능력이 없는 부모와 동거하는 세대, 15세 미만의 아동으로만 세대를 구성할 경우 소년소녀가정 지정을 제한하고 가정위탁이나 시설입소를 강구한다.

#### (2) 소년소녀가정 복지사업의 지원서비스

소년소녀가정을 국민기초생활보장법에 의한 수급자로 책정하여 생계급여, 교육급여를 지원한다. 생계급여로는 주 · 부식비, 연료비, 피복비, 초 · 중 · 고교생의 학용품비와 중 · 고교생의 교통비, 교복비, 영양급식비, 부교재 및 교양 도서비를 지원한다. 교육급여의 명목으로는 학비가 지원된다. 또한 소년소녀가정에 대한 간접적인 경제적 지원으로, 정부에서 결연기관 종사자의 인건비라든가 결연지원 대상자 수를 연계하여 결연기관의 운영경비를 지원하는 방식으로 민간체계와의 연계를 도모하고 있다.

### (3) 후원단체의 지원

소년소녀가정을 일반인과 연결시켜 줌으로써 경제적 지원과 심리적 · 정서적 지원을 동시에 제공하는 결연사업이 민간 차원에서 실시되어 소년소녀가정 복지사업에서 상당히 큰 비중을 차지하고 있다.

### (4) 전달체계

보건복지부에서 업무를 총괄해서 관장하지만, 실질적인 행정 실무는 광역시 · 도에서는 매분기 별로 지역 내 소년소녀가정에 대한 지원 현황파악을, 급여와 서비스 전달은 일선 읍 · 면, 동사무소의 사회복지공무원이 담당한다. 이들은 또한 지역사회 내의 아동위원을 비롯한 독지가 및 후원자를 소년소녀가정과 연계시켜 주는 역할을 담당함으로써, 정부 차원의 서비스와 민간 차원의 서비스를 매개하는 역할도 수행한다.

### (5) 아동보호전문기관 복지사업

지역사회종합복지관 혹은 아동보호전문기관에서 소년소녀가정을 대상으로 제공하는 서비스는 경제적, 교육적, 정서적 측면으로 구성되는데, 구체적으로는 결연, 상담, 가정방문, 가사서비스, 방과후 학습지도 프로그램, 복지관 내의 프로그램 제공 및 취업 알선 등이 있다. 결연후원금을 모집하여 지원하는 사업과 공부방을 운영해서 소년소녀가정의 아동에게 교육서비스를 제공하는 것은 활발하게 실시되고 있으나 다양한 서비스에 대한 개념만 존재할 뿐 원활하고 적극적인 서비스의 제공은 아직 이루어지지 못하고 있다.

### (6) 그룹홈

그룹홈의 공식적인 정책적 근거는 미비하지만 아동보호양식에서 탈시설화 및 지역사회보호, 보호의 효과성 등에 있어 이미 밝혀진 정당성에도 불구하고 이를 활성화하고 제도화하고자 하는 정부정책상의 노력이 미비하며, 또한 제도상의 근거도 희박하게 추진되어 왔다. 그룹홈 운영에 대한 정부의 지원 수준이 전무하거나 미비하지만, 그룹홈에 대한 운영지원에서 설치기준과 운영기준 및 예산지원 수준 등이 매우 부실하고 불충분하여 현행 그룹홈 지원양식의 현실화를 이루기 위한 정부 지원방식의 개선이 요구된다.

### (7) 가정위탁보호

소년소녀가정의 아동을 가정에 위탁하여 양육하는 방식이다. 소년소녀가장의 연령은 18세까지로서 소년소녀가장이 학교에 재학 중인 경우는 18세가 넘어도 연장이 가능하다. 그러나 소년소녀가장이 학교를 중퇴하면 18세에 소년소녀가정에서 탈락되며 함께 거주하는 동생들도 소년소녀가정에서 탈락하게 된다. 그리고 위탁가정의 부족으로 보호가 필요한 아동이 발생하여도 가정위탁을 의뢰할 수 없는 실정이다.

### (8) 후견인 제도

아동복지법에서 아동의 후견인 선임청구가 공무원의 발선에 의하여 법원이 선임 혹은 해임을 할 수 있다고 하였으며 아동의 의견이 존중되어야 한다고 되어 있다. 그러나 후견인의 직무가 무엇인지 명확히 제시하지 않고 있으며, 후견인이 필요한 아동의 경우도 친권자나 후견인이 없는 아동이라고 함으로서 어떤 아동이 과연 후견인이 필요한지를 밝히지 못하고 있는 한계가 있다.

# CHAPTER 12

# 입양, 가정위탁보호 및 시설보호 아동

CHAPTER

# 12 입양, 가정위탁보호 및 시설보호 아동

## 1 입양아동

### 1) 입양의 개념 및 유형

#### (1) 입양의 개념

입양(adaption)이란, 생물학적인 출생을 통해서가 아니라 법적 · 사회적 관계를 통하여, 새로운 가정이 필요한 아동을 자기 자녀로 삼아 영구적인 가정을 이루는 것을 의미한다. 즉, 입양은 친부모로부터 아동의 현재와 미래에 대한 모든 권리와 의무가 소멸되고 행정적 · 법적 권한에 의해 혈연관계가 없는 타인에게 양육의 권리와 의무가 이양되는 것을 말한다.

입양에서 중요한 관점은 입양을 아동의 복지권으로 보아야 한다는 것이다. 아동은 건전하게 키워질 권리가 있고 정상적인 가정생활을 누릴 수 있는 권리와 부모의 보호를 받을 권리가 있어야 한다. 입양에는 완전입양제도와 불완전입양제도가 있는데, 완전입양제도는 생물학적 친자관계 단절, 양부모와의 관계만 인정, 파양을 허용하지 않는 경우이며, 불완전입양제도는 친자관계 유지, 양부모와 법적 혈족관계 유지, 파양 시 친자관계가 과거로 복원되는 것을 의미한다. 우리나라는 법률적으로 파양을 허용하고 있으며, 파양되면 본래의 친자관계로 복원된다.

### (2) 입양의 목적과 기능

입양의 목적은 보호자가 없거나 보호자로부터 이탈된 아동들에게 건전한 가정을 영구적으로 제공하여 신체적, 정서적, 사회적으로 건강하게 성장할 수 있도록 하는 데 두어야 한다. 입양은 입양아동 입장에서 보면, 아동복지를 장기적으로 보장받고, 영유아기 애착형성을 긍정적으로 발달할 수 있게 하며, 발달상 부정적 영향을 최소화할 수 있다는 장점이 있다. 반면, 친부모의 입장에서 보면, 자녀양육의 부담감을 덜고, 죄책감을 덜 수 있게 된다. 또한 입양부모의 입장에서 보면, 자녀양육 본능을 충족하고 건전한 가정 구축, 종족보존의 기능담당, 바람직한 가족구조로 가족복지를 증진할 수 있다는 점에서 장점이 있다. 특히 사회적 입장에서 보면 입양은 가정의 안정을 통해 사회의 안정을 가져오는 기능을 담당한다.

또한, 입양은 아동에게 입양이 아니면 얻을 수 없는 영구한 가정과 지속적이며 건전한 가족관계를 갖게 하고, 불임부부가 부모역할을 할 수 있는 기회를 얻는다. 가문의 계승 수단이 되고, 유산을 물려주는 수단이 된다. 그리고 자녀를 양육·보호할 능력이 없거나 자녀를 원치 않는 부모를 위한 대체 수단이 되거나 자녀가 있는 사람이 아동을 더 양육하려는 욕구와 능력이 있을 때 이를 만족시키는 수단이 된다. 뿐만 아니라 시설수용으로 인해 발생하는 부작용의 해결 대안이 되기도 한다(Kadushin, 1984).

### (3) 입양의 원칙

입양은 친자녀를 입양 보내야 하는 친부모, 출생한 가정에서 성장하지 못하고 사회적 보호가 필요한 입양아동, 자녀를 원하는 입양부모 등 삼자를 위한 아동·가족복지사업이라고 할 수 있다. 즉, 입양의 주된 목적은 입양되는 아동의 복지이지만, 입양이 성공적으로 성립되기 위해서는 입양아동, 친부모, 입양부모 등 삼자의 이익이 함께 고려되어야 한다. 입양사업은 다음과 같은 원리를 지침으로 하여 제공되어야 한다(Kadushin, 1984).

첫째, 아동은 자신의 가족, 지역사회, 국가에서 양육되는 것이 최우선이고 가장 바람직하기 때문에 입양을 고려하기 전에 아동의 친가족을 유지시키고자 모든 노력을 기울여야 한다. 그럼에도 불구하고, 친가족이 아동을 건전하게 성장, 발달한 권리를 보장하지 못할 때 입양이 고려되어야 한다.

둘째, 입양아동을 위한 대리가정인 입양가정은 우선적으로 아동 자신이 소속해 있는 인종집단, 국가, 문화, 종교집단에서 찾아야 한다. 만약 이것이 불가능할 때, 아동이 소속한 사회 밖에서 입양가정을 찾는 노력이 시도되어야 한다.

셋째, 입양의 일차적 목적은 친부모에 의해 양육될 수 없는 아동에게 영구적인 가족을 제공하는 것이다. 따라서 입양사업은 아동을 위해 입양부모와 입양가정을 선택하여야지, 입양부모나 입양가정을 위해 입양아동이 선택되어서는 안 된다.

넷째, 입양은 영구적 대리보호가 필요한 아동에게 가장 바람직한 보호방법이다. 그 이유는 입양이 가정위탁보호나 시설보호보다 일정한 부모가 아동에게 필요한 장기적 안정과 애정을 가지고 친밀한 보호를 제공해 줄 수 있는 가능성이 높기 때문이다. 또한 아동의 복지를 위해서는 영구적 대리보호의 필요성 여부에 대한 결정이 가능한 한 빨리 이루어져야 하고, 입양의 완결도 가능하면 빨리 달성되어야 한다.

### (4) 입양의 유형

입양의 유형은 친족유무에 따라 친족입양과 비친족입양, 기관을 통한 입양여부에 따라 기관입양과 독립입양, 공개유무에 따라 비밀입양과 개방입양으로 나뉜다.

첫째, 친족입양은 입양아동이 계부, 계모, 큰아버지 등 혈연관계 또는 부나 모의 재혼으로 인해 가족관계를 이루고 있는 사람에 의해 입양되는 경우를 말하며, 비친족 입양은 아동이 전혀 가족관계를 갖고 있지 않은 입양부모에 의해 입양되는 경우를 말한다.

둘째, 기관입양은 국가가 인정하는 입양기관을 통해 입양이 성립되는 것이고, 입양 알선기관에 의해 기관이 법적 대리인이 되어서 입양이 이루어지기 때문에, 입양 후 문제발생이 적다. 민간입양은 기관을 통하지 않고, 개인과 개인이 합의하여 입양하는 것을 말한다. 독립입양은 입양에 대한 전문적 지식이 없는 개인에 의해 입양되는 것으로 입양아동, 친부모, 양부모, 사회에까지 위험을 초래할 수 있다. 우리나라에서는 기관입양만을 인정하고 있다.

마지막으로 비밀입양은 입양 사실을 입양아동은 물론 주변의 모든 사람들에게 비밀로 하며, 마치 입양아동을 출산한 것처럼 가정하며 비밀을 계속 유지하는 것을 말한다. 물론 친부모와의 관계도 완전히 단절된다. 반면에 개방입양은 입양 사실을 입양아동은 물론이고 주변의 사람들에게 공개하며, 친부모와도 접촉을 한다. 이 개방입양은 친부모와의 접촉 시 입양기관의 중재 여부에 따라 반개방입양과 완전개방입양으로 구분된다. 직접적 접촉 없이 입양기관을 통해 생부모와 연락하는 형태는 반개방입양이라 하고, 입양기관의 중재 없이 입양아동, 입양부모, 친자녀가 지속적 관계를 유지하는 것은 완전개방입양이라고 한다. 완전개방입양을 통해 입양아동은 입양에 관한 이야기를 자유로이 하여 친부모에 대한 호기심을 갖거나 질문을 하는 것이 입양부모에 대한 충성심이나 사랑의 부족이 아님을 알게 된다. 즉, 입양아동은 죄의식을 느끼지 않고, 친부모와 입양부모라는 두 부모를 생각할 수 있으므로, 완전개방입양은 입양아동의 건전한 성장과 발달에 기여한다. 또한 친부모로부터 아동을 빼앗길 수도 있다는 두려움에서 벗어나게 함으로써 입양부모의 정신건강에도 도움을 준다.

### (5) 입양제도의 배경

입양의 역사는 고대까지 거슬러 올라갈 수 있으며 입양의 목적 또한 나라와 시대에 따라 다양하게 변화되어 왔다. 과거 입양은 단지 입양하는 남성의 지위를 강화시켜 주는 수단이었으며 아동의 복지는 전혀 고려되지 않았다. 로마시대에는 가문계승, 정치권력 유지가 목적이었다. 로마법은 프랑스의 나폴레옹 법전에서 발견된 입양의 조항에 영향을 미쳤으며 이후 이 법전의 내용은 서구 각국의 입양에 관한 법률의 기원이 되었다. 이후 입양의 목적은 가족의 종교적인 전통을 계승하기 위한 목적, 상속을 하기 위한 목적, 부 적법한 자녀를 적법한 자녀로 인정하기 위한 목적, 최근에 이르러서는 가정이 없는 아동에게 가정을 마련해 주기 위한 목적 등으로 다양해 졌다.

우리나라에서는 고려시대 가부장적 대가족제가 확립되면서 동성양자제도가 행해졌다. 조선시대에는 가계의 계승과 조상의 제사를 위한 가본위양자제도가 확립되었으며, 그 후 현대적 의미의 입양제도는 6.25전쟁 중 발생한 고아와 혼혈아들을 보호하기 위한 사회서비스로 시작, 입양에 관한 법 규정이 없이 위탁형식의 국내입양이 이루어졌다. 국외입양은 1954년 우리정부가 사회부 산하에 설립한 국외입양 전담기관을 통해 혼혈전쟁고아들을 대상으로 하여 이루어지기 시작하였다. 한국전쟁에서 고아, 혼혈아를 미국의 홀트부부가 혼혈아 8명을 입양한 것이 계기가 되었다.

우리나라는 1971년 경제발전, 도시인구집중 미혼모 발생이 증가하자 해외입양이 증가되었지만, 1976년 국내입양특례법으로 해외입양이 억제되고, 입양부모 성을 따르도록 하였다. 1988년 올림픽 개최로 해외입양에 대한 해외언론 비난이 강해지자 해외입양 문제점이 지적되면서 입양쿼터제를 실시하게 되었다. 1994년 입양촉진및 절차에 관한 특례법에 의해 국내입양 증가되었고, 국외입양이 감소되었다. 2005년 법 개정을 통해 5월 11일을 입양의 날로 정하고 입양비용을 보조하는 근거를 마련하였다. 2011년 입양촉진 및 절차에 관한 특례법을 입양특례법으로 전부개정 후 입양숙려기간제 도입, 양부모자격 강화, 입양 시 가정법원의 허가, 국내입양활성화와 입양사후관리 등의 내용을 강화하였다. 2012년 2월 10일 민법 일반입양에 대해서 입양특례법 상 요보호 아동을 입양하려고 하는 경우에도 가정법원이 입양 허가여부를 판단하게 된다(입양특례법 제11조 제2항). 2016년 12월 29일 대법원규칙 일부개정을 통해 민법상 입양을 신청한 예비 양부모의 경우에도 법원이 실시하는 예비 양부모 교육을 이수할 의무를 부담하는 내용의 가사고송규칙이 개정되었다(가사소송규칙 제62조의9).

2022년부터 입양축하금 200만 원을 지급하고 매월 지급하는 입양아동 양육수당 지급수준도 월 15만 원에서 월 20만 원으로 올리는 등 국내 입양가정에 대한 지원을 확대하기로 했다. 과거 국외입양이 다수였지만, 2000년대 들어서며 국내입양 활성화 노력, 국외입양 상한제 시행 등으로 2007년부터 국내입양이 국외입양을 지속 상회하고 있다. 다만, 아직도 매년 200~300명의 아동이 국내에서 가정을 찾지 못해 국외로 입양되고 있다. 보건복지부는 보다 많은 입양대상 아동이 국외가 아닌 국내로 입양될 수 있도록, 국내 입양가정에 대한 지원을 확대하기로 했다. 2022년부터 출산 시 '첫만남꾸러미'가 지급되는 것과 동일하게 '입양=출산'이라는 인식 확산 및 아동 양육 초기 부담 완화를 위해 입양 시 200만 원의 입양축하금을 지급하기로 했다. 입양축하금은 입양 확정일이 2022년 1월 1일 이후인 입양아동에게 지급된다. 또 지난 10여 년간 동결됐던 입양아동 양육수당도 월 15만 원에서 월 20만 원으로 인상한다. 이에 따라 국내 입양가정은 월 20만 원의 입양아동 양육수당과 의료급여 1종을 지원받고, 장애아동의 경우에는 장애아동 양육보조금과 의료비를 추가로 지원받는다. 기존에 수급 중인 입양가정은 별도 신청 없이 인상된 금액으로 지급된다.

더불어 입양가정의 조속한 상호적응과 안정적 정착을 위해 2021년부터 추진하고 있는 심리정서 지원사업을 확대하고, 입양가정에 대한 통합서비스 지원사업도 내실 있게 운영하는 등 입양가정에 대한 서비스를 강화할 예정이다. 이와 더불어 국내 입양가족이 다른 입양가족들과 교류하며 어울릴 수 있는 자조모임 지원사업도 지속해 나갈 계획이다.

## 2) 입양의 구성요소

### (1) 입양아동

입양특례법에 따른 양자가 될 자격은 다음과 같다. 보호자로부터 이탈된 사람으로서 특별시장 · 광역시장 · 도지사 및 특별자치도지사 또는 시장 · 군수 · 구청장이 부양의무자를 확인할 수 없어 국민기초생활 보장법에 따른 보장시설에 보호의뢰한 사람, 부모(부모가 사망이나 그 밖의 사유로 동의할 수 없는 경우에는 다른 직계존속을 말한다) 또는 후견인이 입양에 동의하여 보장시설 또는 입양기관에 보호의뢰한 사람, 법원에 의하여 친권상실의 선고를 받은 사람의 자녀로서 시 · 도지사 또는 시장 · 군수 · 구청장이 보장시설에 보호의뢰한 사람, 그 밖에 부양의무자를 알 수 없는 경우로서 시 · 도지사 또는 시장 · 군수 · 구청장이 보장시설에 보호의뢰한 사람 등이다.

### (2) 입양부모

아동을 입양하고자 하는 부모는 입양 동기에 따라 두 가지의 유형으로 분류된다. 먼저 불임 또는 전통적 입양부모로 생물학적 방법으로는 가질 수 없는 아동을 입양을 통해 얻고자 하는 부모이다. 이들은 사회적 또는 인도주의적 이유보다는 개인적 이유로 입양하고 대체로 건강한 아동을 원하는 경향이 있다. 두 번째로 선택적 입양부모로, 아이를 낳을 수는 있으나 가족원을 입양을 통해 늘리고자 선택하는 부모이다. 이들은 일반적으로 개인적이기보다는 아동복지적 또는 인도주의적 동기를 갖고 입양한다. 또한 이 부모들은 자신들과 다른 인종집단의 아동, 연장 아동 또는 정서적 문제를 갖고 있는 아동과 같은 특수한 욕구를 가진 아동을 양육하는 데 관심을 갖는 경향이 있다(Kadushin & Martin, 1988).

입양기관에서는 입양부모가 입양 신청을 하게 되면 신체적 안정성, 정서적 안정성, 경제적 안정성과 결혼관계의 안정성 등을 평가하여 양부모가 될 자격을 검토한다. 입양특례법에 따른 양친이 될 자격은 다음과 같다. 양자를 부양하기에 충분한 재산이 있을 것, 양자에 대하여 종교의 자유를 인정하고 사회의 구성원으로서 그에 상응하는 양육과 교육을 할 수 있을 것, 아동학대 · 가정폭력 · 성폭력 · 마약 등의 범죄나 알코올 등 약물중독의 경력이 없을 것, 대한민국 국민이 아닌 경우 해당 국가의 법에 따라 양친이 될 수 있는 자격이 있을 것, 양자가 될 아동이 복리에 반하는 직업이나 그 밖에 인권침해의 우려가 있는 직업에 종사하지 아니하여야 할 것, 그

밖에 양자로 될 자의 복지를 위하여 필요한 요건을 갖출 것(25세 이상으로서 양자가 될 자와의 연령차이가 60세 이내인 자)이다.

#### (3) 친부모

입양 대상 아동의 친부모는 아동에 대한 친권 포기를 자발적 또는 비자발적으로 할 수 있다. 친부모가 친자녀의 입양을 위해 자발적으로 친권을 포기하는 원인은 경제적 빈곤, 이혼 · 별거로 야기된 가족해체 · 가정결손, 미혼모, 사망 등이며, 친권을 박탈당하는 경우는 아동을 심각하게 학대, 유기하는 경우이다. 뿐만 아니라 가정교육 미비, 성교육 및 성지식의 미비, 자녀교육 무지, 가치관 변화, 도덕성문란 등도 그 이유가 되고 있다.

### 3) 입양가정 아동의 현황

#### (1) 입양아동 현황

보건복지부 2020년 입양통계를 살펴보면 2012년에는 1천880명에 달했지만 이후 2014년 1천172명, 2016년 880명, 2018년 681명으로 지속적인 감소세를 보이고 있다. 2020년 입양규모는 총 492명으로 국내 입양이 260명(52.9%) 국외 입양이 232명(47.1%)으로 나타났다. 국내 입양만 놓고 보면 여아의 비중이 65.4%로 높고, 연령별로는 3개월~1세 미만 아동이 60.4%로 가장 많이 나타났다. 반면, 국외 입양은 남아 비중이 82.8%로 높고, 연령별로는 1~3세 미만이 전체의 97.0%를 차지했다. 입양국가별 해외입양 현황을 살펴보면 미국이 156명(67.2%)으로 가장 많았고 그 다음으로는 캐나다 19명(8.2%), 스웨덴 18명(7.8%), 호주 17명(7.3%) 등의 순이었다.

### (2) 입양기관 현황

① 아동권리보장원

입양특례법과 아동복지법에 따라 아동권리보장원은 국내입양 활성화 및 사후관리업무 업무로서 입양아동 · 가족정보 및 친가족 찾기에 필요한 통합데이터베이스 운영, 입양아동의 데이터베이스 구축 및 연계, 국내외 입양정책 및 서비스에 관한 조사 · 연구, 입양 관련 국제협력 업무를 담당한다.

② 입양기관

입양기관은 국내외 입양기관인 홀트아동복지회, 동방사회복지회, 대한사회복지회, 국내입양전문기관인 성가정입양원, 16개 국내입양지정기관, 입양업무는 종료하고 사후관리서비스만 제공하고 있는 한국사회봉사회 등 총 21개 입양기관이 있다.

③ 한국입양홍보회

한국입양홍보회는 입양가족이 회원으로 구성된 입양가족단체로 입양가족을 위한 입양홍보사업, 입양가정지원사업, 교육 및 연구사업, 입양가족 자조모임 운영, 상담 등의 사업을 전개하고 있다. 또한 인터넷 사이트(http://www.mpak.co.kr) 및 정기모임을 통해 예비 입양부모, 입양부모, 연장아동 입양부모 등이 입양으로 겪는 다양한 어려움을 상담해 주고 있다.

### (3) 입양기관의 운영 및 관리

① 입양기관 운영지원의 목적 및 내용

국내입양을 활성화하기 위해 국내입양기관의 상담원 인건비 및 운영비를 지원하고 있다. 각 시 · 도 및 시 · 군 · 구는 입양기관 운영지원 예산을 확보하여 입양기관에 대한 점검 · 평가 · 분석을 통해 국내입양 활성화를 유도해야 하고, 지역적 여건을 감안하여 입양기관을 적극 발굴(아동복지시설 등)하여 허가해야 한다. 각 시·도에서는 월별로 입양실적을 보고받고, 분기별로 지도·점검을 실시해야 하며, 입양기관과 협력하여 국내입양 활성화를 위하여 지역언론·유선 TV 자막방송·반상회·캠페인·홍보물제작 배포 등을 통한 홍보를 강화히도록 하였다.

### ② 입양정보통합관리시스템 구축·운영

국내·외 입양인 및 입양대상아동에 관한 One-Stop 정보 제공하고 국내입양 활성화를 위한 입양 모니터링시스템을 운영하고 있다. 운영기관은 중앙입양정보원으로 기존 입양관련 시스템을 통합 구축하고 있다. 여기에 입양대상아동통합관리시스템과 입양인검색시스템을 통합 및 등록·검색·조치 기능을 추가하였다. 예비양부모 및 아동의 정보 공유 활성화, 예비양부모의 입양아동 검색 접근 용이(전국 단위 서비스 가능), 입양대상아동의 정보 확대 및 세부 공유 지침을 통해 국내입양 촉진, 뿌리찾기시스템 창구 일원화를 통한 국내·외 뿌리찾기 활성화, 입양정보 검색이 용이할 수 있도록 관련 세부정보 수록, 친가족 정보 및 입양인 정보 수록, 관련 유사정보 매칭 검색 서비스를 제공하고 있다.

### ③ 입양가족단체 지원

입양가족이 회원으로 구성된 사단법인 한국입양홍보회 등 입양가족단체에서 실시하는 입양가족 모임·교육·입양 홍보 등에 재정적·행정적으로 적극 지원하고 있다.

### ④ 지방자지난제의 책임

지방자치단체는 태어난 가정에서 아동이 건전하게 양육될 수 있도록 지원하고 태어난 가정에서 양육이 곤란한 아동에게는 건전하게 양육될 수 있는 다른 가정을 제공하기 위하여 필요한 조치와 지원을 하여야 한다. 지방자치단체는 보호가 필요한 아동의 입양 활성화 및 입양 후 가정생활의 원만한 적응을 위하여 다음 각호의 사항을 실시하여야 한다. 입양정책의 수립 및 시행, 입양에 관한 실태조사 및 연구, 입양 및 사후관리 절차의 구축 및 운영, 입양 및 가족 지원, 입양 후 원만한 적응을 위한 상담 및 사회복지서비스 제공, 입양에 대한 교육 및 홍보, 입양 모범사례 발굴 등이다. 또한 지방자치단체는 입양의 날(5월 11일) 및 입양주간(5월 11일~17일)에 적합한 행사를 실시하여야 한다.

## 4) 입양아동을 위한 복지서비스 현황

### (1) 기본방향

입양서비스의 기본방향은 다음과 같다. 태어난 가정에서 양육하기 어려운 경우 아동의 최상의 이익을 위하여 시설보호보다는 입양·가정 위탁 등 가정보호를 지원하여야 한다. 또한 국내입양을 우선으로 하며 국외입양은 차선책으로 추진한다. 그리고 입양가정 및 아동에 대한 사례관리를 강화하고, 입양가정에 대해 경제적·제도적 지원을 통한 국내입양 활성화를 도모한다. 특히 혈연중심의 가족문화, 비밀입양문화개선을 위한 대국민 홍보를 강화해야 한다.

### (2) 아동입양 양육보조수당 및 의료비, 교육비의 면제 및 지원

입양특례법상 허가를 받은 입양기관에 의하여 국내입양하고 양육수당을 신청한 경우 아동이 만 13세가 될 때까지 입양아동 양육수당을 지원하고 있다. 그리고 장애아동 양육보조금 및 의료비 지원를 받으며, 진료, 상담, 재활 등 치료에 소요되는 비용을 지원받고, 장애인보조기구에 대한 의료비 청구도 가능하다. 의료급여법에 의거 입양특례법에 의하여 국내에 입양된 18세 미만 아동을 대상으로 1종 의료급여를 실시하고 있다. 입양아동으로서 고등학교 재학생 또는 입학생에게 고등학교 수업료 및 입학금을 면제하고 있다.

#### (3) 입양비용 지원

보건복지부는 2022년부터 입양축하금 200만 원을 지급하고, 매월 지급하는 입양아동 양육수당 지급 수준을 인상(2021년 월 15만 원, 2022년 월 20만 원)하는 등, 국내 입양가정에 대한 지원을 확대하고 있다.

#### (4) 입양 절차

입양 절차는 온가족이 입양에 동의하기 → 입양상담 및 서류접수 → 입양부모교육 이수 → 가정방문조사 → 아동선정 → 입양성립 → 사후관리로 구성된다.

### 5) 입양가정 아동을 위한 복지대책

우리나라 입양의 전반적 문제는 혈연중심의 가족제도, 연장 아동이나 신체 · 정서장애아동 기피현상, 입양에 대한 개념이나 법적 규정의 미약 등에 기인한다. 그러므로 국내입양 활성화와 입양서비스 개선을 위한 노력이 필요하다. 이를 위해서는 장기적이고 체계적인 입양사업을 위한 정부지원의 확대, 입양과 관련된 법규의 정비, 입양사업에 대한 홍보활동의 강화, 입양기관의 전문적인 자질향상을 위한 교육 · 훈련강화, 입양 후 사후관리를 위한 대책강화, 남성중심 유교문화 잔재에 따른 혈연중심의 가족문화와 비밀입양주의, 유산상속 및 가계계승문제 등의 입양문화 개선, 입양에 대한 사회적 편견을 해소하고 입양도 가족구성원의 한 방법이라는 사실을 인정하는 사회분위기 조성 및 국민의식의 개선 등이 필요하다.

#### (1) 사회적 보호가 필요한 아동을 위한 배치방법의 체계화

보호아동의 발달권 보장과 가정생활을 할 권리 보장을 위한 배치결정이 이루어져야 한다. 그리고 보호아동이 특성과 욕구를 고려한 맞춤형 배치결정을 위해 배치위원회가 운영되어야 한다. 아동배치 후 배치모니터링을 통해 아동에 대한 사례관리서비스가 제공되어야 한다. 친가정 복귀 강화 및 영구적 배치계획을 수립하여야 한다.

### (2) 미혼모부자 복지서비스 강화

2022년 여성가족부에서는 혼인기록이 없고 사실혼 관계가 아닌 재가(在家) 미혼모 · 부자를 지원대상으로 시설입소자(보장시설수급자) 제외로 출산 및 양육지원, 친자검사비지원, 교육문화프로그램자조모임 등을 지원한다.

임신, 출산과 관련된 치료비 지불에 사용할 수 있도록 이용권(국민행복카드) 제공으로 임신 1회당 60만 원(다태아 임산부 경우 100만 원), 청소년 산모(만 18세 이하)의 경우 120만 원을 추가지원하고 생후 1년 이내 영유아에 대한 진료 및 처방에 의한 약제 · 치료 재료 구입(약국 포함) 사용 가능하다.

### (3) 입양아동을 위한 복지서비스의 강화

입양을 활성화하기 위해서는 입양아동의 특성과 욕구에 따라 양육비가 차등지원되어야 한다. 현재 심리 · 정서적으로 어려움을 겪고 있는 위탁아동과 입양아동을 위한 심리치료서비스가 제공되고 있는데, 향후 지속적으로 제공될 필요가 있다. 입양아동의 발달단계에 맞추어 본인이 입양된 사실에 대해 이해하면서, 자아정체감을 잘 형성할 수 있도록 입양됨에 대한 교육 프로그램 제공이 필요하다. 입양아동 자조집단을 형성하여 자신이 겪는 어려움을 선배입양아동이나 또래입양아동과 함께 고민하고 해결할 수 있도록 도울 필요가 있다.

### (4) 입양부모 상담 및 교육서비스의 강화

입양아동의 양육의 질은 입양부모의 역할수행과 자질에 의해 결정되는 만큼, 위탁부모와 입양부모에 대한 부모교육이 보다 철저하게 제공되어야 한다. 예비사전교육은 입양부모로서의 기본적인 역량을 키우는 데 목적이 있으므로 교육의 시간을 확대하고 교육과정을 정교화할 필요가 있다. 입양사전교육은 현재의 일회성 교육 중심에서 훈련과정으로 입양부모로서의 적합성과 자질을 검증하고 키우는 기회로 변화되어야 한다. 그러므로 사전교육, 보수교육, 특별 · 전문교육 등 교육프로그램이 체계화되어야 한다. 그리고, 입양가족 생애주기에 따른 상담 및 입양부모 역량강화 프로그램이 제공되어야 한다. 입양 전후 입양가정의 적응을 도울 수 있는 상담서비스가 제공되어야 하며, 다양한 문제에 대처할 수 있도록 입양부모 가이드북 등의 개발이 중요하다.

### (5) 사후관리 서비스의 강화

사후관리는 입양의 최종적 성공 여부에 매우 중요하다. 현행 입양특례법에 따르면, 입양 후 사후관리로 입양기관에서는 입양 후 1년 동안 입양가정을 방문한 후 입양후가정조사보고서를 제출하도록 하고 있다.

### (6) 입양문화 조성

입양정책의 수립과 시행, 입양에 관한 실태조사 및 연구, 입양 및 사후관리 절차의 구축과 운영, 입양 및 가족지원, 입양 후 원만한 적응을 위한 상담 및 사회복지서비스 제공, 입양에 대한 교육 및 홍보, 입양 모범사례 발굴 등이 필요하다.

# 2 가정위탁보호 아동

## 1) 가정위탁보호 아동의 개념 및 유형

### (1) 가정위탁보호의 개념 및 특성

가정위탁보호는 아동이 부모의 사망이나 재혼, 실직, 질병, 학대, 방임, 알코올중독, 약물중독, 수감 등 가정 내·외의 다양한 요인으로 인하여 친가정에서 정상적으로 일시적, 장기적으로 친부모가 아동을 양육할 수 없거나 양육하기에 부적절할 때, 계획된 기간 동안 아동에게 주어지는 대리가정에서 아동을 안전하게 보호, 양육하는 아동·가족복지서비스를 의미한다. 자신의 가정에서 적절한 보호를 받을 수 없는 아동을 건전한 가정에 위탁하여 일정기간 양육한 후 친가정으로 돌려보내는 일시적·포괄적 서비스이기 때문에 위탁가정은 아동에 대한 법적 권리나 책임이 없고, 단기보호가 목적이다. 과거 전통사회에서는 수양제도인 것이 현대사회에서는 가정위탁인 것이다. 특히 보호대상아동이 발생할 때 가정보호를 우선하도록 하며 2세 미만의 영아의 경우는 가정보호를 우선적으로 실시하여야 한다.

가정위탁보호의 특성은 첫째, 아동의 출생가정이 아닌 타 가정에 의해서 주어지는 보호이다. 둘째, 계획된 기간의 설정이 필요한데, 이는 영구보호가 아니라는 것을 의미한다. 셋째, 위탁부모는 친부모나 법적 후견인 내지 보호자에 의해 아동의 양육을 일정 기간 위임받은 사람으로, 설정된 위탁 기간 동안만 위탁아동의 삶에 대한 총체적 책임을 지며, 위탁 기간이 종료되면 모든 권한은 소멸된다. 마지막으로 사회복지기관에 의해서 마련되어 전문적으로 개입하는 보호이다.

### (2) 가정위탁보호 대상아동

아동복지법과 유엔 아동권리협약에 근거한 가정위탁보호 아동의 대상은 보호자가 없거나 보호자로부터 이탈된 아동, 보호자가 학대하는 아동 등 보호자가 아동을 양육하기에 적당하지 않거나 양육할 능력이 없는 상태의 아동을 말한다. 또한 소년소녀가정 아동으로 시설에 입소되지 않고 독립적인 가구를 구성하면서 생활하는 상황의 아동, 시설생활 부적응 아동 등이 주요 대상이 된다. 반면 가정위탁이 어려운 아동은 아동이 지역사회에서 인정될 수 없는 행동문제를 가지고 있는 경우, 아동이 자신의 가족구성원의 삶에 위험이 될 수 있는 문제를 가지고 있는 경우, 아동의 장애가 그 가정이나 지역사회가 제공할 수 없는 특수한 보호나 훈련이 요구되는 경우, 본래의 아동부모가 가정위탁에 반대하고 그 반대가 아동의 위탁가정에 파괴적인 요인이 있다고 판단될 경우, 위탁가정에 생길 수 있는 부모에 대한 영상과 자기본래 부모에 대한 영상이 분리됨으로써 혼란이 일어날 위험이 있는 경우, 많은 아동들 사이에 아동을 두는 것도 좋지만 그와 같은 상황이 있는 가정을 찾기 어려운 경우, 매우 짧은 기간 동안 대리적 보호가 필요한 경우 등이다.

### (3) 가정위탁보호의 유형

아동복지법에 따른 가정위탁보호의 유형은 위탁부모의 특성에 따라 대리양육가정, 친인척에 의한 위탁가정, 일반 위탁가정으로 분류하고 있다. 대리양육가정은 친조부모나 외조부모가 위탁아동을 양육하는 경우를 말한다. 부모가 아닌 부양 의무자에 의한 양육을 의미하며 생활 능력이 없는 조부모가 아동을 양육하는 경우, 아동의 보호를 위하여 대리양육가정으로 선정하고 아동양육을 위한 양육비를 지원할 수 있다. 친인척에 의한 위탁가정은 친조부모나 외조부모를 제외한 친인척이 위탁아동을 양육하는 경우를 말한다. 친인척위탁은 큰아버지, 이모 등 부양 의무자가 아닌 친인척이 아동을 양육하는 경우로서 친인척의 경제적인 능력에 관계없이 위탁아동 친부모의 경제적인 형편에 따라 위탁아동으로 선정하여 양육할 수 있다. 일반인에 의한 위탁가정은 위탁아동과 혈연관계가 없는 일반인이 위탁아동을 양육하는 경우를 말한다. 아동과 위탁부모 간의 관계와 상호 부합정도가 위탁가정의 선정과 성공적인 가정위탁을 위해 중요하다.

그 외에도 유무료가정위탁, 특수가정위탁, 전문가정위탁, 치료적 가정위탁 등이 있는데 무료위탁가정은 한국수양부모협회 회원의 가정이며, 유료위탁가정은 대가를 지불하며 가장 많이 활용된다. 고용위탁가정도 있는데, 도제제도처럼 양육과 관련된 기술을 제공하는 경우도 있다. 그리고 특수위탁가정은 장애아동을 위탁하는데 주로 유료이다. 전문화된 가정위탁은 AIDS를 앓고 있는 아동, 의료적으로 다른 복합문제가 있는 아동, 발달장애문제 아동, 성학대를 당한 아동들, 자립을 준비하고 있는 청소년, 영아를 돌보는 10대 미혼모 등을 위탁하는 유형이고, 치료적 가정위탁은 특정 행동상의 장애가 있거나 정서장애가 있는 아동을 위탁하는 유형이다. 미국의 경우는 일반가정위탁(general foster care), 친인척 가정위탁(kinship foster care), 전문화된 가정위탁(specialized foster care), 치료적 가정위탁(treatment foster care)으로 분류된다.

### (4) 가정위탁보호제도의 배경

우리나라에서는 1990년 최초로 가정위탁전문 비영리사단법인이 보건복지부의 인가를 받아서 가정해체, 학대, 방임 등의 이유로 유기되고 버려져 보호가 필요한 아동이 시설에 수용되거나 해외에 입양되는 것을 지양하고 일반가정에 위탁되어 양육되도록 도와주는 무료가정위탁업무를 실시하게 되었다. 1990년 후반에 들어와서 소년소녀가장제도와 시설보호에 대한 비판이 생기면서 정부에서는 보호가 필요한 아동의 보호방법을 시설보호나 소년소녀가정 세대의 보호형태에서 그룹홈이나 가정위탁보호형태로 전환하였다. 1999년 가정위탁보호사업과 관련된 법적근거가 마련되었고, 2000년 가정위탁양육보조금 지원이 시작되었으며, 2002년 친인척과 동거하는 소년소녀가정을 친인척위탁가정으로 분류하여 지원하였다. 2003년 가정위탁지원센터를 전국 확대(16개 시도, 총 17개소) 설치 · 운영하였고, 2004년 7월에 중앙가정위탁지원센터가 설치되었다.

2005년 7월, 아동복지법의 가정위탁보호의 법적 근거규정의 일부 개정을 통하여 본격적인 가정위탁지원이 실시되었으며, 2006년부터 가정위탁아동 상해보험료를 지원하였고, 2010년 1월에는 입양 및 가정위탁 아동에 대한 심리치료비 지원이 이루어졌다. 2012년에는 전국 16개 광역시도에 17개소 가정위탁지원센터를 설치 운영하면서 위탁가정을 발굴하고 위탁부모교육 등 다양한 가정위탁지원서비스를 제공하고 있다. 아동복지법(2022.7.1. 시행) 제48조 가정위탁지원센터 설치 등 가정위탁지원센터의 설치기준과 운영, 상담원 등 직원의 자격과 배치 기준, 제4항에 따른 지정의 요건 등에 필요한 사항은 대통령령으로 정하였다.

2020년부터 아동권리보장원에서 총괄하고 있다.

## 2) 가정위탁아동의 현황

### (1) 가정위탁보호 현황

2021년 보호가 필요한 아동의 보호 방법에 따른 배치율을 살펴보면, 전체 3,437명 중 63.5%인 2,183명이 시설보호로, 34.3%인 1,179명은 가정위탁보호로, 2.2%인 75명은 입양이 이루어졌다(통계청, 2022).

### (2) 가정위탁관련 기관현황

#### ① 읍 · 면 · 동 주민센터

읍면동 주민센터에서는 대상아동 상담 및 아동 가정조사, 조사 실시 후 아동보호신청자 가정조사서, 보호대상 아동조사서, 아동카드, 동의서를 작성하여 시 · 군 · 구에 제출한다. 가정위탁아동 및 부모에 대한 조사는 가정위탁지원센터의 협조를 받아 실시할 수 있다.

### ② 기초 시 · 군 · 구

시군구에서는 아동보호신청서, 아동보호신청자 가정조사서, 보호대상아동조사서, 아동카드, 동의서를 제출 받아 검토하여 가정위탁보호를 결정한다. 보호가 필요한 아동 발생 시 상담 · 지도 후 우선 가정위탁지원센터에 의뢰 등 필요한 조치를 하고 적합하지 아니한 자에 대하여는 아동복지시설 입소 등 보호 조치한다.

### ③ 가정위탁지원센터

아동권리보장원과 18개 가정위탁지원센터가 설치 · 운영되고 있으며, 각 기관별 구체적 기능은 다음과 같다.

❖ **표 12-1** 가정위탁지원센터의 기능

| 분류 | 기능 |
|---|---|
| 아동권리보장원 | • 가정위탁지원센터에 대한 지원<br>• 효과적인 가정위탁사업을 위한 연계체계 구축<br>• 가정위탁사업과 관련된 연구 및 자료발간<br>• 가정위탁사업을 위한 프로그램의 개발 및 평가<br>• 상담원에 대한 교육 등 가정위탁에 관한 교육 및 홍보<br>• 가정위탁사업을 위한 정보기반 구축 및 정보제공<br>• 가정위탁센터에 대한 평가<br>• 가정위탁통합전산시스템의 운영<br>• 가정위탁아동에 대한 기업 단체 등의 후원 장려 및 연계 |
| 가정위탁<br>지원센터 | • 가정위탁사업의 홍보 및 위탁가정의 발굴<br>• 가정위탁을 하고자 하는 가정에 대한 조사 및 가정위탁 대상 아동에 대한 상담<br>• 가정위탁을 하고자 하는 사람과 위탁가정 부모에 대한 교육<br>• 위탁가정의 사례관리<br>• 친부모 가정으로의 복귀 지원<br>• 가정위탁 아동의 자립계획 및 사례관리<br>• 관할 구역 내 가정위탁 관련 정보 제공<br>• 관할 구역의 가정위탁 아동에 대한 지역사회의 후원 장려 및 연계 |

출처: 보건복지부(2022). 아동복지사업안내.

④ 한국수양부모협회

한국수양부모협회는 가정에서 수양딸, 수양아들을 키우던 한국의 역사와 전통을 이어 가자는 목적으로 1998년 4월 4일 설립되어 현재까지 약 3,000여 명의 보호가 필요한 아동이 위탁가정에서 양육되는 것을 지원해 왔다. 현재 한국수양부모협회에서는 위탁가정 및 위탁아동상담사업, 위탁부모교육사업, 가정위탁홍보사업 등을 실시하고 있다.

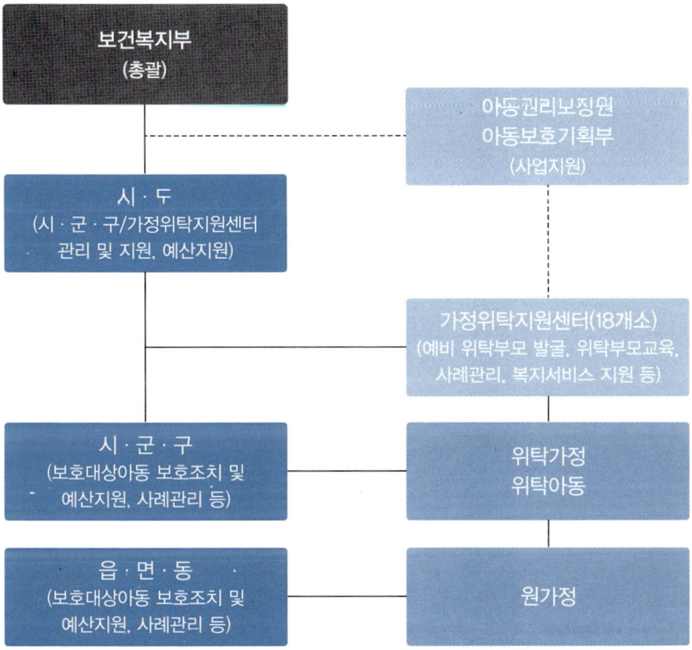


그림 12-1 가정위탁사업 업무 흐름도

출처: 아동권리보장원 홈페이지(2022).

### (3) 가정위탁지원센터 종사자

가정위탁지원센터의 종사자는 가정위탁지원 센터의 장, 상담원, 임상심리치료선

문인력, 자립지원전담요원이 있다. 자격기준으로는 가정위탁지원센터의 소장은 아동복지법 시행령에 근거하여 아동복지시설 시설장의 자격기준과 동일하다. 가정위탁지원센터의 상담원의 자격기준은 사회복지사 1급 자격을 가진 자 또는 대학에서 심리학(복지심리학을 포함한다)을 전공하였거나 보건복지부령이 정하는 아동복지 또는 사회복지 관련 교과목을 이수한 자이다. 이와 별도로 가정위탁지원센터 상담원이 되기 위해서는 기본교육 30시간, 전문교육 70시간의 교육과정을 거쳐야 한다.

### 3) 가정위탁보호서비스의 절차

#### (1) 위탁부모의 모집, 선정과 교육

위탁부모는 경제상태, 연령, 교육정도, 취업, 위탁동기, 가정위탁사업에 대한 이해도, 위탁부모의 태도, 책임감 및 인격 등이 포함된다. 가정위탁을 희망하는 사람은 반드시 기본 4시간의 위탁부모 양성교육을 이수한다. 다만, 대리양육가정 및 친인척 위탁가정의 경우에는 가정위탁 후 6개월 이내 교육을 이수하도록 하고 있다. 그리고 일반위탁부모, 대리양육, 친인척 위탁부모는 매년 4시간 이상의 보수교육을 받아야 한다.

위탁가정이 되기 위한 기본요건은 위탁아동과 동거할 것, 위탁받고자 하는 자 및 그 가족에게 범죄, 가정폭력, 아동학대, 알콜 · 약물중독 등의 전력이 없을 것, 위탁가정으로 적합한지 여부를 가정조사 시 이웃 등을 통해 확인, 가정위탁에 필요한 교육을 이수할 것 등이다. 특히 일반인 위탁가정의 경우에는 위탁부모가 혼인관계를 유지하고 있으며 위탁아동을 부양함에 충분한 재산이 있을 것, 위탁아동에 대하여 종교의 자유를 인정하고 사회의 일원으로서 그에 상응한 양육과 교육을 할 수 있을 것, 가정이 화목하고 정신적 · 신체적으로 위탁아동을 양육함에 현저한 장애가 없을 것, 공립아동상담소 또는 이웃주민 2인 이상의 추천을 받을 것, 위탁 받는 자의 나이가 25세 이상으로서 위탁아동과의 연령차이가 60세 미만일 것, 위탁가정의 아동은 자신의 자녀를 포함 4인을 넘지 않을 것(18세 이상 친자녀는 자녀 수에서 제외), 가정에 성범죄, 가정폭력, 아동학대, 정신질환 등의 전력이 있는 사람이 없을 것 등의 조건이 필요하다.

아동의 특성을 고려하지 않은 위탁가정선정은 위탁가정이 빈번히 바뀌는 요인이 될 수 있기 때문에 처음 위탁가정을 선정할 때 중요한 기준을 가지고 선정해야 한다. 아동이 머물고 있는 위탁가정 내에서 학대와 방임이 발생하는 경우가 있기 때문에 국가나 사회에서는 지속적인 위탁가정의 보수교육과 함께 가정위탁의 사례관리가 체계적으로 이루어질 수 있도록 감독이 이루어져야 한다.

### (2) 위탁아동의 선정

위탁아동은 친부모 또는 아동복지 관련 기관으로부터 의뢰되며, 대개 방임, 학대, 유기된 아동이다. 위탁보호가 의뢰되면, 아동과 친부모에 대한 심리적 · 환경적 특성을 파악해야 하며, 이때 개별면접 및 집단면접 방법을 적용할 수 있으며, 가족 이외의 친척과 보호 및 교육기관으로부터도 정보를 입수하여 활용하게 된다. 현재 우리나라에서는 시 · 도 및 시 · 군 · 구 등 행정기관이 위탁 대상 아동이 발생하면 기초생활 수급자로 책정하고 해당 가정위탁지원센터로 통보하여 적합한 위탁가정을 연계하도록 하고 있다.

### (3) 위탁아동의 배치

올바른 위탁가정의 발굴은 위탁보호 성공의 기본이 된다. 부적절한 배치는 위탁아동의 가출, 거짓말, 도벽, 행동이상 등의 문제행동을 야기할 수도 있고, 아동의 건전한 인격 성장에도 많은 장애를 초래할 수 있다. 결론적으로 아동의 안전과 안정의 욕구를 잘 충족시켜 주는 위탁가정과, 이러한 욕구를 충족시켜 주기 위한 충분한 자격을 지닌 위탁부모에게 위탁아동과 친부모 및 가정환경적 특성을 고려하여 배치하여야 한다. 이때 위탁부모의 자격을 심사한 후, 위탁가정 구성원 모두의 동의를 받는다. 왜냐하면 위탁보호가 성공적으로 이루어지기 위해서는 위탁가정 전체의 이해와 협조가 필요하기 때문이다. 동의가 끝나면 배치를 한다.

### (4) 위탁보호아동 지원서비스

가정위탁아동은 아동복지법, 국민기초생활보장법, 의료급여법에 의해 복지서비스를 제공받고 있다. 즉 국민기초생활보장법에 의해 생계, 의료, 교육 등의 급여를 받고 있으며, 양육보조금과 후유장애, 입원·통원 의료비 등이 보장받을 수 있는 상해보험료를 지원하고, 심리정서치료비, 심리검사비, 교통비 등을 지원하고 있다. 건설교통부에서 대리양육, 친인척 위탁가정에 임차전용면적 85㎡ 이하의 주택전세자금(7천만 원 이하)을 지원하고 있다. 위탁종결 시 아동복지시설 퇴소아동에 준하여 지방자치단체에서는 자립지원정착금을 지급하고 있으며, 위탁아동 대학진학 시에도 등록금으로 3백만 원 이상을 지원하도록 하고 있다. 이러한 경제적 지원 이외에 가정위탁지원센터에서는 위탁아동, 위탁부모, 친부모, 일반대상자에게 제공된 상담을 포함해 물품, 의료, 학습, 경제적 지원 등 직·간접적으로 다양하게 제공하고 있다. 정서적 후원으로는 후견인 지정(아동위원, 종교인, 여성지도자, 공무원, 가정위탁지원센터 상담원) 있으며, 후원프로그램(캠프, 나들이, 문화체험, 인터넷, 서신 교환) 등이 있다.

가정위탁 서비스의 원칙은 아동중심의 원칙, 원가족 보존의 원칙, 친인척가정 우선배치의 원칙, 적절성의 원칙, 연계성의 원칙, 전문성의 원칙 등이다.

### (5) 사후 관리

아동이 위탁되어 있는 동안 위탁 담당 사회복지사는 위탁된 아동의 양육 상황을 조사·점검하고 위탁아동, 친부모, 위탁부모 모두를 사후 관리해야 한다. 동시에 친부모에게도 당면한 문제를 해결할 수 있도록 적절한 도움을 주어야 한다. 현재 위탁보호가 필요한 아동 발생 시에 시·군·구는 아동카드를 세 부 작성하여 위탁부모, 가정위탁지원센터, 자치단체에 각 한 부씩 비치하여 관계공무원이 대리양육 또는 가정위탁보호에 관한 사후 지도상황과 그 아동에게 지급되는 금품의 급여상황을 기록해야 한다.

### (6) 위탁의 종결(해지) 및 원가정으로의 복귀

일반적으로 위탁가정은 원가정과 재결합, 위탁아동이 만 18세가 되는 시점, 계획된 위탁기간이 끝났을 경우에 종결된다. 다만, 위탁이 종결될 상황이 아님에도 불구하고 위탁가정의 개인적·가정적인 요인으로 종결을 요청하거나, 위탁아동이 위탁가정에 잘 적응하지 못하는 경우에도 종결할 수 있다. 친부모가 아동의 가정위탁을 종결 하고자 하는 경우 해당 시·군·구청장에게 아동 귀가 신청서를 제출해야 하며, 시·군·구청장은 가정위탁지원센터장의 의견을 들어 아동을 귀가하게 할 수 있다. 아동학대로 인해 가정위탁보호 중인 아동을 귀가 조치할 때 센터장은 아동보호전문기관으로부터 소견서를 송부받아야 한다. 형제, 자매가 한 가정에서 위탁보호를 받다가, 형제자매 중 1인이 18세 이후 위탁보호가 종료되는 경우, 동생은 계속해서 가정위탁보호가 유지되어야 한다. 또한 18세 이후 가정위탁이 종결되는 형제를 보호자로 친인척 위탁가정으로 책정하고자 할 시에는 양육을 지원해 줄 주변지원체계를 충분히 고려하여야 하며, 18세 이후 종결된 자가 민법상 성년이 아니더라도 위탁부모 자격이 있는 것으로 간주한다.

## 4) 가정위탁 아동을 위한 복지대책

### (1) 가정위탁 아동을 위한 복지정책 방향

#### ① 친부모 자립을 위한 지원

먼저 가정위탁 아동의 친가정 복귀를 위해 친부모가 자립할 수 있도록 경제적 지원, 직업훈련, 주거 환경 개선 등 다양한 복지서비스를 법적으로 명시하여야 한다. 그러나 친부모가 양육 의지가 없는 경우 예를 들자면 위탁한 후 부모가 행방불명되었거나, 방문, 전화, 편지 등의 소식이 일정한 기간 동안 없는 경우, 보호자가 아동에게 계속해서 해를 끼치는 경우에는 국가와 지방자치단체는 친권을 제한하고, 부모 권한을 대행할 수 있도록 하여야 한다. 더불어 위탁부모는 아동을 일시적으로 대리 양육해 주는 책임이 있으며, 위탁아동에 대한 법적 권한은 국가가 가져야 함을 명시할 필요도 있다. 두 번째로 위탁 아동이 성장하면서 자립할 수 있도록 자립지원에 관한 법적 근거를 마련하여야 한다. 미국의 경우 15세 이전부터 아동의 자립 준비를 위한 복지서비스를 제공하고 있으며, 14세 이상의 우리나라 위탁아동들도 구직 및 취업에 관한 정보, 진학에 관한 정보 등 자립서비스에 대한 욕구가 높은 것으로 나타났다.

#### ② 위탁아동 양육비 지원 확대

위탁아동 양육비를 현실적으로 확대하여야 한다. 현재 정부에서 지원하는 위탁아동(만 18세)에 양육보조금과 국민기초수급권에 의한 생계비를 현실에 맞게 향상 조정해야 한다. 또한 현재 위탁아동 양육비를 모든 위탁아동에게 동일하게 지원하고 있는데, 위탁아동의 연령과 욕구를 고려하여 차등 지급할 필요가 있으며, 생계비 이외에 의복비, 교통비, 과외활동비, 잡비 등도 추가적으로 지원하여야 한다.

위탁아동 양육보조금 30만 원, 대학입학금 3백만 원, 자립장학금, 직업훈련비 등을 지원하고 있다.

#### ③ 지역가정위탁지원센터의 확충 및 지역사회 네트워크 확충

2017년 기준 18개 중앙 및 지역가정위탁지원센터가 운영되고 있으나 지리적으로 넓게 분포되어 있는 지역이나, 사례 수가 많은 지역에는 추가로 지역가정위탁지원센터를 설치하여야 한다. 위탁아동과 위탁부모, 친부모의 다양한 욕구에 맞는 복지서비스를 제공하기 위해서는 지역사회에 있는 학교, 법률 기관, 보건기관, 상담 기관, 지역사회복지관, 아동복지시설 등과 연계할 필요가 있다.

#### ④ 가정위탁 사례관리 데이터베이스 구축

가정위탁 사례에 대한 실질적이고 효과적인 데이터베이스 구축과 운영을 통해 위탁아동의 선정과 배치, 사후 관리 등 위탁아동에 대한 정보를 공유하고, 사례관리의 질을 높일 수 있다. 미국의 경우 입양과 위탁아동에 대한 국가적인 데이터베이스 시스템인 Adoption and Foster Care Analysis and Reporting System(AFCARS)을 운영하여, 위탁아동과 입양아동을 사례관리하고 있다. 사회적 보호가 필요한 아동에 대한 데이터베이스는 위탁아동뿐만 아니라 학대아동, 입양아동, 시설보호 아동 등을 모두 통합하여 운영되어야 한다.

#### ⑤ 가정위탁지원센터 상담원의 인력 관리 개선

위탁아동, 위탁부모 및 친부모에게 양질의 복지서비스를 제공하기 위해서는 상담원의 역할이 중요하다. 따라서 우수한 상담원을 확보할 수 있도록 근무환경을 개선할 필요가 있으며, 특히 상담원 1인당 담당 위탁아동 수를 적정하게 유지하도록 하여야 한다. 가정위탁지원센터 상담원 1인당 배정된 사례 수에 비해 실제로 관리하고 있는 사례는 반 정도에 불과한 것으로 나타나, 상담원 충원이 절실히 필요하다. 영국이나 네덜란드의 경우는 1인당 적정 관리 인원을 50~60명으로 규정하고 있다.

### (2) 가정위탁아동을 위한 복지실천 방향[1)]

가정위탁사업이 활성화되기 위해서는 먼저 위탁아동은 친부모와의 분리, 학대와 방임과 같은 부정적 경험을 치료받을 수 있도록, 배치 후 일정 기간 동안 전문적 상담 · 치료서비스를 제공받아야 한다. 전문적 상담과 치료서비스를 통해 정신적 · 육체적 건강을 회복할 수 있고, 더불어 성공적 가정생활과 학교생활을 영위해 가도록 적절한 교육지원서비스, 의료, 치과 및 정신건강 서비스를 제공하여야 한다.

두 번째로 위탁부모 모집이 원활히 이루어져야 하므로, 신문과 방송, 가정위탁의 날 행사 등 다양한 홍보활동을 펼쳐야 한다. 더불어 성공적 위탁보호를 위해서는 위탁부모에 대한 철저한 교육이 필요하며, 특히 신체적 · 정신적 장애를 가진 아동을 위탁보호하기 위해서는 위탁부모가 전문적 지식과 기술을 갖추도록 지속적인 교육과 사후 관리가 필요하다. 또한 한국수양부모협회와 같은 위탁부모 자조집단의 활성화를 통해 위탁부모 상호 간의 정보 교류와 지지 · 협력체계를 구성할 수 있도록 하여야 한다. 부모교육 시간을 늘리고, 선진국에서 도입하고 있는 치료적 가정위탁(therapeutic foster care)제도를 도입할 필요가 있다. 즉, 평균 50시간 이상의 특수한 교육을 받은 치료적 위탁가정에서는 소년원에서 출소했거나 범죄, 알코올중독, 행동장애 등 다양한 문제가 있는 아동을 보호하게 된다.

마지막으로 친부모에게는 위탁아동과 재결합할 수 있도록 친가정의 문제를 해결하고, 자립할 수 있도록 직업훈련, 자활사업, 주거환경 개선 등의 자립지원 서비스를 제공할 필요가 있다. 현재 친부모에 대한 복지서비스가 제대로 이루어지지 않아서, 위탁아동이 친부모와 재결합한 후에 다시 위탁 의뢰되거나, 시설에 입소하는 사례가 빈번히 발생하고 있다. 게다가 위탁을 의뢰한 친부모가 위탁아동과의 재결합을 원할 경우, 기관에서는 원가정의 양육 환경이 부적절하다고 판단하여도, 아동의 귀가를 연기하거나, 사후서비스를 제공할 법적 근거가 없어서, 원가정과 재결합한 아동에 대한 사후 관리에 문제가 되고 있다. 또한 친부모가 가정위탁보호에 대한 이해가 부족하여 불쑥 위탁가정을 방문하거나 위탁아동을 만나는 등 위탁보호를 위협

1) 김성경 외(2013)의 내용을 참고하였음.

하는 행동을 하는 경우가 있으므로, 친부모에게도 위탁 기간 동안 위탁아동과의 접촉, 위탁부모와의 관계 등에 대한 정보와 교육을 제공할 필요가 있다.

#### (3) 위탁가정 문화 활성화

우리나라는 혈연중심의 문화로 인하여 가정위탁지원에 관한 국민들의 인식이 낮다. 국민들의 인식제고를 위한 홍보를 보다 적극적으로 하여야 한다. 위탁가정 선정과 관련한 현행 자격조건을 완화하여 일반위탁가정을 좀 더 폭넓게 발굴할 수 있어야 한다. 위탁가정에 대한 양육지원을 보다 현실화하여 아동 1인당 필요한 최소액을 정하고 아동의 특성과 상황에 따라 위탁 아동별로 차등 지급되는 방안을 마련해야 한다. 위탁 후 가정복귀를 위한 제도를 마련하여 친부모가 양육할 의지가 없거나 부적합한 경우에는 친권을 제한하거나 박탈하여 입양과 연결될 수 있도록 보다 적극적인 대처가 필요하다. 선진국의 경우처럼 위탁가정에 대한 유급 또는 무급 위탁휴가제도를 도입하여 위탁부모들이 재충전할 수 있는 기회를 마련해 주어야 한다. 아동을 위탁가정에 배치한 후 위탁가정의 적응상태를 정기적으로 평가하는 사후관리체계를 확립시킬 필요 있다.

## 3 시설보호 아동

### 1) 시설보호 아동의 개념 및 유형

#### (1) 아동의 시설보호 개념

시설보호사업은 혈연적으로 무관한 아동들이 혈연적으로 무관한 성인의 보호 아래 24시간 함께 거주함으로써 아동을 사회적으로 보호하는 아동복지사업이다. 시설보호사업은 입양사업, 가정위탁사업과 함께 부모가 자녀를 양육, 보호할 능력을 상실하였거나 그 역할을 회피할 때 시설에서 제공되는 대리보호사업이다. 시설보호사업의 목적은 시대에 따라 변화해 왔는데, 과거에는 사회적 보호가 필요한 아동을 장기적으로 집단수용하는 것이었다면, 현재에는 아동을 일시적으로 보호하면서 아동과 그 가족에게 치료서비스를 제공함으로써 아동을 가족으로 복귀시키는 것이다 (Kadushin & Martin, 1988).

모든 아동은 가정에서 성장, 발달하는 것이 가장 바람직하지만, 가정에서 성장할 수 없는 상황에 처해 있는 아동은 시설보호가 필요하다. 물론 시설보호를 제공하기 전에 원가정에서 아동이 성장할 수 있도록 원가정을 지원해 주는 복지서비스가 우선되어야 하며, 원가정이 아동을 보호할 수 있는 환경으로 회복될 때까지, 일정 기간 동안 타 가정에 아동을 위탁 보내는 것도 고려하여야 한다. 그리고 원가정에서 성장하는 것이 도저히 불가능할 경우에는 대리적 가정인 입양을 먼저 고려하여야 하며, 입양이 불가능할 경우에 시설에서 보호하도록 배치하여야 한다.

하지만, 아동보호시설의 가장 큰 문제는 친부모와 함께 살아가는 아동에 비하여 시설보호에서 성장한 아동이 제공받을 수 있는 것이 과연 아동의 발달에 긍정적인가 하는 것이다. 보다 다양하고 융통성 있는 가정형태의 아동보호시설로 발전하기 위해서는 아동의 요구에 부합되는 다양한 형태의 시설마련이 필요하다. 아동보호시설 서비스를 높이기 위해서는 지지, 보육, 격려와 신체적 안전 등이 필요하다.

### (2) 시설보호 아동 대상

2022년 시설보호아동이 자립을 충분히 준비할 수 있도록 보호가 종료되는 나이를 현행 만 18세에서 본인 의사에 따라 만 24세까지 연장할 수 있도록 제도화한다. 아동복지시설 등에서 보호 중인 아동은 만 18세가 되면 보호가 종료되며, 이른 시기에 홀로 삶을 꾸려가야 하는 어려움을 겪어왔다. 연간 그 수가 2,500명에 달한다. 정부는 아동이 '보호'에서 '자립'으로 이행하는 동안 국가의 보호를 받으면서 자립을 충분히 준비할 수 있도록 보호받을 권리를 보장한다는 방침이다.

보호를 연장하는 동안 대학진학, 취업 준비 등으로 시설에서 나와 거주하는 아동의 기초생활 보장을 위해 시설이 아닌 아동에게 생계급여를 직접 지급하는 방안도 검토키로 했다. 또한 엄격한 후견인지정 기준 · 절차 등으로 발생하는 보호 중인 미성년자의 법정대리권 공백문제를 막기 위해 후견제도 보완도 추진한다.

지자체가 법원에 친권상실, 제한을 적극적으로 청구할 수 있도록 법정 사유를 구체화하고, 사실상 친권 공백 상태의 보호아동을 위한 '공공후견인 제도'도 도입할 계획이다.

2022년 8월부터 자립수당(월 30만 원) 지급대상을 보호종료 3년 이내 아동에서 보호종료 5년 이내 아동으로 확대한다.

2022년부터 디딤씨앗통장 정부 매칭비율을 1:1에서 1:2로 확대하고, 지원한도도 월 5만원에서 10만원으로 확대한다. 또 초기 정착지원 강화를 위해 자립정착금 지원(지자체)을 단계적으로 확대(현재 500만 원 이상 권고)한다는 계획도 제시했다.

주거불안을 겪지 않도록 LH임대주택 공급을 확대하고, 군복무 등 불가피한 사정으로 퇴건한 경우 해당 기간은 보호종료 5년 이내에 불산입하도록 제도를 개선하다. 자립지원점담기관에 사례관리비를 지원해 보호종료아동의 상황과 지역 여건을 고려한 주거비, 심리상담, 취업 등 맞춤형 사례관리도 지원하다.

보호를 연장하는 동안 시설, 위탁가정 밖에서 거주하면서 자립을 준비할 수 있도록 LH임대주택 등 공공주거 지원대상에 보호연장아동을 포함하는 제도개선도 진행한다.

국가장학금과 근로장학금 지원을 강화하고, 행복기숙사 등의 기숙사 입소 확대도 함께 추진한다. 또한 보호종료아동의 특성을 반영한 취업지원을 위해 국민취업지원제도 특정계층 및 청년도전지원사업 지원대상에 보호종료아동을 포함하여 실제 취업까지 적극 지원 · 연계키로 했다. 보호부터 종료 후까지 심리상담 · 치료 지원사업을 확대하고, 보호아동 심리지원서비스 체계화 방안도 마련한다.

아울러 현행 아동복지법령 규정을 구체화하여 자립지원 업무의 법적 근거를 명확히 하는 과제를 추진한다는 계획이다. 또한 설문조사 결과를 토대로 '보호종료아동' 명칭을 '자립준비청년' 등으로 변경하는 과제도 추진한다.

### 2) 시설보호의 유형

아동복지시설의 유형은 다음과 같다.

❖ 표 12-2 아동복지시설의 유형

| 유 형 | 대상 및 서비스 내용 |
|---|---|
| 아동양육시설 | 보호대상아동을 입소시켜 보호, 양육 및 취업훈련, 자립지원 서비스 등을 제공하는 것을 목적으로 하는 시설 |
| 아동일시보호시설 | 보호대상아동을 일시보호하고 아동에 대한 향후의 양육대책수립 및 보호조치를 행하는 것을 목적으로 하는 시설 |
| 아동보호치료시설 | 아동에게 보호 및 치료 서비스를 제공하는 다음 각목의 시설<br>① 불량행위를 하거나 불량행위를 할 우려가 있는 아동으로서 보호자가 없거나 친권자나 후견인이 입소를 신청한 아동 또는 가정법원, 지방법원소년부지원에서 보호위탁된 19세 미만인 사람을 입소시켜 치료와 선도를 통하여 건전한 사회인으로 육성하는 것을 목적으로 하는 시설<br>② 정서적·행동적 장애로 인하여 어려움을 겪고 있는 아동 또는 학대로 인하여 부모로부터 일시 격리되어 치료받을 필요가 있는 아동을 보호·치료하는 시설 |
| 공동생활가정 | 보호대상아동에게 가정과 같은 주거여건과 보호, 양육, 자립지원 서비스를 제공하는 것을 목적으로 하는 시설 |
| 자립지원시설 | 아동복지시설에서 퇴소한 사람에게 취업준비기간 또는 취업 후 일정 기간 동안 보호함으로써 자립을 지원하는 것을 목적으로 하는 시설 |
| 아동상담소 | 아동과 그 가족의 문제에 관한 상담, 치료, 예방 및 연구 등을 목적으로 하는 시설 |
| 아동전용시설 | 어린이공원, 어린이놀이터, 아동회관, 체육·연극·영화·과학실험전시 시설, 아동휴게숙박시설, 야영장 등 아동에게 건전한 놀이·오락, 그 밖의 각종 편의를 제공하여 심신의 건강유지와 복지증진에 필요한 서비스를 제공하는 것을 목적으로 하는 시설 |

| | |
|---|---|
| 지역아동센터 | 지역사회 아동의 보호·교육, 건전한 놀이와 오락의 제공, 보호자와 지역사회의 연계 등 아동의 건전육성을 위하여 종합적인 아동복지서비스를 제공하는 시설 |
| 아동보호전문기관 | |
| 가정위탁지원센터 | |
| (아동권리)보장원 | |

출처: 아동복지법(2022).

### 3) 시설보호 아동의 특성[2)]

시설이라는 환경은 일반 가정환경과는 달리 특수한 환경적 특성을 가지고 있다. 즉, 시설은 일반 가정보다 문화적으로 실종된 환경이므로, 언어발달, 감각발달 등을 자극할만한 인적·물적 경험이 부족할 수 있다. 그리고 시설은 일반가정 환경과 같은 깊은 인간관계를 만드는 일이 어려워 자아의 발달이나 자아형성이 저해되므로, 성인이 되어서까지 영향을 끼친다고 볼 수 있다. 즉, 가족관계로 구성된 곳이 아닌 시설이라는 환경적 특수성 속에서 성장하는 이들은 보호가 가장 필요한 3세에서 18세의 학령기 아동 시기에 부모와의 분리경험 및 결핍된 상태로 있기 때문에 아동의 신체적, 도덕적, 성격적, 사회적, 가정적 발달에 부정적 영향을 받는다. 또한 시설보호 아동은 정서적으로 불안정하고 두려움을 많이 느끼며, 사회적인 반목으로 인간관계에서 갈등이 심할 수 있다.

#### (1) 사회부적응

시설아동은 사회부적응의 문제를 가지고 있다. 지적인 활동과 정서적 안정감, 그리고 사회적 적응면에서 일반아동에 비하여 부족한 면이 있다. 일반가정 아동들에

2) 도미향 외(2014)의 내용을 참고하였음.

비해 비도덕적, 반사회적 경험이 높고, 부주의 정도가 심하다. 그리고 사회화 과정을 정상적으로 거치지 못하여 정서적 발달과 성격 형성에 많은 지장을 받게 된다. 또한, 이중인격을 가지는 경향이 높고, 표면적으로는 법규에 순종하지만 내면적으로는 반항적이고, 친밀한 인간적 접촉을 두려워하며, 정서적으로는 공허한 생활을 좋아하는 것 같은 심리상태를 나타내고, 결단력이 약하며 물질적 욕구가 강하다.

### (2) 정서불안

아동기 초기에 부모와의 일방적인 분리를 경험했고, 부모의 편의에 따라 보호시설에 보내진 아동들은 모성상실과 가족성원 간의 상호작용의 부족, 부모에 대한 그리움과 원망, 그리고 자연환경의 결핍 등이 종합적으로 작용하여 아동의 정상적인 발육과 건강한 인격형성에 장애요소로 작용하기도 한다. 시설보호 아동 가운데에는 성인들의 거부와 정서적 박탈을 경험한 아동이 많기 때문에 성인에 대하여 공격적이고 난폭한 태도를 지닌 경우가 많다. 따라서 결핍된 시설보호 속에서 양육된 아동은 원만한 대인관계 형성이나 타인과의 정서적 유대감을 갖기가 어렵고, 일반가정 아동에 비해 정서적 안정감, 사회적 적응면이 뒤떨어진다고 볼 수 있다. 즉, 개인이 집단에 매몰되어 인격을 상실하거나 인성 발달 또는 정서적, 신체적, 창조적 능력 발달에 대한 기회를 놓치기 쉽다.

### (3) 학교생활

시설보호 아동은 환경적인 면에서 많은 부족을 겪게 된다. 지리적, 사회적, 경제적, 심리적으로 소외되며, 시설보호 아동들은 자신의 능력을 검증할 만한 기회를 자주 박탈당한다. 특히, 일반 아동들은 다양한 아동단체들에서 활동을 하지만, 어느 정도의 경제적인 뒷받침이 필요한 활동이기 때문에 시설보호 아동들은 골고루 혜택을 받기 어려워 욕구좌절을 느끼게 된다.

## 4) 시설보호 아동의 현황

### (1) 시설보호 아동 발생현황

우리나라는 혈연 중심의 가족문화로 인해 사회적 보호가 필요한 아동 발생 시 혈연관계가 없는 아동을 가족 구성원으로 받아들여야 하는 가정위탁보호나 입양보다는 시설보호에 배치되는 비율이 상대적으로 높았다. 최근 들어 시설보다는 가정에서 아동을 양육하는 것이 바람직하다는 인식이 확산됨에 따라 시설보호로 배치되는 아동의 비율이 점차 감소하고 있는 추세이다.

### (2) 아동복지시설 유형별 보호아동 현황

아동복지시설 유형에 따른 시설 수 및 보호아동 현황을 살펴보면 다음과 같다.

❖ 표 12-3 유형별 아동복지시설 및 보호아동 현황 (단위: 개소, 명)

| 구분 | 계(현원) | | 양육시설 | | 보호치료시설 | | 자립지원시설 | | 일시보호시설 | | 아동상담소 | 전용시설 | 개인양육시설 | |
|---|---|---|---|---|---|---|---|---|---|---|---|---|---|---|
| | 시설 | 인원 | 시설 | 인원 | 시설 | 인원 | 시설 | 인원 | 시설 | 인원 | | | 시설 | 인원 |
| 계 | 274 | 11,356 | 237 | 10,352 | 12 | 436 | 15 | 253 | 10 | 315 | 10 | 8 | 12 | 54 |

출처: 보건복지부(2022). 2021 아동복지시설 현황 일람표.

### (3) 아동복지시설 종사자의 배치 기준

아동복지시설에서 아동의 상담, 지도, 치료, 양육 기타 아동의 복시에 관한 업무를 담당하는 사람을 시설종사자라 한다. 아동복지시설은 아동청소년의 성보호에 관한 법률에 의거 성범죄자 취업제한 대상기관으로 취업자 및 취업예정자, 사실상 노무제공자 및 노무제공 예정자의 동의서를 받아 성범죄경력조회 신청서를 작성하여 관할 경찰서를 통하여 성범죄 경력을 조회하여야 한다. 아동복지시설 신규 취업자에 대하여는 아동보호전문기관에 아동학대 경력 유무를 사전 조회하여야 하며, 시설장은 조회 대상자의 동의서를 첨부하여 아동보호전문기관에 공문으로 요청하여야 한다. 아동복지법에 의거 아동복지시설 종사자 및 그 장은 아동학대 신고의무자로서 아동학대를 알게 된 때에는 즉시 아동보호전문기관 또는 수사기관에 신고하여야 한다. 시설장은 시설아동 성범죄 및 학대예방을 위하여 종사자가 관련 교육을 받을 수 있도록 적극 지원하여야 한다.

아동양육시설에서의 사회복지사(보육사)의 역할은 가정 내 주양육자(어머니)의 역할이 주된 역할로 아동의 일상생활 지도, 상담 및 심리치료가 필요할 경우 전문가 연계, 학습지도, 아동자치회지도, 가족기능강화사업으로 연고자 간담회, 가정방문 지도, 가정체험, 연고자 캠프 등이 있으며, 아동자립지원사업으로는 퇴소준비프로그램, 퇴소예비아동 자립지원, 퇴소아동관리 등이 있다. 마지막으로 지역사회연계사업으로는 자원봉사자 연계 · 관리 등을 들 수 있다. 최근에는 시설 내 아동인권이 강화되기 때문에 시설 내의 보육사는 유엔아동권리협약 등 시설 내 아동에 대한 인권을 존중하여 체벌 및 아동학대와 관련된 부분(심리 · 정서적 학대 포함)에 각별한 유의를 해야 한다. 또한 유엔아동권리협약에 준하여 다양한 프로그램에 아동의 의사를 존중하여 프로그램 구성 및 참여하게 해야 하며, 생활지도 시에도 아동의 의사존중이 각별히 요청된다.

아동복지시설에 종사하는 시설장, 총무, 보육사, 생활복지사 등 종사자 배치 기준 및 자격기준은 다음과 같다.

❖ 표 12-4 아동복지시설 종사자 자격기준

| 직종별 | 자격기준 |
|---|---|
| 아동복지 시설의 장 | 1. 「사회복지사업법」에 따른 사회복지사 2급 이상의 자격 취득 후 아동과 관련된 사회복지 사업에 3년 이상 또는 사회복지사업에 5년 이상 종사한 경력이 있는 사람<br>2. 학대아동보호사업과 관련된 기관에서 3년 이상 근무한 경력이 있는 사람<br>3. 7급 이상 공무원으로서 국가나 지방자치단체에서 사회복지사업에 관한 행정업무에 5년 이상 종사한 경력이 있는 사람 |

| | |
|---|---|
| | 4. 「의료법」에 따른 의사・한의사 또는 치과의사 면허 취득 후 3년 이상 진료 경력이 있는 사람<br>5. 「정신보건법」에 따른 정신보건전문요원 자격 취득 후 사회복지사업에 5년 이상 종사한 경력이 있는 사람<br>6. 「영유아보육법」에 따른 보육교사 1급 자격 취득 후 사회복지사업에 5년 이상 종사한 경력이 있는 사람<br>7. 유치원, 초등학교 또는 중등학교 교사 자격증 취득 후 사회복지사업에 5년 이상 종사한 경력이 있는 사람<br>8. 직업훈련교사, 간호사, 영양사 자격 취득 후 사회복지사업에 5년 이상 종사한 경력이 있는 사람 |
| 사무국장 | 1. 「사회복지사업법」에 따른 사회복지사 2급 이상의 자격 취득 후 아동과 관련된 사회복지사업에 1년 이상 또는 사회복지사업에 3년 이상 종사한 경력이 있는 사람<br>2. 학대아동보호사업과 관련된 기관에서 1년 이상 근무한 경력이 있는 사람<br>3. 9급 이상 공무원으로서 국가나 지방자치단체에서 사회복지사업에 관한 행정업무에 3년 이상 종사한 경력이 있는 사람<br>4. 「정신보건법」에 따른 정신보건전문요원 자격 취득 후 사회복지사업에 3년 이상 종사한 경력이 있는 사람<br>5. 「영유아보육법」에 따른 보육교사 1급 자격 취득 후 사회복지사업에 3년 이상 종사한 경력이 있는 사람<br>6. 유치원, 초등학교 또는 중등학교 교사 자격증 취득 후 사회복지사업에 3년 이상 종사한 경력이 있는 사람<br>7. 직업훈련교사, 간호사, 영양사 자격 취득 후 사회복지사업에 3년 이상 종사한 경력이 있는 사람 |
| 보육사 | 1. 「사회복지사업법」에 따른 사회복지사 3급 이상 자격이 있는 사람<br>2. 「영유아보육법」에 따른 보육교사 자격이 있는 사람<br>3. 유치원, 초등학교 또는 중등학교교사 자격이 있는 사람 |
| 생활복지사 또는 상담지도원 | 1. 「사회복지사업법」에 따른 사회복지사 2급 이상 자격이 있는 사람<br>2. 유치원, 초등학교 또는 중등학교 교사 자격이 있는 사람<br>3. 「영유아보육법」에 따른 보육교사 1급 자격이 있는 사람 |
| 직업훈련교사 | 1. 「근로자직업능력 개발법」에 따른 직업능력개발훈련교사 자격이 있는 사람<br>2. 「학원의 설립・운영 및 과외교습에 관한 법률」에 따른 학원강사 자격이 있는 사람 |
| 임상심리 상담원 | 1. 「고등교육법」 제2조에 따른 학교, 「평생교육법」 제32조 또는 제33조에 따라 교육부장관의 인가를 받아 전문대학 또는 대학졸업자와 동등한 학력・학위가 인정되는 평생교육시설(이하 이 표에서 "대학등"이라 한다)의 심리 관련 학과를 졸업한 사람<br>2. 「국가기술자격법 시행령」 제12조의2제1항 및 별표 1에 따른 임상심리사 2급 이상의 자격이 있는 사람 |

| | |
|---|---|
| 자립지원 전담요원 | 1.「근로자직업능력 개발법」에 따른 직업능력개발훈련교사 자격이 있는 사람<br>2.「사회복지사업법」에 따른 사회복지사 2급 이상의 자격이 있는 사람<br>3. 초등학교 또는 중등학교 교사 자격이 있는 사람<br>4. 대학등 졸업자(법령에 따라 이와 같은 수준의 학력이 있다고 인정되는 사람을 포함한다)로서 아동복지 또는 사회복지 관련 학과를 졸업하고 1년 이상 아동복지 업무에 종사한 경력이 있는 사람 |

출처: 2022 아동복지법 시행령 제25조 [별표 15].

## 5) 시설보호서비스 현황

### (1) 서비스 내용 및 현황

아동복지시설의 사업에는 아동가정지원사업(지역사회아동의 건전한 발달을 위하여 아동, 가정, 지역주민에게 상담, 조언 및 정보를 제공하여 주는 사업), 아동주간보호사업(부득이한 사유로 가정에서 낮 동안 보호를 받을 수 없는 아동을 대상으로 개별적인 보호와 교육을 통하여 아동의 건전한 성장을 도모하는 사업), 아동전문상담사업(학교부적응아동 등을 대상으로 올바른 인격형성을 위한 상담, 치료 및 학교폭력예방을 실시하는 사업), 학대아동보호사업(학대아동의 발견, 보호, 치료 및 아동학대의 예방 등을 전문적으로 실시하는 사업), 공동생활가정사업( 보호대상아동에게 가정과 같은 주거여건과 보호를 제공하는 것을 목적으로 하는 사업), 방과후 아동지도사업(저소득층 아동을 대상으로 방과후 개별적인 보호와 교육을 통하여 건전한 인격형성을 목적으로 하는 사업) 등이 있다.

우리나라에서는 아동복지시설의 서비스 및 프로그램에 관련하여 법에 명시되어 있는 조항은 없으며, 단지 아동복지법 시행규칙에 아동복지시설 운영기준만 있다. 현재 아동복지시설의 평가에서 활용되는 평가지표에서는 11가지 프로그램을 제시하고 있다. 초기적응 프로그램, 자립지원프로그램, 퇴소지원프로그램, 아동상담, 가족 · 연고자 상담, 사례관리, 학습프로그램, 정서 및 사회성 프로그램, 성교육프로그램, 가족의 시설방문 및 아동의 원가족방문프로그램, 치료프로그램 등이다.

### (2) 시설유형별 현황

#### ① 공동생활가정(그룹홈) 보호

그룹홈은 20세기 들어서면서 등장한 아동복지의 새로운 흐름인 주류화, 정상화, 탈시설화, 사회적 통합 및 생태학적 관점에 기반을 두고 발전된 모형으로서 대표적인 지역사회 서비스라고 할 수 있다. 그룹홈은 1945년 미국아동복지연맹에서 공식적으로 정의 되었고, 1960년대 후반부터 설립·운영되기 시작하였다. 그룹홈이란, 지역사회 내에서 서로 관련이 없는 아동들로 구성된 가정형태의 주거시설로, 아동 5~6명이하의 집단으로 구성된 지역사회 안의 개인적 가정이라고 할 수 있으며, 자유롭게 생활할 수 있도록 직원을 어머니, 아버지라고 부르고 그들의 아이들을 전적으로 보살펴주고 사랑해 주고 부모의 역할을 해주는 곳을 의미한다. 즉 그룹홈 서비스는, 부모가 돌볼 수 없는 아동이나 청소년 들을 대상으로 시설에서 계획된 집단생활과 프로그램, 특별한 서비스를 결합하여 지역사회경험의 기회, 지속적인 보호를 보장하기 위한 보호와 치료제공 서비스라 할 수 있다.

우리나라는 그동안의 대규모 집단시설 위주의 아동보호에서 소규모 가정형태 보호로의 전환과 지역사회 중심의 아동보호에 대한 새로운 보호형태의 필요성이 대두됨에 따라 1996년 12월 그룹홈 제도를 결정하고 1997년부터 시범적으로 실시하게 되었다. 2004년 아동복지법 개정 시 그룹홈의 목적을 공동생활가정의 보호를 필요로 하는 아동에게 가정과 같은 주거여건과 보호를 제공하여 건전한 사회인으로 성장하도록 지원하는 것과 지역사회 내에서 가정적인 양육과 다양한 지원, 교육활동 기회를 제공하고 아동의 원가족 복귀와 자립을 지원하는 것을 목적으로 규정함으로써, 그 이후 시설 수는 크게 증가하였다.

공동생활가정의 입소대상 아동의 입주 절차는 시설아동의 입소절차와 동일하며, 아동 5명을 표준으로 하고 7인 이내로 보호하도록 하고 있다. 공동생활가정은 주택, 아파트, 연립주택 등으로 일반 주택지 내에 위치하도록 하고, 간판이나 표찰을 붙이지 말고 그룹홈이 한 곳에 집결되지 않도록 하여, 지역사회 내에서 자연스럽게 자리

잡도록 하고 있다.

공동생활가정은 대안가정, 대안복지시설, 치료공간제공을 위하여 안정적인 공간으로서의 기능과 방임, 학대, 비행으로부터의 보호 기능, 생활지도와 다양한 교육의 기회제공을 통한 사회화 기능, 가정생활에 대한 경험을 통한 가정과 부모-자녀의 관계에 대한 모델링 기능, 건전한 놀이, 문화의 형성을 돕는 기능, 심리 · 정서적 치료의 기능, 아동의 원가족 복귀를 돕는 기능, 아동과 원가족의 자립능력 향상을 돕는 기능, 지역사회 내 아동보호를 위한 인식을 확산시키는 기능을 갖는다.

② 양육시설보호

전체 아동복지시설 보호아동 중에서 86% 이상(2020년 12월 기준 아동복지지설 274개 중 양육시설 237개)을 차지하고 있는 양육시설은 사회적 보호가 필요한 아동 중 입양, 대리양육, 가정위탁 및 소년소녀가정 등 가정보호를 할 수 없는 아동을 입소시켜 건전한 사회인으로 육성하는 것을 목적으로 하고 있다. 최근 들어 시설생활이 아동에게 부정적 영향을 미친다는 인식이 확산됨에 따라 가정위탁보호, 입양 등은 증가하고 있고, 양육시설보호는 지속적으로 감소하고 있다. 따라서 정부에서도 정책적으로 양육시설의 기능을 단순히 아동을 양육, 보호하는 것에서 아동상담, 보호 및 치료, 일시보호, 가정위탁, 입양, 급식, 프로그램 제공 등 아동복지 시설 기능의 다양화와 지역사회 아동을 위한 종합서비스 시설로 전환하는 것을 추진하고 있다. 시설보호아동에게는 국민기초생활보장법에 의한 보장시설 수급자와 동일하게 급여가 제공되고 있으며, 개별 시설에서는 지역사회 내에서 후원자를 발굴하고 자원봉사 인력을 개발하여 시설아동에게 정서적 · 경제적 후원을 제공하고 있다.

### (3) 아동보호조치 경로

아동보호조치는 다음과 같은 경로를 거친다. 아동발견 또는 보호자 의뢰 → 아동과 보호자 상담 · 지도 → 보호자 가정 복귀 또는 연고자 가정에 대리양육 → 아동보호 희망 가정에 위탁 → 입양 · 적합한 아동복지시설 입소, 전문치료기관 입소 등을 거친다.

① 보호가 필요한 아동 발생

보호를 필요로 하는 아동을 발견하거나 보호자의 의뢰를 받은 때에는 아동과 보호자에 대한 상담 · 지도를 통해 아동의 최상의 이익을 위한 보호조치를 결정하게 된다. 시 · 도지사, 시 · 군 · 구청장은 관할구역 안에서 약물 및 알코올중독, 정서장애, 발달장애 등의 문제 발생가능성이 있는 아동의 가정에 대하여 예방차원에서의 적절한 조치를 강구하게 된다. 아동보호시설의 입소대상은 아동복지법의 아동양육시설 및 일시보호시설의 입소대상자에 근거한다. 보호자가 없거나 보호자로부터 이탈된 아동, 보호자로부터 학대받은 아동, 보호자의 학대로 아동보호전문기관에 신고 되어 시도지사 또는 시장 군수 구청장에게 보호조치를 의뢰한 아동, 기초생활보장수급자로서 보호자의 질병, 가출 등으로 가정 내에서 보호하기 어려운 아동, 시도지사 또는 시장 군수 구청장이 특별히 보호가 필요하다고 인정하는 아동이다. 자립지원시설 입소대상자는 시설퇴소 아동 중 취업 중인 아동(우선), 취업준비 중 18세 이상 24세 이하인 자, 국민기초생활보장수급자로서 25세 미만인 자 등이다.

② 보호조치 방법

친가정 복귀 또는 연고자 가정 대리양육 조치(우선 실시)하고, 가정위탁 조치는 아동의 보호를 희망하는 자에게 가정위탁한다. 그다음에 입양 알선은 국내입양을 우선 추신하고, 국외입양은 차선책이다. 그다음에 아동복지시설 입소하거나 전문치료기관에 입소하다

③ 입퇴소 절차

입소절차는 우선, 입소대상 아동의 신상카드 작성하고, 아동입소의뢰서를 작성하여 시설장에게 의뢰하고, 보호자가 불명확한 아동에 대해서는 신상카드를 작성하

여 인터넷을 활용하여 실종아동전문기관으로 송부한다. 시설장이 보호자로부터 버려진 아동을 발견하여 긴급히 보호할 필요가 있는 때에는 우선 보호하되 24시간 이내에 관할 시도 및 시군구에 보고하고 관할 지자체장은 아동의 최상의 이익을 고려하여 보호조치를 결정한다. 시설이 없는 시군구에서 발생한 아동의 차질 없는 입소를 위해 시도지사가 배치업무를 직접 담당하거나 각 시군구에 지침을 시달하여 추진토록 한다. 지자체는 아동의 특성과 여건에 따라 타 지자체로부터 아동보호양육 의뢰를 받은 경우 이를 적극 검토 수용하여 아동의 이익이 최우선적으로 고려되도록 적극 조치한다. 지자체장은 요보호아동의 발생시 아동의 최상의 보호를 위해 아동의 환경, 건강상태 등을 진단하고, 아동의 상태, 욕구 등을 고려하여 시설배치 할 수 있도록 전담시설 설치 및 보호조치에 최선을 다해야 한다. 아동복지시설 운영비 지방이양에 따른 지방비 부담 및 시설부족 등을 이유로 아동보호양육 의뢰를 기피하는 사례가 없도록 하며, 의뢰한 지자체와 협의하여 운영한다.

퇴소절차는 시설장이 보호 중인 아동이 18세에 달했거나 보호의 목적을 달성했다고 인정된 경우 퇴소하게 된다. 다만, 다음의 경우 보호기간 연장 가능하다. 그 경우는 대학 이하의 학교에 재학 중인 자, 아동직업훈련 또는 직업능력개발훈련시설에서 교육 훈련 중인 자, 학원에서 교육 중인 20세 미만의 자, 질병, 장애 등을 이유로 시도지사 또는 시장 군수 구청장이 보호기간의 연장을 요청한 자에 해당하는 경우에는 보호기간이 연장 될 수 있다. 시설별 보호기간 및 연장 기간은 일시보호시설은 3개월 1회에 한해 3월 연장이 가능하며, 자립지원시설은 입소 후 24세까지 이용 가능하며 입소 후 기본 이용 기간은 3년으로 하며, 1회에 1년씩 2회 연장가능하다.

### (4) 시설운영관리

아동복지시설 설치 및 운영하고자 할 경우에는 시장 군수 구청자에게 신고하여야 한다. 아동복지생활시설 운영 내실화를 위하여 아동복지시설 기능 다양화, 아동복지시설의 기능전환, 자립준비프로그램 운영확대, 시설 지도점검의 내실화, 종사자 근로환경 개선 등이 필요하다. 운영위원회는 위원장 및 시설장 포함 5인 이상 10인 이하로 구성되며, 위원의 임기는 3년이다. 시설운영 모니터링단을 운영하여 아동복지서설에 대한 지역사회의 부정적 시각 해소 및 시설운영의 투명성 제고, 생활자 권익 향상 등을 도모해야 한다.

아동복지시설은 사회복지정보시스템에 의한 행정처리를 강화하여 사회복지시설 정보화 기반 조성, 사회복지시설 회계의 투명성 제고, 사회 복지시설 관리업무의 간소화 및 표준화, 사회복지정책 기초 자료 확보 등을 하고 있다. 운영기관은 한국사회복지정보원이며, 주요기능은 통합회계관리(회계관리, 예산관리, 세무관리), 행정업무관리(인사관리, 급여관리, 자산(비품, 소모품)관리), 시설 유형별 사회복지서비스 이력관리(생활인 및 이용자 관리, 사회복지서비스 관리, 사례 관리, 일지 관리 등), 통합고객관리(후원자, 봉사자관리, 후원금 관리, 자원봉사 관리 등), 시 · 도/시 · 군 · 구(복지급여통합관리시스템) 연계(보조금 신청 및 정산, 입소자 보고, 종사자 보고 예 · 결산보고 등의 보고 및 신청, 시 · 도/시 · 군 · 구 공지사항, 질의응답 등 지역사회 내의 의사소통정보 연계, 사회복지시설 자원정보 상시 연계) 등의 기능을 갖고있다.

이 시스템으로 복지대상자별 사회복지시설 제공 서비스의 중복 및 편중 방지, 보건복지부 · 지자체 · 시설 간 정책 네트워크 구성, 사회복지정책 수립을 위한 기반 조성, 각종 보고절차 간소화 등 행정비용 감소, 시설보호 아동을 위한 복지대책 등의 효과를 가져오고 있다.

### 6) 시설아동보호를 위한 발전방향

시설아동보호서비스는 가정 외 보호 대상 아동의 발생을 예방하고 가정 중심의 아동보호서비스 강화, 소규모 시설보호 및 공동생활가정(그룹홈)으로의 전환, 시설인력의 처우 개선 및 전문성 강화, 시설의 서비스 및 프로그램의 표준화를 지향한다. 이를 위해 탈시설화, 소규모화, 지역사회화가 필요하다. 즉, 아동보호체계는 가족과 지역사회의 공동 책임인 것이다. 이를 위해 아동보호시설의 지속성, 전문화, 소규모화, 개방화, 아동보호시설의 정보화, 과정중심 평가 및 질적 평가의 확립, 공동생활가정을 위한 가정중심 아동보호시스템 강화가 필요하다.

### (1) 시설보호아동을 위한 복지정책 방향[3)]

#### ① 아동양육시설의 기능 변화 및 소규모화

아동양육시설은 환경 변화에 대응한 시설수급이 제대로 이루어지지 못하고 있다. 즉, 출산율 감소로 인한 아동 수 감소와 더불어 전통적 의미의 요보호아동은 감소하고 있는 반면에 부모의 이혼, 별거, 가출에 의한 보호아동과 비행, 가출, 정서장애 등으로 인한 특수보호가 필요한 아동은 증가하고 있으나 이에 대비한 적절한 대책이 마련되지 못하고 있는 것이다. 따라서 아동을 양육하는 양육시설의 기능을 치료가 필요한 아동이나 아동을 위한 치료전문시설로 전환하거나, 지역사회 아동을 위한 지역아동센터와 같은 이용시설로 기능을 전환할 필요가 있다. 또한 대규모 생활시설이 갖는 여러 가지 부정적 영향을 최소화하고 시설아동에게 가정과 유사한 형태의 보호를 제공할 수 있도록 공동생활가정(그룹홈)을 활성화하는 것이 바람직하다.

#### ② 시설 종사자의 전문성 강화

시설아동에게 양질의 시설보호서비스를 제공하기 위해서는 시설 종사자의 역할이 매우 중요하다. 그런데 아동복지시설은 법정 직원 수 대비 현직원의 비율이 부족하고, 사회복지사 2급 자격증 소지자가 가장 많으며, 종사자의 평균 종사기간도 높지 않은 현실이므로, 이직을 방지하고 전문성을 담보하기 위한 시설 종사자에 대한 처우 개선을 통해 우수한 인력을 확보하여야 하며, 지속적 교육과 수퍼비젼을 통해 전문성을 강화하여야 한다.

3) 도미향 외(2014)의 내용을 참고하였음.

### (2) 시설보호아동을 위한 복지실천 방향

#### ① 시설아동의 건강한 발달을 위한 학습 · 상담 · 치료 프로그램 제공

먼저 시설아동이 신체, 정서, 인지, 사회발달 면에서 건강하게 성장하기 위해서는 시설아동의 발날에 영향을 수는 시설의 양육 환경을 개선할 필요가 있다. 특히 시설의 양육 환경 중에서 정서적 분위기, 사회적 성숙의 촉진, 지역사회와의 관계 등이 인지, 사회, 신체, 자아존중감 등 아동의 발달에 영향을 미치는 주요한 요인으로 나타났으므로, 이러한 요인을 중심으로 시설의 양육 환경을 개선할 필요가 있다(변미희 외, 2014). 더불어 시설아동의 적성과 재능에 맞는 예체능교육 프로그램도 제공되어야 한다.

두 번째로 시설아동의 건강한 발달을 위해서는 입소 배경, 심리 상태, 발달 수준 등을 고려하여, 개별적으로 차별적 서비스가 제공되어야 한다. 먼저 입소 배경과 심리 상태와 관련하여 시설아동은 시설에 입소하면서 원가정 또는 친부모와의 분리를 경험하게 되며, 특히 원가정에서 심각한 학대나 방임의 경험이 있을 경우 더욱더 심각한 심리문제를 가지게 된다. 현재 입소 아동의 대부분이 가정해체에 따른 심리적 외상이 심각하므로, 입소 후 전문가의 심리평가를 통해 적절한 입소상담서비스가 제공되어야 한다. 특히 입소 전 부정적 부모－자녀 관계 향상을 위한 프로그램이 개발될 필요가 있으며, 입소 전 부정적 생활 사건을 경험하고 시설에 입소한 아동의 경우도 부정적 경험을 해소할 수 있는 상담 프로그램이 제공되어야 한다.

#### ② 자립준비 프로그램과 퇴소 후 사회적응 프로그램의 제공

자립준비 프로그램은 늦어도 고등학교 1학년부터는 아동 특성에 따른 개별 자립사정계획을 세워야 한다. 자립계획을 세운 후 보육사와 시설아동이 함께 대처능력을 개발하고 자립준비기술을 익히기 위한 프로그램에 참여하여 장기적으로 자립을 준비하도록 도와야 한다. 또한 자립준비 프로그램에는 퇴소 후 경제적인 부분뿐만 아니라 건강한 가정을 형성하여 가정적으로도 안정될 수 있도록 긴장 가족의 특성, 시설아동의 가치관 교육, 정서교육, 진로교육, 생활지도교육, 미래 가정 형성 교육 등을 통합적으로 포함하여 개발하는 것도 바람직하다. 모든 퇴소 아동은 자립준비 프로그램에 의무적으로 참여하도록 하고, 양육시설에 퇴소 준비 및 퇴소자 전담 직원을 두어 퇴소대상 아동에 대해 사전 · 사후 관리 시스템을 개발할 수 있도록 해야 하며, 현재 퇴소아동의 진로, 취업 정보를 제공하고 있는 아동복지자립지원센터도 연계하여 활성화하여야 한다.

퇴소 전 자립준비 프로그램과 더불어 퇴소 후 사회적응을 도울 수 있도록 제도적 장치가 마련되어야 한다. 시설 퇴소아동의 사회적응을 돕기 위해서는 대학진학 등 학업을 계속하기를 원할 경우, 경제적 어려움이 없이 계속 공부할 수 있도록 지원하여야 한다. 퇴소아동의 자립지원정착금을 현실화하여야 하며, 시설에서는 퇴소아동을 위한 상담 및 직업 알선 등 지속적 사후 관리 서비스를 지속적으로 제공하여야 한다.

### ③ 가족 재결합 프로그램의 활성화

시설보호아동 부모의 상당수가 생존해 있으나, 경제적 문제나 질병 및 장애 등으로 아동을 보호할 수 없는 상태에 있는 경우가 전체 시설아동의 65% 이상이다. 이러한 친부모를 비롯한 연고자들이 연간 3~5회 정도 명절이나 아동의 생일 등 특별한 날에 시설을 방문하여 아동들을 만나고 있다. 친부모가 생존해 있는 시설보호아동의 수가 늘어 가고 있고, 시설보호아동과 원가정이 재결합할 수 있도록 아동의 부모 또는 연고자의 정보 작성을 의무화하여야 하며, 가족 재결합 프로그램에 참여하도록 하고, 친부모가 시설아동의 가정복귀를 희망할 경우에는 주거비, 생계비, 양육비의 지원이 보장되어야 할 것이다. 그리고 시설보호 시에도 부모의 책임과 역할이 유지되는 것을 법적으로 명백히 명시하여 부모 책임을 강조하여야 하며, 재결합 계획을 수립하고, 이를 수행할 수 있도록 사례관리자를 두어야 한다. 이를 위해 아동에 대한 부모의 접촉과 참여를 의무화하여야 한다. 시설보호아동이 시설에서 생활할 때 심리사회적으로 잘 적응하고, 원가정으로 잘 복귀할 수 있도록 시설아동과 원가정의 애착관계가 안정적이고 지속적으로 유지되도록 해야 한다.

CHAPTER 13

# 아동복지 전망과 과제

1. 아동복지의 이념과 과제 | 2. 아동복지의 전망 | 3. 아동복지의 발전방향

CHAPTER

# 13 아동복지 전망과 과제

## 1 아동복지의 이념과 과제

### 1) 아동복지의 이념

아동복지의 실현을 위한 접근은 복지국가적 접근으로 모든 보편적인 서비스를 제공해야 한다는 의무를 강조하고 있다. 모든 아동은 이러한 서비스를 제공받을 권리를 가지고 있으며, 공적 차원에서의 서비스가 더욱 우선되어야 함을 나타내는 것이다. 국가가 서비스의 제공자이어야 한다는 점과 이 서비스를 누구나 혜택받을 수 있어야 한다는 점을 의미한다. 즉, 국가 주도의 자원 관리와 공적 책임성이 강조된 것이라 할 수 있다.

가족이 아동을 보살피는 노력은 과거에 비하여 약화되었는 데 반해, 성장하면서 성인의 보살핌을 필요로 하는 아동의 욕구는 오히려 복잡하고 다양화되었다. 가정불화로 인한 부모의 이혼 등 가족해체, 가정폭력, 정신질환, 성 개방 풍조, 향락 추구의 생활 문화, 교통사고 등의 재해 증가 등은 직 · 간접으로 아동에게 여러 가지 악영향을 주고 있다. 이러한 불리한 사회적 조건으로부터 아동을 보호함으로써 모든 아동이 건전하게 성장할 수 있도록 하는 예방적 차원의 아동복지정책이 중요하다. 또한, 문제상황에 놓인 아동들에 대한 개입과 치료, 문제해결 등의 아동복지정책도 필요하다. 이러한 아동은 아동복지법에서 정의한 '도움이 필요한 아동'이고, 협의의 '아동복지 대상자'라고 할 수 있다. 현대사회를 사는 아동에게 가족, 이웃의 기능이 약화됨으로 해서 충족되지 못한 욕구를 충족시키고, 위해한 환경으로부터 아동을 보호해야 하는 것이다.

이와 더불어 우리나라의 아동복지는 시설 위주의 서비스에 중점을 두어 왔지만 사회의 변동 추이에 따라서 지역사회를 기반으로 하는 재가복지서비스, 혹은 탈시설화가 추진되고 있다. 그리고 아동복지정책의 위상을 정립하기 위하여 아동복지의 패러다임(paradigm)을 명확히 설정해야 하는데 이를 위해 아동복지의 기본적 인식, 가치, 존재를 새로운 관점에서 정립시켜 나가고 있다.

### 2) 아동복지 관련법의 개정

#### (1) 가족보존과 가족복지의 강화

최선의 아동복지는 최선의 가족복지를 통해서 이루어질 수 있다는 점이 아동복지서비스의 기본원칙이므로, 모든 아동은 영구적인 가정에서 성장할 수 있는 사업들이 진행되어야 할 것이다. 아동학대와 관련해서는 아동과 가족을 모두 보호하는 가족보존서비스를 우리나라 실정에 맞게 개발하고 적용하는 것이 필요하다. 가족주의적 전통을 갖고 있는 우리나라의 문화적 특성상 아동의 진정한 보호는, 가능한한 가족 내에서 이루어지는 것이 중요하므로, 이를 최우선적으로 고려될 수 있는 근거를 마련하는 것이 중요하다.

#### (2) 아동학대 규정의 강화

아동이 가정에서 학대받거나 아동의 복지가 위기에 처한 상황에서는 가정이나 부모에 대하여 강제적인 공권력의 개입이 이루어질 수 있는 사회적 인식의 확대와 법적 · 제도적 장치의 강제성이 강화되어야 한다. 법적 효과성을 높이기 위한 다양한 규제 방안 등이 마련되어야 하며, 아동서비스기관의 확충, 관련기관의 연계, 지역 내 아동복지 자원의 확충이 필요하다. 또한 인력의 전문성 제고와 지역사회에 근거한 프로그램 개발을 통해 가족을 보호하고, 강화하는 데 주력해야 한다. 또한 아동학대 신고 의무자 정기교육 의무화, 아동보호전문기관의 역할 수행 강화, 전문 상담원의 자격 강화 그리고 학대부모에 대한 제재 조치, 행정부서의 철저한 관리감독이 요구된다.

### (3) 공동생활가정 지원 강화

보호가 필요한 아동을 위한 효과적인 대리보호 형태로 존재하고 있는 공동생활가정(그룹홈)에 대한 체계적인 지원과 관리를 더욱 강화하여야 한다. 아동복지법이 사후 처방적인 측면이 아닌 예방적 측면을 가질 수 있는 장치들이 요구되는 것이다. 보편주의적인 접근을 추구하여 아동복지서비스가 예방적이고 가족보존적인 방향으로 나아가야 한다.

### (4) 지역아동센터 · 다함께돌봄센터 지원 강화

지역아동센터는 지역사회 안에서 방치된 빈곤아동을 위해, 자생적으로 생겨난 아동복지실천 프로그램이다. 또한 다함께돌봄센터는 맞벌이 가정 아동의 방과후 보호를 위해 국가에 의해 설치된 프로그램이다. 이러한 지역아동센터 · 다함께돌봄센터는 지역사회 아동의 보호 · 교육, 건전한 놀이와 오락의 제공, 보호자와 지역사회의 연계 등 아동의 건전육성을 위하여 종합적인 아동복지서비스를 제공해야 한다. 지역아동센터 · 다함께돌봄센터의 프로그램을 전문화 · 다양화하고, 지역아동센터 · 다함께돌봄센터를 확대 설치하는 등 적극적인 지원정책이 필요하다.

#### (5) 저출생 극복과 건강가정기본법의 개정

건강가정기본법은 우리나라의 급속한 저출산 현상의 진행에 따라 종합적인 가정 육아 및 차세대 아동의 육성 지원 대책을 추진하는 관점에서 대책 수립과 추진 체계를 확립하기 위한 법이다. 이 기본법이 여러 관련법을 포괄하고 하나의 체계를 이루도록 개별 법령 제정 또는 개정 시 이 법에 부합하도록 해야 한다.

일본에서는 차세대육성지원대책촉진법으로 저출생이 가져올 영향에 대처하기 위하여 장기적 시점에서 안심하고 지낼 수 있는 사회를 실현하고, 아동이 건강하게 태어나 육성될 수 있는 사회를 형성하고자 노력하고 있다. 우리나라의 경우, 2005년 5월 저출산·고령화 사회기본법이 제정되었으며, 최근 보육시설의 바우처 제도나 아동수당법처럼 저출생과 관련한 관련법들의 법조항의 개정 작업의 대응책이 준비되어야 할 것이다.

### 3) 아동복지서비스의 다양화

#### (1) 일반 아동을 위한 서비스 개발

아동복지에서는 모든 아동의 생활의 질을 향상시킬 수 있는 제도, 문화, 물질적 조건을 갖춤으로써 생활에서 만족감을 누리며, 성인 시기를 준비할 수 있는 노력이 필요하다. 아동의 생활의 질을 향상시키기 위한 사회적 노력으로는 아동권리에 관한 국제협약, 국가 간 입양에 관한 국제협약 등과 같은 국제적 기준에 합당한 아동복지를 실천하는 것이 중요하다. 그리고 이와 더불어 아동이 성장, 발달하는 데 가장 큰 영향을 미치는 부모에 대한 교육과 학교에서 실천적 사회복지의 지향이 아동의 예방적·지지적 차원에서 해결해야 할 과제이다.

#### ① 부모교육 및 통합적 종합복지 강화

부모들이 자녀양육 능력이 점차 상실해 가고 있는 상황에서 각종 교육단체나 사회단체를 통한 아동과 가정의 기본 욕구와 정부기관의 서비스를 효과적으로 연결할 수 있는 폭넓고 체계적인 사회교육적 프로그램이 필요하다. 또한 건전한 아동문화, 가족문화의 형성과 부모가 자녀에 대한 애정을 더욱 강화시킬 수 있고, 아동이 건전하게 놀고 여가를 즐길 수 있는 시설이 많이 제공되어야 한다. 그리고 건강한 가정교육을 위해서는 부모와 성인을 위한 교육이 이루어져야 한다. 즉, 아동복지서비스 실천의 기본 철학은 아동과 부모에 대한 서비스가 각각 다를 수 있지만 정책의 수립이나 프로그램의 계획에 있어서는 항상 부모와 자녀를 하나의 서비스 단위로 생각하여야 한다는 것이다.

#### ② 학교사회복지제도의 활성화

학교는 아동을 위한 가장 기본적인 복지서비스의 장이라 할 수 있다. 학교 부적응, 학교폭력, 가정문제, 또래관계의 문제, 약물 남용, 비행 등 아동과 관련된 전반적인 문제는 학교에서 상당 부분 관찰이 가능하며 따라서 해결 역시 학교에서 이루어질 때 그 효과는 배가될 수 있다. 일부 학교에서는 학교사회복지사나 상담교사가 상주하면서 학생들의 문제를 해결하고 있으나 아직은 부분적으로 실시되고 있다.

아동의 문제는 조기개입이 가장 효과적이라는 측면에서 모든 학교에 학교사회복지사를 배치하여 부모와 가족 지원, 아동상담 및 치료, 교사 및 지역사회자원과의 연계와 같은 서비스를 실시해 나가야 하며 무엇보다도 교육부, 보건복지부 등 관련 부서가 함께 노력하여 학교사회복지사업이 제도화되도록 노력해야 한다. 그 밖에 지지적 서비스 기능의 강화를 위한 민간상담기관의 설치, 사회적 분위기를 조성하는 세미나, 홍보활동 등 각종 노력이 있어야 한다.

#### ③ 영유아보육서비스의 정비 및 다양화

보육서비스의 충실은 출산율 회복에 중요한 정책으로 작용한다. 그 이유는 출산이 육아와 결부되어 양육부담이 되고, 저출산과 연계되기 때문이다. 이렇게 볼 때 정부 정책은 결혼이나 출산 시점에 개입하는 것에서 출산 이후의 양육 시점에 개입하는 것으로 그 방향 전환을 모색해 볼 필요가 있으며, 이에 보육서비스의 다양화와 같은 정책 개발에 무게가 실려야 할 것이다. 보육서비스는 많은 국가들이 자녀의 출산 · 양육의 지원 시스템 정책의 하나로 중시하고 있다. 일본은 1994년 엔젤플랜을 시작으로 긴급보육대책 5개년 사업, 지방엔젤플랜, 신엔젤플랜 1억 총활약플랜 등 일련의 시책하에 저연령 아동의 입소 확대, 다양한 보육 욕구에 따른 서비스 추진, 방과후 보육의 활성화 등을 추진하고 있다.

우리나라는 보육사업 확충 계획에 따라 보육시설이 증가하여 양적인 측면에서는 어느 정도 충족되고 있지만, 질적인 측면에서 아직도 열악한 상황이다. 보육시설 환경과 보육교사의 질적 향상은 중요한 정책 과제라 할 수 있다. 또한 여기서 중요한 것은 가정 내 자가보육을 받고 있는 아동가정의 양육 지원을 현실화해야 한다는 것이다. 누리과정으로 보육시설을 이용하고 있는 아동에 대한 지원과 가정보육 아동의 지원금액이 달라 보육시설의 비이용자, 비취업모 가정인 자가보육 계층이 실감할 수 있는 보육서비스가 존재하지 않으면 출산율은 상승하지 않을 것이다. 이는 보육서비스가 기존의 맞벌이가정의 일과 출산 · 육아의 양립 지원을 중심으로 전개하던 서비스의 영역에서 비취업모 가정까지 포함하는 지역 내 양육 지원을 포함하는 관점으로 방향을 전환해야 한다는 것을 의미한다.

그리고 다양한 형태의 보육료 지원을 통해 보육료 부담을 줄이고 방과후 장애아동보육 등, 특별보육의 지속적인 확충도 필요하다. 또한 보육서비스의 질적 측면의 향상을 위한 시설 종사자의 전문화, 우수 보육 프로그램의 개발과 보급, 보육기준과 내용의 내실화를 기해야 한다.

#### ④ 아동가정상담 지원사업

아동가정상담 지원사업은 아동에 관한 각 문제에 대하여 가족 또는 아동본인에 대하여 아동이 가진 문제 또는 아동의 욕구, 아동이 처해 있는 환경의 상황 등을 정확히 이해하고 개별 아동이나 가족에게 가장 효과적인 개입을 통하여 아동의 복지를 도모함과 동시에 아동의 권리를 보장하는 것이다. 상담사업은 아동, 가정, 지역사회 상호의 연계에 의해 지역사회 내의 양육 기능을 강화하여, 실제로 아동을 양육하는 데 부모들이 겪는 어려움과 갈등의 해소하고 아동양육의 불안이나 스트레스를 감소시켜 원활한 부모-자녀 관계를 확보할 수 있는 체제의 정비를 지원하는 것이다. 또한 학대나 집단따돌림 등의 사회적 문제에 조기 대응하기 위하여 소아과 의사 등에 의한 상담체제를 정비하여 종합적으로 아동의 심신발달과 모친의 육아에 대한 보람을 느낄 수 있도록 하는 것이다.

일본의 경우 아동복지상담소의 기능은 상담, 일시보호, 송치, 지역 주민이나 관계기관으로부터의 통보, 복지사무소나 가정재판소로부터의 송치를 받아 상담 원조를 전개하는 것이며, 또한 친권자의 친권 상실선고 청구, 후견인 선임 및 해임의 청구를 가정재판소에 하는 등 아동복지의 중간 기관으로의 기능을 하고 있다. 그리고 이러한 상담, 판정, 지도, 송치, 일시보호 업무의 일환으로 일시가정위탁이나 입양의 알선, 등교거부 아동의 복지 모형 사업, 아동학대 상담 등의 사업을 전개하고 있다. 종합적으로는 아동의 심신 건강을 보장하고 부모의 자녀양육 기능을 지원함으로써 자녀양육 지원 네트워크를 구축하고, 이로써 사회구성원들이 사회적 양육의 지원 시스템을 구축해 나간다는 측면에서 유용한 방법이 고려될 수 있다.

⑤ 아동문화·전용시설의 정비 및 지역복지 강화

민주화와 지방자치화 시대에 알맞은 아동정책의 기본 방향은 아동복지 전달체계의 확충이며 아동긴급보호체계를 확립하여 인간으로서 아동의 복지를 보장하도록 실천하는 것이다. 지금까지 우리나라의 아동복지는 대체로 시설 위주의 서비스에만 중점을 두어 왔지만 사회의 변동 추이에 맞추어 앞으로는 지역을 거점으로 하는 복지서비스가 추진되어야 한다. 그리고 산업화, 도시화 과정에서 많은 자연환경이 파괴되어 아동의 놀이 공간도 축소되고 있으며, 학원이나 특기교육 등으로 아동의 생활과 놀이 시간도 많이 부족하다. 아동의 문화와 전용시설은 이러한 아동의 상황을 극복하여, 아동이 안전한 환경에서 자유롭게 놀며 친구들과 창조적 활동을 할 수 있는 지역사회의 시설이다. 또한 아동의 놀이뿐만 아니라 부모와 지역 주민이 협력하고 조직화하여 지역활동을 전개하는 거점으로서의 역할도 한다. 건전한 아동문화, 가족문화의 형성과 부모의 자녀에 대한 애정을 더욱 강화하는 연결고리가 되는 이러한 시설들이 많이 필요하다.

이러한 아동전용시설 규정에는 어린이공원, 어린이놀이터, 아동회관, 체육 · 연극 · 영화 · 과학실험전시 시설, 아동휴게숙박시설, 야영장 등 아동에게 건전한 놀이 · 오락, 그 밖의 각종 편의를 제공하여 심신의 건강유지와 복지증진에 필요한 서비스를 제공하는 것을 목적으로 하는 시설들이 포함되어 있다. 그러나 이러한 시설의 수적 부족은 물론이고 안전성 문제는 많은 우려를 제기하고 있는 실정이다. 또한 진행 지도원의 상주 여부도 불확실하고 설치기준은 있으나 운영기준에 대한 법적 기준은 갖추어지지 않은 상황이다.

#### ⑥ 보건소 및 건강보건지원센터 사업

지역 내 보건소는 아동, 임산부의 보건에 관한 지식의 보급, 건강상담, 건강진료, 보건생활지도, 건강진단과 조사, 지역 내 보건 위생 등의 사업을 실시하는 곳이다. 저출산시대의 보건소 역할은 가정의 출산 · 양육 지원의 분담으로 모자보건서비스 부분(모자 건강수첩, 건강검진, 건강 방문지도 등)을 담당하는 일이라 할 수 있다. 이는 아동, 가정, 지역사회의 상호 연계를 통하여 부모의 자녀 출산 · 양육의 신체적 · 정신적 안정의 지지와 육아 불안의 해소를 도모하고 학대나 왕따 등의 사회적 문제에 조기에 대응할 수 있도록 지원하는 것을 의미한다. 또한 영유아 양육지도를 하거나 모자보건지도 등도 필요하다. 가족 상황에 따라 기본적인 생활 능력 향상을 지원할 필요가 있는 경우 개개의 발달 단계나 가정의 상황에 적합한 교육훈련을 지도하는 간호사, 작업치료사 등 전문 직원 파견 사업도 고려할 필요가 있다.

⑦ 육아휴직제도의 정비

육아휴직제도는 어머니가 갖는 모성적 기능(출산 · 육아) 보호를 통한 출산정책의 하나이다. 출산 · 육아에 대한 사회적 배려는 다음 세대를 이을 아동을 낳고 기르는 기능을 단순히 노동자 개인의 책임 문제가 아닌, 사적 노동에서 사회적 노동으로, 즉 육아의 사회화(집단적 · 사회적 보육)를 발전시키는 기본이 된다. 국제적으로는 1965년 ILO 123호 조약이 가족적 책임을 갖는 여성 노동자의 부담을 경감하는 시책으로 출발하였고, 미국의 경우에는 임신 · 출산에 대한 법적 보호를, 영국의 경우에는 고용보호법에 의한 '출산 · 육아 이후의 직장 복귀의 권리'와 사회보장법에 의한 '임신 · 출산 휴가 중의 소득보장에 관한 권리'의 규정으로 가족 책임과 노동의 조화를 도모하는 다양한 휴가제도와 조치를 취하고 있다. 스웨덴의 경우 육아휴업제도로 출산율증가를 달성하였고, 어머니의 일과 육아의 양립도 가능케 하였다. 일본의 경우에는 1991년 육아휴직법을 제정하고 기존의 모성 휴직에 이어 출산 후 최대 1년까지 모 또는 부에게 육아휴직을 제공하고 있다. 또한 프랑스의 경우 1985년도에 제정된 유급 육아휴직제도는 자녀가 최소한 2명 이상인 조건에서 막내 자녀의 연령이 3세 이하인 경우 직업활동을 완전히 중단했거나 부분적으로 중단한 부모에게 지급하고 있다.

우리나라의 경우 남녀고용평등법에 의하여 육아휴직제도를 실시하고 있으나 일부 기업과 관공서를 제외하고는 제대로 정착하지 못하고 있다. 이러한 육아휴직제도는 부모의 자녀양육 지원을 통해 저출산을 극복하는 방법으로 지원되고 있으며 우리나라도 법률상의 조건 정비를 기반으로 기혼 여성의 노동권의 확보와 남녀 차별 철폐의 관점과 함께 일과 출산 · 육아의 양립을 위한 대책으로 자리 매김해야 할 것이다.

### (2) 요보호아동을 위한 서비스의 개발

그동안 보호가 필요한 아동, 가정에서 이탈된 아동, 빈곤가정의 아동을 위한 사회적 노력이 집중되어 왔다. 그러나 학대와 방임으로부터 고통 받고 있는 아동, 개인적 문제아동 등 새롭게 도움이 필요한 아동들이 증가하는 추세로 보아 이러한 아동문제에 대한 관심은 확대되어야 할 것이다. 그리고 현재 보호가 필요한 아동에 대한 아동복지서비스에 대하여 다음과 같은 관점에서 재검토가 이루어져야 한다. 부부갈등과 이혼, 별거의 와중에서 고통 받고 있는 아동을 도와줄 수 있는 사회적 대책이 마련되어야 한다. 또한 정서와 행동문제를 가진 아동을 도와줄 사회적 프로그램을 고려해야 한다.

### ① 입양과 가정위탁제도의 활성화

아동은 가능하면 가정과 같은 환경에서 성장하는 것이 바람직하다. 즉, 가정 우선 아동보호 원칙(**원가정보호의 원칙**)에 의하여 가정위탁과 입양과 같은 제도를 더욱 활성화할 필요가 있다. 이를 위해서 실천현장에서는 아동복지법에서 명시하듯이 대리양육을 원하는 연고자에 대하여 그 가정에서 보호, 양육할 수 있도록 조치를 하고, 시설보호에서 가정위탁보호로의 전환을 적극적으로 해나가야 할 것이다. 따라서 국민 의식의 전환과 함께 위탁가정과 입양가정에 대한 국가의 지원을 현실적 수준으로 상향 조정해야 하며 이를 정책적으로 정착시켜 나가기 위한 노력이 반드시 선행되어야 할 것이다.

### ② 장애아동을 위한 조기 진단과 치료

아동의 신체, 인지, 정서와 관련한 문제는 조기에 발견하여 조기 개입하는 것이 가장 효과적이다. 이를 위해서 지역사회 내에 구택서비스와 시설서비스의 알선, 장애인복지센터니 클럽 운영, 아동진료소 등과 같은 전문시설을 보강하고 사회복지사, 심리치료 전문가, 물리치료사 등 다양한 전문 인력과 의사, 사회복지사, 심리학자, 교육자 등의 팀별 접근을 통해서 이들을 재활케 하며 사회로의 통합을 촉진케 해야 한다. 그리고 무엇보다도 정보 제공, 물적 지원과 함께 장애아동을 진단하고 지속적으로 치료할 수 있도록 가정을 지원하는 프로그램이 확충되어야 한다.

③ 정서장애아동을 위한 정신건강서비스

많은 아동이 행동 면에서 공격적 · 자폐적 · 신경증적 문제를 지니고 있으며 심한 경우에는 법적 보호 대상이 되어 가정이나 사회환경에 적응하지 못하는 아동이 된다. 이들을 위해 이미 선진국에서는 지역사회 정신건강증진센터나 아동진료소, 정서장애자 단기치료센터를 설치하여 문제를 해결하고 있지만 우리의 경우는 이들에 대한 예방이나 진단 또는 치료조차 매우 미약한 상태에 있다.

이상과 같이 보호가 필요한 아동을 위한 복지대책으로는 전문적 서비스의 강화가 필요하다. 복지서비스가 아동의 '필요'에 초점을 맞추어야 하는 것이고, 아동복지가 전통적으로 기아, 고아, 빈곤가정의 아동, 장애아동 등 이른바 '비정상적' 아동에 대한 서비스라는 잔여적 개념의 시각은 아동복지서비스가 감정적 보호나 물질적 대비에 그치는 경향을 낳게 되었다. 그 결과 그들의 결손과 장애의 치료 및 훈련, 교육서비스의 지원은 소위 '일반아동'에게 베풀어지는 수준보다 더 낮은 정도였기 때문에 앞으로 과학적인, 이른바 전문적인 서비스로 아동을 지원할 수 있는 아동복지정책을 확립해야 한다.

## 4) 아동복지행정의 혁신

### (1) 아동복지 전달체계 및 재정

아동복지의 과업을 실천하기 위해서는 현재의 아동복지 전달체계가 재정비되어야 한다. 아동복지의 공적 전달체계, 민간 전달체계, 중간체계 성격인 연합회와 협회, 아동복지 관련학회 등의 조직과 기능이 적절하게 개선되어야 할 것이며 또한 이 조직체들의 일선에서 일하고 있는 아동복지 종사자들의 자질 향상에 대한 노력이 강구되어야 한다. 즉, 우리나라의 아동복지서비스 전달체계는 공적인 아동복지를 담당하는 중앙부서인 보건복지부, 여성가족부, 교육부, 고용노동부, 법무부 등으로 산재되어 있어 부처 간에도 정책의 일관성이 없고, 심각한 경우에는 극심한 부처 이기주의가 발생한 사례가 적지 않은 실정이기 때문이다. 특수한 경우를 제외하고 공적인 전달체계를 일원화하는 방안이 마련되어야 한다.

또한 사적인 전달체계와 연결하여 민 · 관이 합동하는 전달체계가 수립되면 서비스의 중복성이나 낭비적 요소를 줄일 수 있을 뿐 아니라 민간기관의 전문성을 적극 활용하여 보다 효율적인 복지서비스를 제공할 수 있을 것이다. 그리고 복지에 대한 사명의식을 가진 사람이 운영할 수 있도록 법인의 자유로운 인수인계, 항목 구별 없이 통괄 예산으로 지원하는 등 사회복지법인의 시설 운영에 있어서 자율성을 보장하여 시설의 특성화도 촉진할 수 있도록 해야 한다. 그리고 복지사업을 경영하고 있는 각종 민간 법인이나 단체 등의 관심을 자체 수익사업을 개발하는 데 집중시켜 국가나 후원단체의 지원을 최소화하여 재정적으로 자립할 수 있는 활로를 모색하게 해야 한다.

### (2) 아동복지시설과 종사자

아동복지시설에 대한 새로운 체제, 개념 및 기능의 적용이 필요한데 이를 위해서는 지금까지의 시설에 대한 수용보호적인 개념에서 정상화, 재활사회통합 등의 시설의 의의를 강조하는 경향으로 나아가야 되며, 또한 전문적인 예방, 치료, 재활, 교육, 상담 등의 기능을 강화하는 방향으로 발전시킴과 동시에 이를 뒷받침할 수 있는 전문 인력의 확보와 활용이 이루어져야 한다. 또한 이용형, 통원형, 상담형, 수용형 등 시설의 체계적 분류, 통합 및 세분화 과업이 요청되며, 시설 종별에 따른 위치, 구조, 설비 기구 등을 확보해야 한다. 그리하여 시설에서도 아동의 보호와 교육을 일반 가정 이상으로 보장하여 아동이 건전한 집단생활 환경을 통해서 성장할 수 있도록 그 기능을 수행해야 할 것이다. 따라서 앞으로의 아동시설은 아동의 생활공동체로서 그들의 개성을 발전시켜 건전한 성장, 발달을 보장할 수 있는 환경으로 변모시켜야 할 것이다.

## 2 아동복지의 전망

아동복지는 보호를 필요로 하는 선별된 아동에게 제공된 서비스에서 전체 아동에게 제공하는 포괄적인 서비스로 발전하고 있다. 따라서 보호를 필요로 하는 아동에게 시설보호 위주의 서비스에서 지역사회를 기반으로 하는 가정 중심, 지역사회 중심의 복지서비스로의 개발과 추진이 더욱 요청되며, 아동에 대한 새로운 관점에서 아동복지를 정립시켜 나가야 할 것이다.

우리나라의 아동복지정책은 새로운 관점 통한 아동복지서비스 적용이 시작될 것이다. 그리고 다양한 아동복지프로그램과 전문성을 활용하는 프로그램이 실시될 것이며, 공적 기관과 민간기관 운영의 조화와 중앙 및 지방정부, 지역사회와의 파트너쉽의 확대가 진행될 것이다. 또한 아동복지에 대한 새로운 실천방법의 접근과 객관적인 욕구개발 및 평가활동이 활성화될 것이다. 그러므로 아동복지를 위한 바람직한 전제조건은 다음과 같다.

- 아동복지의 보장은 국가가 책임져야 한다.
- 아동복지의 법적 성격은 아동권리로 인정되어야 한다.
- 아동복지의 범위는 모든 생활영역이 포괄되어야 한다
- 아동복지의 대상은 모든 아동에게 적용되어야 한다.
- 아동복지의 운영원리는 아동과 보호자의 민주적 참여가 전제되어야 한다.

아동복지에 관한 국가적인 중장기 마스터플랜 수립이 중요하다. 그리고 가족관점에서 아동복지서비스의 통합화가 필요하며, 아동 중심의 아동복지법의 확립이 요구된다. 새로운 아동복지서비스의 확대와 효율적인 아동복지서비스전달체계의 확립도 중요하다. 국가체계의 아동복지서비스전달체계 확립을 전제로 한 민간참여 유도를 활성화하며, 아동복지서비스를 위한 민간영역의 재원확보도 활성화해야 한다.

아동복지연구 및 평가조사 작업의 활성화도 중요한 이슈가 될 것이다.

## 3 아동복지의 발전방향

아동복지정책은 아동의 인권강화, 보편적 서비스의 확대, 사회적 안전망의 내실화, 아동정책 추진기반의 조성의 목적을 가져야 한다. 보호가 필요한 아동의 발생예방, 사회적 보호의 환경적 변화에 대한 대응, 전문성 강화, 국가의 의무강화가 요구된다. 현대의 아동복지 개념에 걸맞은 복지서비스를 제공하기 위해 아동권리에 대한 전문적 지식이나 아동복지의 개념을 새롭게 이해할 필요성이 있다. 아동복지프로그램과 서비스가 아동들의 전인적인 발달을 이끌 수 있도록 방향을 전환하여야 하며 보편적인 복지서비스를 통해 모든 아동의 건전한 성장과 발달을 지원해야 할 것이다. 아동복지에 대한 국가의 책임은 물론, 사적인 주체와의 조화가 이루어져야 할 것이다. 가정 중심의 아동복지는 일차적으로는 가족, 친척, 이웃을 통한 비공식적 지원체계를 활용하고, 이차적으로는 전문적인 인적 자원의 참여를 공식화시키는 것이다.

### 1) 아동복지에 대한 새로운 패러다임의 적용

최근 아동복지의 개념은 과거의 자선적 · 인도적 사고와는 달리 좀 더 국가 발전에 호응하는 이념, 즉 목적과 가치를 갖는 것으로 그 사업을 위해 전문적 지식이나 개념을 새롭게 해야 한다. 아동복지의 목적은 국가 발전의 원동력, 국가 부강의 기본 및 국가 안정의 바탕이라고 할 수 있다. 한편 가치 면에서 볼 때 아동복지는 인격

완성의 기초를 마련해 주며, 아동의 기본권을 보장해 주는 것이라 할 수 있다. 실천적인 면에서도 '아동복지는 사회복지의 한 분야로서 사회복지사의 적극적 활동 분야이다'라는 확신을 가진 좀더 정규적인 훈련과 경험을 쌓은 아동복지 전문가들에 의해서 그 사업이 수행되어야 한다.

무엇보다 중요한 점은 아동복지사업에서 잔여적 · 보편적 관점의 두 가지 패러다임이 함께 통합되어야 한다는 것이다. 사회복지실천의 발달 과정을 살펴볼 때, 잔여적 접근 방법인 개별사회복지이론과 실천의 발달은 사회복지 전문직을 정립하는 계기가 되었으나, 개인의 심리문제나 특정 아동의 보호에 집중함으로써 전체적인 변화를 가져올 수 없었으며, 결과적으로 사회복지 내에 과도한 전문 분화를 야기하였다. 반면, 제도적 접근방법은 다양한 요인이 복합적으로 작용하는 실천 영역에 대해서는 효과적으로 대처하지 못한다는 한계를 낳았다. 따라서 이러한 한계를 보완하기 위해서는 아동복지를 개인적인 미시적 혹은 사회환경적인 거시적 차원에서만이 아니라 개인과 집단, 지역에 대한 통합적 · 시스템적 접근 방법(개인+집단+지역=통합적 접근 방법)으로 실행되어야 한다.

### 2) 지역사회 중심의 아동복지

국가가 모든 국민의 요구나 생활을 보장하거나 책임지기 어렵다는 측면에서 일정한 지역사회를 기반으로 자치적으로 지역 주민의 생활권 보장과 지방의 균형적 발전에 기여할 수 있는 복지 시스템을 확립시켜 나가야 한다. 그러한 방향에서 커뮤니티 케어의 중요성이 강조된다. 이 개념은 영국, 미국 등 선진국에서 1960년대 이후부터 발전되어 왔는데, 이는 지역사회를 기반으로 하여 공공기관, 민간기관 및 가족이 함께 참여하는 다원주의적 복지서비스를 강화하는 것이다. 즉, 가족 중심의 접근과 민간복지서비스의 강화를 일컫는다. 이러한 커뮤니티 케어는 지역사회의 기초 단위인 가족 중심적 접근이나 서비스로서 우리나라에서도 재가복지라는 새로운 개념의 서비스가 중요한 정책 과제로 등장하고 있으며, 재가복지의 정책이나 제도가 점차 강조되어 개발되고 있다.

즉, 아동복지에서 가족 중심의 접근은 지역사회의 가장 최고 단위인 가정을 기반으로 하여 개별적인 아동과 가족의 욕구 충족을 도모하는 프로그램과 서비스가 개발되어야 한다는 것이다. 이는 지지적 서비스(supportive service)의 강화를 통해 아동과 가족의 문제를 사전에 예방하는 효과를 가질 수 있다. 아동의 양육과 보호를 지원하는 프로그램을 개발하고 전문인력이나 자원봉사자를 참여시켜 아동이 원가정 또는 대리가정에서 생활하면서 치료와 서비스를 받을 수 있는 형태가 활성화되어야 하며 재가아동과 장애아동에 대한 상담, 치료, 교육훈련, 지역사회와의 교류 및 여가활동 등을 지역사회 내에서 총체적으로 지원할 수 있는 방안이 강구되어야 할 것이다.

### 3) 공공과 민간기관의 협력

아동복지사업이 공적이어야 하느냐, 사적이어야 하느냐 하는 문제를 두고 일률적으로 어느 것이 좋다고 규정 짓기는 어려우나 일반적으로 모든 아동이 대상에 포함되는 보편적인 사업인 경우는 공공 부문에서 추진되는 것이 바람직하며 그와 반대인 경우는 민간기관에서 주도할 수 있다. 그러나 현재 공적이어야 하는 아동복지 분야가 지나치게 사적 책임으로 전가되고 있거나 반대로 사적이어야 하는 분야가 지나치게 공적인 것에 의하여 좌우되고 있는 것은 문제라고 할 수 있다. 정리하여 말하면 일반적으로 국민의 광범위한 대상에 관련되는 사업 내용인 경우와 사적기관에서 할 수 없는 사업 내용일 경우는 공적 사업으로 추진되는 것이 좋겠고 그와 반대되는 경우에는 사적 운영이 좋을 것이라는 이론이 성립되겠다.

가장 기본이 되는 아동양육 프로그램은 국가가 사회보장의 형태로 시행할 수 있어야 한다. 2018년부터 도입된 아동수당은 IMF 이후 늘어났던 아동복지시설 보호

아동 수의 감소는 물론 아동의 유기와 방임, 학대 등을 예방하는 적극적인 제도적 장치가 될 수 있으리라 본다. 또한 나아가서는 감소 추세에 있는 아동 인구의 증가에도 적지 않은 긍정적 효과를 기대할 수 있으리라 생각한다. 또한 민간기관에서 특수 프로그램을 개발하고, 결연 후원과 같은 멘토 연계, 후견인(tutoring)과 같이 지역 내 아동 및 가정을 적극 지원하고 보호하는 사업을 활성해 나갈 수 있도록 민간기관들의 참여를 지원하는 등 민간과 공공 부문이 함께 이루어져야 할 것이다.

### 4) 새로운 실천방법 및 평가활동의 추진

아동은 생리적 인간으로서의 성장, 발달의 과정보다 사회적 인간으로서의 성장, 발달 과정에서 더 많은 문제에 부딪히게 된다. 때문에 아동복지실천가들은 지금까지의 보호가 필요한 아동의 기본적인 생리적 욕구 충족에 대한 활동에서 벗어나 일반 아동의 심리적 욕구 충족에까지 복지서비스 영역을 확대하기 위해 노력하고 있다.

이제는 생활시설은 문제아동치료센터 또는 직업기술학교로 그 기능을 확대하고 구조도 가정 단위의 공동생활가정로 바뀌어 종전의 의식주 중심 사업에서 사회적 적응력을 배양해 주기 위한 방향으로 변화되어야 한다. 또한 일반 육아시설의 기능이나 방법도 새로이 검토되어 요보호아동의 보호와 양육문제 해결 방안으로 활용하거나 특수보호와 같은 종합적 욕구를 고려하여 위탁보호, 입양, 가정상담, 홈메이커서비스, 강제보호서비스 등 다양한 프로그램이나 서비스로 개발되어야 한다.

한편, 충족되지 않은 욕구 개발과 평가활동의 추진이 필요하다. 우리들이 참된 아동복지를 실천하기 위해서는 다양한 욕구의 개발과 현재 프로그램의 정확한 평가작업을 통해서 올바른 아동복지 활동에 공헌할 수 있어야 한다.

### 5) 최근 이슈화되는 아동의 문제에 대한 대안의 필요성 대두

지나친 사교육비는 아동 및 가족의 가장 불안한 문제이다. 특목고나 자사고와 같은 고등학교와 소위 일류대학교의 진학을 위한 가정 재정의 투입은 가족의 질을 떨어뜨리거나 힘들게 하는 원인이 되고 있으므로 이를 위한 대책이 필요하다. 또한 유명브랜드 옷이나 가방, 신발 등을 통한 아동들의 서열화 문화, 외모지상주의에 의한 지나친 다이어트나 화장 등도 최근 아동들의 문제로 부상하고 있으며, 연예인 팬덤과 같이 지나친 동일시의 집단문화, 모바일에 의한 손쉽게 접하는 성적 문화 등에 대한 대책도 심도 있게 논의되어야 할 것이다.

# 참고문헌

강란혜 (2016). 아동발달. 서울: 창지사.

강복정 (2002). 시설청소년을 위한 자립준비교육프로그램의 효과에 관한 연구: 사회적응 및 건강가정형성교육을 중심으로. 대한가정학회지, 40(10), 33-48.

경찰청 통계 (2020). 실종아동 · 장애인 발생 및 가족복귀현황.

공계순, 박현선, 오승환, 이상균, 이현주 (2016). 아동복지론. 서울: 학지사.

관계부처 합동 (2022). 제2차 아동정책 기본계획.

교육부 (2015). 2015년 다문화학생 교육지원계획.

교육부 (2016). 2015 교육기본통계.

교육부 (2017). 초중고교과(학교)교육과정과 7대 안전교육 표준안의 연계 운영방안.

교육부 (2020b). 특수교육통계.

교육부 (2022). 2022년 다문화교육지원계획.

교육부. 고시 제2017-121호.

구인회, 박현선, 정익중 (2006). 빈곤과 아동의 사회정서적 발달 간의 관계: 성인역 부담의 역할을 중심으로. 한국사회복지학, 58(2), 303-330.

구혜영 (2018). 자원봉사론(2판). 서울: 도서출판 신정.

구혜영 (2020). 청소년복지론(2판). 서울: 도서출판 신정.

구혜영 (2022). 인간행동과 사회환경(3판). 서울: 도서출판 신정.

국가인권위원회 (2011). 유엔아동권리협약 제3,4차 국가보고서 및 권고사항 자료집.

국회입법조사처 (2020). 아동 · 청소년 인터넷 중독 대응정책 현황과 개선과제: 사업의 유사 · 중복성을 중심으로.

권기성, 강영욱 (2006). 영유아 보육정책의 평가에 관한 연구. 21세기사회복지연구, 3(1), 27-53.

권중돈 (2014). 인간행동과 사회환경. 서울: 학지사.

권지성, 정익중, 민성혜, 신혜원 (2012). 위탁 아동 입양부모의 양육경험에 관한 질적 사례연구. 한국아동복지학, 43(3), 73-107.

김경희, 이재연 (1994). 부모교육. 파주: 양서원.

김도현 (2012). 장애인당사자주의의 비판적 이해를 위하여. 진보평론, 2012년 여름호.

김도현 (2014). 당신은 장애를 아는가. 서울: 숭가원.

김동배, 권중돈 (2006). 인간행동이론과 사회복지실천. 서울: 학지사.

김미숙 (2005). 한국의 이혼실태와 이혼가족 지원정책 연구. 한국보건사회연구원.

김미숙, 김정숙 (2012). 아동 · 청소년 학교폭력 실태와 정책과제. 한국보건사회연구원.

김배현 (2001). 아동복지시설 내 청소년의 사회성 차이 연구. 연세대학교 행정대학원 석사학위논문.

김배현 (2001). 아동복지시설 내 청소년의 사회성 차이 연구: 대규모시설과 소규모(G.H)시설의 비교를 중심으로. 연세대학교 행정대학원 석사학위논문.

김범수 (2010). 다문화사회 십계명. 서울: 리북.

김범수 (2010). 지역사회복지론. 고양: 공동체.

김성경, 김혜영 (2021). 현대사회 아동복지론. 파주: 양서원.

김성경, 최현미, 김혜영 (2013). 아동복지론. 파주: 양서원.

김유심 (2008). 빈곤층 여성한부모의 생활사건 스트레스와 우울에 관한 대처자원 연구. 연세대학교대학원 박사학위논문.

김윤재, 강영숙, 김진환, 박주은 (2015). 아동복지론. 서울: 동문사.

김은정 (2014). 사회서비스 재정의 지방화에 따른 지역의 대응방안, 지방정부연구, 18(1), 219-241.

김익균 (2011). 아동복지론. 파주: 교문사.

김준호, 노성호, 이성식, 곽대경, 박정선 (2009). 청소년 비행론. 서울: 청목출판사.

김진숙 (2009). 조손가족 청소년의 생활세계에 대한 현상학적 연구. 청소년학연구, 16(9), 223-248.

김춘경 (2004). 아동상담 이론과 실제. 서울: 학지사.

김혜영, 김은지, 최인희, 김영란 (2011). 조손가족지원방안연구. 한국여성정책연구원.

김호년 (2011). 아동의 권리와 복지. 파주: 양서원.

김호년, 김성재, 김현정, 박윤, 양진희 (2011). 아동복지론. 파주: 양서원.

노충래, 김원희 (2004). 시설거주 미혼모의 입양 결정요인에 관한 연구, 한국아동복지학, 17, 49-79.

노충래, 박근혜, 서지원 (2009). 위탁아동의 가정위탁만족도에 관한 연구: 가정위탁유형의 개인, 위탁부모 및 서비스 요인을 중심으로. 한국아동복지학, 29, 155-185.

노충래, 홍진주 (2006). 이주노동자 자녀의 한국사회 적응실태 연구. 한국아동복지학, 22, 128-159.

노혜련, 김미원, 조호연 (2016). 예방과 통합의 관점에서 본 아동복지론. 서울: 학지사.

대검찰청 (2019). 범죄분석통계.

대검찰청 (2022). 마약관련 통계자료.

도미향 (2014). 아동복지론. 고양: 공동체.

도미향, 김영희, 이소희 (2004). 계부모의 아이들. 파주: 양서원.

도미향, 남연희, 이무영, 변미희 (2013). 아동복지론. 고양: 공동체.

도미향, 남연희, 이무영, 변미희 (2021). 아동복지론. 고양: 공동체.

류연규, 최현수 (2003). 우리나라 아동빈곤율 수준과 변화경향: 1982-2002년 도시근로자가구를 중심으로. 한국아동복지학, 16, 135-165.

모경환, 이미리, 김명정 (2014). 청소년문제와 보호. 파주: 교육과학사.

문화체육관광부 (2022). 게임산업진흥에 관한 시행령 일부개정령안.

미래창조부, 한국정보화진흥원 (2016). 2015년 스마트폰 과의존 실태 조사.

미래창조부, 한국정보화진흥원 (2017). 2016년 스마트폰 과의존 실태 조사.

박경순 (2010). 존 보울비(John Bowlby)와 애착이론. 한국심리치료학회지, 2(1), 109-119.

박아청 (2003). 성격심리학. 서울: 교학사.

박옥임, 서선희, 김경신, 옥경희, 박준섭 (2008). 가족복지론. 서울: 청목출판사.

박정란, 서홍란 (2010). 아동복지론. 파주: 양서원.

박정란, 서홍란, 장수한 (2016). 청소년복지론(개정판). 파주: 양서원.

박진아 (2017). 영유아 가구의 양육비 지출 현황과 육아물가 체감 추이. 육아정책연구소.

박희자 (2001). 학교 훈육문제의 실태와 개선방향. 한국교육생산성연구소.

배태순 (1998). 현대사회에서의 입양의 이해와 입양의 성공. 경남대학교 출판부.

백선희, 장하진, 이옥 (2017). 한국의 보육정책. 고양: 공동체.
백은령 (2010). 장애아동 · 청소년의 삶의 질 향상을 위한 지원방안연구 II: 장애아동 · 청소년의 가족지원 서비스 개선방안 연구. 한국청소년정책연구원.
백종만, 양난주, 최균, 장영신 (2015). 사회복지시설평가제도 분석과 개선방안 연구. 전북대학교 사회과학연구소 사회과학연구, 39(2), 281-314.
법무무 범죄예방정책국.
법무부 (2013). 중앙행정기관 외국인정책 시행계획.
법무부 (2015). 중앙행정기관 외국인 정책 기행계획.
법무부 (2018). 제3차 외국인정책 기본계획(2018-2022).
법무연구원 (2015). 2014 범죄백서.
법제처 (2022). 빈곤아동의 유형.
법제처 (2022). 찾기 쉬운 생활법령정보(2022. 6. 15. 기준).
변미희, 도미향, 남연희, 이무영 (2014). 아동복지론. 고양: 공동체.
보건복지부 (2013). 제2차 중장기보육 기본계획.
보건복지부 (2014). 2014 장애인실태조사.
보건복지부 (2015). 2015 보건복지백서.
보건복지부 (2015). 2015 중독관리통합지원센터 현황.
보건복지부 (2015). 아동피해쉼터 설치 및 운영 지침.
보건복지부 (2017). 2017년 아동복지사업안내.
보건복지부 (2017). 도움 필요한 조손가정, 빨리 발견하고 세심하게 배려. 보도자료(2월 28일자).
보건복지부 (2017). 조손가족 제도개선 보도자료(2.28일자).
보건복지부 (2020). 2020 장애인실태조사.
보건복지부 (2021). 2020 보건복지백서.
보건복지부 (2021). 2020 아동학대 주요통계.
보건복지부 (2021). 2020년 아동학대 연차보고서.
보건복지부 (2022). 2021 아동복지시설 현황 일람표.
보선복지부 (2022). 2021년 등록장애인 통계 발표.

보건복지부 (2022). 2022 아동분야사업안내 1, 2권.

보건복지부 (2022). 2022년 장애인보건복지정책 이렇게 달라집니다.

보건복지부 (2022). 보육사업기획.

보건복지부 (2022). 보육통계(국가승인통계 제15407호, 어린이집 및 이용자 통계).

보건복지부 (2022). 보호대상아동 현황보고.

보건복지부 (2022). 연도별 입양현황 통계.

보건복지부 보건복지상담센터.

보건복지부, 중앙아동보호전문기관 (2015). 전국아동학대보고서.

보건복지부 · 아동권리보장원 (2021). 2021 아동보호서비스 업무매뉴얼.

사회복지교육연구센터 (2016). 인간행동과 사회환경. 서울: 나눔의집.

서문희 (2013). 보육정책의 성과와 과제. 육아정책연구소.

서봉연, 이순형 (1986). 발달심리학. 서울: 중앙적성출판사.

서영숙, 서혜전, 김영명, 채혜선, 김진숙 (2013). 보육학 개론. 파주: 양서원.

서울특별시 (2021). 아동학대 예방 및 대처 안내서.

설동훈 (2006). 결혼이민자가족 실태조사 및 중장기 지원정책 방안연구보고서. 여성가족부.

성남시 (2016). 2016 아동학대신고의무자교육자료집.

성혜영 (2001). 영유아 발달의 이론과 실제. 서울: 동문사.

손형섭, 김정규 (2020). WHO의 게임이용 장애 질병코드 부여 관련 법정책의 방향. (사) 한국 언론법학회, 19(1), 233-274.

송명준, 권정혜 (2006). 대학생의 인터넷 중독 현황 및 인터넷 중독이 대학 생활적응에 미치는 영향. 2006년 하계임상심리학회 발표논문집.

송성자 (2004). 가족과 가족치료(제2판). 파주: 법문사.

송정애 (2016). 아동복지론. 파주: 양서원.

신선인, 박영준 (2013). 아동복지론. 서울: 도서출판 신정.

신화식 (2007). 개별화 교육을 위한 몬테소리 이론과 실제. 파주: 양서원.

안영진 (2001). 교육심리학. 서울: 창지사.

양옥경 (2015). 가족과 사회복지. 서울: 이화여자대학교출판부.

양원경, 도현심 (1999). 또래수용성 및 또래 괴롭힘과 청소년의 자아존중감 간의 관계. 아동학회지, 20(1), 223-238.

양정하, 임광수, 황인옥, 신현석, 박미정, 윤성호 (2008). 사회복지정책론. 파주: 양서원.

엄미연 (2004). 집단놀이치료가 한부모가정 아동의 사회적 능력 증진에 미치는 효과. 서울여자대학교 대학원 석사학위논문.

여성가족부 (2013). 2013-2017년 다문화가족정책. 보도자료(4월 15일자).

여성가족부 (2015). 2014 다문화가족 실태조사.

여성가족부 (2015). 2015 청소년백서.

여성가족부 (2015). 한부모가족실태조사.

여성가족부 (2017). 2017년 한부모가족지원사업안내.

여성가족부 (2018). 2018-2022 제3차 다문화가족정책 기본계획.

여성가족부 (2018). 제3차 다문화가족정책 기본계획(2018-2022).

여성가족부 (2021). 2021년 다문화가족실태주사.

여성가족부 (2022). 2021년 전국다문화가족실태조사.

여성가족부 (2022). 2022년 한부모가족지원사업안내 / 한부모가족지원시설.

여성가족부, 한국여성정책연구원 (2015). 2015년 한부모가족실태조사.

오성배, 김현철, 모상현 (2015). 다문화 청소년 종단조사 및 정책방안 연구 3(총괄보고서). 한국청소년정책연구원.

오은순, 이재숙 (2015). 보육학개론. 파주: 양서원.

오정수, 정익중 (2013). 아동복지론. 서울: 학지사.

오주, 이덕희 (2012). 아동복지론. 서울: 동문사.

유효순 (2006). 아동발달. 서울: 한국방송대학교출판부.

윤미현 (2000). 10대 미혼모의 임신 및 유아입양 관련요인들에 관한 연구. 숙명여자대학교대학원 박사학위논문.

유미현, 이재연 (2001). 10대 미혼모의 임신관련 요인에 관한 연구. 아동학회지, 21(4), 105-121.

윤혜미, 김혜래 (2013). 아동복지론. 서울: 청목출판사.

이경림 (2016). 아동복지의 정책발전방향. 제6회 한양사이버대학교 사회복지학부 학술

제 자료집.

이경상 (2007). 청소년 비행의 발전 형태에 관한 연구. 한국청소년정책연구원.

이경상, 박현수 (2012). 청소년 폭력피해의 종단적 변화유형과 영향요인. 한국교육, 39(1), 119-142.

이미선, 강기정, 김연화, 박미금, 송말희 (2010). 건강가정론(개정판). 파주: 양서원.

이보배 (2013. 4. 29.). 외국 보육시설 어떤지 보니…. 프라임경제 http://www.newsprime.co.kr에서 인출.

이성구 (2000). 비행청소년의 이해. 서울: 제3공간.

이소희 (2003). 아동복지론. 서울: 양지.

이순형 (2009). 한국 아동의 일상생활문화. 서울: 서울대학교출판부.

이신영 (2016). 아동복지론. 서울: 청목출판사.

이옥형 (2000). 교육심리학. 서울: 집문당.

이은화, 이정환, 여경우, 이기숙, 홍영희, 박은혜, 김희진 (2001). 유아교육개론. 서울: 이화여자대학교출판부.

이재연, 김경희 (1994). 부모교육. 파주: 양서원.

이정희, 박경돈 (2010). 복지포괄보조금 제도의 도입에 관한 연구. 한국행정연구원 연구보고서.

이지애 (2008). 다문화가정 아동과 일반가정 아동의 학교적응에 관한 비교연구: 자아존중감을 중심으로. 고려대학교 대학원 석사학위논문.

이한우, 정정란 (2012). 아동복지론. 파주: 양서원.

이효선, Garz, D. (2012). 인간행동과 사회환경(인간발달과 사회구조). 파주: 정민사.

임선영, 김선우 (2010). 청소년문제와 보호(개정판). 서울: 구상.

임종호 (2016). 장애인복지론. 서울: 학지사.

장영인, 최영신, 백선희, 임유경 (2006). 아동복지론. 서울: 나눔의집.

장인협, 이혜경, 오정수 (2001). 사회복지학. 서울: 서울대학교출판부.

장진희, 허청아 (2015). 대규모 아동복지시설의 공동생활가정(그룹홈) 전환비용에 관한 연구. 서울시여성가족재단.

전남련 (2011). 아동복지. 파주: 형설출판사.

전재일, 이경은, 이성국, 이성희 (2011). 학교사회복지론. 파주: 양서원.

정미현 (2014). 아동복지론. 서울: 창지사.

정선욱 (2004). 시설보호 아동의 애착유형과 심리사회적 적응. 아동과 권리, 8(1), 1-15.

정옥분 (2006). 발달심리학. 서울: 학지사.

정익중, 박현선, 구인회 (2006). 피학대아동의 비행에 이르는 발달경로. 한국사회복지학, 58(3), 223-244.

정익중, 박현선, 오승환, 임정기 (2009). 아동청소년 방과후 서비스의현황과 과제: 지역아동센터를 중심으로. 고양: 공동체.

정하성 (2010). 다문화 청소년개론. 파주: 이담북스.

정현숙 (2011). 가족관계. 서울: 도서출판 신정.

조선일보 (2018. 5. 3.). 유형별 어린이사망자.

조학래 (2016). 사회복지실천론. 서울: 도서출판 신정.

주정아 (2011. 4. 11.). 복음화의 구심점, 본당: 서울 명동본당. 가톨릭신문 http://www.catholictimes.org에서 인출.

주정일, 이소희 (2012). 아동복지실천론. 파주: 교문사.

지성애, 홍혜경 (2001). 영유아생활지도. 파주: 양서원.

최선희 (2003). 교육복지투자 우선지역 아동 · 청소년 실태조사. 강북 · 노원지역사업담당자워크숍자료집, 서울특별시성북교육청 · 강북지역복지협의회 · 노원교육복지협의회.

최성재, 남기민 (2016). 사회복지행정론. 파주: 나남출판.

최옥채 (2016). 한국사회복지통론. 파주: 양서원.

최옥채, 박미은, 서미경, 전석균 (2015). 인간행동과 사회환경. 파주: 양서원.

최은영 (2005). 청소년 비행 및 약물중독 상담. 서울: 학지사.

충청남도 (2015). 충남보육발전5개년계획(2016~2020년).

통계청 (2021). 경제활동인구조사.

통계청 (2021). 인구주택총조사.

통계청, 여성가족부 (2021). 청소년 통계.

표갑수 (2000). 아동청소년복지론. 파주: 나남출판.

한국교육개발원 (2021). 교육통계분석자료집.

한국보건사회연구원 (2010). 국내입양실태와 정책방안 연구, 연구보고서 2010-30-11.

한국보건사회연구원 (2016). 2016년 빈곤통계연보.

한국보건사회연구원 (2020). 장애인실태조사.

한국일보 (2021. 1. 24.). "아동학대 신고 112로 통합한 것 맞나" 경찰 접수 절반 안돼.

한국장애인개발원 (2021). 장애아동 발달재활서비스 효과성 및 개선방안 연구.

한국청소년정책연구원 (2014). 가출청소년 보호지원 실태 및 정책과제 연구.

한국청소년정책연구원 (2020). 아동청소년인권실태조사.

한미현, 문혁준, 강희경, 공인숙, 김상희 외 (2016). 아동복지. 서울: 창지사.

한성심, 송주미 (2014). 아동복지론. 서울: 창지사.

한인영 (2014). 가족복지론. 서울: 학지사.

행정안전부 (2015). 재한외국인 통계.

행정안전부 (2021). 2021년 11월 17일 보도자료.

허남순, 이혜원 (2006). 유엔 아동권리협약의 원칙과 국내 가정위탁보호의 현황분석. 한국아동복지학, 22, 95-126.

현경순 (2008). 국제결혼 부부자녀의 학교생활부적응에 미치는 영향. 성균관대학교 사회복지대학원 석사학위논문.

현은민, 최외선, 이기숙, 김득성, 전귀연 (2008). 결혼과 가족. 대구: 정림사.

현정환 (2009). 아동상담. 서울: 창지사.

홍봉선 (2010). 청소년복지론. 고양: 공동체.

홍봉선, 남미애 (2011). 학교사회복지론. 고양: 공동체.

황옥경 (2009). 사회 속의 아동. 서울: 창지사.

황은숙 (2013). 부모와 교사를 위한 한부모가정 아동교육. 한국한부모가정사랑회.

황은숙, 서영숙 (2007). 이혼가정 부모교육 프로그램의 개발과 효과연구. 한부모가정연구, 2(2), 23-64.

Anderson, R. E., & Carter, E. I. (1997). 인간행동과 사회환경. 장인협, 조홍식 공역. 서울: 집문당.

Berk, L. E. (2008). 아동발달(제7판). 이종숙, 이옥, 신은수, 안선희 공역. 서울: 시그마프레스.

Bertalanffy, L. (1968). *General System Theory, Human Relations*. New York, NY: Braziller.

Costin, L. B., Karger, H. J., & Stoesz, D. (1996). *The Politics of Child Abuse in America*. New York, NY: Oxford University Press.

Downs, S. W., Costin, L. B. & McFadden, E. J. (1996). *Child Welfare and Family Services: Policies and Practice*. White Plains, N.J: Longman.

Gil, D. (1970). *Violence against children*. Cambridge, MA: Harvard University Press.

Havighurst, R. J. (1953). *Human Development and Education*. New York, NY: ngmans,Green & co.

Kadushin, A. (1984). *Child Welfare Services*. New York, NY: MacMillan Publish, p. 67.

Kadushin, A., & Martin, J. A. (1988). *Child Welfare Services*, (4th Edition). Macmillan Publishing, Co., p. 6.

Richmond, M. (1917). *Social Diagnosis*. Kessinger Publishing.

Schaefer, C. E. (2015). 2015 놀이치료의 기초. 김은정 역. 서울: 시그마프레스.

Shireman, J. (2003). *Critical issues in child welfare*. New York, NY: Columbia University Press.

UN (1989). UN 아동권리에 대한 협약.

UNICEF (1999). *The Convention on the Rights of the Child*. New York, NY: UNICEF.

UNICEF (2005). Press Release. http://www.unicef.org/sowc06/press/releacs.php.

UNICEF (2006). *Child Protection Information Sheets*. New York, NY: UNICEF.

UNICEF (2006). *The State of the World's Children 2007: Executive Summary*. New York, NY: UNICEF.

UNICEF (2007). What Are Children's Right?. http://www.unicef.org/videoaudio.

Urquiza, A. J., & Winn, C. (2007). 학대와 방임 피해아동의 치료. 노충래 역. 서울: 학지사.

Zastrow, C., & Kirst-Ashman, K. (2011). *Understanding Human Behavior and the Social Environment*. Thomson Brooks/Cole.

Zastrow, C., & Kirst-Ashman, K. (2011). *Unerstanding Generalist Practice*. in Stock.

〈인터넷 사이트〉
국가법령정보센터. http://www.law.go.kr/main.html
라파음악치료. https://www.rapha-nrmt.com
법률신문 (2022. 4. 26.). 인권위, '우범소년 규정' 삭제 권고… 법무부 "당장 수용은 어려워". https://m.lawtimes.co.kr/Content/Article?serial=178275
복지로 (2016. 3. 23.). 연간 51시간 이상, 학교에서 의무적으로 안전교육이 실시됩니다. https://blog.bokjiro.go.kr/563
사회서비스 전자바우처. https://www.socialservice.or.kr
서울특별시 아동복지센터 홈페이지. child.seoul.go.kr
세이브더칠드런. https://www.sc.or.kr
아동권리보장원 홈페이지. www.ncrc.or.kr
어린이급식관리지원센터 홈페이지. ccfsm.foodnara.go.kr
여성가족부 (2021. 12. 31). 내일부터 청소년 게임이용시간 자율 선택. https://blog.naver.com/mogefkorea/222608638703
왓치데일리 (2014. 7. 5). 장애등록 안한 만 6세 이하 어린이, 발달재활서비스 지원강화 돼야. http://www.watcherdaily.com/news/view.html?section=1&category=88&no=51284에서 인출.
위스타트 운동본부. https://ko.m.wikipedia.org
유니세프 한국위원회. http://www.unicef.or.kr
의약뉴스 (21.01.12). http://www.newsmp.com
통계청. http://www.kostat.go.kr/
홍천군장애인복지관. http://www.hcwelfare.org/
희맘아동가족상담센터. http://heemam.or.kr/심리검사
SBS뉴스 (22. 6. 19.). [마부작침] 촉법소년 연령 하향, 어떻게 생각하나요? https://news.sbs.co.kr/news/endPage.do?news_id=N1006788975)&plink=COPYPASTE&cooper=SBSNEWSEND

## 저자약력

### 구혜영

■ 학력

이화여자대학교 정치외교학 학사

이화여자대학교 대학원 사회복지학 석사

가톨릭대학교 대학원 사회복지학 박사

■ 경력

현) 한양사이버대학교 사회복지학과 교수

전) 여성가족부 산하 농어촌청소년육성재단 이사장

전) 광진복지재단 이사장

전) 서울시자원봉사센터 센터장

### 염경혜

■ 학력

명지대학교 대학원 사회복지학 석사

명지대학교 대학원 사회복지학 박사

■ 경력

현) 경민대학교 사회복지학과 겸임교수

현) 광진구 가족센터 전문상담원

전) 명지대학교 대학원 사회복지학과 겸임조교수

전) 한림성심대학교 사회복지학과 외래교수

## 이은화

■ 학력

중앙대학교 사회개발대학원 사회복지학 석사

평택대학교 대학원 사회복지학 박사

■ 경력

현) 중앙대학교 행정대학원 객원교수

전) 한국사회복지협의회 책임연구원

전) 중원대학교, 서일대학교 겸임교수

## 한주빈

■ 학력

가톨릭대학교 대학원 사회복지학 석사

가톨릭대학교 대학원 사회복지학 박사

■ 경력

현) 연성대학교 사회복지학과 교수

전) 한신대학교 사회복지실습 전담교수

전) 서일대학교 사회복지학과 조교수

# 아동복지론(2판)

**초판발행** 2018년 3월 10일 1판 1쇄 발행 | 2019년 3월 10일 1판 2쇄 발행
2020년 3월 10일 1판 3쇄 발행 | 2022년 3월 10일 1판 4쇄 발행
**2판발행** 2023년 3월 10일 2판 1쇄 발행 | 2023년 9월 10일 2판 2쇄 발행

지은이 구혜영 염경혜 이은화 한주빈

펴낸이 최용구 | 펴낸곳 도서출판 **신정**
주소 (04316) 서울시 용산구 원효로 89길 19(원효로1가)
전화 02)3211-4782, 0266(영업부), 3211-4783(편집부), 3211-4784(팩스)
이메일 sjbook2002@naver.com | 홈페이지 www.sjbook.co.kr
등록 2001년 5월 11일 제13-702호
기획마케팅 최용구 장만동 최충구 송대용 | 책임편집 석기은 황가연

ISBN 978-89-5912-827-3 93330
정가 26,000원